"博学而笃志，切问而近思。"
（《论语》）

博晓古今，可立一家之说；
学贯中西，或成经国之才。

主编简介

　　张光杰，1963年出生，浙江余姚籍。1984年毕业于杭州大学（现浙江大学）法律系，1987年毕业于中国人民大学法律系法理学专业，法学硕士。同年，任教于复旦大学法学院。2001年，美国纽约大学法学院访问学者。现为中国法学会法理学研究会理事，上海市教委法律基础课协作组组长。曾主编《法理学》、《法学导论》、《法律基础》等多部著作。

法学系列

中国法律概论

张光杰 主编　侯健 姚军 副主编

复旦大学出版社

内容提要

本书对中国现行的主要法律制度及相关理论进行了深入浅出、言简意赅、全面而又不失细致的阐述。主要内容包括：法的一般理论、宪法、行政法、刑法、民法、合同法、知识产权法、婚姻继承法、经济法、诉讼法、法律职业、中国与国际法。

本书在努力保持知识阐述准确性的同时，力图反映最新法律动态和法学研究进展；强调活学活用，在每章后面都附有相关案例；注重对相关法律制度的背景知识的介绍，在每章之后附以"拓展和链接"资料。书后还分门别类地列举了相关法律网站，以使读者在网络时代快捷有效地获取法律知识。

本书不仅可以作为高等院校开设"法律基础"课的教材，也是法律爱好者了解中国法律基本概况以及相关法律应试的参考读本。

前　言

本书作为"博学·法学系列"教材中的一种,旨在对当代中国法律作一概要阐述。全书由十二章构成。内容包括法律的一般原理;宪法;行政法;刑法;民法;合同法;知识产权法;婚姻法和继承法;经济法;诉讼法;法律职业;中国与国际法。

本书由张光杰拟定写作提纲和体例,组织复旦大学相关学科教师共同编写完成,各章写作分工如下(以撰写章节为序):

张光杰:导论、第二章、第六章、第十一章和第十二章以及各章的"拓展和链接"资料选编;侯健:第一章和第三章;姚军:第四章和第八章;吕萍:第五章;陈洁:第七章;王庆廷:第九章;王永杰:第十章。

在本书的编写过程中,方耀编写了各章节的案例,王庆廷撰写了各章的要点和小结,并参加了校对工作。

全书最后由张光杰修改定稿。

感谢上海市教委德育处叶天放同志、复旦大学党委副书记燕爽以及法学院和教务处的领导多年来对复旦大学"法律基础"课的关心和支持。本书的写作和出版,得到了复旦大学修义庭教授的精心指导和复旦大学出版社张永彬先生的鼎力支持,谨在此致以诚挚的谢意。

本书内容若有疏漏和不当之处,祈望读者批评指正。

编　者

目　　录

导论　中国法律的历史和发展 ………………………………………… 1
　　一、法律发展的历史回顾 …………………………………………… 1
　　二、古代法律传统的特点 …………………………………………… 5
　　三、近代法制转型及其经验 ………………………………………… 7
　　四、现代化背景下的法治建设 ……………………………………… 8

第一章　法律的一般原理 ……………………………………………… 10
　第一节　法律的概念 …………………………………………………… 10
　　一、法律的含义 ……………………………………………………… 10
　　二、法律的基本特征 ………………………………………………… 12
　　三、法律的构成要素 ………………………………………………… 14
　　四、法律的分类 ……………………………………………………… 15
　第二节　法律的制定 …………………………………………………… 17
　　一、法律制定的含义和特征 ………………………………………… 17
　　二、立法体制 ………………………………………………………… 18
　　三、立法的原则、程序和技术 ……………………………………… 23
　　四、法律效力 ………………………………………………………… 25
　　五、法律体系 ………………………………………………………… 28
　第三节　法律的实施 …………………………………………………… 31
　　一、法律实施的含义和意义 ………………………………………… 31
　　二、法律实施的方式 ………………………………………………… 32
　　三、法律渊源 ………………………………………………………… 37
　　四、法律解释 ………………………………………………………… 40
　　五、法律关系 ………………………………………………………… 45

第二章　宪法 …………………………………………………………… 51
　第一节　宪法的概念和历史发展 ……………………………………… 51
　　一、宪法的含义和特征 ……………………………………………… 51

二、宪法的历史发展 ･･････････････････････････････････ 52
　第二节　宪法的基本原则与宪法的监督保障 ････････････････ 55
　　一、宪法的基本原则 ･･････････････････････････････････ 55
　　二、宪法的监督保障 ･･････････････････････････････････ 57
　第三节　国家的基本制度 ････････････････････････････････ 58
　　一、中国的国体 ･･････････････････････････････････････ 58
　　二、中国的政体 ･･････････････････････････････････････ 59
　　三、中国的选举制度 ･･････････････････････････････････ 60
　　四、中国的国家结构形式 ･･････････････････････････････ 61
　　五、中国的经济制度 ･･････････････････････････････････ 62
　　六、中国的文化制度 ･･････････････････････････････････ 63
　第四节　公民的基本权利与义务 ･･････････････････････････ 64
　　一、基本权利与基本义务概述 ･･････････････････････････ 64
　　二、基本权利和义务的主体 ････････････････････････････ 64
　　三、公民的基本权利 ･･････････････････････････････････ 65
　　四、公民的基本义务 ･･････････････････････････････････ 72
　第五节　国家机构 ･･････････････････････････････････････ 73
　　一、国家机构的概念及其活动原则 ･･････････････････････ 73
　　二、中央国家机关 ････････････････････････････････････ 75
　　三、地方国家机关 ････････････････････････････････････ 77
　　四、人民法院和人民检察院 ････････････････････････････ 78

第三章　行政法 ･･ 83
　第一节　行政法概述 ････････････････････････････････････ 83
　　一、行政法的概念 ････････････････････････････････････ 83
　　二、行政关系和行政法律关系 ･･････････････････････････ 84
　　三、行政法的渊源 ････････････････････････････････････ 85
　第二节　行政主体和行政相对人 ･･････････････････････････ 86
　　一、行政法主体 ･･････････････････････････････････････ 86
　　二、行政主体 ･･ 86
　　三、行政相对人 ･･････････････････････････････････････ 92
　第三节　行政行为 ･･････････････････････････････････････ 93
　　一、行政行为的概念 ･･････････････････････････････････ 93
　　二、行政行为的分类 ･･････････････････････････････････ 94
　　三、行政行为的成立及其条件 ･･････････････････････････ 95

四、行政行为的效力 …………………………………… 96
　　五、行政行为的无效、撤销与废止 …………………… 97
　　六、行政行为的主要种类 ……………………………… 98
　第四节　行政复议 …………………………………………… 103
　　一、行政复议的概念 …………………………………… 103
　　二、行政复议范围 ……………………………………… 104
　　三、行政复议的管辖 …………………………………… 105
　　四、行政复议申请和受理 ……………………………… 106
　　五、行政复议审理、决定和执行 ……………………… 106

第四章　刑法 …………………………………………………… 114
　第一节　刑法概述 …………………………………………… 114
　　一、刑法的概念和任务 ………………………………… 114
　　二、刑法的基本原则 …………………………………… 115
　　三、刑法的适用范围 …………………………………… 115
　第二节　犯罪和犯罪构成 …………………………………… 117
　　一、犯罪的概念和特征 ………………………………… 117
　　二、犯罪构成 …………………………………………… 117
　第三节　排除犯罪性的行为 ………………………………… 121
　　一、正当防卫 …………………………………………… 122
　　二、紧急避险 …………………………………………… 122
　第四节　故意犯罪形态 ……………………………………… 123
　　一、犯罪既遂 …………………………………………… 123
　　二、犯罪预备 …………………………………………… 123
　　三、犯罪未遂 …………………………………………… 124
　　四、犯罪中止 …………………………………………… 124
　第五节　共同犯罪 …………………………………………… 124
　　一、共同犯罪的概念 …………………………………… 124
　　二、共同犯罪的形式 …………………………………… 125
　　三、共同犯罪人的种类及其刑事责任 ………………… 125
　第六节　刑罚 ………………………………………………… 126
　　一、刑罚的概念和目的 ………………………………… 126
　　二、刑罚的种类 ………………………………………… 126
　　三、量刑 ………………………………………………… 128
　　四、数罪并罚 …………………………………………… 130

  五、缓刑 130
  六、减刑和假释 131
  七、时效 131
 第七节 犯罪的种类 132
  一、危害国家安全罪 132
  二、危害公共安全罪 132
  三、破坏社会主义市场经济秩序罪 133
  四、侵犯公民人身权利、民主权利罪 133
  五、侵犯财产罪 133
  六、妨害社会管理秩序罪 133
  七、危害国防利益罪 134
  八、贪污贿赂罪 134
  九、渎职罪 134
  十、军人违反职责罪 134

第五章 民法 140
 第一节 民法概述 140
  一、民法的概念 140
  二、民法的调整对象 141
  三、民法的基本原则 141
  四、民法的渊源 142
  五、民事法律关系 143
 第二节 民事主体 146
  一、自然人 146
  二、法人 147
  三、个体工商户与农村承包经营户 148
  四、个人合伙 149
  五、其他社会组织 149
 第三节 民事法律行为 150
  一、概述 150
  二、民事法律行为的类型 150
  三、瑕疵民事行为 151
  四、代理 153
 第四节 民事权利 154
  一、人身权利 154

目录

  二、财产权利 ·· 156
  第五节 民事义务与民事责任 ································ 158
  一、民事义务 ·· 158
  二、民事责任 ·· 158
  第六节 民事诉讼时效 ··· 161
  一、概述 ·· 161
  二、民事诉讼时效期间 ······································· 161
  三、民事诉讼时效的中止、中断和延长 ·················· 162

第六章 合同法 ·· 167
  第一节 合同法概述 ·· 167
  一、合同的概念和特征 ······································· 167
  二、合同的种类 ·· 168
  三、合同法的基本原则 ······································· 169
  第二节 合同的订立 ·· 170
  一、合同主体资格 ··· 170
  二、合同的形式 ·· 171
  三、合同的内容 ·· 172
  四、合同订立的程序 ·· 174
  第三节 合同的效力 ·· 176
  一、有效合同和无效合同 ···································· 176
  二、可变更和可撤销合同 ···································· 177
  三、效力待定的合同 ·· 178
  第四节 合同的履行 ·· 178
  一、合同履行的原则 ·· 178
  二、合同履行的规则 ·· 179
  三、合同履行的担保 ·· 179
  第五节 合同的变更、转让和终止 ························· 180
  一、合同的变更 ·· 180
  二、合同的转让 ·· 181
  三、合同的终止 ·· 182
  第六节 合同责任 ··· 184
  一、缔约过失责任 ··· 184
  二、违约责任 ··· 185

第七章　知识产权法 …… 190

第一节　知识产权法概述 …… 190
　一、知识产权的概念 …… 190
　二、知识产权的范围 …… 191
　三、知识产权法的概念和渊源 …… 192

第二节　著作权法 …… 193
　一、著作权法及著作权的客体 …… 193
　二、著作权人及其权利 …… 195
　三、著作权的利用和限制 …… 197
　四、邻接权 …… 200
　五、著作权的保护 …… 202
　六、计算机软件著作权 …… 203

第三节　专利法 …… 207
　一、专利法和专利权的客体 …… 207
　二、专利权人及其权利 …… 208
　三、获得专利权的条件和程序 …… 211
　四、专利的利用和保护 …… 213

第四节　商标法 …… 216
　一、商标法、商标及商标权 …… 216
　二、商标注册 …… 218
　三、商标权的使用 …… 221
　四、商标权的消灭 …… 222
　五、商标权的保护 …… 223

第八章　婚姻法和继承法 …… 230

第一节　婚姻法 …… 230
　一、婚姻法概述 …… 230
　二、婚姻的成立 …… 231
　三、家庭关系 …… 233
　四、婚姻的解除及其后果 …… 234

第二节　继承法 …… 237
　一、继承法概述 …… 237
　二、法定继承 …… 239
　三、遗嘱继承和遗赠 …… 240
　四、遗产的处理 …… 241

第九章 经济法 …… 249
第一节 经济法概述 …… 249
一、经济法的产生和发展 …… 249
二、经济法律关系 …… 251
第二节 公司法 …… 252
一、公司法概述 …… 252
二、公司的概念 …… 252
三、公司的分类 …… 253
四、公司章程、公司名称与住所 …… 254
五、公司的权利能力和行为能力 …… 256
六、股东权与股东出资 …… 257
第三节 反不正当竞争法 …… 258
一、反不正当竞争法概述 …… 258
二、不正当竞争行为的特征和种类 …… 258
三、监督检查和法律责任 …… 260
第四节 产品质量法 …… 262
一、产品质量法概述 …… 262
二、产品质量监管 …… 263
三、产品质量义务 …… 264
四、产品质量法律责任与产品质量纠纷的解决 …… 265
第五节 消费者权益保护法 …… 268
一、消费者权益保护法概述 …… 268
二、消费者的权利和经营者的义务 …… 269
三、国家和社会对消费者合法权益的保护 …… 271
四、争议解决和法律责任 …… 272
第六节 劳动法 …… 272
一、劳动法概述 …… 272
二、基本的劳动法律制度 …… 273
三、劳动合同制度 …… 276
四、法律责任 …… 278

第十章 诉讼法 …… 284
第一节 刑事诉讼法 …… 285
一、刑事诉讼与刑事诉讼法 …… 285
二、刑事诉讼法的任务和基本原则 …… 285

三、刑事诉讼的基本制度 ………………………………………… 286
　　四、刑事诉讼的基本程序 ………………………………………… 289
　　五、刑事诉讼中涉讼公民的权利、义务 ………………………… 290
　第二节　民事诉讼法 …………………………………………………… 292
　　一、民事诉讼法概述 ……………………………………………… 292
　　二、民事诉讼法基本原则和基本制度 …………………………… 293
　　三、管辖 …………………………………………………………… 295
　　四、诉讼参加人 …………………………………………………… 297
　　五、证据 …………………………………………………………… 297
　　六、对妨害民事诉讼行为的强制措施 …………………………… 298
　　七、审判程序 ……………………………………………………… 298
　　八、执行程序 ……………………………………………………… 300
　　九、涉外民事诉讼程序 …………………………………………… 301
　第三节　行政诉讼法 …………………………………………………… 301
　　一、行政诉讼法的概念和任务 …………………………………… 301
　　二、行政诉讼法的基本原则 ……………………………………… 301
　　三、行政诉讼受案范围 …………………………………………… 302
　　四、管辖 …………………………………………………………… 303
　　五、行政诉讼参加人 ……………………………………………… 303
　　六、证据 …………………………………………………………… 304
　　七、行政复议与行政诉讼 ………………………………………… 305

第十一章　法律职业 …………………………………………………… 314
　第一节　法律职业概述 ………………………………………………… 314
　　一、法律职业的概念 ……………………………………………… 314
　　二、法律职业的思维 ……………………………………………… 315
　　三、法律职业的道德 ……………………………………………… 316
　　四、法律职业的产生与发展 ……………………………………… 317
　第二节　法官职业 ……………………………………………………… 318
　　一、法官的任职要求 ……………………………………………… 319
　　二、法官的职责和权利、义务 …………………………………… 320
　　三、法官的职业道德 ……………………………………………… 320
　第三节　检察官职业 …………………………………………………… 323
　　一、检察官的任职要求 …………………………………………… 323
　　二、检察官的职责和权利、义务 ………………………………… 324

三、检察官的职业道德 ································· 325
　第四节　律师职业 ······································· 326
　　一、律师执业的条件 ···································· 326
　　二、律师的业务和权利、义务 ····························· 328
　　三、律师的职业道德 ···································· 329
　　四、律师执业纪律 ······································ 330

第十二章　中国与国际法 ···································· 337
　第一节　国际法及其在中国的适用 ··························· 337
　　一、国际法的概念 ······································ 337
　　二、国际法的渊源 ······································ 339
　　三、国际法在中国的适用 ································· 340
　第二节　国际人权法与中国 ································· 342
　　一、国际人权法概述 ···································· 342
　　二、国际人权法的体系 ·································· 343
　　三、国际人权法在中国 ·································· 344
　第三节　世界贸易组织与中国 ······························· 347
　　一、世界贸易组织概述 ·································· 347
　　二、世界贸易组织法律的基本要求 ························· 349
　　三、加入世界贸易组织与中国法律改革 ····················· 350

附录1　推荐阅读书目 ······································· 357
附录2　主要法律网站索引 ··································· 359

导论　中国法律的历史和发展

一、法律发展的历史回顾

中国法律的历史可以追溯到四千多年以前,它兴起于黄河流域,同时也吸收和综合了长江流域的法律创建经验;不仅体现了中华民族的伟大创造力,而且在漫长的发展中从未中断过,这是其他文明古国所少有的。中国法律内涵丰富,辗转相承,无论是历朝代表性的法典,还是基本的立法、司法、行政、监察制度,都有着清晰的沿革,其内在的联系性与因时而变的发展轨迹十分明显。

中国古代以农业立国的自然经济结构、以宗法伦理为基础的家族组织、以儒家学说为统一的指导思想、以皇权神圣为核心的基本政治制度,以及资源丰富的内陆性封闭环境等特点构成了中国古代的国情条件,决定了中国法律的鲜明特征和特殊的发展规律。

按照中国法律发展的阶段及风格特色等粗略的标准来划分,中国法律的历史大致可以分为早期法律、战国以后的古代法律和近现代法律三个大的部分。

(一)中国早期法律

中国早期法律,一般是指夏、商、西周及春秋时期的法制,也就是通常所说的奴隶制时代的法律制度,在时间上包括自公元前21世纪到公元前476年这一历史阶段。中国早期法律的突出特点是:以习惯法为基本形态,法律是不公开、不成文的。

在中国早期法律中,夏、商是奠基时期。自公元前21世纪夏启建立夏代开始,夏王朝前后存在约五百年时间。在此期间,中国早期的刑罚制度、监狱制度都有了一定的发展。商取代夏以后维持了将近五百年。在继承夏代法律经验的基础上,商代在罪名、刑罚以及司法诉讼制度等方面取得了长足进展。于20世纪出土的一些甲骨文资料证明,商代的刑法及诉讼体制已经比较完备。

中国早期法律的鼎盛时期是在西周。在中国历史上,西周是一个十分重要的历史阶段。在西周政权存续的五个多世纪里,中国传统的统治方式、治国策略以及一些基本的政治制度已经初步形成,作为传统文化基石的哲学思想、伦理道德观念等思想文化因素也都发端于此时。从法律上看,西周法律的形式和内容都达到了早期法的顶峰。在西周时期所形成的"以德配天"、"明德慎罚"的法律指导思想,老幼犯罪减免刑罚、区分故意和过失等法律原则,以及"刑罚世轻世重"的刑事政策,都是具有当时世界较高水平的法律制度,对中国后世的法律也产生了重要的影响。

春秋时期处在中国历史上第一次大动荡、大变革的前期,此时社会变革的重心在于"破",即西周所建立的家国一体的宗法制度,包括政治、经济、思想文化等各个层面都受到挑战和否定。在法律方面,以反对"罪刑擅断"、要求"法布于众"为内容的公布成文法运动悄然兴起。郑国子产"铸刑书"、邓析著"竹刑"及晋国"铸刑鼎"等,都是这一法律变革运动的代表性成果。

(二)战国以后的古代法律

战国以后的古代法律,一般是指战国以后至鸦片战争以前中国各主要封建王朝的法律制度,在时间上包括自公元前475年至公元1840年这两千余年的法制历史。春秋以后,中国开始有了向全社会公布的成文法,从此,中国的法律开始由原来的不公开、不成文法的状态,过渡到以成文法为主体的状态。在从战国到清代后期这两千多年中,无论是法律理论、立法技术、法制规模,还是法律内容、司法体制等各个方面,都有了根本性的变化。我们通常所说的"传统法律文化"、"传统法律制度",其主要内容就是在这一时期形成、发展和成熟的。根据法律发展状况以及在整个法律传统传承中所起的作用,我们可以把这一漫长的法律史划分为以下几个发展阶段。

1. 战国时期

这是由早期习惯法向成文法转变的重要阶段。战国时期处在中国历史上第一次大动荡、大变革时代的后半期,而社会变革的许多重要成果,中国的许多思想文化精华都出自这个时期。与春秋时期相比较,战国时期社会变革的重心在于"立"。在法律方面,"立"主要表现为以成文法为主体的新的法律体制开始在更大的范围内、以更成熟的形式建立起来。其中,在整个中国古代社会中,影响最大的两大学术流派——儒家和法家的主要政治法律思想,也都是在这一时期内成熟并在政治舞台上产生广泛影响的。

2. 秦汉时期

这是中国古代成文法法律体系全面确立时期。时间上包括自公元前221年至公元220年这段历史时期。公元前221年,秦始皇统一中国,建立了中国历史上第一个以中央集权为特征的统一的专制王朝,确立了以后几千年中中国传统政治格局和政治模式。在指导思想上,秦代奉行的是法家学派的"法治"、"重刑"等理论,而且在实践上贯彻得比较彻底,秦代的法律制度很明显地带有法家的色彩。在中国历史上,战国时代和秦代是法家学派最活跃的时期,而法家理论得到完整的实践,也仅仅是在秦代。所以,从整个中国法制史上看,秦代法制特色是极为鲜明的。自云梦睡虎地秦墓竹简出土以后,许多以前鲜为人知的秦代法律得以重现于世。从这些珍贵文物资料中可以看出,秦代的法律观念极强,法律制度也很严密。

在两汉(西汉、东汉)时期,中国古代法制在秦代法制的基础上得到了进一步发展。从总体上看,汉代的法律呈现出阶段性的特点。也就是说,汉代法律体制,从风格上可以分为前、后两个时期。前期是指在汉武帝"罢黜百家,独尊儒术"以前,主要是"汉承秦制",就是在秦代留下的法律框架内进行局部改造,形成了一套与秦代法律没有根本差别的法律体制;后期则是指在汉武帝"罢黜百家,独尊儒术"以后,在指导思想上接受儒家的理论,使儒学成为官方的、正统的政治理论。从此,汉代的法律制度在理论、制度上开始"儒家化"。经过"儒家化"以后的法律制度,在许多方面不同于秦代及汉初的法家化的法律。而且,汉代以后的中国古代法律,都是沿着汉代儒家化的方向逐步发展的。

3. 三国两晋南北朝时期

这是中国传统法律迅速发展的阶段。三国两晋南北朝时期是中国历史上第二次大动荡的时代,在时间上包括自公元221年曹魏立国到公元581年隋文帝结束南北分裂、重新统一中国这段历史时期。在这段时间里,虽然政权快速更迭,局势持续动荡,但法律制度仍然得到了很大的发展。首先,立法技术不断提高,法律理论也有明显发展。其次,具体法律制度的儒家化得到加强。一些重要的制度,比如"八议"、"官当"、"重罪十条"等已经成为成熟的制度。这一时期法制的发展与进步,为隋唐之际中国古代法制走向成熟奠定了重要基础。

4. 隋唐时期

这是中国传统法律的成熟、定型阶段。在时间上包括从公元581年隋代建立到公元960年宋代建立以前。隋唐之际是中国古代社会的鼎盛时期。从夏代以后,经过近三千年的积累,中国古代社会的各个组成部分都已经成熟,各种社会体制也进入了比较和谐的阶段。所以唐代在政治、经济、文化各个方面都达到了中国古代的顶峰。这个时期的法律制度也是如此。由于有几千年的立法、司法经验作基础,隋唐的立法技术得以进一步提高,以《唐律疏议》为代表的优秀法典相继问世。在法律内容上,汉代中期开始的法律儒家化过程,持续了八百余年,到隋唐时期终于结出了丰硕的果实,以《唐律疏议》的制定完成为标志,中国古代道德与法律的融合过程,也就是通常所说的"礼法结合"的过程基本完成,儒家学派的一些基本主张被精巧地纳入成文法典之中,中国传统社会的"法律道德化,道德法律化"的特征,在隋唐法律中得到了充分的体现。同时,经过几千年的实践探索,中国古代的司法体制、诉讼制度也在此时达到了很高的水平。

应该特别指出的是,以《唐律疏议》为代表的唐代法制,达到了中国古代法制的最高水平。《唐律疏议》也成为中国古代法制和中华法系的代表作,在中国法制史和世界法制史上都具有重要地位。

5. 宋元明清时期

这是中国古代法律走向极端专制的时期。在时间上包括自公元960年北宋建立到公元1840年鸦片战争以前这段历史时期。宋代以后,中国的社会结构包括法律制度,在隋唐时期所确立的基本框架内,仍得到了很大的发展。宋、明、清时期,基本法典仍是国家法制的基础。国家法律的基本精神、主体框架,仍然由《宋刑统》、《大明律》、《大清律》等基本法典确定,但是敕、条例等法律形式,在司法实践中却发挥着实际而具体的调节作用。在封建社会后期,"律"规定着大原则,而"敕"、"例"则从各方面进行补充和小幅度的修正。作为大原则的"律"相对稳定,较少修改,而起实际作用的附属立法,则因时因地频繁修订,此所谓"律垂邦法为不易之常经,例准民情在制宜以善用"①。这种立法上的变化说明,在经过了几千年的积累以后,到中国封建社会后期,统治者已经能够更加娴熟地运用各种法律手段来调节社会。同时,从唐代"安史之乱"以后,中国古代社会开始由盛而衰,一些封建社会体制所固有的矛盾不断激化,导致整个社会体制开始扭曲。随着皇权不断强化,中国传统法制的重心也开始向维护皇权、加强专制的方向倾斜。宋代的编敕、明代的廷杖和特务统治、明清之际盛行的"文字狱"等,都是这方面的具体反映。此外,元代和清代带有民族歧视性的和适用于少数民族地区的法律,也是这一时期法律制度的一个特点。

(三) 近现代法律

从公元1840年鸦片战争以后,中国社会开始遭受西方列强一连串的侵略和欺凌。在内忧外患之中,中国社会也开始了艰难的转变。从法律上看,这种转变的突出特征是,存在了数千年的中国传统法律体制、法律观念开始瓦解,而近现代意义上的法律制度开始在中国土地上艰难地生长。一般来说,中国近现代的法制变迁,大致也可以分为以下几个阶段。

1. 清末变法修律

在中国,习惯上把1840年鸦片战争至1911年清代灭亡这段时间称为"清末"。鸦片战争以后,中国由一个主权独立的国家,沦为一个半封建半殖民地社会。在这段历史时期内,虽然清代政府表面上继续维持着对中国大部分地域的统治,但在一些沿海地区和通商口岸,实际上丧失了国家领土主权(如在香港),或是行政司法管辖权(如在华领事裁判权)。西方列强在华领事裁判权的确立,就是中国社会半殖民地化的一个法律表现。同时,在1840年以后,特别是在清政府存在的最后十年(即1901至1911年)中,清政府被迫进行了范围广泛的法律改革,大量引进了西方近、现代法律学说与法律制度,对清代原有法律进行了一定程度上的改造。从此,中国的法制踏上了近代化之路。

清末法律变革是中国法律发展史上一个重大的转折点。从这时开始,中国由古代法律体制向近现代法律体制过渡。

2. 南京临时政府时期

1911年10月,中国爆发了著名的辛亥革命。1912年1月1日,中华民国南京临时政府宣告成立。在以孙中山为核心的革命党人的领导下,南京临时政府在很

① 清·祝松庵:《刑案汇览·序》。

短的时间内进行了一系列立法活动,初步奠定了民国时期法制的基础。

3. 北洋政府时期

1912年3月,袁世凯篡夺了中华民国政权,在北京建立了由北洋军阀控制的中华民国北京政府,人们习惯上称之为"北洋政府"。北洋政府是军阀政权。为应付各种需要,北洋政府也曾进行了立法活动。这些立法,在客观上为以后南京国民政府的法制建设提供了一定的有利条件。

4. 南京国民政府时期

从1927年到1949年,是国民党建立的南京国民政府统治时期。南京国民政府建立以后,也曾经进行了广泛的立法,颁布了大量的法律、法令以及判例、解释例,形成了"六法体系"。但国民党政权的法律制度带有明显的双重性特点,即便在立法上比较完善,但在司法上极为黑暗,特别是在政治领域,采用的依然是专制集权方式的统治,严重地影响了法的价值的实现。

5. 根据地的法律制度

1921年7月中国共产党成立,从此中国革命在中国共产党的领导下进入新民主主义革命时期。1922年7月《中国共产党第二次全国代表大会宣言》在阐述党在民主革命阶段的具体政纲时,明确提出了建立"真正民主共和国"的口号,以实现中华民族的完全独立和工人、农民的权利与自由。这个纲领不仅推动了工农运动的发展,也指导了革命法制的创建。根据地内新民主主义的法制建设可以分为两个主要阶段:苏区工农民主政府的法制建设和抗日民主政权的法制建设。前者是新民主主义法制的奠基阶段,后者是新民主主义法制臻于成熟的阶段。根据地内创立的新民主主义法制,为新中国成立以后的社会主义法制建设提供了重要的示范作用。

二、古代法律传统的特点

中国法律的历史源远流长,近两千多年来,虽然中国的政治和社会制度历经变迁,但法律传统依然一脉相承。这些法律传统主要体现为:

(一)君主为法律渊源

国家的君主或最高统治者既是最大的立法者,又是最高的司法者和行政首脑。秦始皇在殷、周统治者神化王权的基础上,自称"皇帝",集天上人间的最高权力于一身,其命曰"制",其令曰"诏"。从此,皇帝的命令便成了统一的封建国家的最基本的法律渊源,具有最高的法律效力。皇帝至高无上的地位,显示出中国封建专制制度的两个属性,即皇权的不可分割性(专制独裁)和皇位的不可转移性(家天下)。以皇帝的诏令为国家最基本的法律渊源,是从秦朝确立以后一直贯穿在中国封建法律制度中的一个基本特征。

(二)礼法合一

法律和道德本属两个范畴,一般来说,西方法律中法律与道德的界分相对是比较清晰的。唯有中国法典,法律与道德常常合二为一。礼以道德为依归,而法则以礼为中心。自汉以后,历经唐宋,直至明清的立法指导思想,就是儒家所主张的德主刑辅、礼法并用的法律思想。儒家经典拥有法律效力,汉代折狱,常取"春秋";唐代解律,亦多引证于礼经。正是由于以礼为主、礼法合一,所谓"裙带关系"、"官官相护"等等,也就层出不穷了。

(三) 维护宗法制度

中国古代是以家族为本位的,宗法血缘关系有着很强的约束力。在此基础上形成了人伦尊卑的等级秩序,即所谓伦理、伦常。为了维护伦理关系而制定的法律规范,构成了中国特有的宗法制度。这一制度表现在:(1) 以法律的形式确认君权、父权、夫权的统治地位,并将父权引入行政领域,鼓吹皇帝"上为皇天子,下为黎庶父母"①,是全国父权的化身,藉以加强君权。即使地方州县官也被称为父母官。(2) 确认家长制度。按法律规定家长握有对家内财产的支配权,握有对子女的主婚权、惩戒权、教令权。(3) 家法族规的盛行,甚至得到统治者的认可,成为国法的重要补充。长期的宗法制度,必然导致对个人法律地位的漠视,形成权大于法的观念。

(四) 诸法合体

中国从战国李悝著《法经》始,直至最后一部封建法典《大清律例》,都以刑法为主,兼有民事、行政、诉讼等方面的内容。中国古代,"刑"即"法",又是"刑罚"。这样,法律与刑罚几乎是等同的。因此,"对簿公堂"被视为可怕又可耻的事,长期以来把"打官司"与"惩罚"联系在一起,把"被告"与"犯罪"划等号。法律只是用来处理刑事犯罪的,即使用来处理财产、家庭、婚姻的法律法规,也多与刑法相关联。以刑为主的诸法合体的制度,必然导致重"刑"轻"民"、重"义务"轻"权利"的结果。

中国封建社会以农业为基础,它是建立在以家庭为生产单位的基础上,自然经济是生产的基本形式。家庭的经济状况,直接影响历代皇朝的盛衰。分散的家庭与分散的经济结构,要求高度集中的政治结构,将家与国统一起来,形成了君主集权的专制主义和家长制结合的宗法等级制。

中国传统法律的内容与形式,还受中国传统文化的影响。中国传统文化是多源的综合体。其中主要有两种文化:即儒家思想和法家思想。儒家思想属"内倾"型文化,它重视内心的自我修养和道德的自我完善。法家思想属于"外倾"型文化,它主张以"法"治国,以能否执行法律为衡量臣民优劣的标准,注重对外在行为的制裁。战国和秦代以法家思想为主,西汉以后是"儒法并用"、"外儒内法",使得法既有对外在行为的制裁,也有对内在修养的要求,从而形成了中国专制主义法制传统的特点。

① 《汉书·鲍宣传》。

应该说,中华古代法制文明虽在世界法制文明史中能够占有一席之地,但由于中国古代社会进步迟缓,使得法律的发展处于陈陈相因的状态。当西方已经发生资本主义革命,建立了近代的民主与法治,中国却依然在封建法制的藩篱内踱步。这种落后状态至19世纪中叶以后,随着西方政治法律文化的输入和中国人民的觉醒和抗争,逐步发生改变,中国开始走上了法制近代化的道路。

三、近代法制转型及其经验

1840年鸦片战争以后,外国侵略者通过不平等条约在中国获取了一系列特权,领事裁判权是其中之一,从此中国丧失了司法主权。为了改革中国的法制,先进的中国人在思考、探索,提出各种建议。例如,康有为在《上清帝第六书》中主张"今宜采罗马及英、美、德、法、日本之律,重定施行"。中国法律近代化最主要的进程,是从1903年修订法律大臣沈家本领导修律与改革法制开始的。迄至1911年清朝覆亡,已经制订了《大清新刑律》、《民律》、《商律》、《民事诉讼法》、《刑事诉讼法》、《法院编制法》等一系列新法。虽然大部分未及实施,但它标志着封建法律体系的解体和六法体系的建立,也意味着中国法律与世界法系(主要是英美法系和大陆法系)接轨的真正开始。在这段历史的进程中,既有血的教训,也给我们留下了宝贵的经验。

(一)西方法律文化的输入与中国的大陆法系的法律取向

1840年鸦片战争以后,中国固有的封闭状态被打破,西方的法律文化通过传教士、外国商人、清政府的洋幕僚以及中国留学生、驻外官僚等媒介传入中国。西方法律文化的输入与中国传统的法律文化碰撞以后发生了激烈的冲突,但先进的西方法律文化逐渐占上风,影响了中国法制的走向。中国在接受西方法律文化时,开始受英美法系影响较多,而后逐渐以大陆法系为取向。其原因首先与中国固有法律的法典化的传统有关;其次,中国缺乏大量的能够运用判例的高素质的法官;再一个重要原因,是日本明治维新的成功,包括其借鉴成文法的经验,给中国以很大的启发。

(二)法律观念的更新是法制近代化的思想前提

19世纪中叶以后,中国的国情发生了巨大的变化,亡国灭种的危机威胁着中华民族的生存。为了救亡图存,开明的官僚士大夫在思考着中国的出路。在此背景下,传统的法律观念开始了某种程度的更新,这些观念变化的倾向主要表现在:(1)由固守成法转向"师夷"变法;(2)由以"三纲"为立法指导原则转向批判"三纲"、接受西方法治和人权观念;(3)由"人治"的治国策略转向"以法治国"的治国方略;(4)由司法与行政合一转向司法权的独立。可以说,这种观念更新是促使中国法制由传统向近代转型的思想动力。

(三)移植西方法律与中国国情相结合

清末修律虽然不足十年,但基本上形成了大陆法系的"六法"的立法架构,奠定了清以后民国时期立法的基础。但同时需要指出,清末修律主要是采用最便捷的翻译西方法律和聘请西方法学家参与立法的方式来完成的。立法指导思想上,存在简单的拿来主义倾向,因此在制订的新律中有些脱离中国的实际。譬如,由日本法学家起草的民法物权编,忽视了在中国流行一千多年的典权,代之以德国民法中的质权,因而与国情相悖。晚清修律证明,脱离中国国情简单地移植西方法律,是很难发挥有效的调整作用的,也会失去广大民众的信任,而这种信任恰恰是法律权威的主要来源。

（四）改良政治是清末法制近代化的前提

清末的政权是极端保守的,拒绝任何政治改良,1898年更以血腥的手段镇压了戊戌变法运动。然而,义和团运动以后,清朝已经无法照旧统治下去了,慈禧在流亡西安期间便以皇帝的名义下诏表示变法实行新政。1905年以后又宣布"仿行宪政",颁布了《钦定宪法大纲》。虽然清末预备立宪是迫于人民群众的压力,特别是震慑于资产阶级革命派发动起义而采取的被动措施,但应该说,还是向改良政治迈出了一步,而修订法律也是作为宪政的一个部分提上议事日程。修订法律大臣沈家本曾明确表示,修律是"预备立宪的要著"。事实证明,清末政治改良与法制改革是互动的,但前者是前提,立宪所造成的政治氛围有助于修律的开展。修律的成果也使政治改良获得了切实的支撑点。没有清末的政治改良就不会有修律和法制改革,而清朝的覆亡所昭示的改良政治的失败,也使法制改革没有达到预期的结果。

四、现代化背景下的法治建设

20世纪80年代以来,中国社会在其经济、政治、法律等方面经历了一系列急剧的变化,这一变化的过程是在中国社会现代化的背景下展开的。如果我们把上述晚清变法理解为传统中国向现代社会转变的一种努力,一定意义上讲,当代中国的法律改革是这种努力的继续。因为法治是现代化事业的一部分,实现法治是中国现代化实践中的一项重要内容。

我们暂且把正在进行中的中国的现代化变革界定为"社会转型"。这一社会的转型首先表现在经济领域:国家通过放松对人们经济行为和经济活动的管制,容许和鼓励人们对经济利益的追求,实行从计划经济到市场经济的转变。在政治上,这种转型不仅体现为行政机制和行政行为从经济领域的逐步退出,而且体现为随着市场经济的发展而逐步确立的民主和权利意识,以及这种意识推动下原有政治体制的某些民主化。在法律上,这种转型不仅存在于以法律形式对经济和政治转型予以确认,而且存在于对法律本身价值的认同和向法治的演进。

到目前为止,法律的转型可分为两个阶段:第一阶段是从1978年底经济改革开始,直至1995年9月召开的中国共产党第十四届五中全会,法律改革基本上是作为经济改革的辅助工具,并且以此得到重视和发展;第二阶段从1995年党的第十四届五中全会正式提出"依法治国"这一口号至今,中国的法律改革开始更明确地追求法律自身的价值和权威。"依法治国"、"建设社会主义法治国家"不仅成为政治口号,甚至作为国家的一项基本制度,被反映到1999年的宪法修改中。

当代中国法律的发展首先表现在立法方面。自1978年到2005年6月,全国人民代表大会及其常务委员会制定法律及有关法律问题的决定共746件;国务院发布行政法规及规范性文件共3 873件;国务院各部门发布的部委规章及文件共50 719件;所通过的法律涉及宪法、刑法、民商法、诉讼法等基本法律。此外,基于中国所面临的独特的政治情势,全国人民代表大会分别于1990年、1993年和2005年通过了《香港特别行政区基本法》、《澳门特别行政区基本法》和《反分裂国家法》。再一方面,中国在法律改革开始后还缔结和加入了一系列国际公约和多边协定,特别是在90年代经济全球化的趋势下,国家的有关立法更多地借鉴国际上的经验,尤其在经济与技术领域的立法,日益与国际惯例接轨。

在司法与法律执行领域,也出现了诸多实质性的变化。法官、检察官和律师职业的人数大大增加(截至2002年,各级法官约21万人,检察官16万人、律师约12万人),每年解决的法律纠纷不断增长,整个司法体制在维持社会秩序中起到了举足轻重的作用,同时,民众对司法公正的期待和呼声也越来越高。与立法相比,司法和法律执行则更多地受到体制、文化等因素的制约,改革的过程也显得更为复杂和艰难。

可以肯定,现代化背景下中国的法治建设将会是一个漫长的过程。这个过程的特征是:首先,作为现代性方案的一部分,宪政、法治,以及现代法律制度的建立和完善,已为近代以来的历史证明是必要的,不但有历史的依据,更重要的是,它反映了这个社会的现实需要。尽管如此,在中国实现法治仍需要付出艰苦的努力,因为它本身也是一项复杂的事业,不仅涉及原则和制度,而且涉及认知方式和生活经验。其次,虽然当代的中国社会迫切地需要法治,而法治的逐步实现也可能为人们带来巨大的好处,但它不可能包罗所有的社会领域,也不能够解决所有的社会问题。对一个公正的社会来说,法治只是其必要条件而非充分条件。而在今天的中国,法治的目标本身也要借助于法律以外的其他社会制度和社会实践的发展才可能达到。再次,尽管中国的宪政运动已有将近百年的历史,而且今天正在进行的法律改革有可能把我们带入一个法治事业的新阶段,中国的法治仍然面临严重的挑战。这种挑战部分来自于现实生活中的利益冲突,部分来自于社会变迁本身,部分来自于心灵的积习,但不管怎样,它们都不是不可克服的。一个多元的、理性的、能自我调节的社会的存在和广泛的政治参与,是推动法治事业、确立法治正当性的一条重要途径。①

---

① 以上中国法治发展特征的分析参见梁治平:"法治:社会转型时期的制度建构"一文的结语部分,原载普林斯顿大学《当代中国研究》,2000年第2期。

第一章 法律的一般原理

本章要点

本章阐述了法律的一般原理,主要包括:(1)法律的概念,涉及法律的含义、法律的基本特征、法律的构成要素以及法律的分类等内容;(2)法律制定,涉及法律制定的含义和特征,中国立法的原则、程序和技术,法律效力以及法律体系等内容;(3)法律的实施,涉及法律实施的含义、意义、方式以及法律渊源和法律解释等内容。

第一节 法律的概念

一、法律的含义

(一)古代汉语中的"法"、"律"和"法律"

中国古体"法"一字写作"灋"。中国古代一部著名字典——东汉许慎所著《说文解字》解释说:"灋,刑也,平之如水,从水;廌(音 zhì)所以触不直者去之,从去。""灋,刑也。"这表明,在古代,法和刑基本上是通用的,"刑"即是刑法和刑罚。"平之如水,从水",表示法代表公平,不偏私,又含有一点冰冷无情的意味。"廌",是古代传说中善于审判的独角神兽。《说文解字》:"廌,解廌兽也,似山牛,一角。古者决讼,令触不直,象形从豸。"据说,在审判时被廌触者即被认为是有罪的人,所以"去之,从去"。古代"法"字反映了远古时期神明裁判的形式,即借助"神意"来判断某人是否有罪;它还是公平、正直和威严的象征。

关于"律"字,《说文解字》解释说:"律,均布也。"清代段玉裁所著《说文解字注》云:"律者,所以范天下之不一而归一,故曰均布也。"意指律是普遍的、使人们的行为整齐划一的准则或格式。

"法"与"律"有密切的联系。古代法典《唐律疏议·名例》称:"法亦律也,故谓之为律。"中国封建社会各朝代法典一般都称作"律"。但是它们也有一定的差别。一般而言,法的范围较大,往往指整个制度,律则指具体规则、条文,尤指刑律;有时候法被看作律的内容,律是法的表现形式。虽然古代也有将"法"和"律"放在一起使用的情况,如《管子·七臣七主》:"法律政令者,吏民规矩绳墨也",但是它们仍是两个字,而不是一个词,而且这种情况很少见。"法律"作为一个词汇,主要使用在现代汉语中。

(二) 广义的法律和狭义的法律

在现代汉语中,特别是在中国的现行法律制度中,"法律"一词有广义与狭义之分。也就是说,人们有时候在广义上使用"法律"一词,有时候在狭义上使用"法律"一词。我们必须弄清在某种具体语境下法律一词是广义的,还是狭义的。

广义的法律指中国法律的整体,即国家机关以强制力保证实施的、具有普遍约束力的行为规范的总和。根据中国的立法体制,广义的法律包括了有关国家机关根据《中华人民共和国宪法》和《中华人民共和国立法法》(注:后文涉及中国规范性法律文件的名称时,一般省略"中华人民共和国"字样)所赋予的立法权力和一定的立法程序制定的规范性法律文件。因此,它主要包括作为根本法的宪法、全国人民代表大会及其常务委员会制定的法律、国务院制定的行政法规、某些地方国家机关制定的地方性法规以及民族自治地区人民代表大会制定的自治条例和单行条例等。中国法律文件中的"法律"一词有时是广义的。比如《宪法》第33条规定:"凡具有中华人民共和国国籍的人都是中华人民共和国公民。中华人民共和国公民在法律面前一律平等。"这里的"法律"即指广义的法律。广义的法律有时候简称为"法"。

狭义的法律仅指全国人民代表大会及其常务委员会制定的规范性法律文件,不包括宪法在内。当"法律"在狭义上使用时,它也不包括行政法规、地方性法规、自治条例和单行条例等。《宪法》第5条规定:"国家维护社会主义法制的统一和尊严。一切法律、行政法规和地方性法规都不得同宪法相抵触。"这里的"法律"是狭义用法。

准确地判断中国法律文件中"法律"一词的含义,是很重要的。例如《行政处罚法》第8条规定:"行政处罚的种类:(一) 警告;(二) 罚款;(三) 没收违法所得、没收非法财物;(四) 责令停产停业;(五) 暂扣或者吊销许可证、暂扣或者吊销执照;(六) 行政拘留;(七) 法律、行政法规规定的其他行政处罚。"接着,该法第9条又规定:"法律可以设定各种行政处罚。限制人身自由的行政处罚,只能由法律设定。"这里的"法律"指什么呢?它的意思实际是说,全国人民代表大会及其常务委员会可以在规范性法律文件中设定上述所有种类的行政处罚,而像行政拘留这类限制人身自由的行政处罚只能由全国人民代表大会或其常务委员会设定。

二、法律的基本特征

法律是社会现象之一,也是上层建筑的重要组成部分。法律的基本特征是指法律不同于其他社会现象和上层建筑的其他组成部分的显著特点。弄清法律的基本特征,有助于进一步理解和认识法律。

(一)法律是调整人们行为的社会规范

所谓规范,意思是具有约束力的标准、模式、框架。法律作为规范,旨在约束人们的行为,为人们的行为提供标准、模式或框架。这也就意味着,法律侧重于约束人们的行为,而不是内心活动。法律不同于国家机关所发布的宣传某种思想观点的文件,或表明态度、立场的声明,也不同于国家制定的关于社会发展的目标或规划之类的政策。

法律作为规范,具有规范性。所谓规范性,意即普遍性和概括性。法律具有规范性,意思是说,法律作为标准,是对人们行为的概括性规定,对于人们的行为具有普遍的约束力。

法律文件泛指具有约束力的法律决定,它分为两类:规范性法律文件与非规范性法律文件。规范性法律文件是指具有普遍约束力的法律文件。它们适用于不特定的人们的行为,而且在失效之前可以反复地被适用。非规范性法律文件是指不具有普遍约束力的法律文件。它们适用于特定的人们的行为,而且只能适用一次。全国人民代表大会通过的《刑法》和上海市人民代表大会通过的《消费者权益保护条例》是规范性法律文件。人民法院作出的判决书、行政机关作出的行政处罚决定书是非规范性法律文件。规范性法律文件即是具有普遍约束力的法律,非规范性法律文件是有关国家机关实施规范性法律文件的结果。

人们通过行为形成一定的社会关系,所以也可以说法律是调整社会关系的规范。社会关系是人与人之间的关系。法律并不调整人与自然之间的关系(这是自然界的客观规律所调整的),也不调整人与自我之间的关系(这是宗教、道德所调整的),而是调整人与人之间的关系。人与人之间的关系可以分为三种情况:普通公民、组织之间的关系,普通公民或组织与国家之间的关系,国家机关及其组成人员之间的关系。这些关系分别由不同的法律调整。

(二)法律由国家制定或认可

一般而言,法律是由国家制定或认可而产生的。制定和认可是法律产生的两种方式。

有些法律是通过国家有意识的制定行为而产生的,这些法律被称为制定法。制定法一般是以成文形式,也就是以法律条文形式,表达出来的,所以又称为成文法。成文法并不是指以文字形式表达的法律,而是指以法律条文形式表达的法律。所谓法律条文形式,也就是以编、章、节、条、款、项、目等形式表现的文字编排形式。

有些法律是通过国家认可已经通行的某种习惯或做法为法律规范而产生的。这些法律一般不以成文形式或者法律条文形式表达出来，有时甚至不以文字形式表达出来。国家机关认可法律的方式可以是语言，更多的是通过实际行动，也就是国家机关在长期、稳定地实施着某种习惯或做法。但是如果立法机关在立法过程中采纳一条习惯，这条习惯就是制定法或者成文法的一部分了。国家机关以某种方式认可通行的习惯为法律规范，赋予该习惯以法律效力，以国家强制力保障它的实施，这种习惯就不再是单纯的习惯，而是习惯法。

法律由国家制定或认可，这种说法特别适合于中国以及民法法系的国家。但是在以英国、美国为代表的普通法法系国家中，存在着判例法。判例法是通过一种比较特殊的方式产生的。在这些国家中，法院特别是上级法院具有通过判例创造法律的权力。在一定条件下，法官可以采纳社会上的习惯，也可以根据自己对于正义的理解，作出判决。这一判决可能通过本院以及下级法院的"遵守先例"实践而成为判例。判例就是一种法律。

（三）法律由国家强制力保证实施

文明时代以来，国家垄断了有组织的强制力。国家的强制力表现在国家可以剥夺和限制人的自由、生命、财产和其他权益，体现为法庭、警察、监狱等强制手段。

强制力在保证法律实施方面的作用，有直接作用和间接作用之分。对于义务性质的法律规范，起到直接的保证作用；对于授权性质的法律规范，起到间接的保证作用。例如法律有关结婚权利的规定对于符合结婚条件的人来说，就没有强制力，但是一旦当事人行使了结婚的权利，其他人就不能加以干涉。强制力通过保护法律所赋予的权利而保证了法律的实施。

强制力的作用还有明显作用和潜在作用之分。明显的作用表现在法律对于违法者进行制裁；潜在的作用表现在法律对于未来的违法者起到威慑的作用。

相比较而言，纯粹的道德、习惯、宗教、纪律等规范都不是由国家强制力保障实施的。

（四）法律规定着权利、义务和权力

权利是指人们可以做某事或者不做某事，要求他人做某事或不做某事。义务是人们必须做某事或者必须不做某事。权力，在中国法律中通常称为职权，是国家机关所拥有的强制性地创造、维护或改变社会关系的能力。

在内容上，法律规定着权利、义务和权力。法律不仅施加人们一定的义务，而且赋予人们一定的权利；法律不仅赋予人们一定的权利和义务，而且授予国家机关一定的权力。

相比较而言，道德、纪律等规范一般侧重于施加人们一定的义务。

三、法律的构成要素

法律的构成要素是指法律是由哪些基本的单位构成的。如果法律是一个生物体,构成要素好比它的细胞。如果法律是一座大厦,构成要素好比它的砖瓦。法律主要是由这三种基本要素构成的:法律规则、法律概念和法律原则。这三种要素也就是三种基本形式的法律规范。

(一)规则

规则是指设定具体的行为模式和法律后果的法律规范。在逻辑结构上,规则由两部分构成:行为模式和法律后果。

行为模式是法律为人们所设定的具体的行为标准或框架。它分为三类:可以这样行为,应该这样行为,不应该这样行为。《婚姻法》第 21 条第 1 款规定:"父母对子女有抚养教育的义务;子女对父母有赡养扶助的义务。"这一款规定一种"应该这样行为"的行为模式。该条第 2 款和第 3 款规定:"父母不履行抚养义务时,未成年的或不能独立生活的子女,有要求父母付给抚养费的权利。子女不履行赡养义务时,无劳动能力的或生活困难的父母,有要求子女付给赡养费的权利。"这两款规定了"可以这样行为"的行为模式。第 4 款规定:"禁止溺婴、弃婴和其他残害婴儿的行为。"这一款规定了"不应该这样行为"的行为模式。

法律后果是法律对具有法律意义的行为所赋予的结果,分为肯定性法律后果和否定性法律后果。前者表明,法律对某种行为给予承认、保护,乃至奖励;后者表明,法律对某种行为不予承认、保护,或者予以惩罚或制裁。《合同法》第 8 条第 2 款规定:"依法成立的合同,受法律保护。"这是一种肯定性法律后果。《刑法》第 261 条规定:"对于年老、年幼、患病或者其他没有独立生活能力的人,负有扶养义务而拒绝扶养,情节恶劣的,处 5 年以下有期徒刑、拘役或者管制。"这是否定性法律后果。

法律规则不等于法律条文。法律条文是法律规则的载体,但是并不总是一个条文包含着一个规则。有时候一个条文包含着几个规则,有时候几个条文结合在一起才能够产生一个完整的规则。

在法律中,规则是数量最多的构成要素,是法律的主体。法律规则可以为人们的行为提供明确的标准,便于人们依法办事。它们使法律具有可操作性,为国家权力的行使提供了标准和制约的依据。

(二)概念

法律概念是法律对各种具有法律意义的事物、状态、行为进行概括而形成的专门术语。有些法律条文规定了法律概念的特定含义。例如《刑法》第 14 条规定:"明知自己的行为会发生危害社会的结果,并且希望或者放任这种结果发生,因而构成犯罪的,是故意犯罪。"这里就规定了"故意犯罪"的概念。

法律概念有助于人们准确地理解法律和适用法律。例如《刑法》第 234 条第 1 款规定:"故意伤害他人身体的,处 3 年以下有期徒刑、拘役或者管制。"显然,没有刑法第 14 条有关"故意犯罪"概念的规定,我们不能很好地理解和适用第 234 条第 1 款的规定。

(三) 原则

法律原则是法律的根本原理或总体精神,为具体的法律规则和概念提供了基础,为法律推理规定了方向。法律原则一般不设定具体的行为模式和法律后果,比较抽象和概括。

《刑法》第 4 条规定:"对任何人犯罪,在适用法律上一律平等。不允许任何人有超越法律的特权。"《民法通则》第 4 条规定:"民事活动应当遵循自愿、公平、等价有偿、诚实信用的原则。"这些规定都是法律原则。在中国现行的法律制度中,如果一部规范性法律文件设有"总则"编的话,原则和概念一般规定在"总则"编中。

法律原则的作用在于:表达法律的价值和精神;弥补法律规则的疏漏;引导法律推理的方向。总之,法律原则可以帮助人们准确地理解和实施法律,恰当地解决具体案件。

法律的构成要素有三种:规则、概念和原则。当然,这三个要素之间,特别是法律规则和原则之间的划分是相对的,它们有时候是不容易区分的。大致说来,规则调整社会关系的范围较窄小,一个规则通常只涉及一种具体的事务;原则的调整范围较宽广,适用于多项事务。规则较为具体、确定,操作性强;原则弹性较大,比较抽象,操作性弱。根据不同的抽象程度,原则之间也可以区分为若干层次,例如某一个规范性法律文件的原则、某一个部门法的原则、若干部门法的共同原则、宪法原则等,它们的抽象程度大致是越来越高的。

另外,我们也不能孤立地看待每一个要素。它们之间是相互联系、相辅相成的。在司法实践中,一般援引法律规则作出判决,但是如何准确地理解和适用某一个法律规则,则离不开对有关概念和原则的把握。

四、法律的分类

在法学上以及在法律实践中,人们经常根据一定的标准或者从一定的角度对法律进行分类。不同的国家惯常采用的法律分类可能是不同的。这里我们主要说明在中国法学上和法律实践中经常采用的法律分类。熟悉这些分类,有助于我们认识和运用中国的法律。

(一) 国际法与国内法

根据法律的制定和实施的主体,法律可以划分为国际法与国内法。国际法是指若干国家参与制定或者国际公认的、调整国家之间关系的法律。国内法是一个主权国家制定的、实施于本国的法律。一个国家制定的调整本国公民、组织与外国公民、组织之间关系的法律,属于国内法,而不属于国际法。本书《中国法律概论》主要涉及中国国内法。

(二) 根本法与普通法

根据法律的内容、效力和制定程序,可以把法律划分为根本法与普通法。根本法,即宪法,是指在一个国家中,规定最基本、最重要的问题,具有最高法律效力,制定和修改需要特别严格的程序的法律。普通法,其内容一般是调整某一个方面的社会关系,效力低于宪法,制定和修改的程序较为简单。普通法必须符合根本法。在中国,《宪法》就是根本法,其他的法律是普通法。这种划分方法适用于成文宪法制的国家,不适用于不成文宪法制的国家。在不成文宪法制的国家,规定宪法性问题的法律与其他法律在效力上是相同的。

(三) 实体法与程序法

根据法律所规定的内容,可以把法律划分为实体法和程序法。实体法是指这样一些法律,它们的主要内容是规定人们在实体方面的权利和义务(或者职权和职责)的实体性规范。程序法是指其主要内容为程序性规范的法律,这些程序性规范规定着实体权利或义务的实施方式和步骤,或者实体权利义务之纠纷的处理方式和步骤。前者如民法、刑法等,后者如刑事诉讼法、民事诉讼法、行政诉讼法等。当然,一部实体法可能包括一些程序性规范,一部程序法也可能包括一些实体性规范。在一个国家的法律体系中,实体法和程序法都是不可缺少的。

(四) 一般法与特别法

根据调整范围的不同,法律可以分为一般法和特别法。一般法是指对一般人、一般事,或者在不特别限定的地区和期间内适用的法律。特别法是对于特定的人群和事项,或者在特定的地区和时间内适用的法律。一般法与特别法是相对而言的。例如相对于《民法通则》,《婚姻法》、《继承法》、《著作权法》等法律就是特别法。特别法又可以称为特别规定,一般法也可以称为一般规定。

(五) 上位法与下位法

根据法律的效力高低,可以把法律划分为上位法和下位法。上位法是效力较高的法律,下位法是效力较低的法律。上位法与下位法也是相对而言的,例如国务院制定的行政法规,相对于全国人民代表大会常务委员会制定的法律来说,是下位法;相对于地方国家机关制定的地方性法规来说,是上位法。下位法不能与上位法相抵触。

(六) 制定法与习惯法

关于这种分类,我们已经在"法律的基本特征"部分中有所涉及。其分类的标准是法律的创制方式和表达形式。制定法是国家机关制定的、表现为成文形式的法律,又称为成文法。习惯法是国家机关认可的、不表现为成文形式的法律,又称为不成文法。在中国,绝大多数的法律是制定法。

(七) 公法和私法

公法和私法是民法法系国家通常的法律分类方法。近年来在中国法学界,公法与私法也成为划分中国法律的方法。关于分类的标准,众说纷纭。古罗马法学家乌尔比安说:"公法是关于罗马国家的法律,私法是关于个人利益的法律。"可以这样认为,公法主要是指调整国家与普通公民、组织之间关系以及国家机关及其组成人员之间关系的法律,私法主要是调整普通公民、组织之间关系的法律。宪法、行政法、刑法以及与之相关的诉讼法属于公法,民法、商法以及民事诉讼法属于私法。但是还有一些法律,例如社会法、经济法、环境法,则介于公法和私法之间,兼具公法和私法的性质。

第二节 法律的制定

一、法律制定的含义和特征

(一)法律制定以及相关概念的含义

法律制定是指国家机关依据法定的职权和程序创制、修改和废止规范性法律文件的活动。在这里,创制意指制定一部新的规范性法律文件;修改包括修订和修正,分别意指对已有的规范性法律文件进行大规模和小规模的改动;废止意指终止规范性法律文件的效力。

立法是一个与法律制定密切相关的概念,它有两种含义。广义的立法是指国家机关依据法定的职权和程序创制、修改、废止规范性法律文件的活动,有时候也指这种活动的结果,即所制定的规范性法律文件。广义的立法既包括人民代表大会及其常务委员会的立法活动,也包括行政机关的立法活动,与"法律制定"的含义相当。狭义的立法仅指全国人民代表大会及其常务委员会创制、修改、废止规范性法律文件的活动。由于立法是人民代表大会及其常务委员会的主要职能,所以它们也经常被称为立法机关。立法的这两种含义是与中国法律制度中"法律"的两种含义相对应的。在一般情况下,立法一词取广义解。

法律制定中还有几种比较特殊的方式。这些方式主要有授权立法、法律清理和法律编纂。授权立法是指某国家机关根据其他国家机关的授权制定有关事项的规范性法律文件的活动。法律清理是指有立法权的国家机关对一定时期和范围内的规范性法律文件集中审查、整理,废止有关文件,决定修改有关文件,重新确认有关文件的效力。法律编纂是指国家立法机关将属于某一法律部门的所有现行规范性法律文件进行加工整理,创制新的规范,修改不合适的规范,废除过时的规范,从而编制成内容和谐一致、体例完整合理的系统化的新的规范性法律文件或法典。目前,中国正计划编纂一部民法典。

(二)法律制定的特征

法律制定或立法具有如下特征:

1. 它是国家机关的一项活动,与国家权力紧密相联

就是说,法律制定的主体是国家机关而不是社会组织或普通公民。当然,国家机关制定法律的权力最终来源于人民,人民通过某种方式赋予国家机关制定法律的权力。

2. 它是国家机关根据法定职权进行的活动

《宪法》和《立法法》明确规定了有权制定法律的主体。并不是所有种类或所有级别的国家机关都可以制定法律,也不是所有有权制定法律的国家机关可以制定任何法律。具有立法权的国家机关只能在法定的职权范围内制定法律,被合法授权的国家机关只能在授权范围内制定法律。

3. 它是依照法定程序进行的活动

法律制定必须按照宪法和法律规定的程序进行。

4. 它是具有较强专业性和技术性的活动

制定一部良好的法律,不仅要求立法者具有社会正义感,而且要求具备一定的法律知识以及某些专业领域内的知识。

1949 年,中华人民共和国成立后,在 50 年代制定了一些法律,后来由于政治运动和文化大革命(1966—1976 年),立法工作基本上陷入停顿。1978 年,中国共产党第十一届三中全会确立了"为了保障人民民主,必须加强社会主义法制,使民主制度化、法律化"的方针,提出"从现在起,应当把立法工作摆到全国人民代表大会及其常务委员会的重要议事日程上来"。邓小平指示"集中力量制定刑法、民法、诉讼法和其他各种必要的法律"。立法工作得以恢复并迅速发展起来。1997 年 9 月,中共第十五次全国代表大会确立了"到 2010 年形成有中国特色社会主义法律体系"的目标,中国的立法工作取得了很大成绩。加上 1982 年《宪法》,自 1978 年至 2005 年 6 月,全国人民代表大会及其常务委员会制定法律及有关法律问题的决定共 746 件;国务院发布行政法规及规范性文件共 3 873 件;国务院各部门发布的部委规章及文件共 50 719 件;地方性法规和地方政府规章的数量更是巨大。①

二、立法体制

立法体制是指法律制定的权限划分体制,意指在一个国家中哪些国家机关有权制定法律,它们的立法权力之间的关系如何。一个国家的立法体制如何安排,与该国的政治制度、具体国情、历史传统等因素有密切关系。

(一) 中国立法体制的概况

中国的立法体制主要是由《宪法》和《立法法》规定的。其中,《立法法》的规定

---

① 引自中国法律法规检索系统,http://202.99.23.199/home/begin.cbs,访问时间 2005 年 6 月 26 日。

更为详细。这部法律是2000年3月15日第九届全国人民代表大会第三次会议通过,自2000年7月1日起施行。它主要规定法律、行政法规、地方性法规、自治条例和单行条例的制定、修改和废止的权限和程序,也涉及到部门规章和地方政府规章的制定、修改和废止的问题。

根据这两部法律,中国立法体制主要是这样安排的。第一,在中央与地方的关系上,中国实行以中央立法为主导的立法体制。中央立法权力高于地方立法权力,地方国家机关没有独立的立法权力,其立法权力受中央的规制。第二,在中央国家机关之间以及地方同级国家机关之间的关系上,中国实行以人民代表大会及其常务委员会立法为主导的立法体制。中国的根本政治制度是人民代表大会制。国家权力统一于人民代表大会,行政机关和司法机关在职权上有所分工,但是都向人民代表大会负责。国家立法权属于全国人民代表大会及其常务委员会,国务院和最高人民法院、最高人民检察院分别执行和适用法律,国务院有权制定行政法规,最高人民法院、最高人民检察院有权解释法律,但是这种解释活动不被认为是制定法律的活动。地方同级国家机关之间的立法体制也作类似的安排。

(二)立法主体

立法主体,是指具有宪法或法律赋予的法定立法权力的国家机关。根据《宪法》和《立法法》,可以列表表示中国的立法主体以及所制定的法律形式。

图表1-1　中国的立法主体以及所制定的法律形式

	立 法 主 体	法 律 形 式
1	全国人民代表大会	宪法、基本法律
2	全国人民代表大会常务委员会	基本法律以外的法律
3	国务院	行政法规
4	国务院各部、委员会、中国人民银行、审计署、具有行政管理职能的直属机构	部门规章
5	中央军事委员会	军事法规
6	中央军事委员会各总部、军兵种、军区	军事规章
7	省、自治区、直辖市以及较大的市的人民代表大会及其常务委员会	地方性法规
8	省、自治区、直辖市以及较大的市的人民政府	地方政府规章
9	民族自治地方(自治区、自治州、自治县)的人民代表大会	自治条例和单行条例

对这一表格,做以下说明:

(1)不考虑军事法律的立法主体,中央层次的立法主体包括第1、2、3、4行所列的国家机关,地方层次的立法主体包括第7、8、9行所列的国家机关。

(2) 全国人民代表大会制定的"基本法律"和全国人民代表大会常务委员会制定的"基本法律以外的法律"是狭义的法律。

(3) 并不是所有的地方人民代表大会或其常务委员会都有立法权,可以制定地方性法规,也不是所有的地方人民政府都有立法权,可以制定地方政府规章。

(4) "较大的市"包括省、自治区的人民政府所在地的市,经济特区所在地的市和经国务院批准的较大的市。其中,经济特区所在地的省、市可以根据授权制定一种特殊的地方性法规,即经济特区法规,经济特区法规可以对法律、行政法规和地方性法规作变通规定。国务院1984年12月5日发文,批准唐山市、大同市、包头市、大连市、鞍山市、抚顺市、吉林市、齐齐哈尔市、青岛市、无锡市、淮南市、洛阳市、重庆市;1988年3月5日批准宁波市;1992年7月25日批准邯郸市、本溪市、淄博市为"较大的市"。1980年以来,已先后建立深圳市、珠海市、汕头市、厦门市和海南省5个经济特区。

(5) 在概念上,地方性法规与自治条例、单行条例之间是一种交叉关系。也就是说,自治区人民代表大会制定的法律既可以称作"地方性法规",也可以称作"自治条例"或"单行条例"。

(6) 部门规章和地方政府规章往往合称为行政规章。这两种规章都是行政机关制定的。

(三) 立法权限

立法权限,是指有立法权的国家机关可以立法的事项的范围。不同的国家机关的立法权限是不同的。

1. 全国人民代表大会及其常务委员会的立法权限

《宪法》第62条规定全国人民代表大会具有修改宪法的职权。

《立法法》第8条规定:"下列事项只能制定法律:(一)国家主权的事项;(二)各级人民代表大会、人民政府、人民法院和人民检察院的产生、组织和职权;(三)民族区域自治制度、特别行政区制度、基层群众自治制度;(四)犯罪和刑罚;(五)对公民政治权利的剥夺、限制人身自由的强制措施和处罚;(六)对非国有财产的征收;(七)民事基本制度;(八)基本经济制度以及财政、税收、海关、金融和外贸的基本制度;(九)诉讼和仲裁制度;(十)必须由全国人民代表大会及其常务委员会制定法律的其他事项。"

《立法法》第9条规定:"本法第八条规定的事项尚未制定法律的,全国人民代表大会及其常务委员会有权作出决定,授权国务院可以根据实际需要,对其中的部分事项先制定行政法规,但是有关犯罪和刑罚、对公民政治权利的剥夺和限制人身自由的强制措施和处罚、司法制度等事项除外。"

根据上述规定,全国人民代表大会及其常务委员会的立法权限具有以下特点:

(1) 全国人民代表大会具有制定和修改宪法的职权。全国人民代表大会及其常务委员会具有制定、修改和废除法律的职权。但是在法律之中,哪些事项可以由全国人民代表大会制定基本法律,哪些事项可以由全国人民代表大会常务委员会制定基本法律以外的法律,《立法法》没有作细致的划分。

(2) 全国人民代表大会及其常务委员会的立法范围非常宽泛,包括涉及重大的国家事务和社会关系的事项,一般不涉及地方事务。

(3) 全国人民代表大会及其常务委员会的立法范围是开放的,法律没有规定禁止全国人民代表大会及其常务委员会立法的事项。

(4) 法律对全国人民代表大会及其常务委员会的授权立法事项作了限制。

2. 国务院的立法权限

《立法法》第56条规定:"国务院根据宪法和法律,制定行政法规。行政法规可以就下列事项作出规定:(一) 为执行法律的规定需要制定行政法规的事项;(二) 宪法第89条规定的国务院行政管理职权的事项。"

《宪法》第89条详细规定了国务院的职权范围。凡是属于全国性的行政管理事项,都在国务院的职权范围之内。

根据《宪法》和《立法法》的规定,国务院的立法权限具有以下特点:

(1) 国务院制定的行政法规必须是属于行政管理事项,凡不属于国务院行政管理职权的范围,例如审判、检察、诉讼等事项,行政法规不得规定;

(2) 凡是属于全国人民代表大会及其常务委员会的专属立法事项的,行政法规不得规定;

(3) 全国人民代表大会及其常务委员会制定的法律需要行政机关执行的,国务院可以为了执行法律而制定行政法规;

(4) 国务院除了为执行法律而制定行政法规以外,在宪法赋予的行政管理职权范围内,只要是法律没有禁止的事项,可以制定行政法规。

3. 有权制定地方性法规的地方人民代表大会及其常务委员会的立法权限

《立法法》第64条规定:"地方性法规可以就下列事项作出规定:(一) 为执行法律、行政法规的规定,需要根据本行政区域的实际情况作具体规定的事项;(二) 属于地方性事务需要制定地方性法规的事项。除本法第8条规定的事项外,其他事项国家尚未制定法律或者行政法规的,省、自治区、直辖市和较大的市根据本地方的具体情况和实际需要,可以先制定地方性法规。在国家制定的法律或者行政法规生效后,地方性法规同法律或者行政法规相抵触的规定无效,制定机关应当及时予以修改或者废止。"

有权制定地方性法规的地方立法主体的权限具有以下特点:

(1) 可以为执行上位法而制定地方性法规,但是不能作变通规定(经济特区法规可以作变通规定);

(2) 可以就属于地方性事务的事项而制定地方性法规,但是这并不意味着,这些事项是地方国家机关的专属立法事项,中央国家机关不能就这些事项进行立法;

(3) 可以就上位法未涉及的事项制定地方性法规,但是这些事项不是被禁止制定地方性法规的事项。

4. 民族自治地方人民代表大会的立法权限

《立法法》第 66 条规定:"民族自治地方的人民代表大会有权依照当地民族的政治、经济和文化的特点,制定自治条例和单行条例。自治区的自治条例和单行条例,报全国人民代表大会常务委员会批准后生效。自治州、自治县的自治条例和单行条例,报省、自治区、直辖市的人民代表大会常务委员会批准后生效。自治条例和单行条例可以依照当地民族的特点,对法律和行政法规的规定作出变通规定,但不得违背法律或者行政法规的基本原则,不得对宪法和民族区域自治法的规定以及其他有关法律、行政法规专门就民族自治地方所作的规定作出变通规定。"

5. 有权制定规章的国家机关的立法权限

(1) 部门规章的立法权限

《立法法》第 71 条规定:"国务院各部、委员会、中国人民银行、审计署和具有行政管理职能的直属机构,可以根据法律和国务院的行政法规、决定、命令,在本部门的权限范围内,制定规章。部门规章规定的事项应当属于执行法律或者国务院的行政法规、决定、命令的事项。"

该法第 72 条还规定:"涉及两个以上国务院部门职权范围的事项,应当提请国务院制定行政法规或者由国务院有关部门联合制定规章。"

根据这两条规定,国务院各主管部门只能在自己的职权范围内制定规章,而且只能为了执行上位法而制定规章。部门规章不能就上位法尚未涉及的事项作先行规定。

(2) 地方政府规章的立法权限

《立法法》第 73 条规定:"省、自治区、直辖市和较大的市的人民政府,可以根据法律、行政法规和本省、自治区、直辖市的地方性法规,制定规章。地方政府规章可以就下列事项作出规定:(一)为执行法律、行政法规、地方性法规的规定需要制定规章的事项;(二)属于本行政区域的具体行政管理事项。"

在立法权限上,地方政府规章与地方性法规之间的关系类似于行政法规与法律之间的关系。

6. 军事机关的立法权限

《立法法》第 93 条规定:"中央军事委员会根据宪法和法律,制定军事法规。中央军事委员会各总部、军兵种、军区,可以根据法律和中央军事委员会的军事法规、决定、命令,在其权限范围内,制定军事规章。"

三、立法的原则、程序和技术

(一) 立法原则

《立法法》规定了中国国家机关的立法活动的基本原则。

1. 政治原则

《立法法》第 3 条规定:"立法应当遵循宪法的基本原则,以经济建设为中心,坚持社会主义道路、坚持人民民主专政、坚持中国共产党的领导、坚持马克思列宁主义毛泽东思想邓小平理论,坚持改革开放。"

2. 法治原则

《立法法》第 4 条规定:"立法应当依照法定的权限和程序,从国家整体利益出发,维护社会主义法制的统一和尊严。"

3. 民主原则

《立法法》第 5 条规定:"立法应当体现人民的意志,发扬社会主义民主,保障人民通过多种途径参与立法活动。"

4. 科学原则

《立法法》第 6 条规定:"立法应当从实际出发,科学合理地规定公民、法人和其他组织的权利与义务、国家机关的权力与责任。"

(二) 立法程序

1. 有关概念的含义

立法程序是指有关国家机关在制定、修改和废止规范性法律文件的活动中,所必须遵守的法定步骤和顺序。

在立法程序中,法案是一个重要的概念。实际上立法活动主要是围绕着法案展开的。法案是指有提案权的主体向有立法权的国家机关所提出的有关制定、修改和废止规范性法律文件的建议,包括法律案、行政法规案、地方性法规案、规章案等。法案一般包括有关草案,其中法律案应当包括法律草案。也就是说,在全国人民代表大会上,提出法律案的人必须提出有关的法律草案。法律草案修改稿和表决稿都属于法案。提出法案的主体称为提案人。法案有时候称为议案。

法案不等于立法建议。任何公民和组织都可以提出立法建议,但是只有法定的提案人才可以提出法案。法案也不等于提案,法案是提案的一种。提案还包括罢免案、质询案等。比如参加人民代表大会的代表不仅可以依法提出有关制定、修改或废止某个规范性法律文件的提案,还可以提出罢免有关机关领导人的提案和质询有关国家机关的提案。

2. 立法程序

不同的立法主体的立法程序不尽相同。《立法法》对法律的立法程序作了比较详细的规定,对行政法规的立法程序作了简单的规定。对于地方性法规、自治条例和单行条例、行政规章的立法程序,《立法法》要求有关国家机关参照法律的立法程序加以规定。

根据《立法法》有关法律的立法程序的规定,立法程序大致包括以下几个步骤。

(1) 提出法律案

提出法律案是指具有提案权的机关和个人,向立法机关提出关于制定、修改或废止某项法律的提案或建议。根据《立法法》规定,法律案应当包括法律草案。如果提案人建议制定或修改某项法律,应当提出有关法律的草案或者修正案草案。

(2) 审议法律案

审议法律案是指立法机关对列入会议议程的法律案(包括法律草案)进行审查和讨论。中国宪法和法律规定,人民代表大会代表和人民代表大会常务委员会组成人员在人民代表大会和各委员会会议上的发言和表决,不受法律追究。

(3) 表决和通过法律草案

表决法律草案是指立法机关对于经过审议的法律草案决定是否表示同意。如果赞同的人数达到法定的人数,即通过该法律草案。这是立法程序中具有关键意义的步骤。

(4) 公布法律

公布法律,是指立法机关将通过的法律以一定的形式予以正式公布。只有将制定的法律通过法定的程序和方式公布,法律才会正式生效。中国《宪法》和《立法法》规定,全国人民代表大会及其常务委员会通过的法律由国家主席签署主席令予以公布。

(三) 立法技术

立法技术是指在整个立法过程中产生和利用的经验、知识和操作技巧,包括立法体制确立和运行技术、立法程序形成和进行技术、立法表达技术等。其中立法表达技术包括:(1) 规范性法律文件的名称;(2) 规范性法律文件的内部结构、外部形式、概念和语言表达、文体的选择技术等;(3) 法律规范的结构和分类技术;(4) 规范性法律文件的系统化技术,这主要指法律编纂和汇编技术。

这里主要介绍规范性法律文件名称的使用。具有不同法律形式和不同效力的规范性法律文件应当使用不同的名称,以便人们将它们区别开来。

全国人民代表大会及其常务委员会制定的法律通常称为:(1)"中华人民共和国×××法";或者(2)"关于×××的决定"(即关于某一法律问题的决定)。第二种名称的规范性法律文件主要是解决特定法律问题,或者对原有的法律做修改或补充规定。

国务院制定的行政法规通常称为:(1)"××××××条例"(对某一方面的工作比较全面、系统的规定);或(2)"××××××规定"(对某一方面的行政工作作部分的规定);或(3)"××××××办法"(对某一行政工作作比较具体的规定)。

地方人民代表大会及其常务委员会制定的地方性法规通常称为:(1)"×××××× 条例"(对地方性事务进行规定)。例如《上海市老年人权益保障条例》(1998年8月18日上海市第十一届人民代表大会常务委员会第四次会议通过);或(2)"××××××办法"(一般用以对上位法作具体规定)。例如《上海市实施〈中华人民共和国教师法〉办法》(1997年10月21日上海市第十届人民代表大会常务委员会第三十九次会议通过)。

行政规章(部门规章和地方政府规章)一般使用"规定"、"办法"等名称,"规定"与"办法"之间没有明确的区分。例如《外商投资城市规划服务企业管理规定》(2002年12月13日建设部第65次常务会议和2003年1月30日对外贸易经济合作部第2次部长办公会议审议通过)、《上海市建设工程监理管理暂行办法》(1999年7月16日上海市人民政府令第70号发布,根据2003年8月1日《上海市人民政府关于修改〈上海市建设工程监理管理暂行办法〉的决定》修正)和《上海市一次性使用无菌医疗器械监督管理若干规定》(2003年8月1日上海市人民政府第5号令发布)。

四、法律效力

(一)法律效力的含义和内容

法律效力指法律所具有或者赋予的约束力。规范性法律文件与非规范性法律文件都有一定的约束力,要求人们按照法律文件规定的那样行为。法律效力有时还指某种行为或事实在法律上的效果,即能够获得肯定性法律后果,例如一份依法成立的合同具有法律效力,能够获得法律的保护。显然,非规范性法律文件以及合法的行为和事实的效力是规范性法律文件所赋予的。只要国家机关依据法定的职权和程序制定的规范性法律文件,就当然地具有一定的效力。这种效力来自于法定的立法程序和国家的强制力。这里主要介绍规范性法律文件的效力。

规范性法律文件的效力的内容是指它的生效范围。这主要包括以下几个方面。

1. 对人的效力

中国法律适用于中国领域内的中国人、外国人和无国籍人,但是具有外交特权或豁免权的外国人除外。在一定条件下,中国法律还适用于中国领域以外的中国人。外国人和无国籍人在中国领域外对中国国家或公民犯罪,按《刑法》规定的最低刑为3年以上有期徒刑的,可以适用中国刑法,但是按照犯罪地的法律不受处罚的除外。

2. 对事的效力

这是指法律对什么样的行为有效,适用于哪些事项。例如《合同法》第2条:"本法所称合同是平等主体的自然人、法人、其他组织之间设立、变更、终止民事权利义务关系的协议。婚姻、收养、监护等有关身份关系的协议,适用其他法律的规定。"

3. 空间效力

这是指法律在哪些地域内有效,适用于哪些地区。中国法律适用于中国主权所及的全部领域,包括作为领土延伸的中国驻外使领馆、在外船舶和航空器。但是,地方国家机关制定的地方性法律仅适用于该地方国家机关管辖的地区。

4. 时间效力

这是指法律何时生效、何时终止效力以及有无溯及力。

法律的生效时间有三种情况:法律自公布之日生效,这在中国较少见;法律本身规定了具体生效时间,一般是在法律公布之后的某日,这在中国最多见;法律没有规定具体的生效日期,而是规定了生效的条件,当条件满足时即生效,这在中国也较少见。

法律终止生效有两种情况:明示的废止,即在新法或者其他法律文件中明确废止旧法;默示的废止,即在适用法律中,出现新法与旧法冲突时,适用新法而使旧法事实上被废止。

法律溯及力,也称法律溯及既往的效力,是指法律对于生效前的事件和行为是否适用。如果适用,就有溯及力;如果不适用,就没有溯及力。一般情况下,法律没有溯及力,但是法律不溯及既往并非绝对。中国法律规定,法律、行政法规、地方性法规、自治条例和单行条例、规章不溯及既往,但为了更好地保护公民、法人和其他组织的权利和利益而作的特别规定除外。

(二)各种法律形式的效力等级

1. 上位法与下位法的效力等级

宪法具有最高的法律效力,一切法律、行政法规、地方性法规、自治条例和单行条例、规章都不得同宪法相抵触。

法律的效力高于行政法规、地方性法规、规章。其中基本法律的效力又高于基本法律以外的法律。

行政法规的效力高于地方性法规、规章。

地方性法规的效力高于本级和下级地方政府规章。

省、自治区的人民政府制定的规章的效力高于本行政区域内的较大的市的人民政府制定的规章。

自治条例和单行条例依法对法律、行政法规、地方性法规作变通规定的,在本自治地方适用自治条例和单行条例的规定。

经济特区法规根据授权对法律、行政法规、地方性法规作变通规定的,在本经济特区适用经济特区法规的规定。

部门规章之间、部门规章与地方政府规章之间具有同等效力,在各自的权限范围内施行。

上位法与下位法的效力等级关系如下图所示。图中,箭头尾端表示效力较高的上位法,首端表示效力较低的下位法。

图表1-2 上位法与下位法的效力等级关系

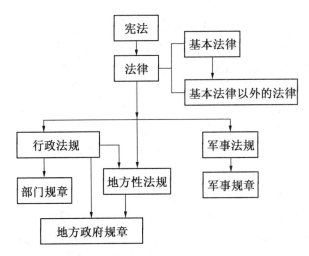

2. 法律形式中冲突的解决方式

不同效力的法律形式之间对同一事项的规定出现不一致的情况,可以根据上位法与下位法的效力等级关系原理,加以解决。

具有相同效力的法律形式对同一事项的规定出现不一致的情况,根据以下方式加以解决:

法律之间对同一事项的新的一般规定与旧的特别规定不一致,不能确定如何适用时,由全国人民代表大会常务委员会裁决。

行政法规之间对同一事项的新的一般规定与旧的特别规定不一致,不能确定如何适用时,由国务院裁决。

地方性法规、规章之间不一致时,由有关机关依照下列规定的权限作出裁决:(1)同一机关制定的新的一般规定与旧的特别规定不一致时,由制定机关裁决;(2)地方性法规与部门规章之间对同一事项的规定不一致,不能确定如何适用时,由国务院提出意见,国务院认为应当适用地方性法规的,应当决定在该地方适用地方性法规的规定;认为应当适用部门规章的,应当提请全国人民代表大会常务委员会裁决;(3)部门规章之间、部门规章与地方政府规章之间对同一事项的规定不一致时,由国务院裁决。

根据授权制定的法规与法律规定不一致,不能确定如何适用时,由全国人民代表大会常务委员会裁决。

五、法律体系

(一)法律体系的含义和特征

法律体系是指一个国家或地区全部现行法律规定所构成的和谐一致、有机联系的整体,是现行有效的国内法整体。

法律体系具有以下特征:(1)整体性。法律体系包括一个国家或地区的全部法律部门。(2)统一性。各法律部门应当是相互联系、和谐一致的,它们组成一个逻辑严密的体系。宪法是法律体系统一的基础。(3)有效性。各法律部门是现行有效的法律,不包括失效的法律和尚未制定的法律。(4)稳定性。各法律部门之间的联系以及法律部门与法律体系之间的联系在一定历史时期内没有较大的变化,或者变化比较缓慢。

中国的法律体系比较特殊和复杂。中国是包括内地和港澳台等领土在内的尚未完全统一的国家。中国内地、香港、澳门组成以《宪法》为基础的中华人民共和国法律体系。在这个法律体系之中,还存在着中国内地社会主义法律体系、香港法律体系和澳门法律体系三个子体系。后两者分别以《香港特别行政区基本法》和《澳门特别行政区基本法》为基础。除此以外,还有台湾法律体系。台湾法律体系与其他法律体系处于分离状态。可以这样说,中国的法律体系尚未统一。本书主要介绍中国内地社会主义法律体系。

(二)法律部门的含义和划分情况

法律部门,又称部门法,是按照一定的标准对构成法律体系的法律所作的分类;它们是同类法律规定的集合,是法律体系的组成单位。将法律体系划分为不同的法律部门,可以为人们认识、查找、运用法律提供方便。

在表现形式上,部门法由多个规范性法律文件组成,规范性法律文件是部门法的载体。但是一些部门法可能还包括一些不成文的规定,也就是在法律实践中通行的、被国家认可的实际做法,即习惯法。另外,还有可能出现这样的情况,即在一个规范性法律文件中,有些法律规范属于某个部门法,而另一些法律规范可能属于另一个部门法。所以,尽管从整体上将该规范性法律文件归属于某一个部门法,但是这并不意味着该文件包含的所有规范都属于这个法律部门。

划分部门法的标准有两个:(1)首要标准是法律的调整对象,即不同的社会关系;(2)次要标准是法律的调整方式,即法律影响社会关系的手段。

根据这两个标准,把中国(内地)的法律体系划分为九个部门法(法律部门)。它们分别是:

1. 宪法

作为一个法律部门的宪法是指调整国家与公民之间关系以及国家机关之间关系的根本性问题的法律。它包括以下规范性法律文件:(1)《宪法》及其修正案;

(2) 国家机构组织法和选举法;(3) 公民基本权利和义务法;(4) 民族区域自治法;(5) 特别行政区基本法;(6) 立法法;(7) 授权法;(8) 国旗、国徽法;(9) 国籍法;(10) 其他宪法性法律。

在中国法学和法律实践中,宪法是一个多义词。它有时候指一个法律部门,有时候指一种法律形式或法律渊源,即作为根本法的《宪法》。显然,作为一个法律部门的宪法与作为一种法律形式或法律渊源的宪法是不同的,前者包括后者但不限于后者。

2. 行政法

行政法是调整行政关系的法律规范的总称。进一步说,行政法是调整行政组织、职权,行使职权的方式、程序以及对行使行政职权的监督等行政关系的法律规范的总称。

作为一个法律部门的行政法与作为一种法律形式或法律渊源的行政法规或行政规章是不同的。行政法是指在内容上调整同类社会关系,即行政关系的法律规范的总称,而行政法规是指在渊源上由国务院制定和颁布的,因而具有相同效力的规范性法律文件,行政规章则是国务院各部委制定的部门规章、地方人民政府制定的地方政府规章的合称。从渊源上看,行政法既渊源于行政法规和行政规章,也渊源于法律、地方性法规、自治条例和单行条例等其他法律形式。从内容上看,行政法规和行政规章不仅包括行政法规范,而且包括经济法、社会法、环境法规范,甚至包括民法规范。

3. 民商法

民法是调整平等主体的公民之间、法人之间、公民与法人之间的人身关系和财产关系的法律规范的总称。调整对象为平等主体之间的人身关系和平等主体之间的财产关系。商法是调整商事组织和商业活动的法律规范的总称。在中国,一些学者认为存在着独立的商法部门;另一些学者则认为,商法是民法的组成部分,服从民法的一般原理。

目前中国尚未出台《民法典》。民法这个部门法主要由一系列的调整民事关系的规范性法律文件组成。其中,《民法通则》规定了民事关系的一般原理,是民法的纲领性文件。其他还有《合同法》、《著作权法》、《专利法》、《商标法》、《婚姻法》、《继承法》、《担保法》等。这些规范性法律文件当然可以适用于商事组织和商业活动,但是还有一些专门调整商事组织和商业活动的规范性法律文件,例如《公司法》、《证券法》、《票据法》、《保险法》、《海商法》、《破产法》、《对外贸易法》等。这些规范性法律文件属于商法。

4. 经济法

经济法是调整国家在宏观经济管理过程中所发生的社会关系的法律规范的总称。不能简单地认为经济法就是调整经济关系的法律。民(商)法也调整经济关系。大致说来,平等主体之间的经济关系属于(商)法的调整范围,不平等主体之间的经济关系,即国家对社会的经济活动进行管理所发生的经济关系,属于经济法的调整范围。

属于经济法的规范性法律文件的数量非常大,主要有《预算法》、《审计法》、《全民所有制工业企业法》、《城镇集体所有制企业条例》、《农业法》、《人民银行法》、《反不正当竞争法》、《价格法》、《产品质量法》、《消费者权益保护法》、《税收征收管理法》、《个人所得税法》等。

5. 刑法

刑法是关于犯罪与刑罚的法律规范的总称。这一部门法的规范主要包含在《刑法》之中,这部刑法是1979年7月1日第五届全国人民代表大会第二次会议通过,1997年3月14日第八届全国人民代表大会第五次会议修订。这部规范性文件修订之后,为了适应惩治犯罪的需要,全国人民代表大会常务委员会还通过了一些关于刑事法律问题的决定和刑事立法解释,如《关于惩治骗购外汇、逃汇和非法买卖外汇犯罪的决定》、《取缔邪教组织、防范和惩治邪教活动的决定》、《中华人民共和国刑法修正案》、《中华人民共和国刑法修正案(二)》、《中华人民共和国刑法修正案(三)》、《中华人民共和国刑法修正案(四)》、《中华人民共和国刑法修正案(五)》、《关于〈中华人民共和国刑法〉第93条第2款的解释》等。

6. 社会法

社会法是旨在保障社会的特殊群体和弱势群体的权益的法律,又称为劳动与社会保障法。它包括以下规范性法律文件:《劳动法》、《未成年人权益保护法》、《妇女权益保障法》、《老年人权益保障法》、《归侨侨眷权益保障法》等。

7. 环境法

环境法包括环境保护法和自然资源法。环境保护法是指保护人们的生存环境、防治污染、促进可持续性发展的法律规范的总称,主要包括《环境保护法》、《海洋环境保护法》、《水污染防治法》、《大气污染防治法》、《野生动物保护法》等。自然资源法是指调整各种自然资源的开发、利用、规划、保护等方面关系的法律,主要有《森林法》、《草原法》、《渔业法》、《矿产资源法》、《煤炭法》、《土地管理法》、《水法》、《水土保持法》等。

8. 程序法

程序法包括诉讼程序法和非讼程序法。诉讼程序法是指调整有关诉讼活动关系的法律规范的总称,包括《民事诉讼法》、《刑事诉讼法》和《行政诉讼法》。非讼程序法一般指诉讼程序法之外、与预防或解决纠纷有关的程序法律,主要包括《仲裁法》、《人民委员会调解条例》和《公证暂行条例》等。一般认为,行政程序法属于行政法。

9. 军事法

军事法是调整国防建设和军事方面关系的法律规范的总称。这方面的规范性法律文件主要有《国防法》、《兵役法》、《军事设施保护法》、《防空法》等。另外,《刑法》第7章规定了"危害国防利益罪",第10章规定了"军人违反职责罪"。这两章的规定也是军事法的重要组成部分。

图表1-3 中国(内地)法律体系的纵向剖面图

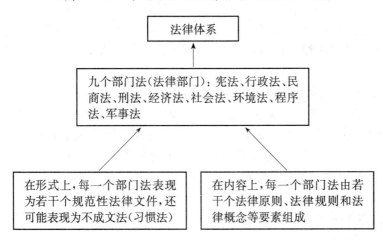

第三节 法律的实施

一、法律实施的含义和意义

法律实施是指人们在社会生活中实际施行法律、运用法律的活动。法律实施主要有法律遵守(守法)、法律执行(执法)和法律适用(司法)三种方式。

法律实施与法律实效有密切的关系,法律实效是指法律被实施的状态和程度,法律在人们行动和社会秩序中的实际体现,是法律实施的结果。一部具有效力的规范性法律文件应当得到全面、切实的实施,但是任何法律的实施都不可能达到百分之百的程度和效果。法律实施的目的就是全面、切实地落实法律规定,提高法律实效。

法律实施是法律运行的重要环节。法律运行不仅指法律系统内立法、司法、执法、守法和法律监督一整套的环节和过程,而且还包括法律系统与社会系统之间的相互作用关系。

法律实施具有重要的意义。法律实施是使法律发挥作用、建立法律秩序的必要方式。法律制定的目的在于通过法律调整社会生活。然而如果没有法律实施,就根本达不到这个目的,法律成为一纸空文。如果法律实施不能获得很好的法律实效,也不能充分地实现法律制定的目的。法律实施还是法律的存在和发展的重要条件。法律的生命在于实施。只有在法律实施中才有可能发现法律中存在的问题,才有可能促进法律的完善。

二、法律实施的方式

(一)法律遵守(守法)

法律遵守,也称守法,是指公民、社会组织和国家机关以法律作为自己行动的准则,按照法律行使权利(职权)、履行义务(职责),是人们将法律施行于自身的活动。

《宪法》第5条规定:"一切国家机关和武装力量、各政党和各社会团体、各企业事业组织都必须遵守宪法和法律。一切违反宪法和法律的行为,必须予以追究。任何组织或者个人都不得有超越宪法和法律的特权。"除了享有外交特权和豁免权的外国人以外,一切个人和组织都有遵守法律的义务,违反了法律,都应当承担法律责任。国家机关和国家工作人员除了应当严格地执行法律或适用法律以调整社会生活外,它们的执法或司法行为本身以及其他的行为,都应当符合法律。即使是立法机关,即人民代表大会,也应当遵守法律,比如应当在立法活动中遵守《宪法》和《立法法》等法律。

每一个个人和组织都应当将涉及自身的法律施用于自身。当然,不同的主体需要遵守的法律是不尽相同的。对于一个国家工作人员来说,他不仅需要遵守一个普通公民需要遵守的法律,而且还需要遵守有关国家工作人员的法律。

守法是法律实施的重要方式,是建立法律秩序的基础。如果没有大多数人的自觉守法行为,仅靠法律实施机构是不可能建立起法律秩序的。如果国家机关和国家工作人员不能自觉地遵守法律,它们也不可能将法律严格地实施于社会。

(二)法律执行(执法)

法律执行,简称执法,有广义和狭义之分。广义的执法指国家机关(行政机关和司法机关)执行法律的活动。狭义的执法仅指国家行政机关运用法律管理社会的活动。通常作狭义解。

在中国,各级人民政府及其所属的职能部门是行政机关,负有执行法律的职权和职责。各级人民政府包括中央人民政府和地方各级人民政府,各种职能部门例如公安、工商、税务、卫生、教育、民政等部门。经过法律、法规授权的行政机构和非行政组织也可以成为执法的主体。有关执法主体的详细规定,见第三章"行政法"的有关内容。

在各级人民政府内部,不同的职能部门存在分工与合作的关系,因此不同的执法主体有不同的所执行的法律,也有需要联合执行的法律。一般而言,主要是行政法、经济法、社会法、环境法等。公安部门还需要执行刑事诉讼法的部分规定。

与司法活动相比,执法主要是运用法律管理社会的活动,这种活动不像法院的司法活动那样以社会纠纷的存在为必要前提。当然,为了更好地管理社会,执法机关也可能附带进行一些解决社会纠纷的活动。上下级执法机关之间以及执法机关与其内部的工作人员之间是领导与被领导的关系。由于执法是管理社会的活动,在一般情况下,执法机关主动、积极地执行法律,无需行政相对方的请求。同时,执法机关可以依法单方面作出行政决定以执行法律,法律一般不要求执法机关在作出行政决定时要设置类似法庭辩论那样的程序。行政机关的执法活动侧重效率,要在法律的框架内迅速、灵活地反映形势的变化和社会的要求。

执法活动应当符合以下原则:(1)执法法治原则。执法机关实施任何执法行为均要遵循法定权限、法定实体规范和法定程序规范;对侵权行为承担法律责任;保护人权,维护公民的合法权益。(2)执法公正原则。执法机关应当在法律规范的框架内能够公平、恰到好处地行使执法权力。(3)执法公开原则。执法决定、过程、信息都应公开;执法机关要接受公开监督。(4)执法效率原则。执法机关应当尽可能减少不必要的人力物力耗费,以实现执法效益的最大化。

(三)法律适用(司法)

1. 法律适用的主体和内容

法律适用通常指国家司法机关根据法定职权和法定程序,运用法律处理案件、解决纠纷的活动。应注意的是,仅就"适用"一词而言,它有时指司法机关运用法律处理案件的活动,有时则泛指法律的实施和运用活动。在中国,司法机关包括人民检察院(检察机关)和人民法院(审判机关)。

人民检察院主要适用刑法和刑事诉讼法。根据刑事诉讼法侦查案件、提起公诉,根据刑事诉讼法和刑法决定是否立案、是否提起公诉、拟定何种罪名请求人民法院追究犯罪嫌疑人的责任。人民法院在审判工作中几乎会涉及到一切法律,在刑事案件的审判中适用刑法,在民事案件的审判中主要适用民法,在行政案件的审判中则可能涉及到行政法、经济法、社会法、环境法等法律。军事法院适用军事法以及刑法中有关军事刑法规定的内容。在中国,法院并不适用宪法。

(1)人民法院

人民法院是国家的审判机关,适用法律审理和裁决各种案件。最高人民法院是国家最高审判机关,监督地方各级人民法院和专门人民法院的审判工作。在最高人民法院之下,还有高级人民法院、中级人民法院和基层人民法院三级法院。其中高级人民法院包括各省高级人民法院、各自治区高级人民法院和各直辖市高级人民法院。在一个省、自治区或直辖市内,设立一个高级人民法院。中级人民法院包括在省、自治区内按地区设立的中级人民法院,在直辖市内设立的中级人民法院,省、自治区辖市(地级市)的中级人民法院和自治州中级人民法院。基层人民法院包括县人民法院、(县级)市人民法院、自治县人民法院和市辖区人民法院。除此之外,还有军事法院和铁路运输法院等专门人民法院。同级法院之间以及不同级别的法院之间存在着管辖分工关系,见第十章"诉讼法"的有关内容。中国的法院系统概观如下图所示。

图表1-4 中国法院系统概观

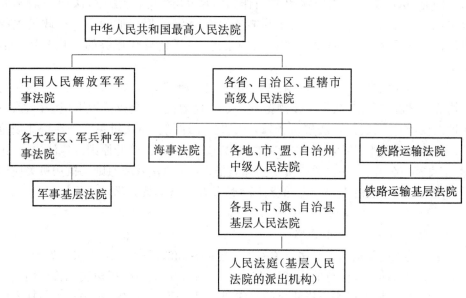

在一个法院内部,设有院长和审判委员会。院长负责法院的行政管理工作。审判委员会一般由院长、副院长和一些庭长组成,总结审判经验,讨论重大、疑难的案件。审判委员会的决定,合议庭必须执行。法院设有立案庭,负责接受起诉状、上诉状和申诉状等,将案件分配到有关审判庭。一般法院都设立民事审判庭、刑事审判庭和行政审判庭,分别审理民事案件、刑事案件和行政案件。有条件的法院可能还设有知识产权庭、青少年法庭等。除了审判庭之外,有些法院还设有审判监督庭,对本院和下级法院的审判活动进行监督。法院设有执行庭,负责执行已经生效的裁判文书。

(2) 人民检察院

人民检察院是国家专门的法律监督机关。检察院依法独立行使检察权,负责对贪污贿赂犯罪,国家工作人员的渎职犯罪,国家机关工作人员利用职权实施的非法拘禁、刑讯逼供、报复陷害、非法搜查的侵犯公民人身权利的犯罪以及侵犯公民民主权利的犯罪立案侦查,负责对刑事案件的检察、批准逮捕、提起公诉;负责对刑事诉讼、民事诉讼和行政诉讼实行法律监督。

中国的检察院系统和法院系统相类似,除了不存在与海事法院并列的检察院外,其他情况下,检察院与法院基本上存在着对应关系。全国设立一个最高人民检察院,地方各级人民检察院包括:① 省、自治区、直辖市人民检察院;② 省、自治区、直辖市人民检察院分院,自治州、省辖市人民检察院;③ 县、市、自治县和市辖区人民检察院。另外,还有在最高人民检察院领导下在特定的组织系统内设立的检察机关,包括军事检察院和铁路运输检察院。军事检察院是设立在中国人民解放军的专门法律监督机关,对现役军人的军职犯罪和其他刑事犯罪案件依法行使检察权。铁路运输检察院包括在各铁路局所在地设立的铁路运输检察分院和在各铁路分局所在地设立的基层铁路运输检察院。

各级人民检察院设检察长一人,统一领导检察院的工作。设立检察委员会,检察委员会在检察长的主持下,讨论决定重大案件和其他重大问题。一般检察院还设有举报中心、反贪污贿赂局、控告申诉检察部门、渎职侵权检察部门、侦查监督部门、公诉部门、监所检察部门、民事行政检察部门等。

2. 司法制度

(1) 两审终审制

人民法院审判案件,实行两审终审制。地方各级人民法院第一审案件的判决和裁定,当事人可以按照法定程序向上一级人民法院上诉,人民检察院可以按照法定程序向上一级人民法院抗诉。地方各级人民法院第一审案件的判决和裁定,如果在上诉期限内当事人不上诉、人民检察院不抗诉,就是发生法律效力的判决和裁定。中级人民法院、高级人民法院和最高人民法院审判的第二审案件的判决和裁定,最高人民法院审判的第一审案件的判决和裁定,都是终审的判决和裁定,也就是发生法律效力的判决和裁定。

(2) 审判监督制

各级人民法院院长对本院已经发生法律效力的判决和裁定,如果发现在认定事实上或者在适用法律上确有错误,必须提交审判委员会处理。最高人民法院对各级人民法院已经发生法律效力的判决和裁定,上级人民法院对下级人民法院已经发生法律效力的判决和裁定,如果发现确有错误,有权提审或者指令下级人民法院再审。最高人民检察院对各级人民法院已经发生法律效力的判决和裁定,上级人民检察院对下级人民法院已经发生法律效力的判决和裁定,如果发现确有错误,有权按照审判监督程序提出抗诉。各级人民法院对于当事人提出的对已经发生法律效力的判决和裁定的申诉,应当认真负责处理。

3. 司法原则

(1) 司法公正

司法公正是实体公正与程序公正的统一。实体公正是指司法机关严格按照实体法的标准处理案件,作出了公正的决定。程序公正是指司法机关严格地按照程序法,作出有关决定。司法公正还要求司法机关在法律规定的框架内尽可能地使司法决定具有合理性,恰当地行使自由裁量权。

(2) 以事实为根据,以法律为准绳

以事实为根据,就是司法机关处理一切案件,都只能以与案件有关的客观事实作为根据,而不能以主观臆断作根据。以法律为准绳,要严格依照法律规定办事,既要符合实体法又要符合程序法。这也是司法公正的要求。

(3) 公民在法律面前一律平等

法律对于全体公民,不分民族、种族、性别、职业、社会出身、宗教信仰、财产状况,都是统一适用的。任何公民的权利都受到法律的平等保护,同时任何人的违法犯罪行为都受到法律的追究。在诉讼活动中,要切实保障诉讼参加人依法享有诉讼权利。

(4) 司法机关独立行使职权

国家的司法权只能由国家各级审判机关和检察机关行使,其他任何机关、团体和个人都无权行使此项权力;人民法院、人民检察院依法独立行使职权,不受行政机关、社会团体和个人的非法干涉;司法机关处理案件必须严格依照法律规定,准确适用法律,不得滥用职权,枉法裁判。

(5) 国家赔偿与司法责任

国家对于国家机关及其工作人员违法行使职权,侵害公民、法人和其他组织合法权益的行为,承担赔偿责任,并追究违法行使职权的国家机关或工作人员的法律责任。

(四) 法律执行与适用的一般过程

在一般情况下,法律执行和法律适用的过程分为以下这些环节或步骤:

(1) 调查、分析事实。

(2) 选择要执行或适用的法律规范。在中国,主要在制定法(规范性法律文件)中寻找合适的规范。有关这一环节,详见本节关于"法律渊源"部分。

(3) 分析法律规范的含义,针对事实作出确切的解释。有关这一环节,详见本节关于"法律解释"部分。

(4) 作出法律决定,产生非规范性法律文件。

(5) 将法律决定(行政决定书和司法判决书等非规范性法律文件)送达有关人员、组织或机关。

(6) 执行法律决定。

(7) 检查和监督法律决定的执行情况。

(五) 法律实施的其他方式

1. 仲裁

仲裁是指当事人达成书面协议或者根据法律规定,将争议交由仲裁机关居中裁判、解决纠纷。中国仲裁种类很多,主要有国际贸易仲裁、海事仲裁、劳动争议仲裁等。

作为一种解决纠纷的方式,仲裁所处理的是民商事纠纷;在实体上主要依据中国民商法、有关冲突法规范所确定的法律或当事人所选择的法律,程序上依据有关仲裁法。一般而言,仲裁以当事人自愿为前提,如果双方没有仲裁协议,仲裁机关不受理一方当事人的仲裁请求。如果双方缔结仲裁协议,法院不受理一方当事人的起诉。仲裁机关一般采用不公开的方式处理纠纷,其他人不得旁听。仲裁裁决具有法律约束力,且是终局的,当事人不能向法院提起上诉。当事人选择仲裁机关解决纠纷,一般是因为仲裁的程序简便,费用较低。

2. 调解

调解是指中立的第三方在当事人之间调停疏导,帮助交换意见,提出解决建议,促成双方化解矛盾的活动。在中国,调解主要有四种形式:诉讼调解(法院在诉讼过程中的调解)、行政调解(行政机关在执法过程中的调解)、仲裁调解(仲裁机关在仲裁过程中的调解)和人民调解(群众性组织即人民调解委员会的调解)。

作为一种解决纠纷的方式,调解所处理的是民商事纠纷以及行政诉讼中有关赔偿数额的纠纷;在实体上依据中国民法、当地合法的习惯和当事人的意愿,在程序上不同形式的调解依据不同的法律。调解以当事人自愿为前提,具有居间性质,帮助当事人作出决定。作为调节结果的调解协议书具有一定的法律效力。

三、法律渊源

(一)法律渊源的含义和类别

1. 含义

法律渊源即法律的来源,是指国家机关、公民和社会组织为寻求行为的根据而获得具体法律的来源,有时简称"法源"。一个法官,面临一个已经认定事实的案件,应当根据什么来判定当事人的责任,从何处寻找根据?他所寻求到的地方即是法律的渊源。法律渊源是一个与法律实施有密切关系的概念。

法律渊源有时候引申为法律形式,也就是法律的表现形式。法律的表现形式主要有制定法(成文形式)、习惯法(不成文形式)和国际法(国际条约、协定与惯例形式),在有的国家还有判例法(判例形式)。在制定法中,又存在着各种不同的法律形式,例如宪法、法律、行政法规、地方性法规、行政规章、自治条例和单行条例等。不同形式的法律表明不同的法律渊源。

2. 类别

法律渊源分为两类:正式的法律渊源与非正式的法律渊源。这两类渊源构成法律实施者获得有关决定或行为的正当性根据的来源。

（1）正式的法律渊源。指对于国家机关、公民和社会组织具有约束力的渊源。这种渊源是国家机关必须用来作为处理问题的根据，而不能回避的某些规定，是公民和社会组织寻求国家保护或者避免受到国家制裁的行为准则。例如各种制定法、习惯法、国际条约等。

（2）非正式的法律渊源。指对于国家机关、公民和社会组织具有说服力而无约束力的某些规则、原则或观念。这种渊源对于国家机关、公民和社会组织从事某种具有法律后果的行为起着参考作用。例如正义或公平观念、公共政策、习惯、事物性质、权威性法学著作（法理）等。

正义，即一个社会流行的正义观念，或者是法律实施者所理解的正义观念，事实上总是后者。公共政策是有关必须达到集体目的或目标的一种政治决定，这种决定一般来说旨在改善经济、政治或者社会的境况，或旨在促进整个社会的某种集体目标的实现。事物性质实际上是一种知识，或人们对事物内在规律的认识。人们有时候根据这种认识来确定某一个法律规定的意思，或者根据这种认识作出判决。权威性法学著作（法学家阐述的法理）可以成为非正式的法律渊源，对一些疑难案件，法官可能会参考法学著作来作出判决。

（3）判例。对于判例，必须分别来看。在民法法系，判例是非正式的法律渊源，除了个别情况外，理论上不承认判例具有约束力。在普通法法系，判例是正式的法律渊源，即判例法。

（4）两种渊源在法律实施过程中的关系。在法律实施过程中，正式的法律渊源与非正式的法律渊源的地位和作用是不同的，正式的法律渊源占主导的地位，发挥着主要的作用。它们之间的关系有三种情况。第一，当一种正式法律渊源为某一法律问题提供了一个明确的答案时，在绝大多数情况下就勿需也不应当再去考虑非正式法律渊源了；第二，当某一法律规定出现模棱两可、含糊不定的表达时，也就是出现多种解释的可能性时，非正式法律渊源可以被用来确定一种更加合理的含义或解释；第三，当正式法律渊源根本没有涉及案件中需要解决的问题时，如果必须要解决问题，就必然要依赖非正式的法律渊源。

但是，在实际的法律实施过程中，很少出现这样的情况，即正式的法律渊源足够明确，排除法律实施者作任何思考或裁量的可能，因为法律总是包含着或多或少的裁量余地。但是也很少出现这样的情况，即正式的法律渊源完全或根本没有涉及到需要处理的问题，因为即使法律规则没有涉及该问题，但是具有较宽涵盖范围的法律原则可能涉及该问题，提供了处理该问题的比较概括、抽象的指导性规范。所以，在大部分情况下，法律实施者都要以正式的法律渊源为指导，将正式的法律渊源与非正式的法律渊源结合起来考虑，最终为具体事务的处理和具体案件的解决寻找一个妥当的办法。这种思维过程如下页图所示：

图表1-5 法律实施者的思维过程

(二)中国的法律渊源
1. 正式的法律渊源
(1)制定法是主要的法律渊源

制定法主要包括宪法、法律、行政法规、地方性法规、自治条例和单行条例、部门规章和地方政府规章等。

宪法,即根本法,是指全国人民代表大会制定的《宪法》。

法律包括全国人民代表大会制定的基本法律和全国人民代表大会常务委员会制定的基本法律以外的法律。

行政法规指国务院制定和颁布的各种规范性法律文件。

地方性法规指省、自治区、直辖市以及较大的市的人民代表大会及其常务委员会制定和颁布的规范性法律文件。

自治条例和单行条例指民族自治地方(自治区、自治州、自治县)的人民代表大会制定和颁布的规范性法律文件。

部门规章指国务院各部、委员会、中国人民银行、审计署、具有行政管理职能的直属机构在各自权限范围内制定和颁布的规范性法律文件。

地方政府规章指省、自治区、直辖市以及较大的市的人民政府制定和颁布的规范性法律文件。

在中国的司法实践中,在作为正式法律渊源的制定法中,存在着第一位的法律渊源与第二位的法律渊源的区别。法律、行政法规、地方性法规、自治条例和单行条例是第一位的法律渊源;部门规章和地方政府规章是第二位的法律渊源。人民法院以第一位的法律渊源作为审判依据,以第二位的法律渊源作为参照。所谓"参照",意味着人民法院对这些法律渊源进行合法性与合理性的审查。对于合法、适当的规章,人民法院予以参照适用,并在判决书中加以援引。对于被认为不合法或不适当的规章,人民法院虽然不宣布其无效,但是不加以适用。

另外,军事法规和军事规章是军事执法机关和司法机关所运用的法律渊源。

(2)习惯法是补充性的法律渊源

在一些少数民族聚居地区,习惯法是补充性的法律渊源。习惯法可以在某种程度上变通或补充制定法的规定,但是不能违背制定法的基本原则。

(3) 中国缔结或加入的国际条约和协定

国际条约是指国与国之间双边或多边的协定,虽然不属于国内法,但是具有约束一国机关和人们行为的效力,因此也是一个国家的法律渊源之一。中国缔结或加入的国际条约对中国的国家机关具有约束力。例如中国法院在审理涉及国际条约的涉外案件时要适用有关国际条约。

另外,在香港和澳门特别行政区,基本法、在特别行政区实施的全国性法律、所保留的原有法律和回归后产生的法律是主要法律渊源。

2. 非正式的法律渊源

一般认为,在中国,运用较多的非正式法律渊源主要有以下三种。

(1) 习惯

习惯是指社会上通行的、为人们实际遵守的比较明确的常规性做法。习惯不是指个人生活习性。习惯也不同于习惯法,但是习惯与习惯法之间随着时间的推移而互相转换。习惯与道德也不完全相同,习惯可能是与道德观念无涉的,而更多的与便利有关。人民法院在审判过程中,可能会参考当地习惯作出法律决定。在调解过程中,习惯发挥着更大的作用。

(2) 政策

这里政策不仅包括国家政策和执政党政策,还包括没有立法权的国家机关制定的规范性文件。虽然各种社团、组织都会有自己的政策,但是只有国家政策和执政党政策才会成为法律的渊源。政策与法律都具有普遍性,但是政策不是经过立法程序产生的,具有较强的灵活性,弹性很大。比如某一时期"从重从快"即是适应严厉打击某种刑事犯罪的政策。

(3) 案例

具有典型意义和示范作用的判决书在中国称为案例。《最高人民法院公报》经常从全国各地法院的生效判决书中选择一些案例加以刊载,供法官们在处理类似案件时参考。

四、法律解释

(一) 法律解释的含义和类别

1. 含义

法律解释就是一定的组织或人对法律规定含义的说明。法律规定大多表现为语言文字,语言文字具有一定的弹性和模糊性,为了消除由于语言文字的这种性质而造成的理解上的歧义,就必须进行解释以尽可能澄清法律规定的意思。同时,法律规定一旦制定,就趋于停滞,因而与社会的变化发展之间存在着一定的距离。法律解释可以弥合或缩短这种距离。法律解释是与法律实施密切相关的现象。法律解释总是发生在法律实施的过程中,并且是为了更好地实施法律。

2. 类别

(1) 规范性解释(或法定解释)

是指由特定的国家机关、官员或者其他有解释权的人对法律规定所作的具有普遍法律效力的解释。这种解释往往体现为规范性的解释文件。例如,2001年12月24日由最高人民法院审判委员会第1 202次会议通过的《最高人民法院关于适用〈中华人民共和国婚姻法〉若干问题的解释(一)》。这个解释文件共34条,是最高人民法院为了正确审理婚姻家庭纠纷案件,根据《婚姻法》、《民事诉讼法》等法律的规定,对人民法院适用婚姻法的有关问题所作出的解释。第1条对"家庭暴力"作了解释:"婚姻法第3条、第32条、第43条、第45条、第46条所称的'家庭暴力',是指行为人以殴打、捆绑、残害、强行限制人身自由或者其他手段,给其家庭成员的身体、精神等方面造成一定伤害后果的行为。持续性、经常性的家庭暴力,构成虐待。"

(2) 非规范性解释(或个案解释)

是指国家机关或者国家官员在处理实际问题的过程中对法律规定所作的不具有普遍法律效力的解释。

相比之下,规范性解释是一种制度化的解释,为解释体制所规定;非规范性解释是一种弥散性的解释,没有为制度所规定,但是在法律实施中必然会发生。任何一个执行法律和适用法律的人所执行或适用的法律都是经过他解释后的法律,这种解释发生在每一个执法与司法的过程中。

非规范性解释对于个案来说具有约束力,但是它本身往往是潜在的、没有形诸文字的。这种解释要受到规范性解释的制约,但是规范性的解释也要受到它的再解释。例如,上述规范性解释文件的第1条中"一定的伤害后果"等表述必须经过再解释才能够应用于个案之中。语言永远不能穷尽具体现象,也永远不能囊括事物的变化。

(3) 论理性解释(或学理解释)

是指学者、其他社会成员和社会组织根据自己的认识对法律规定所作的不具有法律效力的解释。

论理性解释不能当然约束对个案的处理,其作用主要在于通过对话和交流说服其他人。论理性解释虽然不具有法律效力,但是社会成员比较一致的论理性解释可以制约国家机关和国家官员对法律所作的规范性或非规范性的解释。

(二) 中国的法律解释(规范性解释)体制

中国的法律解释(规范性解释)体制主要是根据《宪法》、《立法法》和全国人民代表大会常务委员会《关于加强法律解释工作的若干规定》形成的。

1. 立法解释

立法解释即全国人民代表大会常务委员会所进行的解释。它包括对宪法的解释和对法律的解释,这里所说的法律是狭义的法律,即全国人民代表大会制定的基本法律和全国人民代表大会常务委员会制定的基本法律以外的法律。

《宪法》第 67 条赋予全国人民代表大会常务委员会解释宪法和监督宪法的实施等职权。但是《宪法》没有明确规定全国人民代表大会常务委员会解释宪法的权限。《立法法》第 42 条规定:"法律解释权属于全国人民代表大会常务委员会。法律有以下情况之一的,由全国人民代表大会常务委员会解释:(一)法律的规定需要进一步明确具体含义的;(二)法律制定后出现新的情况,需要明确适用法律依据的。"

国务院、中央军事委员会、最高人民法院、最高人民检察院和全国人民代表大会各专门委员会以及省、自治区、直辖市的人民代表大会常务委员会可以向全国人民代表大会常务委员会提出法律解释要求。常务委员会工作机构研究拟订法律解释草案,由委员长会议决定列入常务委员会会议议程。法律解释草案经常务委员会会议审议,由法律委员会根据常务委员会组成人员的审议意见进行审议、修改,提出法律解释草案表决稿。法律解释草案表决稿由常务委员会全体组成人员的过半数通过,由常务委员会发布公告予以公布。全国人民代表大会常务委员会的法律解释同法律具有同等效力。

在实践中,立法解释比较少,而且哪些是对宪法的解释、哪些是对法律的解释、哪些是有关法律问题的决定三者之间并不能很清晰地区分开来。学者之间比较认同以下一种规范性文件是对《宪法》的解释,即 1983 年 9 月 2 日,全国人民代表大会常务委员会通过的《关于国家安全机关行使公安机关的侦查、拘留、预审和执行逮捕的职权的决定》属于宪法解释。全国人民代表大会常务委员会的这一决定实际上是对 1982 年《宪法》第 37、40、135 条内容的具体解释。因为《宪法》在这些条文中仅仅规定了"公安机关"的有关职权。

2. 司法解释

司法解释即国家最高司法机关所作的解释,是指国家最高司法机关在适用法律过程中对具体应用法律问题所作的解释。根据主体的不同,司法解释分为两种情况:(1) 审判解释,即最高人民法院对人民法院在审判过程中具体应用法律问题所作的解释;(2) 检察解释,即最高人民检察院对人民检察机关在检察工作中具体应用法律问题所作的解释。地方各级人民法院和各级人民检察院都没有法定的解释权力,它们在工作中遇到法律解释问题,可以报请最高人民法院或最高人民检察院进行解释。当最高人民法院与最高人民检察院的解释出现冲突时,报请全国人民代表大会常务委员会解释或决定。

在实践中,最高人民法院和最高人民检察院为了更好地协调和配合,统一认识,提高工作效率,有时候联合发布司法解释。有时候最高人民法院或最高人民检察院或者它们一起还联合其他国家机关发布有关法律解释。例如 1998 年 1 月 19

日最高人民法院、最高人民检察院、公安部、国家安全部、司法部、全国人民代表大会常务委员会法制工作委员会联合发布的《关于刑事诉讼法实施中若干问题的规定》。近年来,最高人民法院在许多涉及数额、情节、后果的法律适用问题的司法解释中,特别授权"各省、市、自治区高级人民法院可以根据经济状况制定具体的数额标准"。这样,各省、市、自治区高级人民法院就成了被授权的法律解释主体。

司法解释的对象是审判和检察工作中适用的法律。这里的法律也是狭义的法律。其权限是将一般性的法律规定具体化。但是在实践中,司法解释有时突破这个权限,例如司法解释弥补法律规定的疏漏,明确在新的情况下原有规定的适用范围。

检察解释的效力与审判解释的效力是相同的。根据《最高人民法院关于司法解释工作的若干规定》,审判解释以在《人民法院报》上公开发布的日期为生效的时间,但审判解释专有规定的除外;审判解释在颁布了新的法律,或者在原法律修改、废止,或者制定了新的审判解释后,不再具有法律效力;审判解释与有关法律规定一并作为人民法院判决或者裁定的依据时,应当在司法文书中援引;援引审判解释作为判决或者裁定的依据,应当先引用适用的法律条款,再引用适用的审判解释条款。

审判解释主要有三种形式:"解释"、"规定"、"批复"。(1)对于如何应用某一法律或者对某一类案件、某一类问题如何适用法律所作的规定,采用"解释"的形式。(2)根据审判工作需要,对于审判工作提出的规范、意见,采用"规定"的形式。(3)对于高级人民法院、解放军军事法院就审判工作中具体应用法律问题的请示所作的答复,采用"批复"的形式。三种形式的司法解释都是规范性解释,具有普遍的法律效力。

3. 行政解释

行政解释是指国务院及其主管部门对有关法律、行政法规和部门规章的解释。它包括两种情况。第一种是对不属于审判和检察工作中的法律的解释。比如国家技术监督局在"技监局发(1990)485 号"、"技监局发(1992)491 号"文件中,对《产品质量法》所规定的"违法所得"的确定和计算方法所作的解释。第二种是对国务院的行政法规、各主管部门的部门规章的解释。一般而言,国务院不会解释所属部门的部门规章,各主管部门可以解释有关法律、行政法规和部门规章。

在原则上,国务院及其主管部门对自己所制定的行政法规和部门规章既可以作具体化的解释,也可以通过解释作补充规定或者明确界限,但是对法律只能作具体化的解释。

4. 地方国家机关的解释

地方国家机关的解释分为地方国家权力机关的解释和地方国家行政机关的解释。地方国家权力机关的解释是指,对于属于地方性法规条文本身需要进一步明确界限和作补充规定的问题,由制定该法规的地方国家权力机关的常设机关进行解释和作出规定。地方国家行政机关的解释是指,对属于地方性法规如何具体应用的问题,由制定该法规的地方国家权力机关的同级人民政府进行解释。

5. 各种规范性解释在法律渊源中的地位

全国人民代表大会常务委员会对宪法和法律的解释是正式的法律渊源。最高人民法院和最高人民检察院对法律所作的司法解释是正式的法律渊源,在司法实践中发挥着重大作用。其他有立法权的主体对自己所制定的法律的解释是正式的法律渊源;但是对于它们在具体应用上位法过程中对上位法作出的解释,人民法院要附带进行司法审查,如果发现它们的解释不符合法律原意,虽然不宣布其无效,但是不加以适用,或者以司法解释取而代之。

(三)法律解释的方法

不论是规范性解释、非规范性解释,还是论理性解释都需要运用一定的法律解释方法。法律解释的方法主要有文义解释、历史解释、体系解释、比较法解释和目的解释等。

1. 文义解释

文义解释即根据词语的字面含义来确定法律的意思。在一般情况下,可以根据词语的日常含义来确定法律的意思。但是在特定情况下,需要根据词语的特定含义来确定法律的意思。例如《婚姻法》所说的"子女"、"父母"和"兄弟姐妹"的含义,就不同于它们的日常含义。在法律规定中,"子女"包括婚生子女、非婚生子女、养子女和有扶养关系的继子女;"父母",包括生父母、养父母和有扶养关系的继父母;"兄弟姐妹",包括同父母的兄弟姐妹、同父异母或者同母异父的兄弟姐妹、养兄弟姐妹、有扶养关系的继兄弟姐妹。

2. 历史解释

历史解释即根据历史资料来确定法律的意思。历史资料指除了法律文本之外的与文本直接有关的资料,例如立法准备材料(文件、记录以及其他和立法过程有关的材料)、立法说明、立法者的私人材料(谈话记录、回忆录、日记、书信等),乃至立法者当时发表的文章等。有时还可以通过将新的规范与旧的同类规范进行对照、比较,以阐明法律的意思。

3. 体系解释

体系解释是指将被解释的法律规范放在整部法律中,乃至整个法律体系中,联系此规范与其他规范的相互关系来解释法律。比如根据某一法律条文在编、章、节、条、款、项中的前后关联位置,或与相关法律条文的联系,阐明其意旨。

4. 比较法解释

比较法解释是指引用外国的立法条文或者判例作为一项解释因素,用以阐释本国法律规定含义的一种解释方法。运用比较法解释,不能超出本国法律文义的范围,也不应违反本国法律的整体精神或公序良俗。

5. 目的解释

目的解释指根据法律所要实现的目的来确定法律的意思。这里,目的既指法律过去的目的,也指当前的目的。这种解释方法侧重于解释结果的社会影响和社会效果,比较灵活。

一般情况下,在解释法律时,应当首先使用文义解释方法;在通过文义解释仍不能确定法律规定的含义时,可以使用历史解释和体系解释;使用历史解释和体系解释仍不能确定法律规定的含义,可以进一步使用比较法解释和目的解释。但是不论采用何种方法,都不应超出法律规定文义的范围。

五、法律关系

(一) 法律关系的概念和特征

法律关系是法律规范在调整人们行为过程中形成的以法律上的权利义务为表现形式的社会关系。与其他社会关系相比,它具有鲜明的特征:(1)它是以法律为前提而产生的社会关系;(2)它是以法律上的权利义务为内容的,是法律化的社会关系;(3)它是以国家强制力作为保障手段的社会关系。

(二) 法律关系的分类

按照不同的分类标准,法律关系可以有不同的分类。

1. 基本法律关系、普通法律关系和诉讼法律关系

这是按照法律关系所体现的社会内容的性质所作的分类。

基本法律关系是指由宪法或宪法性法律所确认或创立的、直接反映该社会经济制度和政治制度基本性质的法律关系。普通法律关系是指依据宪法以外的法律而形成的,存在于各类权利主体和义务主体之间的法律关系。诉讼法律关系是指依据诉讼法律规范而形成的,存在于诉讼程序之中的法律关系。

2. 平权型法律关系和隶属性法律关系

这是按照法律关系主体的法律地位是否平等而作的分类。

平权型法律关系又称横向法律关系,是存在于法律地位平等的当事人之间的法律关系。隶属型法律关系又称纵向法律关系,是一方当事人可依据职权而直接要求他方当事人为或不为一定行为的法律关系。

3. 绝对法律关系和相对法律关系

这是按法律关系主体是否完全特定化所作的分类。

绝对法律关系是指权利主体特定而义务主体不特定的法律关系,其表现形式是"一个人对一切人"。相对法律关系是指权利主体和义务主体都特定的法律关系,其表现形式是"某个人对某个人"。

此外还可以按照法律的职能将法律关系划分为调整性法律关系和保护性法律

关系;还可以按照部门法进行划分,将法律关系划分为宪法法律关系、行政法律关系、民事法律关系、刑事法律关系、经济法律关系、诉讼法律关系、社会保障法律关系、军事法律关系等。

(三)法律关系的构成要素

法律关系是由主体、内容和客体三部分组成的。

1. 法律关系的主体

法律关系的主体,也即法律关系的参加者,是指在法律关系中享受权利、承担义务的人。

法律对一定社会成员或组织确认为法律关系主体是通过对其能力的确认来完成的。这种能力表现为三个方面:权利能力,也即法律关系主体参加一定法律关系,依法享有权利和承担义务的资格;行为能力,也即法律关系主体能够通过自己的行为享有权利和承担义务的能力;责任能力,也即承担法律责任的能力。

法律关系主体的种类繁多,在我国,概括起来主要有三种:一是自然人,包括我国公民、外国人和无国籍人;二是集体,包括国家机关和社会组织两类;三是国家,国家作为一个整体,在一些法律关系中也可以作为主体存在,如在刑事法律关系中,国家就是追究犯罪分子刑事责任的权力主体。

2. 法律关系的内容

严格来说,法律关系的内容有两个层次:一个是法律关系的法律内容,即法律权利和法律义务;一个是法律关系所具有的社会内容,即实际的社会关系。但是限定在法律这一层面上,我们也可以说,法律关系的内容就是法律权利和法律义务[关于法律权利和法律义务的概念见第一章第一节二(四)]。

法律权利和法律义务相互依存,没有权利就不会有义务,反之亦然;互为界限,权利的范围以义务为界,反之亦然;范围对应,权利义务在社会生活领域中是相互对应的,也即在存在权利的领域必然存在义务,反之亦然;功能互补,即对于实现社会关系的调整来说,它们在功能上是互补的。

3. 法律关系的客体

法律关系的客体,又称权利客体,是指法律关系主体的权利和义务指向的对象。

在现实生活中,由于人们在物质和精神上的需要是多方面的,因而法律关系的客体也是多种多样的。但一般来说,法律关系的客体包括物、非物质财富和行为结果三类。其中物是指物质财富,包括自然物,如森林、河流,也包括人造物,如房屋、汽车;非物质财富是指脑力劳动的知识性成果以及其他与人身相联系的非财产性财富,如文艺作品、商标、公民的肖像、名誉;行为结果,即行为的结果,或者说是行为所造就的状态,如各种服务。

(四) 法律事实

法律关系有一个产生（如签订合同）、变更（如变更合同内容）和消灭（如合同履行完毕）的过程。但是法律关系的产生、变更以及消灭不是随意的，而是必须具备一定的条件，这个条件就是法律事实的出现。所谓法律事实就是指法律规定的，能够引起法律关系产生、变更或消灭的各种事实的总称。其中按照不同的标准，可以对法律事实进行不同的分类。

1. 行为和事件

这是根据是否以主体意志为转移进行的分类。

行为是指主体意志控制下的主体的活动，其中行为又可以分为合法行为和违法行为。前者引起肯定的法律后果，后者引起否定的法律后果。

事件是指不以人的意志为转移的现象，其中事件又可以分为绝对事件和相对事件。前者即与人的意志没有任何关系的完全自然的现象，如自然灾害、人的自然出生和死亡；后者是指人们的一种行为，但该行为的意志与所引起的法律关系没有关联，如劳动者因操作违规在所造成的事故中死亡。

2. 肯定性法律事实和否定性法律事实

这是根据法律关系的产生要求某种现象存在与否进行的分类。

肯定性法律事实是指法律规定该事实出现时才能引起法律关系的事实，如结婚的婚龄要求。否定性法律事实是指对于引起一定法律关系来说必须排除的事实，如结婚要求排除三代以内的直系血亲和旁系血亲。

3. 单一事实和事实构成

这是根据法律关系产生所要求的法律事实的数量进行的分类。

单一事实是指按法律规定，单独能够引起一定法律关系的一个事实，如出生引起父母子女关系，出生就是单一事实。事实构成是指按法律规定，要引起一定法律关系所需要的两个以上的事实群，比如婚姻法律关系的形成需要双方达到婚龄，双方自愿，没有直系血亲三代以内的旁系血亲关系，双方均没有配偶，没有不宜结婚的疾病等一系列法律事实，这就是事实构成。

本 章 小 结

太阳每天东升西落，这是我们长年累月观察得来的知识，掌握了这个知识之后，我们又可以推断未来某一天太阳依然"旦复旦兮"。这个简单的例子说明了一个道理：一般知识来源于特殊知识，但又会对特殊知识具有指导作用。为了更好地了解后面各章（第二章到第十章）"特殊"法律的知识，我们把"一般"法律的知识和原理安排在了第一章。

正如本章的标题所言,本章按照法律的概念、法律的制定和法律的实施这样一个逻辑顺序阐述了"法律的一般原理"。

法律作为一种社会控制手段,古已有之。与其他控制手段(如道德)相比,法律具有自己的特殊性:它是一种调整人们行为的社会规范,由国家制定或认可、以权利、义务和权力为主要内容并且由国家强制力保证实施。它也有自己的构成要素:概念、规则和原则,它们之间相互联系、相辅相成。为了更好地认识它,我们也可以根据不同的标准对其进行不同的分类。

法律不是凭空产生的,而是通过国家的立法活动制定出来的。立法活动是由一定范围内的国家机关按照各自的立法权限(立法体制),在遵循相应的原则、程序和技术的基础上进行。立法活动的结果就是要达到一个由不同效力等级的法律组成的和谐一致、有机联系的法律体系。

法律制定出来后不是为了观赏的,而是为了实施的。法律实施主要有法律遵守(守法)、法律执行(执法)和法律适用(司法)三种方式。为了解决法律的模糊性和滞后性,以更好地实施法律,在法律实施过程中就需要对法律进行解释。而法律实施的结果就是将社会关系转化为法律关系。

【拓展和链接】 中国法理学发展综述

自 1977 年起,中国法学理论工作者不断突破理论禁区,积极参与国家的立法工作,为建设社会主义法治国家做出了一定贡献。法学界先后就国家法制建设中有影响的重要理论特别是法治理论展开了讨论,并取得了较大的进展。

1978 年前后,法学界进行了恢复 1954 年宪法里"法律面前人人平等"原则的讨论。学者们论证说,按照我国宪法和法律的规定,凡属我国公民,一律平等享受他们应该享受的权利,履行他们应该履行的义务。公民在法律面前人人平等,主要指公民在适用法律上一律平等。

70 年代末到 80 年代初,法的阶级性问题引起广泛关注。学者们对长期以来处于主导地位的"法是统治阶级意志的体现"的提法提出质疑。在讨论法的阶级性与社会性、法的阶级性与法的继承性、法的主观意志性与法的客观性等问题的过程中,一致明确承认法的社会性、人民性和继承性,从而限定了法的阶级性的适用领域,客观上论证了法应服从于以经济建设为中心的党的基本路线。

80 年代初,法学界讨论了政策与法律的相互关系,讨论中突出的问题是政策与法律是否需要划分彼此不同的界限。讨论这样的问题有着重要的意义。因为长期以来,在我国的革命和建设事业中,党的政策是党的生命,同时也是人们的行为准则。讨论中,主流的意见是,在我国,法律必须以党的政策为指导,但是,党的政策只能在原则上指导法律,而不能取代法律。根据以往时代的经验,如果党的政策可以取代国家的法律,则不仅会导致法律毫无权威,而且还有可能导致类似"文化大革命"那样的局面。

关于民主与法制的关系,学者们进行了较多的讨论。"文化大革命"结束之后,人们一直在思考如何正确理解民主与法制的关系,学界中方方面面的议论也很多。党的十一届三中全会公报明确提出,"为了保障人民民主,必须加强社会主义法制"。学者们普遍认为,社会主义民主与法制是密切联系在一起的。民主是法制的前提和基础,法制是民主的确认和保障。我们的法制是广大人民意志的体现,不充分发扬社会主义民主,人民的意志就不能充分体现在法律之中。同时,法制又是社会主义民主的确认和保障。没有法律,人民群众的民主权利就很难维护,侵犯民主权利的人就受不到法律制裁,受害者也无法得到法律上的救济。

90年代开始,理论法学经常关心的问题之一是人权问题。在我国,由于某些原因,人权问题长期被认为是资产阶级的口号。90年代末,随着对外宣传的需要,人权问题被再度提出,并逐渐发展成为理论法学的核心概念之一。在讨论中,学者们分别涉及了人权的历史、分类和概念,产生了一批重要的研究人权问题的成果。人权问题的讨论,反映了我国社会的发展需要。

在理论法学关注的问题中,"法治"始终名列前茅。"文化大革命"结束后,人们就一直呼唤法治,希望通过法治使个人权利得到维护,使国家可以长治久安。与社会上的呼声一致,1979年学者们就提出了"依法治国"的问题。但由于种种原因,当时未能深入。90年代再次提起争论,争论的开始是围绕着法制与法治这两个名词的区别展开的。学者们在讨论中逐渐明确,法制与法治不能混为一谈。法制主要指法律制度,但有了法律制度也并不一定意味着存在法治。而法治强调法律在国家生活中的最高地位,它涉及治国理论或原则。这一词之辩,花费了将近20年的时间。

90年代中后期开始的围绕司法改革的讨论非常热烈,至今还没有结束。在讨论中,有几个特点值得注意。第一,这是一个引起法律界整体关注的问题。与以往的讨论主要由学人组成不同,司法改革的讨论除了学人之外,还有官员、法官、检察官和律师参加。第二,这是一次既有理论思考又有具体建议的讨论。人们关心域外司法改革的经验,关心司法权的组织和特性,从而丰富了自己对于司法的认识。人们还关心如何在现在条件下改进司法工作,因此,才有了具体的庭审方式改革,有举证责任倒置,有法袍和法槌等。地方各级人民法院的改革措施更是丰富多彩,有所谓先例制度,有还权于审判员,有判决书附带"异议",有为解决执行难问题而采取的具体措施等等。第三,在司法改革的讨论中,学者和实际部门的人们不断建议,为了提高司法人员的素质,应该设立全国统一的司法考试制度。2001年,第九届全国人民代表大会第22次会议通过了对《法官法》和《检察官法》的修正,正式规定了国家统一司法考试制度,并在2002年完成了首次司法考试。司法考试对于我国的司法改革、法律教育和法治建设,具有重要的影响。(摘自中国网,中国社会科学院法学研究所吴玉章等撰写:《中国二十年来的法治历程》)

思考题

1. 法律的构成要素有哪些？法律原则有何作用？
2. 中国的立法体制有何特点？成因是什么？
3. 司法权与行政权有何区别？保障司法公正的条件是什么？
4. 什么是法律渊源？中国的法律渊源有哪些？

第二章 宪 法

> **本章要点**
>
> 本章阐述了宪法的一般知识,主要包括:(1)宪法的概念和历史发展;(2)宪法的基本原则与宪法的监督保障;(3)国家的基本制度,涉及中国的国体、政体、选举制度、国家结构形式、经济制度和文化制度等内容;(4)公民的基本权利与基本义务;(5)国家机构,涉及国家机构的概念及其活动原则,中央和地方的国家机关以及人民法院和人民检察院等内容。

第一节 宪法的概念和历史发展

一、宪法的含义和特征

宪法一词,中国古代先秦时期就已出现,意为一般的法律、法令和规则。如《尚书》中的"监于先王而成宪",《国语·晋语》中的"赏善罚奸,国之宪法"。在外国,宪法一词来源于拉丁语 Costitutio,英语是 Constitution,原意是组织、确立、规定、敕令等。

近代意义上的宪法是资产阶级革命的产物,它是民主制度化、法律化的基本形式,是阶级力量对比关系的集中表现,是规定国家基本制度和原则的根本法。

宪法是法律体系的核心部分,具有同其他法律相同的特征。宪法作为根本法,又有与其他法律不同的特征。

(一)在内容上,宪法规定国家最根本、最重要的问题

国家的性质、国家的政权组织形式和国家的结构形式、国家的基本国策、公民的基本权利和义务、国家机构的组织及其职权等重要的问题,都在宪法中作出了明确规定。这些规定不仅反映着一个国家政治、经济、文化和社会生活等各个方面的主要内容及其发展方向,而且从社会制度和国家制度的根本原则上规范着整个国

家的活动。与之相比,其他法律所规定的内容通常只是国家生活中的一般性问题,只涉及国家生活和社会生活中的某些方面或某一方面。

(二)在法律效力上,宪法具有最高的法律效力

所谓法律效力是指法律所具有的约束力和强制力。国家的任何法律都应具有法律效力,但在成文宪法的国家中,宪法的法律效力高于一般的法律,在国家法律体系中处于最高的法律地位。中国《宪法》在序言中明确规定:"本宪法以法律的形式确认了中国各族人民奋斗的成果,规定了国家的根本制度和根本任务,是国家的根本法,具有最高的法律效力。"宪法的最高法律效力主要包括两个方面的含义:(1)宪法是制定普通法律的依据,任何普通法律、法规都不得与宪法的原则和精神相违背。(2)宪法是一切国家机关、社会团体和全体公民的最高行为准则。

(三)在制定和修改的程序上,宪法的要求更加严格

既然在成文宪法国家中,宪法是规定国家最根本、最重要的问题,具有最高法律效力的国家根本法,那么,必然要求宪法具有极大的权威和尊严,而严格宪法的制定和修改程序,则是保障宪法权威和尊严的重要环节。具体说来:(1)制定和修改宪法的机关,往往是依法特别成立的,而并非普通立法机关。如1787年的美国宪法由55名代表组成的制宪会议制定;中国于1953年1月13日成立了中华人民共和国宪法起草委员会等等。(2)通过或批准宪法或者其修正案的程序,往往严于普通法律,一般要求由制宪机关或者国家立法机关成员的2/3以上或者3/4以上的多数表决通过,才能颁布施行,而普通法律则只要立法机关成员的过半数通过即可。中国《宪法》第64条规定:"宪法的修改,由全国人民代表大会常务委员会或者1/5以上的全国人民代表大会代表提议,并由全国人民代表大会以全体代表的2/3以上的多数通过。"

二、宪法的历史发展

法是与国家同时产生的,但不管是作为国家根本法的宪法,还是作为部门法的宪法均是在国家发展到资本主义国家之后才产生的。宪法是对社会基本民主政治关系的调整,宪法的政治内容是民主制度。只有当社会存在民主事实,产生了民主制度之后,才有可能产生宪法。宪法是资产阶级革命的产物。资产阶级革命胜利后,确立了资产阶级民主政治,从而使宪法的产生有了可能。

(一)近代外国宪法的产生

在资本主义国家中,英国是最早发生资产阶级革命的国家,也是最早实行宪政的国家。但英国资产阶级革命具有资产阶级向封建贵族妥协的特点,这影响了英国宪法的形式。英国的宪法,是不成文宪法,没有根本法意义上的宪法,只有部门法意义上的宪法。所谓英国宪法,实际上是由不同历史时期陆续颁发的宪法性法律和逐渐形成的宪法惯例、宪法判例所构成。

1787年制定的美国宪法是世界上第一部成文宪法。美国宪法的产生,经历了从《独立宣言》到制定各州宪法和《邦联条例》,再到制定《联邦宪法》的过程。《联邦宪法》是以"三权分立"学说为基础制定的,确认了民主共和制,在美国的政治实践中发挥了防止权力集中、避免专制独裁的作用。美国尽管是成文宪法国家,但宪法判例、宪法惯例也是其重要的宪法渊源。

在欧洲大陆,最早制定成文宪法典的国家是法国。1789年,法国爆发了资产阶级革命,成立了制宪会议,制定、通过了《人和公民的权利宣言》(简称《人权宣言》)。《人权宣言》是法国资产阶级在反封建的革命斗争中颁布的著名纲领性文件。它充分反映了资产阶级的基本要求,宣布了资产阶级的自由、平等原则,提出了"主权在民"、"权力分立"的主张,确立了"法律面前人人平等"、"罪刑法定"、"无罪推定"等资产阶级法制原则,对法国乃至整个世界民主宪政的发展都产生了深远影响。《人权宣言》制定后,经过2年时间,法国国民议会于1791年制定了法国的第一部宪法。

在英国、美国和法国资产阶级革命和立宪运动的影响下,欧美各国相继发生了资产阶级革命,革命胜利后也都普遍确立了资产阶级民主制,并且制定了自己的宪法。1917年十月社会主义革命胜利后,建立了第一个无产阶级专政的社会主义国家,1918年制定了世界上第一部社会主义宪法——《苏俄宪法》。20世纪80年代国际政治出现波折,导致苏联解体和东欧剧变,原苏联和东欧各国的宪法也随之发生了重大变化。

当前,宪法的发展出现了一些新特点:第一,扩大公民权利的范围和强调对人权的保障;第二,加强行政权力;第三,完善违宪审查制度;第四,宪法与国际法结合。

(二)中国的现行宪法

1949年9月召开的中国人民政治协商会议制定通过的《中国人民政治协商会议共同纲领》,发挥了临时宪法的作用。1954年,第一届全国人民代表大会第一次全体会议在《共同纲领》的基础上制定了中国第一部社会主义类型的宪法——1954年宪法;1975年颁布的第二部宪法是一部内容很不完善并有许多错误的宪法;1978年颁布的第三部宪法,虽经1979年和1980年两次局部修改,但从总体上说仍然不能适应新时期的需要。因此,1982年12月4日,第五届全国人民代表大会第五次会议通过了新中国的第四部宪法,即现行的1982年宪法。

1982年宪法颁布实施后,对国家和社会的发展发挥了重大作用,但它毕竟是改革开放初期颁布的,随着社会和国家的发展,不得不对其进行部分修改,以适应时代发展的要求。1982年宪法颁布以后,全国人民代表大会在1988年、1993年、1999年、2004年分别进行了四次宪法修改。这四次修改是部分修改,修改的具体形式是"宪法修正案"。

1988年第七届全国人民代表大会第一次会议对现行宪法进行了第一次修正。该修正案的内容主要有两个方面：一是在第11条增加规定："国家允许私营经济在法律规定的范围内存在和发展。私营经济是社会主义公有制经济的补充。国家保护私营经济的合法的权利和利益，对私营经济实行引导、监督和管理。"二是删去第10条第4款中不得出租土地的规定，增加规定："土地的使用权可以依照法律的规定转让。"

1993年第七届全国人民代表大会第一次会议对现行宪法进行了第二次修正。这一修正案以党的十四大精神为指导，突出了建设有中国特色社会主义理论和党的基本路线，根据十多年来中国社会主义现代化建设和改革开放的新经验，着重对经济制度的有关规定作了修改和补充。主要内容包括以下几方面：(1)明确把"中国正处于社会主义初级阶段"、"建设有中国特色社会主义"、"坚持改革开放"写进宪法，使党的基本路线在宪法中得到集中、完整的表述；(2)增加了"中国共产党领导的多党合作和政治协商制度将长期存在和发展"；(3)把家庭联产承包责任制作为农村集体经济组织的基本形式确定下来；(4)将社会主义市场经济确定为国家的基本经济体制，并对相关内容作了修改；(5)把县级人民代表大会的任期由3年改为5年。

1999年，第九届全国人民代表大会第二次会议对现行宪法进行了第三次修正。主要内容包括：(1)明确把"中国将长期处于社会主义初级阶段"、"沿着建设有中国特色社会主义的道路"、"在邓小平理论指导下"、"发展社会主义市场经济"写进宪法；(2)明确规定"中华人民共和国实行依法治国，建设社会主义法治国家"；(3)规定"国家在社会主义初级阶段，坚持公有制为主体、多种所有制经济共同发展的基本经济制度，坚持按劳分配为主体、多种分配方式并存的分配制度"；(4)规定"农村集体经济组织实行家庭承包经营为基础、统分结合的双层经营体制"；(5)将国家对个体经济和私营经济的基本政策合并修改为"在法律规定范围内的个体经济、私营经济等非公有制经济，是社会主义市场经济的重要组成部分"。"国家保护个体经济、私营经济的合法的权利和利益。国家对个体经济、私营经济实行引导、监督和管理"；(6)将镇压"反革命的活动"修改为镇压"危害国家安全的犯罪活动"。

2004年3月14日，第十届全国人民代表大会第二次会议通过了《中华人民共和国宪法修正案》第18至第31条，这是中国对现行宪法的第四次修改，本次修改的主要内容有：(1)确立"三个代表"重要思想在国家政治和社会生活中的指导地位。(2)增加推动物质文明、政治文明和精神文明协调发展的内容。(3)在统一战线的表述中增加"社会主义事业的建设者"。(4)完善土地征用制度。(5)进一步明确国家对发展非公有制经济的方针。(6)进一步完善对私有财产保护的规定。(7)增加建立健全同经济发展水平相适应的社会保障制度的规定。(8)明确"国家尊重和保障人权"。(9)完善全国人民代表大会组成的规定。(10)增加关于紧急状态的规定。(11)有关国家主席对外交往职权的规定。(12)将地方各级人民代表大会每届任期一律修改为五年。(13)增加国歌的规定。

第二节　宪法的基本原则与宪法的监督保障

一、宪法的基本原则

宪法基本原则是指在宪法制定、修改和实施过程中必须遵守的最基本的规则，是贯穿立宪和行宪的基本精神和价值准则。从宪法理论与实践看，宪法的基本原则主要有人民主权原则、基本人权原则、法治原则和权力制约原则。

（一）人民主权原则

主权是指国家的最高权力。人民主权是指国家中绝大多数人拥有国家的最高权力。在法国启蒙思想家卢梭看来，主权是公意的具体表现，人民的公意表现为最高权力；人民是国家最高权力的来源，国家是自由的人民根据契约协议的产物，而政府的一切权力都是人民授予的。因此，国家的主人不是君主，而是人民，治理者只是受人民委托，因而主权只能属于人民。人民主权学说的出现，是国家学说发展史上的一大飞跃，是资产阶级反对封建专制主义的锐利思想武器，是资产阶级民主思想的核心。因此，从1776年美国《独立宣言》宣布人的天赋权利不可剥夺、1789年法国《人权宣言》宣布整个主权的本原主要是寄托于国民以来，西方国家在形式上一般都承认人民主权，并将其作为资产阶级民主的一项首要原则，而且在宪法中明确规定主权在民。如法国第五共和国宪法规定，"国家主权属于人民"；日本1946年宪法规定，"兹宣布主权属于国民"；意大利现行宪法规定，"主权属于人民，由人民在宪法所规定的形式和范围内实现之"，等等。

社会主义国家出现以后，也用宪法表现人民主权原则，但在各社会主义国家的宪法中一般规定"一切权力属于人民"。国家权力与主权是两个既有区别又有联系的概念。国家权力是有层次的，既有中央的国家权力，又有地方的国家权力。其中最高国家权力，即是主权。"一切权力属于人民"实质包括主权在民。

（二）基本人权原则

人权是人生而就有，且普遍享有的权利，基本人权原则是在"天赋人权"理论基础上发展而来的。天赋人权学说的理论基础是近代自然法学派的自然权利说。该"自然权利"理论认为在国家产生以前人们生活在自然状态中，人人都有自然权利，过着自由、平等的生活。国家是由于这种自然权利受到侵犯之后，根据社会契约组成的。人们相约组成国家的目的是为了保护自然权利。天赋人权学说认为每个人都有与生俱来的自由与权利,既不能被剥夺,也不能被让与。作为宪法基本原则的基本人权原则,是指人民享有不能被剥夺且不能被让与的权利与自由,国家存在的目的在于保障人民权利与自由。天赋人权以宪法规范的形式表现出来,即构成宪法的基本人权原则。

社会主义国家出现以后,也在宪法中体现这一原则。如中国宪法中规定的公民参与国家政治生活的权利和自由、公民的人身自由和信仰自由、公民社会经济文化方面的权利等等,就是基本人权的主要内容。同时,我们说社会主义国家政权的本质特征就是人民当家做主,而公民的基本权利和自由则是人民当家做主最直接的表现,因此,如果宪法不对此加以规定,那么,人民当家做主就只能是抽象的原则。尽管中国宪法体现了保障人权的原则,但一直未有直接的、明确的规定。2004年3月《宪法修正案》在《宪法》第33条中增加了"国家尊重和保障人权"的规定,应该说这是一项具有非常积极意义的修改。

(三)法治原则

法治是相对于人治而言的。它是指统治阶级按照民主原则把国家事务法律化、制度化,并严格依法进行管理的一种方式,是17、18世纪资产阶级启蒙思想家所倡导的重要的民主原则。如洛克认为,政府应该以正式公布的既定法律来进行统治,这些法律不论贫富、不论权贵和庄稼人都一视同仁,并不因特殊情况而有出入。作为宪法基本原则的法治原则,它要求以法律制约权力。法治,在制度上起始于法律对最高国家权力的控制。英国1215年首创用法律约束王权的先河。近代宪法也是在控制国家权力的基础上一步一步发展的。

社会主义国家政权的建立,使法治原则发展到了一个新的历史阶段。如果说资本主义国家的法治是体现资本特权的法治,那么,社会主义国家的法治则是以消灭特权为目的的法治。社会主义国家的宪法不仅宣布宪法是国家根本法,具有最高的法律效力,是一切国家机关和全体公民最高的行为准则,而且还规定国家的立法权属于最高的人民代表机关。这样,在社会主义国家中,不仅宪法和法律具有广泛深厚的民主基础,所有机关、组织和个人都必须严格依法办事,而且以生产资料的社会主义公有制作为坚强的后盾,从而使社会主义的法治原则有了真正实现的前提条件。

(四)权力制约原则

权力制约原则是指国家权力的各部分之间相互监督、彼此牵制,以保障公民权利的原则。它既包括公民权利对国家权力的制约,也包括国家权力对国家权力的制约。权力制约之所以是宪法的基本原则,主要决定于宪法的逻辑起点和宪法的基本内容。尽管导致近代宪法产生的根本原则是商品经济的普遍化发展,但从政治的层面而言,则是国家权力的所有者的转换。也就是说,当国家权力从过去由少数人所有,转变为至少在形式上由多数人所有,亦即人民主权出现后,由于各种主客观原因,导致国家权力的所有者与国家权力的行使者相互分离。为了保障国家权力所有者应有的地位和作用,并使这种保障机制具有足够的权威,确认权力制约权力的国家根本法也就应运而生。就宪法的基本内容来说,不仅保障公民权利始终处于核心、主导地位,而且对国家权力不同部分之间的制约机制也有明确规定。在资本主义国家的宪法中,权力制约原则主要表现为分权原则;在社会主义国家的宪法中,权力制约原则主要表现为监督原则。

二、宪法的监督保障

宪法监督,是指国家为保障宪法的贯彻落实而建立的制度和开展的活动的总称。宪法监督的主要活动是违宪审查。违宪审查是指有权机关为保障宪法实施,对法律、法规等规范性法律文件,以及一切机关、组织和个人的行为进行审查,以对其是否违宪作出裁决的活动。

各国根据本国的政治体制、法律传统及政治理念,确立了不同形式的宪法监督制度。

(一)国外宪法监督制度

1. 立法机关监督制

立法机关监督制是指由国家最高立法机关依照立法程序审查法律等规范性法律文件是否违反宪法的制度。这种制度起源于英国。英国长期奉行"议会至上"原则,认为议会是代表人民的民意机关,是主权机关,应该由作为立法机关的议会负责保障宪法实施。社会主义国家采取的也大多是由立法机关负责保障宪法实施的体制。

2. 司法机关监督制

司法机关监督制是指由国家普通法院通过司法程序,依照司法原则对正在审理的各类案件所涉及的作为该案件审理依据的法律、法规等规范性法律文件的合宪性进行审查的制度。

司法机关监督起源于美国。1803年,美国联邦最高法院在审理马伯里诉麦迪逊一案的判决中明确宣布:违宪的法律不是法律;阐明法律的意义是法院的职权,从而开创了由联邦最高法院审查国会制定的法律是否符合宪法的先例。从此以后,许多资本主义国家受美国宪政体制的影响,采取由司法机关负责保障宪法实施的方式,通过具体案件的审理以审查确定其所适用的法律是否符合宪法,并将这种体制扩展到地方法院。

3. 宪法法院或宪法委员会监督制

宪法法院或宪法委员会监督制是指由宪法法院或宪法委员会根据特定程序进行违宪审查的制度。在大多数国家,称为"宪法法院",少数国家称为"宪法委员会"。宪法法院或宪法委员会,独立于普通法院系统,其系统的产生也有别于普通法院系统,其法官或委员的产生也有别于普通法院法官。宪法法院或宪法委员会既具有司法性,又具有政治性。由宪法法院或宪法委员会进行宪法监督的制度起源于1799年法国宪法设立的护法元老院。根据该宪法规定,护法元老院有权撤销违反宪法的法律。宪法法院或宪法委员会享有广泛的职权,如德国宪法法院除享有违宪审查权、宪法解释权外,还享有权限争议裁决权、弹劾案件审判权、选举诉讼案件审判权等。

（二）中国现行的宪法监督制度

中国现行的宪法监督制度是权力机关监督制度。《宪法》第62条第2项和第67条第1项规定,全国人民代表大会和全国人民代表大会常务委员会监督宪法的实施。

全国人民代表大会有权修改宪法,有权改变或者撤销全国人民代表大会常务委员会不适当的决定;全国人民代表大会常务委员会有权解释宪法,有权撤销国务院制定的同宪法、法律相抵触的行政法规、决定和命令,有权撤销同宪法、法律和行政法规相抵触的地方性法规和决议,有权撤销省、自治区、直辖市的人民代表大会常务委员会批准的违背宪法和立法法规定的自治条例和单行条例。全国人民代表大会常务委员会除了有权进行上述事后审查外,还有权进行事先审查。自治区的自治条例和单行条例,在制定后,应报全国人民代表大会常务委员会批准后生效。全国人民代表大会常务委员会如认为自治区的自治条例和单行条例违宪,可不予批准。根据地方人民代表大会组织法第8条和第44条,地方各级人民代表大会以及县级以上地方各级人民代表大会常务委员会在本行政区域内有保证宪法遵守和执行的职责。

宪法监督制度是宪法有效实施的关键,也直接关乎法治国家的建立。我国现行的监督制度,是效法前苏联宪法,在"议行合一"的宪法观念指导下建立起来的。近年来,宪法监督制度特别是违宪审查制度成为法学理论界关注的热点,在司法实践领域,随着诉诸宪法原则的一些案例的出现,更强化了人们对建立我国违宪审查制度的期待。

第三节　国家的基本制度

国家制度是指一个国家的宪法、法律规定的关于这个国家的性质和形式等方面的制度的总称。国家制度大致分为两个大的方面:一是关于国家的性质;二是关于国家的形式。前者,即国体;后者,包括政体和国家结构形式。

一、中国的国体

国体,也就是国家性质、国家的阶级本质,是由社会各阶级、阶层在国家中的地位反映出来的国家的根本属性。国家性质主要由各阶级、阶层在国家中所处的统治与被统治地位所决定的。

《宪法》第1条第1款规定："中华人民共和国是工人阶级领导的、以工农联盟为基础的人民民主专政的社会主义国家。"《宪法》序言第6自然段明确规定："工人阶级领导的、以工农联盟为基础的人民民主专政,实质上即无产阶级专政。"宪法的这些规定明确了中国的国体是人民民主专政,实质上即无产阶级专政。

人民民主专政实质上是无产阶级专政,是无产阶级专政理论在中国具体历史条件下的产物。人民民主专政是对人民实行民主与对敌人实行专政的统一。共产党领导下的多党合作与爱国统一战线是人民民主专政的主要特色。

1. 多党合作政治协商制度

现代国家的政治大多为政党政治。中国也不例外。中国的政党制度,既不是多党通过竞选轮流执政制,也不是一党制,而是中国共产党领导的多党合作和政治协商制度。1993年修正后的《宪法》序言第10自然段的末尾明确规定："中国共产党的多党合作和政治协商制度将长期存在和发展。"

在中国的多党合作和政治协商制度,中国共产党是执政党,各民主党派是参政党,并接受中国共产党的领导。

2. 爱国统一战线

《宪法》序言第10自然段中明确规定："在长期的革命和建设过程中,已经结成由中国共产党领导的,有各民主党派和各人民团体参加的,包括全体社会主义劳动者、社会主义事业的建设者、拥护社会主义的爱国者和拥护祖国统一的爱国者的广泛的爱国统一战线,这个统一战线将继续巩固和发展。中国人民政治协商会议是有广泛代表性的统一战线组织。"

爱国统一战线,属于政治联盟,也构成中国人民民主专政的社会基础。根据上述宪法规定,爱国统一战线的构成可以分为四部分:一是社会主义劳动者;二是社会主义事业的建设者;三是拥护社会主义的爱国者;四是拥护祖国统一的爱国者。前三部分构成以拥护社会主义为政治基础的联盟;第四部分则是以拥护祖国统一为政治基础的联盟。

根据宪法上述规定,中国人民政治协商会议是爱国统一战线组织。中国人民政治协商会议不属于国家机关,也不属于一般的人民团体,而是根据宪法发挥重要作用的政治性组织。《宪法》序言第10自然段明确规定:中国人民政治协商会议"过去发挥了重要的历史作用,今后在国家政治生活、社会生活和对外友好活动中,在进行社会主义现代化建设、维护国家的统一和团结的斗争中,将进一步发挥它的重要作用"。

二、中国的政体

政体,又称政权组织形式,是指一个国家的权力划分及行使的体制结构,其内容包括国家权力如何划分,设立哪些机关行使这些权力,各机关应如何行使权力,以及各机关间的相互关系等。

政体与国体是形式与内容的关系,政体是实现国家权力的形式,国体则是国家权力的阶级内容,政体从属于国体,一般来说,有什么样的国体,就有相应的政体与之相配套;政体对国体又具有一定的相对独立性。政体大体可以分为两大类:一是君主制政体;二是共和制政体。两者区分的标准在于掌管国家权力的个人或机构是世袭的还是来自于人民的选举。在当代,资本主义国家的政体有多种,或为君主立宪制,或为共和政体。而社会主义国家的政体,均为共和政体。

中国的政体是人民代表大会制度,人民代表大会制度是中国实现社会主义民主的基本形式,是中国的根本政治制度。

人民代表大会制是指人民根据民主集中制原则,民主选举产生各级人民代表大会,并以此为基础产生国家行政机关、审判机关、检察机关等全国国家机构,对人民负责、受人民监督,以实现人民当家做主的政治制度。人民代表大会制度,包含以下内容:(1)国家的一切权力属于人民。(2)人民通过民主选举产生各级人民代表大会,各级人民代表大会对人民负责、受人民监督。中国地域广阔,人口众多,人民不可能经常直接地行使权力,只能实行间接民主制。由人民选举产生各级人民代表大会,由各级人民代表大会行使人民托付的权力。正是因为各级人民代表大会来自于人民,因此应当对人民负责,受人民监督,以防止各级人民代表大会发生"异化",反过来损害人民的权益。(3)国家行政机关、审判机关、检察机关等全部国家机构均由人民代表大会产生,对它负责、受它监督。人民代表大会受人民的委托,行使国家权力,但并不是说,所有的国家权力均由人民代表大会直接行使,根据宪法和法律,人民代表大会除掌握立法等国家重大权力外,人民代表大会应选举产生其他国家机关,如行政机关、审判机关、检察机关,使它们直接行使宪法和法律赋予的职权,但这些机关应当对选举产生它的人民代表大会负责、受它监督。如此,各级人民代表大会在各级国家政权中始终处于主导地位。

三、中国的选举制度

选举制度是指法律规定的关于选举代议机关代表和国家公职人员的各种制度的总称。选举制度是中国人民代表大会中不可缺少的环节。各级人民代表大会的产生,需要选举;国家行政机关、审判机关以及检察机关等国家机关的产生,也需要通过选举产生。

根据《宪法》及其他法律的规定,中国选举制度的基本原则主要有:(1)选举权的普遍性原则。这是主要适用于直接选举人民代表大会代表的基本原则。根据《宪法》第34条,在中国享有选举权利的基本条件有三个:一是具有中国国籍;二是年满18周岁;三是未被依法剥夺政治权利。除此之外,其他任何情形均不能导致选举权利的丧失。(2)选举权的平等性原则。选举权的平等性是指选举人在每次选举中只享有一个投票权,并且每一选举人所投票的价值与效力是同样的。选举权的平等性是法律面前人人平等原则的体现。(3)直接选举和间接选举并用的原则。根据《选举法》第2条,全国人民代表大会代表,省、自治区、直辖市、设区的市和自治州人民代表大会代表,由下级人民代表大会选举;县级及乡级人民代表大会代表,由选民直接选举。直接选举相对于间接选举更为民主,但就目前中国的经济、政治和文化发展状况而言,将直接选举推行到乡、县级的人民代表大会代表选举较为适宜,但随着国家和社会各方面的发展,直接选举范围势必会扩大。(4)选举自由原则。选举自由是指选举人可以按照自己的意思依法自由地行使选举权利。选举人在选举中的自由表示意愿得不到保障,也就谈不上真正的选举。中国法律对选举自由从两个方面加以保障:一是秘密投票;二是自由投票。对前者,《选举法》第36条和《地方组织法》第23条均明确规定:选举采用无记名投票方式;对后者,《选举法》第37条和《地方组织法》第23条规定:选举人对候选人,可以投赞成票,可以投反对票,可以另选他人,也可以弃权。也就是说,选举人投票享有完全的自主权,不受候选人范围的限制。

四、中国的国家结构形式

(一)中国是单一制国家

国家结构形式是指一个国家整体与其各个组成部分之间的关系。当代世界各国的国家结构形式主要分为单一制和联邦制两种。单一制国家是由若干普通行政单位、自治单位所组成的统一国家,全国只有一个中央政权、一部宪法,各行政单位或自治单位都受中央统一领导,其权力由中央以宪法和法律加以规定。联邦制国家由具有相对独立的各邦、州或共和国组成联邦,实行国家管理。在联邦国家中,除了联邦宪法、联邦中央政权外,各联邦组成单位都有自己的宪法、中央政权,它们根据联邦宪法关于权限划分的规定行使各自的国家权力。

《宪法》规定:"中华人民共和国是各民族人民共同缔造的统一的多民族国家。"这表明我国采用的是单一制的国家结构形式。之所以采用单一制的国家结构形式,是历史发展的必然,民族状况的反映,经济文化发展的需要,民族团结和国家统一的保障。

(二)民族区域自治

民族区域自治制度是我国的一项基本政治制度。民族区域自治,就是在我国领域内,在国家的统一领导下,遵照宪法和法律的规定,以少数民族聚居的地区为基础,建立民族自治地方和自治机关,行使自治权,由少数民族自主地管理本民族、本地区的内部事务的制度。实践证明,民族区域自治制度是我国解决民族问题行之有效的制度。

根据《宪法》规定,民族区域自治的主要内容有:各民族自治地方都是中华人民共和国不可分离的部分,各民族自治地方的自治机关,都是中央统一领导下的地方政权机关;民族区域自治是民族自治与区域自治的结合,凡是聚居的少数民族,都有权实行区域自治,同时也只有在少数民族聚居的地方,才能实行区域自治;在民族自治地方,设立自治机关,民族自治地方的自治机关是该自治地方人民代表大会和人民政府;自治机关除行使宪法规定的职权外,还可以按照宪法和法律的规定,行使自治权。这些规定,体现了国家的集中统一领导和民族区域自治的正确结合,体现了全国各民族人民的共同利益和少数民族的特殊利益的正确结合,体现了国家富强同少数民族的繁荣的正确结合。

(三)特别行政区

《宪法》第31条规定:"国家在必要时得设立特别行政区。在特别行政区内实行的制度,按照具体情况由全国人民代表大会以法律规定。"所谓特别行政区,是指在我国领域内,依法所设立的具有特殊法律地位,实行特殊政治、经济制度的行政区域。设立特别行政区的依据是邓小平"一国两制"的理论。

特别行政区是中华人民共和国不可分割的组成部分,是行使高度自治权的一级地方行政区域,但仍受中央人民政府统一管辖,因此它不是一个独立的政治实体。特别行政区的高度自治权由全国人民代表大会制定的法律确定。在特别行政区,不实行社会主义制度和政策,保持原有的资本主义制度和生活方式,除外交、防务由中央人民政府管理外,特别行政区享有行政管理权、立法权、独立的司法权和终审权。

我国于1997年7月1日恢复对香港行使主权,澳门也于1999年12月20日实现回归。在上述两个地区,都是依据宪法规定的特别行政区制度来进行管理的。

(四)反分裂国家法

解决台湾问题,完成祖国统一大业,是我们国家的一项历史任务。长期以来,为了发展台湾海峡两岸关系,促进国家和平统一,我们进行了不懈的努力。但是,近一个时期以来,台湾当局加紧推行"台独"分裂活动,妄图利用所谓"宪法"和"法律"形式,通过"公民投票"、"宪政改造"等方式,为实现"台独"分裂势力分裂国家的目标提供所谓"法律"支撑,改变大陆和台湾同属一个中国的事实,把台湾从中国分裂出去。事实表明,"台独"分裂势力分裂国家的活动,严重威胁着中国的主权和领土完整,严重破坏和平统一的前景,严重损害中华民族的根本利益,严重威胁着台海地区乃至亚太地区的和平稳定。为此,2005年3月14日,第十届全国人民代表大会第三次会议通过了《反分裂国家法》。

五、中国的经济制度

经济制度,即社会的经济结构或经济基础,是一定生产关系的总和。生产资料所有制是经济制度的决定性因素。我国宪法明确规定了我国现行的经济制度,其

主要内容如下:

(一)生产资料公有制是我国社会主义经济制度的基础

全民所有制和劳动群众集体所有制是我国社会主义公有制的两种基本形式。全民所有制即国家所有制,是国家代表全体人民占有生产资料的公有制形式。全民所有制经济即国有经济,是国民经济的主导力量,劳动群众集体所有制是指部分劳动群众共同占有生产资料的一种公有制形式。我国是社会主义国家,生产资料公有制是社会主义赖以存在的客观基础,也是社会主义区别于其他社会制度的重要标志。

(二)公有制为主体,多种所有制经济共同发展的基本经济制度

公有制的主体地位主要体现在:公有资产在社会资产中占优势;国有经济控制国民经济命脉,对经济发展起主导作用。我国处于社会主义初级阶段,应当在公有制占主导地位的条件下发展多种所有制经济。作为社会主义市场经济重要组成部分的个体、私营等非公有制经济在促进经济增长、扩大就业、活跃市场等方面的重要作用日益显现。国家鼓励、支持和引导非公有制经济的发展,并对非公有制经济依法实行监督和管理。

(三)按劳分配为主体、多种分配方式并存的分配制度

这是由我国社会主义初级阶段以公有制为主体,多种所有制经济并存的所有制结构决定的。因此,在分配制度上,除了以按劳分配为主体外,还存在其他各种分配形式,如债券的利息、股份的分红、机遇和风险的收入以及非公有制经济的非劳动收入等。

(四)社会主义市场经济体制

社会主义市场经济是指通过市场的供求、价格、竞争等机制对社会资源配置起基础作用的体制。市场经济是经济分工与协作的产物,作为一种经济活动,是生产社会化与现代化不可逾越的阶段。当然,在市场经济体制下,计划经济仍然是国家调节市场的重要手段之一。

六、中国的文化制度

(一)文化制度的概念

文化制度是指一国通过宪法和法律调整以社会意识形态为核心的各种基本文化关系的规则、原则和政策的总和。文化制度主要包括教育事业,科技事业,文学艺术事业,广播电影电视事业,医疗、卫生、体育事业,新闻出版事业,文物事业,图书馆事业以及社会意识形态等方面。不同性质的国家,其基本文化制度各不相同,文化制度从一个侧面反映着国家性质。

(二)我国文化制度的主要规定

文化建设是我国社会主义现代化建设的重要内容。宪法规定,国家发展教育

事业、科学事业、医疗卫生体育事业、文学艺术和其他文化事业;宪法还规定,普及理想教育、道德教育、文化教育和法制教育,国家提倡爱祖国、爱人民、爱劳动、爱科学、爱社会主义的公德,在人民中进行爱国主义、集体主义和国际主义、共产主义教育,进行辩证唯物主义和历史唯物主义教育,反对资本主义、封建主义和其他腐朽思想。

第四节　公民的基本权利与义务

一、基本权利与基本义务概述

公民的基本权利也称宪法权利,是指由宪法规定的公民享有的主要的、必不可少的权利。众所周知,公民的法律权利名目繁多、范围广泛,既包括基本权利,也包括一般权利。但宪法作为国家的根本法,既不可能,也无必要对公民的各种权利进行规定,因此,宪法所确认的只能是一些基本权利。尽管基本权利与一般权利在本质上相一致,但基本权利具有其自身的法律特征:第一,基本权利决定着公民在国家中的法律地位;第二,基本权利是公民在社会生活中最主要、最基本而又不可缺少的权利;第三,基本权利具有母体性,它能派生出公民的一般权利;第四,基本权利具有稳定性和排他性,它与人的公民资格不可分,与人的法律平等地位不可分,因而是所谓"不证自明"的权利。

公民的基本义务也称宪法义务,是指由宪法规定的公民必须遵守和应尽的基本责任。公民的基本义务是公民对国家具有首要意义的义务,它构成普通法律规定的义务的基础。公民的基本义务与基本权利一起共同反映并决定着公民在国家中的政治与法律地位,构成普通法律规定的公民权利义务的基础和原则。

二、基本权利和义务的主体

公民是基本权利与义务的一般性的、经常性的主体。单位以及外国人依照宪法的规定,也享有一定的权利,承担一定的义务,但并不是享有宪法规定的所有权利,也不是承担宪法规定的所有义务。

公民是指具有一个国家的国籍的自然人。《宪法》规定:"凡具有中华人民共和国国籍的人都是中华人民共和国公民。"这就表明,任何自然人要成为中国公民,除必须具有中国国籍外,并无其他资格要求。由此可见,公民和国籍密不可分。

国籍是指一个人隶属于某个国家的法律上的身份。一个人一旦具有某个国家的国籍,通常就被认为是该国的公民,就享有该国宪法和法律规定的权利、承担该国宪法和法律规定的义务。同时,该国对侨居他国的本国公民也有义务给予外交保护,并在必要时接纳其回国。

纵观各国国籍法的规定可见,取得国籍通常有两种方式:出生国籍和继有国籍。中国也是如此。

所谓出生国籍,是指因出生而取得国籍。对此,各国要么采取血统主义原则,以一个人出生时父母的国籍为依据确定其国籍;要么采取出生地主义原则,以一个人的出生地所属的国家为依据确定其国籍;要么采取血统主义与出生地主义相结合的原则确定其国籍,这也是当今世界上大多数国家遵循的原则。根据中国《国籍法》的规定,中国采取的是以血统主义为主,以出生地主义为辅的原则。具体内容有三:一是父母双方或一方为中国公民,本人出生在中国的,具有中国国籍。二是父母双方或一方为中国公民,本人出生在外国的,具有中国国籍;但如果父母双方或一方为中国公民并定居在外国,本人出生时具有外国国籍,则不具有中国国籍。三是父母无国籍,或者国籍不明,定居在中国,本人出生在中国的,具有中国国籍。

继有国籍则指因加入取得国籍。根据中国《国籍法》的规定,外国人或无国籍人申请加入中国国籍必须具备两个前提:一是申请人必须愿意遵守中国的宪法和法律;二是必须出于本人的自愿。同时还必须具备法律规定的条件:第一,申请人是中国公民的近亲属;第二,本人定居在中国;第三,有其他正当理由等等。只要具备上述前提并符合上述条件,就可以申请加入中国国籍。

中国管理国籍申请的机关,在国内是申请人居住地的县、市公安机关,在国外是中国外交代表机关和领事机关。但这些机关只负责管理申请并审查申请是否符合法律规定,最后的审批权则属于中华人民共和国公安部。一旦经公安部批准,由有关公安机关发给证书后,申请人就具有了中国国籍,成为中华人民共和国公民。被批准加入中国国籍的人,不得保留外国国籍。中国公民也有权申请退出中国国籍,办理程序与申请程序基本相同。曾经具有中国国籍的外国人,如有正当理由,可以申请恢复中国国籍;在申请被批准恢复中国国籍后,不得再保留外国国籍。在香港和澳门回归祖国后,《国籍法》也适用于香港和澳门的中国公民。中国不承认双重国籍,但在香港和澳门的特殊情况下,中国公民可以保留其在外国的居留权。

三、公民的基本权利

(一) 平等权

《宪法》第 33 条明确规定:"中华人民共和国公民在法律面前一律平等。"平等是中国宪法赋予公民的一项基本权利,也是公民其他一切权利的基本属性,更是中国法律适用的一项基本原则。平等,作为一项权利,是指公民依法平等地享有权利,不受任何差别对待,要求国家给予同等保护的权利。

公民平等权的基本含义包括三个方面:首先,公民平等地享受权利,平等地履行义务;其次,国家法律对公民权利平等地予以保护,对违反法律的行为平等地予以追究;第三,不允许任何人有超越宪法和法律的特权。

平等权包含了司法平等,即在适用法律上一律平等;也包含了守法上的平等,即每个公民行使权利、承担义务上的平等。公民平等权不包含公民在立法上的平等。因为并不是所有的公民都能作为全国人民代表大会代表或者全国人民代表大会常务委员会组成人员直接参与行使国家立法权,而且并不是所有的公民都享有选举权,继而选举代表,以间接参与国家立法。

《宪法》第33条规定的平等原则,并不是绝对的、形式上的平等,它强调的是实质上的平等。它并不排除对特殊主体作出区别对待。平等原则,一般意味着公民不能因年龄、性别、民族以及居住情况的不同而有所不同,但如果僵化地理解平等原则,并力图在形式上维持平等,就会导致实质上的不平等。未成年人、老人、妇女、华侨、归侨和侨眷以及少数民族公民由于传统、习俗的影响或者由于这些主体在行为能力方面的弱势,使其权益易于受到社会忽视或者侵犯。为此,宪法对他们的权益作了特殊保护。如《宪法》第48条规定:"中华人民共和国妇女在政治的、经济的、文化的、社会的和家庭的生活等各方面享有同男子平等的权利。国家保护妇女的权利和利益,实行男女同工同酬,培养和选拔妇女干部。"《宪法》第49条规定,国家保护母亲、儿童、老人。为此,国家颁布了《母婴保健法》、《未成年人保护法》、《预防未成年人犯罪法》和《老年人权益保障法》。

(二) 政治权利和自由

政治权利和自由是公民作为国家政治主体而依法享有的参加国家政治生活的权利和自由。政治权利和自由是公民得以直接参与国家政治生活的依据。政治权利和自由包括:

1. 选举权利

选举权利包括选举权和被选举权两个方面。选举权,在中国,主要是指能够参加选举活动,选他人为人民代表大会代表或者基层群众自治性组织村民委员会、居民委员会成员的权利;被选举权,则是指能够被选举为国家公职人员或者基层群众自治性组织成员的权利。选举权是公民行使其他政治权利或者表明主权者身份最直接而经常的方式。因此,选举权利是公民的一项基本政治权利。《宪法》第34条规定:"中华人民共和国年满18周岁的公民,不分民族、种族、性别、职业、家庭出身、宗教信仰、教育程度、财产状况、居住期限,都有选举权和被选举权;但是依照法律被剥夺政治权利的人除外。"根据这个规定,凡是年满十八周岁的公民,只要未被剥夺政治权利,即享有政治权利。但享有政治权利与能够行使政治权利是两个概念。享有政治权利的公民,如果患有精神病,没有意志能力的,依法不能行使选举权利。

另外,即使享有政治权利的精神正常的人,也可能依法被停止行使政治权利,从而不能行使选举权利。全国人民代表大会常务委员会《关于县级以下人民代表大会代表直接选举的若干规定》第4条规定:"因反革命案或者其他严重刑事犯罪案被羁押,正在受侦查、起诉、审判的人,经人民检察院或者人民法院决定,在被羁押期间停止行使选举权利。"

2. 政治自由

政治自由是指公民表达自己政治意愿的自由,即《宪法》第35条规定的,公民享有言论、出版、集会、结社、游行、示威的自由。公民的政治自由是近代民主政治的基础,是公民表达个人见解和意愿,参与正常社会活动和国家管理的一项基本权利。与公民的选举权一样,政治自由也是公民作为国家政治主体而享有的参与国家政治生活的自由,或者说是保障公民能够参与政治活动的自由。

(1) 言论自由

言论自由是指公民有权通过各种语言形式,针对政治和社会中的各种问题表达其思想和见解的自由。由于言论是公民表达意愿、交流思想、传播信息的必要手段和基本工具,也是形成人民意志的基础,因而言论自由在公民的各项政治自由中居于首要地位。

中国宪法规定的言论自由具有特定的范围与表现形式。一般说来,其范围包括:第一,公民作为基本权利主体,都有以言论方式表达思想和见解的权利,因而享有的主体十分广泛;第二,通过言论自由表达的有关政治、经济、文化、社会等方面的看法和见解受法律保护,不受非法干涉;第三,言论自由的表现形式多样,既包括口头形式,又包括书面形式,必要时还可根据法律规定利用电视广播等传播媒介;第四,言论自由作为一项法律权利,在法定范围内,其享有者不应由于某种言论而带来不利后果,因而其合法权益受法律保护;第五,言论自由存在着法定界限,受宪法和法律的合理限制,因而公民的言论自由必须在法律范围内行使。

(2) 出版自由

出版自由是指公民可以通过公开出版物的形式,自由地表达自己对国家事务、经济和文化事业、社会事务的见解和看法。出版自由一般包括两个方面的内容:一是著作自由,即公民有权自由地在出版物上发表作品;二是出版单位的设立与管理必须遵循国家宪法和法律的规定。由于出版主要是将自己的见解付诸文字,因而出版是言论的自然延伸,是固定化的言论;出版自由也就是言论自由的自然延伸。

与言论自由一样,出版自由也并不是绝对的,出版自由的保障与出版管理是相互统一的,合理的出版管理是保障出版自由的重要条件。因此,各国都有法律规范出版物的发行和传播。

(3) 结社自由

结社自由是指有着共同意愿或利益的公民,为了一定宗旨依法定程序组成具有持续性的社会团体的自由。结社自由一般具有如下特征:结社具有持续性和稳定性;结社应遵循法定程序;结社一般具有固定的组织机构和成员;结社与一定的利益选择有关。由于结社是一定数量的公民为长久保有共同观点和维护共同利益的行为,因而结社自由也是言论自由的进一步发展,而且是若干公民集合起来方能实现的自由。

公民结社因目的的不同而分为两类:一类是以营利为目的的结社。如成立公司、集团等等,通常根据民法、商法等来调整其权利义务关系。另一类则是非营利性结社。包括政治性结社和非政治性结社。前者如组织政党、政治团体等,后者如组织宗教、慈善、文化艺术团体等等。但宪法中规定的结社自由主要指组织政治性团体的自由。而且由于政治性结社对社会各方面的生活,特别是对决策过程影响大,因而各国法律一般都予以严格控制。因此,作为一项宪法权利,公民一方面享有结社自由,另一方面也要履行相应的义务。公民的结社自由权与履行相应的义务是统一的。

(4) 集会、游行、示威自由

集会、游行、示威自由是言论自由的延伸和具体化,是公民表达其意愿的不同表现形式。集会自由是指公民为着共同目的,临时聚集于露天公共场所,发表意见、表达意愿的自由;游行自由是指公民在公共道路、露天公共场所列队行进,表达共同愿望的自由;示威自由是指公民在露天公共场所或者公共道路上以集会、游行、静坐等方式,表达要求、抗议或者支持、声援等共同意愿的自由。

集会、游行、示威自由都源于公民的请愿权。它们的共同之处在于:都是公民表达强烈意愿的自由;主要都在公共场所行使;必须是多个公民共同行使,属于集合性权利,单个公民的行为通常不能形成法律意义上的集会、游行和示威。三者的不同之处则在于表达意愿的程度、方式和方法有所差异。

由于这三项自由权的行使多发生在公共道路或露天场所,参加或观看的人数众多,情绪感染性强,也容易发生与政府管理部门或其他公民的对抗,对社会影响较大,所以,公民在行使这些权利时,既要符合法律规定的条件,又要注意不得损害国家的、社会的、集体的利益和其他公民的合法的权利和自由。凡借此进行暴力活动,或者引起暴力冲突的集会、游行和示威,就丧失了受法律保护的资格,并要受到法律的制裁。

为了更好地保障公民正确行使集会、游行、示威的权利,维护社会的安定团结,1989年第七届全国人民代表大会常务委员会通过并公布了《集会游行示威法》。该法对集会、游行、示威的概念和标准,主管机关和具体管理程序及措施,申请和获得许可的程序,违法行为及应承担的法律责任等,都作出了明确的规定。

3. 监督权和取得赔偿权

监督权是指宪法赋予公民监督国家机关及其工作人员活动的权利,是公民作为国家管理活动的相对方对抗国家机关及其工作人员违法失职行为的权利。《宪法》第41条第1款规定:"中华人民共和国公民对于任何国家机关和国家工作人员,有提出批评和建议的权利;对于任何国家机关和国家工作人员的违法失职行为,有向有关国家机关提出申诉、控告或者检举的权利,但是不得捏造或者歪曲事实进行诬告陷害。"根据这一规定可见,监督权的内容主要包括:

(1) 批评、建议权

批评权是指公民有对国家机关和国家工作人员工作中的缺点和错误提出批评意见的权利;建议权则指公民有对国家机关和国家工作人员的工作提出合理化建议的权利。中国公民可以通过新闻报刊、来信来访、座谈讨论会等多种形式和途径来行使批评、建议权。批评、建议权的行使对于防止官僚主义,提高工作效率有着重要意义。

(2) 控告、检举权

控告是指公民对任何国家机关和国家工作人员的违法失职行为,有向有关机关进行揭发和指控的权利。检举权是指公民对于违法失职的国家机关和国家工作人员,有向有关机关揭发事实,请求依法处理的权利。公民行使控告权和检举权可通过如下途径:一是对违法犯罪行为,向司法机关提出;二是对违法违纪的行为,向主管单位、上级单位或监察机关提出;三是对国家机关的违法决定,向同级国家权力机关或者上级国家权力机关提出;四是对国家机关中党的组织或党员的违法犯罪行为,向同级或上级党的纪律检查委员会提出。

(3) 申诉权

申诉权是指公民的合法权益因行政机关或司法机关作出的错误的、违法的决定或裁判,或者因国家工作人员的违法失职行为而受到侵害时,有向有关机关申述理由,要求重新处理的权利。中国公民的申诉权主要在下面两种情况下行使:一是公民对于行政机关作出的行政处罚决定不服的,可以向其上级机关或者有关国家机关提出申诉,要求改正或者撤销原决定;二是对已经发生法律效力的判决或裁定,当事人、被告人及其家属或者其他公民可以向人民法院、人民检察院等国家机关提出申诉,要求改正或者撤销原判决或裁定。中国于1999年4月由第九届全国人民代表大会常务委员会通过了《行政复议法》,以利于公民行政申诉权的保护。其他诉讼法也都规定了对公民申诉权的相应保护,主要是审判监督程序的规定等。

为了保障公民监督权的有效行使,《宪法》第41条第2款规定:"对于公民的申诉、控告或者检举,有关国家机关必须查清事实,负责处理。任何人不得压制和打击报复。"同时,中国刑法和其他法律也都规定了对公民监督权行使的保护。

取得赔偿权是指公民在受到国家机关不正确的处罚而得到纠正后,或者是在受到国家机关和国家工作人员侵权而得到纠正后,公民要求国家负责赔偿的权利。《宪法》第41条第3款规定:"由于国家机关和国家工作人员侵犯公民权利而受到损失的人,有依照法律规定取得赔偿的权利。"目前,中国的国家赔偿分为行政赔偿和司法赔偿(或冤狱赔偿)两种形式。1989年4月第七届全国人民代表大会第二次会议通过的《行政诉讼法》规定了行政赔偿的原则和制度。1994年5月第八届全国人民代表大会第七次会议通过了《国家赔偿法》,使公民的这一宪法权利得到了切实的保障。

(三) 宗教信仰的自由

《宪法》第36条第1款规定:"中华人民共和国公民有宗教信仰自由。"宗教信仰自由是指公民依据内心的信念,自愿地信仰宗教的自由。其涵义包括:公民有信教或者不信教的自由,有信仰这种宗教或者那种宗教的自由,有过去信教现在不信教或者过去不信教而现在信教的自由。

宗教信仰自由要求任何国家机关、社会团体和个人不得强制公民信仰宗教或者不信仰宗教。同时,宪法的平等原则也要求不得歧视信仰宗教的公民和不信仰宗教的公民。

公民享有宗教信仰自由,因此,国家保护正常的宗教活动。但是,任何人不得利用宗教进行破坏社会秩序、损害公民身体健康、妨碍国家教育制度的活动。

按照宗教信仰自由原则,中国宗教团体和宗教界可以同各国宗教界人士进行互访、友好往来,开展宗教学术文化交流,但是一定要坚持独立自主、自由传教的原则,宗教团体和宗教事务不受外国势力的支配。

(四) 人身自由

人身自由包括狭义和广义两方面。狭义的人身自由主要指公民的身体不受非法侵犯,广义的人身自由则还包括与狭义人身自由相关联的人格尊严、住宅不受侵犯、通信自由和通信秘密等与公民个人生活有关的权利和自由。人身自由是公民具体参加各种社会活动和实际享受其他权利的前提,也是保护和发展公民个体的必要条件。

1. 人身自由

这里的人身自由是指狭义的人身自由,是指公民的肉体和精神不受非法侵犯,即不受非法限制、搜查、拘留和逮捕。毫无疑问,如果一个人失去了人身自由,那么,他的其他权利和自由也就无从说起。因而人身自由是公民所应享有的最起码的权利,《宪法》第37条第1款规定:"中华人民共和国公民的人身自由不受侵犯。"

然而,人身自由与其他自由一样并不是绝对的。国家对人身自由可以限制,甚至剥夺,但必须满足以下条件:一是必须有法律的规定。根据《立法法》第8条,刑罚、限制人身自由的强制措施和处罚,只有法律才有权规定,行政法规、地方性法规以下的规范性法律文件均无权规定。二是必须由有权机关作出决定。行政拘留,只能由公安机关或国家安全机关作出;司法拘留,只能由人民法院作出;刑事拘留,也只能由刑事侦查机关作出,如公安机关、人民检察院、国家安全机关;至于逮捕,只能由人民检察院批准或决定或者人民法院决定。三是必须依照法律规定的程序和条件。

2. 人格尊严不受侵犯

人格尊严是指公民作为平等的人的资格和权利应该受到国家的承认和尊重,包括与公民人身存在密切联系的名誉、姓名、肖像等不容侵犯的权利。人格尊严的法律表现是公民的人格权。《宪法》第38条规定:"中华人民共和国公民的人格尊严不受侵犯。禁止用任何方法对公民进行侮辱、诽谤和诬告陷害。"这是中国宪法第一次写入人格尊严不受侵犯的内容,这一规定具体通过《民法通则》、《刑法》等普通法律得以实现。

3. 住宅不受侵犯

《宪法》第39条规定:"中华人民共和国公民的住宅不受侵犯。禁止非法搜查或者非法侵入公民的住宅。"住宅不受侵犯是指任何机关、团体的工作人员或者其他个人,未经法律许可或未经户主等居住者的同意,不得随意进入、搜查或查封公民的住宅。住宅是公民日常生活、工作学习的场所,因此,保护了公民的住宅不受侵犯,也就保护了公民的居住安全和生活安定,也就进一步保护了公民的人身自由权利。住宅不受侵犯还包括机关、团体或个人都不可侵占、损毁公民的住宅。因为这些行为不仅侵犯了公民的财产权,而且也侵犯了公民的人身自由。

根据中国法律的有关规定,公安机关、检察机关为了收集犯罪证据、查获犯罪嫌疑人,需要对有关人员的身体、物品、住宅及其他地方进行搜查时,必须严格依照法律规定的程序进行。非法或违法搜查公民住宅要承担相应的法律责任。

4. 通信自由和通信秘密

《宪法》第40条规定:"中华人民共和国公民的通信自由和通信秘密受法律的保护。除因国家安全或者追查刑事犯罪的需要,由公安机关或者检察机关依照法律规定的程序对通信进行检查外,任何组织或者个人不得以任何理由侵犯公民的通信自由和通信秘密。"

通信自由是指公民与其他主体之间传递消息和信息不受国家非法限制的自由。通信秘密是指公民的通信(包括电报、电传、电话和邮件等信息传递形式),他人不得隐匿、毁弃、拆阅或者窃听。隐匿或毁弃信件、电报等是侵犯公民的通信自由;拆阅邮件或窃听公民的电话等通讯内容则是侵犯公民的通信秘密。然而,为了保护社会大多数的利益而与犯罪作斗争,公安机关和检察机关可以依法对公民的通信内容进行检查,以维护社会秩序,保证国家安全。但这种检察要有严格的程序控制,以使之不用于其他非司法的目的。

(五)社会经济、文化教育方面的权利

社会经济权利是指公民根据宪法享有的具有物质经济利益的权利,是公民实现基本权利的物质上的保障。文化教育权利则是公民根据宪法规定,在教育和文化领域享有的权利和自由。除财产权和继承权外,公民的社会经济、文化教育权利都属于公民的积极受益权,即公民可以积极主动地向国家提出请求、国家也应积极予以保障的权利,是 20 世纪以来宪法权利的新发展。

公民享有的社会经济权利,根据宪法,有劳动权、休息权、退休人员的生活保障权、物质帮助权以及财产权、继承权。

其中,物质帮助权是指公民因丧失劳动能力而不能获得必要的物质生活资料时,有从国家和社会获得生活保障,享受集体福利的权利。根据《宪法》第 45 条第 1 款规定,公民在年老、疾病或者丧失劳动能力的情况下,有从国家和社会获得物质帮助的权利。

劳动,既是公民的基本权利,也是公民的基本义务。劳动权是指有劳动能力的公民从事劳动并获得相应报酬的权利。劳动权包含三层含义:一是有劳动能力的公民有就业参加劳动的机会;二是有劳动能力的公民能够在不危及其生产安全、身体健康的情形下劳动的权利;三是公民通过劳动获得相应报酬的权利。劳动作为义务,是指劳动是一切有劳动能力的公民的光荣职责,因为劳动是社会物质财富的来源。

休息权是劳动者劳动权的附属权利,休息权是实现劳动权的必要条件。至于退休人员的生活保障权,它也是附属于劳动权的权利。

文化教育方面的权利包括受教育权和文化自由,受教育,既是公民的权利,又是公民的义务。作为权利而言,是指公民有在国家和社会提供的各类学校和机构中学习文化科学知识的权利;作为义务,是指公民有依法接受各种形式的教育的义务。中国现在实行九年制义务教育。

《宪法》第 47 条规定:"中华人民共和国公民有进行科学研究、艺术创作和其他文化活动的自由。"文化自由属于公民的精神自由,在间接层面上保证了公民的思想自由和表达自由。但必须注意,言论自由和出版自由在宪法上不属于文化自由,而是政治自由。

四、公民的基本义务

根据宪法,公民有维护国家统一和全国各民族团结的义务;公民必须遵守宪法和法律,保守国家秘密,爱护公共财产、遵守劳动纪律、遵守公共秩序、尊重社会公德;公民有维护祖国的安全、荣誉和利益的义务,不得危害祖国的安全、荣誉和利益;公民有依照法律纳税的义务。

保卫祖国、抵抗侵略是每一个公民的神圣职责。依照法律服兵役和参加民兵组织是公民的光荣义务。根据现行《兵役法》,依照法律被剥夺政治权利的人不得服兵役;应征公民被羁押正在受侦查、起诉、审判的或者被判处徒刑、拘役、管制正在服刑的,不征集。因此,服兵役和参加民兵组织的公民的光荣义务,并不是任何公民均能够履行的。

第五节 国 家 机 构

一、国家机构的概念及其活动原则

国家机构是国家为实现其职能而建立起来的一整套国家机关体系的总称。按照宪法第三章的规定,中国的国家机构由全国人民代表大会、中华人民共和国主席、国务院、中央军事委员会、地方各级人民代表大会和地方各级人民政府、民族自治地方的自治机关、人民法院和人民检察院组成。从行使职权的性质上看,可以把它们分为国家权力统一原则下的权力、行政和司法等机关;从行使职权的地域范围上看,可以把它们分为中央国家机关和地方国家机关。

根据国家的宪法和有关法律,中国的国家机构的组织活动原则有:

(一)民主集中制原则

《宪法》第3条规定:"中华人民共和国的国家机构实行民主集中制的原则。"民主集中制是一种民主与集中相结合的制度,是指在民主基础上的集中和在集中指导下的民主的结合。民主集中制从民主的角度说,发扬民主的过程是由多数人决定问题的过程;从集中的角度说,实现集中的过程也是汇集多数人意见的过程。民主与集中的运用方式和程序虽然有所不同,但它们的实质都是服从多数人的意见。

根据现行宪法的规定,中国国家机构贯彻民主集中制原则主要体现在以下几个方面:第一,在国家机关与人民的关系方面,体现了国家权力来自人民,由人民组织国家机构。《宪法》第2条规定:"中华人民共和国的一切权力属于人民。人民行使国家权力的机关是全国人民代表大会和地方各级人民代表大会。"第3条第2款规定:"全国人民代表大会和地方各级人民代表大会都由民主选举产生,对人民负责,受人民监督。"第二,在同级国家机构中,国家权力机关居于主导地位。《宪法》第3条第3款规定:"国家行政机关、审判机关、检察机关都由人民代表大会产生,对它负责,受它监督。"第三,在中央与地方国家机构的关系方面,实行"中央和地方的国家机构职权的划分,遵循在中央的统一领导下,充分发挥地方的主动性、积极性的原则"。

(二)社会主义法治原则

有法可依、有法必依、执法必严、违法必究是社会主义法治原则的基本要求。国家机构贯彻社会主义法治原则,就是指国家机构在组织和活动中必须依法办事,不以个别领导人的个人意志为转移,也不能以政策代替法律。《宪法》第5条规定:"国家维护社会主义法制的统一和尊严。一切法律、行政法规和地方性法规都不得同宪法相抵触。一切国家机关……都必须遵守宪法和法律。一切违反宪法和法律的行为,必须予以追究。任何组织或者个人都不得有超越宪法和法律的特权。"《宪法修正案》第13条规定:"中华人民共和国实行依法治国,建设社会主义法治国家。"由此可见,国家机关贯彻社会主义法治原则是由宪法明确规定的。具体来说:第一,所有国家机关的设立和活动都必须于法有据;第二,一切国家机关的工作必须符合法律的要求,工作结果也必须符合法律规范,这对于依法行政来说显得尤为重要;第三,任何国家机关违反宪法和法律的行为,都必须予以纠正,并追究有关责任人的法律责任。

(三) 责任制原则

《宪法》第27条规定:"一切国家机关……实行工作责任制。"责任制原则是指国家机关及其工作人员无论是行使职权,还是履行职务,都必须对其产生的后果负责。在中国,权力和责任紧密相联且相互统一,因此既不存在没有权力的责任,也不存在没有责任的权力。根据宪法的规定,中国国家机构贯彻责任制原则表现在,各级人民代表大会都要向人民负责,每一代表都要受原选举单位的监督,选举单位可以随时罢免自己所选出的代表;国家行政机关、审判机关和检察机关等则向同级人民代表大会及其常务委员会负责。

同时,责任制原则在不同的国家机关内部,由于机关性质的不同而有不同的表现。根据宪法和有关国家机关组织法的规定,它具体表现为集体负责制和个人负责制两种形式。集体负责制是指全体组成人员和领导成员的地位和权利平等,在重大问题的决定上,由全体组成人员集体讨论,并且按照少数服从多数的原则作出决定,集体承担责任。各级人民代表大会及其常务委员会、人民法院和人民检察院等即是实行集体负责制的机关。个人负责制是指由首长个人决定问题并承担相应责任的领导体制。在中国,国务院及其各部、委,中央军委以及地方各级人民政府等都实行个人负责制。

(四) 联系群众,为人民服务原则

《宪法》第27条第2款规定:"一切国家机关和国家工作人员必须依靠人民的支持,经常保持同人民的密切联系,倾听人民的意见和建议,接受人民的监督,努力为人民服务。"

在中国,国家的一切权力属于人民,因而人民是国家的主人。与人民主人翁地位相对称的是国家机关及其工作人员,他们是人民的勤务员,是人民的公仆。因此,一切国家机关都必须努力贯彻为人民服务的原则。第一,国家机关作为制定和执行国家法律、法规、政策的机关,其一切工作都要从绝大多数人的最高利益出发,为人民的根本利益服务。第二,国家机关及其工作人员在自己的工作中必须认真贯彻"从群众中来,到群众中去"的工作方法,密切联系群众,倾听他们的意见和要求,尊重他们的主人翁地位和首创精神,确立为人民服务的具体办法和措施,不断取得人民的信任和支持,从而使国家机关能够和人民群众呼吸相通、甘苦与共,提高为人民服务的效能。第三,要开辟各种途径,广泛地吸引人民群众参加国家管理,这既是中国政权本质的要求,也是贯彻群众路线的重要形式和有效方法。如组织人民群众参加宪法草案以及其他重要法律草案的讨论;接受人民群众来信来访;建立人民代表联系群众的制度;吸引群众通过各种会议、报刊、座谈等发表个人意见、建议等。第四,要倾听群众的批评和意见,接受人民群众的监督。国家机关及其工作人员为人民服务的质量如何,只有通过人民的检验才能评判,而监督则是进行评判最有效的方法。

二、中央国家机关

根据《宪法》规定,中央国家机关分为全国人民代表大会及其常务委员会、中华人民共和国主席、国务院、中央军事委员会、最高人民法院和最高人民检察院。

(一)全国人民代表大会及其常务委员会

1. 全国人民代表大会的性质和地位

全国人民代表大会是最高国家权力机关,是全国人民行使国家权力的最高机关,它行使国家的立法权和决定国家生活中的其他重大问题。全国人民代表大会在国家机构体系中居于首要地位,其他任何国家机关都不能与它并列,更不能超越其上。

2. 全国人民代表大会的组成、任期和会议

全国人民代表大会由省、自治区、直辖市、特别行政区和军队选出的代表组成。各少数民族都应当有适当名额的代表。全国人民代表大会每届任期5年。遇有非常情况,可延长任期。全国人民代表大会会议每年举行一次,如果全国人民代表大会常务委员会认为必要,或者有1/5以上的全国人民代表大会代表提议,可临时召集全国人民代表大会会议。

3. 全国人民代表大会的职权

根据宪法规定,全国人民代表大会有15项职权,归纳起来,包括以下几个方面:第一,修改宪法,监督宪法实施;第二,制定和修改刑事、民事、国家机构的和其他基本法律;第三,选举、决定和罢免中央国家机关的重要领导人;第四,决定国家生活中的重大问题;第五,应当由最高国家权力机关行使的其他职权。

4. 全国人民代表大会常务委员会

全国人民代表大会常务委员会是全国人民代表大会的常设机关,由全国人民代表大会选举产生,对其负责并报告工作。全国人民代表大会常务委员会由委员长、副委员长若干人、秘书长、委员若干人组成,其组成人员不得担任国家行政机关、审判机关和检察机关的职务,全国人民代表大会常务委员会每届任期5年,委员长、副委员长连续任职不得超过两届。全国人民代表大会常务委员会享有包括解释宪法和监督宪法实施在内的21项职权。

（二）国家主席

国家主席是中央国家机关的重要组成部分，属于最高国家权力机关范畴，而不是某个掌握国家权力的个人。国家主席同全国人民代表大会常务委员会结合行使国家元首的职权，对外代表中国。

国家主席、副主席由全国人民代表大会选举产生，有选举权和被选举权的年满45周岁的中华人民共和国公民可以被选为中华人民共和国主席、副主席，每届任期5年，连续任职不得超过两届。

中国设置国家主席是1954年宪法规定的。1975年宪法取消了国家主席建制，造成国家政治体制不完善。1978年宪法由于当时历史条件的限制而未能恢复国家主席的建制，现行的1982年宪法恢复了国家主席建制，有利于健全国家体制。

（三）国务院

1. 国务院的性质和地位

国务院，即中央人民政府，是最高国家权力机关的执行机关，是最高国家行政机关，在整个国家行政机关体系中处于最高地位。国务院由全国人民代表大会产生，对其负责并报告工作，通过行使国家最高行政权来执行最高国家权力机关制定的法律和作出的决定，保证国家职能的实现。

2. 国务院的组成和任期

国务院由总理、副总理若干人、国务委员若干人、各部部长、各委员会主任、审计长、秘书长组成。总理由国家主席提名，经全国人民代表大会决定，国家主席任命。其他组成人员由总理提名，经全国人民代表大会决定，国家主席任命。

国务院每届任期5年。总理、副总理、国务委员连续任职不得超过两届。

3. 国务院的领导体制和职权

国务院实行总理负责制，总理领导国务院的工作，副总理、国务委员协助总理工作。国务院各部、各委员会实行部长、主任负责制。国务院享有包括制定行政法规在内的18项职权，全面领导和管理国家政治、经济、文化、国防和外交等方面的工作。

（四）中央军事委员会

中华人民共和国中央军事委员会是领导全国武装力量的军事机关，是中央国家机关的重要组成部分。

中央军事委员会由主席、副主席若干人、委员若干人组成，实行主席负责制。主席由全国人民代表大会选举产生，对全国人民代表大会和全国人民代表大会常务委员会负责，其他组成人员由全国人民代表大会根据主席提名决定。中央军事委员会每届任期5年。

（五）最高人民法院和最高人民检察院

见以下第四部分"人民法院和人民检察院"。

三、地方国家机关

（一）地方国家机关概述

地方国家机关包括地方各级人民代表大会和地方各级人民政府,其中民族自治地方的人民代表大会和人民政府称为民族自治地方的自治机关,前面已有论述,这里不再重复;还包括地方各级人民法院和人民检察院。

国家根据行政区域的划分,相应地建立地方各级国家机关体系。按照宪法规定,省、自治区、直辖市、自治州、县、自治县、市、市辖区、乡、民族乡、镇建立人民代表大会和人民政府。人民法院和人民检察院的设置基本上与政权建制相适应。除乡、镇外,其他各级政权都相应设置人民法院和人民检察院。

（二）地方各级人民代表大会

地方各级人民代表大会是地方各级国家权力机关,与全国人民代表大会一起,构成国家权力机关体系。

地方各级人民代表大会由人民代表组成,省、自治区、直辖市、自治州、设区的市的人民代表大会代表,由下一级人民代表大会选举产生;县、自治县、不设区的市、市辖区、乡、民族乡、镇的人民代表大会代表由选民直接选举产生。地方各级人民代表大会每届任期5年。

地方各级人民代表大会在本行政区域内,保证宪法、法律、行政法规的遵守和执行;依照法律规定的权限,通过和发布决议,审查和决定地方的经济建设、文化建设和公共事业的建设计划。地方各级人民代表大会分别选举并且有权罢免本级人民政府的正副职行政首长;县级以上的地方各级人民代表大会选举并且有权罢免本级人民法院院长和本级人民检察院检察长,选出或罢免检察长,须报上级人民检察院检察长提请该级人民代表大会常务委员会批准。

县级以上的地方各级人民代表大会设立常务委员会,由主任、副主任若干人和委员若干人组成,由本级人民代表大会选举或罢免,其组成人员不得担任国家行政机关、审判机关和检察机关的职务。

（三）地方各级人民政府

地方各级人民政府是地方各级国家权力机关的执行机关,是地方各级国家行政机关,与国务院一起构成国家行政机关体系。

地方各级人民政府实行首长负责制,每届任期同本级人民代表大会任期相同。

地方各级人民政府依照法律规定的权限,管理本行政区域内的各项行政工作,对本级人民代表大会负责并报告工作,县级以上的地方各级人民政府在本级人民代表大会闭会期间,对本级人民代表大会常务委员会负责并报告工作,同时对上一级国家行政机关负责并报告工作。全国地方各级人民政府都是国务院统一领导下的国家行政机关,都服从国务院。

四、人民法院和人民检察院

人民法院和人民检察院共同构成国家司法机关体系,依法独立行使职权,不受行政机关、社会团体和个人的干涉,乡、镇一级不设司法机关。

（一）人民法院

人民法院是国家的审判机关。国家设立最高人民法院、地方各级人民法院和军事法院等专门人民法院。最高人民法院是国家最高审判机关,对全国人民代表大会和全国人民代表大会常务委员会负责,监督地方各级人民法院和专门人民法院的审判工作。最高人民法院院长每届任期5年,连续任职不得超过两届。

地方各级人民法院包括高级人民法院、中级人民法院和基层人民法院,都对产生它的国家权力机关负责,上级人民法院监督下级人民法院的审判工作。

（二）人民检察院

人民检察院是国家的法律监督机关。国家设立最高人民检察院、地方各级人民检察院和军事检察院等专门人民检察院。

最高人民检察院是国家最高检察机关,对全国人民代表大会和全国人民代表大会常务委员会负责,领导地方各级人民检察院和专门人民检察院的工作。最高人民检察院检察长每届任期5年,连续任职不得超过两届。

地方人民检察院可以分为:省、自治区、直辖市人民检察院;省、自治区、直辖市人民检察院分院,自治州和省辖市人民检察院;县、市、自治县和市辖区人民检察院,都对产生它的国家权力机关和上级人民检察院负责,上级人民检察院领导下级人民检察院的工作。

图表 2-1　中央国家机构系统

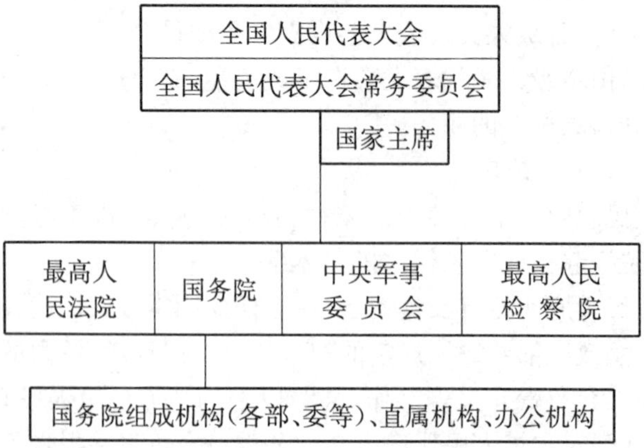

```
              ┌─────────────────────────┐
              │     全国人民代表大会      │
              ├─────────────────────────┤
              │  全国人民代表大会常务委员会 │
              ├─────────────────────────┤
              │         国家主席         │
              └────────────┬────────────┘
   ┌──────────┬────────────┼────────────┬──────────┐
┌──┴───┐  ┌──┴──┐   ┌─────┴─────┐  ┌───┴────┐
│最高人│  │国务院│   │中央军事    │  │最高人民│
│民法院│  │     │   │委员会      │  │检察院  │
└──────┘  └──┬──┘   └───────────┘  └────────┘
             │
   ┌─────────┴────────────────────────────┐
   │国务院组成机构(各部、委等)、直属机构、办公机构│
   └──────────────────────────────────────┘
```

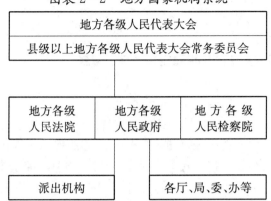

图表2-2 地方国家机构系统

本 章 小 结

在我国现有法律体制下,宪法是"母法",其他法律都以宪法为宗,依据宪法而制定。因此在具体法律中我们首先介绍宪法。本章在内容安排上先是宪法的基本理论,后是宪法的基本内容。

宪法是根本法、总章程。与其他法律相比,在内容上,宪法规定国家最根本、最重要的问题;在法律效力上,宪法具有最高的法律效力;在制定和修改的程序上,宪法的要求更加严格。同时宪法也不是一成不变的,自新中国成立以来,我国先后通过了1954年宪法、1975年宪法、1978年宪法和1982年宪法等四部宪法,而现行宪法(1982年宪法)也分别于1988年、1993年、1999年和2004年进行了四次修改。

在宪法制定、修改和实施过程中必须遵守一些最基本的规则(宪法的基本原则):人民主权原则、基本人权原则、法治原则和权力制约原则。同时为了保障宪法的贯彻落实就必须建立宪法监督制度。

现行宪法首先规定了国家的基本制度,主要包括国体(人民民主专政)、政体(人民代表大会制度)、选举制度(选举权普遍、平等、自由,直接选举和间接选举相结合)、国家结构形式(单一制)、经济制度(公有制为主体,多种所有制经济共同发展)和文化制度(国家进行各种文化建设以提高国民素质);之后,宪法规定了公民的基本权利与义务,也即公民享有的主要的、必不可少的权利(主要包括平等权、政治权利和自由、宗教信仰的自由、人身自由以及社会经济、文化教育方面的基本权利等)及公民必须遵守和应尽的基本责任(如维护国家统一和全国各民族团结,遵守宪法和法律等);接下来,宪法规定了国家机构的内容,也即国家为实现其职能而建立起来的一整套国家机关体系,包括中央国家机关和地方国家机关。

【拓展和链接】 宪法的作用和宪法适用的解释

（一）宪法在中国现代化过程中的作用

20年来的实践证明,我国现行宪法是一部符合国情的好宪法,在国家经济、政治、文化和社会生活中发挥了极其重要的作用。宪法保障了我国的改革开放和社会主义现代化建设;宪法促进了我国的社会主义民主建设;宪法推动了我国的社会主义法制建设;宪法促进了我国人权事业和各项社会事业的发展。20年的经验告诉我们,只要认真贯彻实施宪法,坚持和完善宪法确立的各方面的制度和体制,就能保证改革开放和社会主义现代化建设不断向前发展,保证最广大人民的根本利益不断得到实现,保证国家安全和社会稳定、实现长治久安。20年的经验还告诉我们,改革开放和社会主义现代化建设的蓬勃发展,是宪法得以充分实施和不断完善的根本原因。实践没有止境,宪法也要随着实践的发展而不断完善。要适应改革开放和社会主义现代化建设的发展要求,根据实践中取得的重要的新经验和新认识,及时依照法定程序对宪法的某些规定进行必要的修正和补充,使宪法成为反映时代要求、与时俱进的宪法。(摘自胡锦涛《在纪念宪法施行20周年大会上的讲话》,《人民日报》,2002年12月5日)

（二）司法判决中宪法适用的司法解释

(1)《关于在刑事判决中不宜引用宪法作论罪科刑的依据的复函》:"你院(55)刑二字第336号报告收悉。中华人民共和国宪法是我国国家的根本大法,也是一切法律的'母法'。刘少奇委员长在关于中华人民共和国宪法草案的报告中指出:'它在我国国家生活的最重要的问题上,规定了什么样的事是合法的,或者是法定必须执行的,又规定了什么样的事是非法的,必须禁止的。'对在刑事方面,它并不规定如何论罪科刑的问题,据此,我们同意你院的意见,在刑事判决中,宪法不宜引为论罪科刑的依据。"(最高人民法院研字第11298号对新疆高级人民法院作出之批复,1955年7月30日)

(2)《关于人民法院制作的法律文书应如何引用法律规范性文件的批复》:"人民法院在依法审理民事和经济纠纷案件制作法律文书时,对于全国人民代表大会及其常务委员会制定的法律,国务院制定的行政法规,均可引用。各省、直辖市人民代表大会及其常务委员会制定的与宪法、法律和行政法规不相抵触的地方性法规,民族自治地方的人民代表大会依照当地政治、经济和文化特点制定的自治条例和单行条例,人民法院在依法审理当事人双方属于本行政区域内的民事和经济纠纷案件制作法律文书时,也可引用。国务院各部委发布的命令、指示和规章,各县、市人民代表大会通过和发布的决定、决议,地方各级人民政府发布的决定、命令和规章,凡与宪法、法律、行政法规不相抵触的,可在办案时参照执行,但不要引用。最高人民法院提出的贯彻执行各种法律的意见以及批复等,应当贯彻执行,但也不宜直接引用。"[最高人民法院 法(研)复(1986)31号对江苏省高级人民法院之批复,1986年10月28日]

与本章相关的主要法律法规

1.《中华人民共和国宪法》(1982年12月4日第五届全国人民代表大会第五次会议通过,1988年第七届全国人民代表大会第一次会议、1993年3月29日第八届全国人民代表大会第一次会议、1999年3月15日第九届全国人民代表大会第二次会议和2004年3月14日第十届全国人民代表大会第二次会议分别通过《中华人民共和国宪法修正案》)

2.《中华人民共和国全国人民代表大会和地方各级人民代表大会选举法》(1979年7月1日第五届全国人民代表大会第二次会议通过,1982年12月10日第五届全国人民代表大会第五次会议、1986年12月2日第六届全国人民代表大会常务委员会第十八次会议、1995年2月28日第八届全国人民代表大会常务委员会第十二次会议和2004年10月27日第十届全国人民代表大会常务委员会第十二次会议分别修正)

3.《中华人民共和国全国人民代表大会组织法》(1982年12月10日第五届全国人民代表大会第五次会议通过)

4.《中华人民共和国民族区域自治法》(1984年5月31日第六届全国人民代表大会第二次会议通过)

5.《中华人民共和国香港特别行政区基本法》(1990年4月4日第七届全国人民代表大会第三次会议通过)

6.《反分裂国家法》(2005年3月14日第十届全国人民代表大会第三次会议通过)

案例:齐玉苓诉陈晓琪等侵犯受教育权案

1990年,17岁的齐玉苓通过了中专预选考试,取得了报考统招及委培的资格,但其录取通知书被陈晓琪领走。陈晓琪以齐的名义到山东济宁市商业学校报到就读。11年以后,齐玉苓失业在家,不得不靠卖早点、快餐维持生计。而冒用齐玉苓姓名的陈晓琪毕业后分配至当地中国银行工作。两人的命运迥然不同。1999年,齐得知真相后,以自己的姓名权、受教育权受到侵害为由,将陈晓琪、陈克政(陈晓琪之父)、山东省济宁市商业学校、山东省滕州市教育委员会及山东省滕州市第八中学告到了法院。要求被告停止侵害、赔偿经济和精神损失。

2001年7月24日,最高人民法院针对这一案件作出了司法解释,支持了齐的诉讼请求。这个被称作"中国宪法司法化第一案"的解释全文如下:"山东省高级人民法院:你院1999鲁民终字第258号《关于齐玉苓与陈晓琪、陈克政、山东省济宁市商业学校、山东省滕州市第八中学、山东省滕州市教育委员会姓名权纠纷一案的请示》收悉。经研究,我们认为,根据本案事实,陈晓琪等以侵犯姓名权的手段,侵犯了齐玉苓依据宪法规定所享有的受教育的基本权利,并造成了具体的损害后果,应承担相应的民事责任。"据此,山东省高级人民法院作出判决:陈晓琪停止对齐玉苓姓名权的侵害;由陈晓琪等向齐玉苓赔礼道歉;赔偿齐玉苓因受教育的权利被侵犯造成的直接和间接经济损失4.8万余元和精神损害赔偿费5万元。

资料来源:《新华网》 发布时间:2001年8月27日

思考题

1. 宪法与普通法律有何区别?
2. 论宪法的人权保障原则。
3. 试述我国宪法监督体制的主要内容及其完善的设想。
4. 我国宪法在保障公民基本权利方面有何规定?近年来,有哪些典型的案例?

第三章 行政法

本章要点

本章阐述了行政法的一般知识,主要包括:(1)行政法一般原理,涉及行政法的概念、行政关系和行政法律关系以及行政法的渊源等方面的内容;(2)行政主体和行政相对人,着重分析了行政法律关系中的当事人的含义、特征以及分类等内容;(3)行政行为,主要对行政行为的概念、分类、(成立)条件、效力、种类等内容进行了分析;(4)行政复议,涉及行政复议的概念、管辖、申请和受理以及审理、决定和执行等方面的内容。

第一节 行政法概述

一、行政法的概念

行政法是调整在行政过程中所产生的行政关系的法律规范的总和。进一步说,行政法是调整行政组织、职权,行使职权的方式、程序以及对行使行政职权的监督等行政关系的法律规范总和。

行政法规范的范围极为广泛,涉及公安、税务、工商、土地、环境等各个行政管理领域,而每个行政管理领域都有其自身的特点,难以用统一的规则进行调整,尽管中国有《国务院组织法》、《地方各级人民代表大会和地方各级人民政府组织法》、《公务员法》、《立法法》、《行政处罚法》、《行政复议法》、《行政监察法》、《行政诉讼法》、《国家赔偿法》等单行的法律法规,但它们只是对行政法的某一方面进行统一的规定,而不是全方位的。行政法的特征是,在整体上没有统一、系统的法典,行政法的法律规范散见于法律、法规乃至于规章等各种规范性法律文件之中。

一般认为,行政法包括三个部分:(1)行政组织法;(2)行政行为法;(3)行政法制监督法、行政救济法。行政组织法主要规定行政机关的组织、性质、地位和职权,主要调整内部行政关系。行政行为法主要规定行政组织行使职权的方式、程序,主要调整行政管理关系。行政法制监督法、救济法,即涉及对行政组织作出的行政管理行为进行监督、行政相对人受到违法行政侵犯可获得的救济等方面的法律规范之总和,主要调整监督行政关系。但是需要注意的是,根据法律规范的内容,也就是实体法与程序法的关系,行政诉讼法一般与其他诉讼法、仲裁法、调解法等法律,合称为程序法,构成中国法律体系中的一个法律部门。

行政法的功能主要包括两个方面:管理功能和监督功能。前者指建立行政组织、赋予其行政职权、确定其行使职权的方式、程序,使之有效地对社会实施管理,保证国家法律和政策所确立的目标的实现,保障秩序,促进社会、经济、文化的发展。后者指建立行政法制监督机制,控制行政权力,防止行政组织滥用职权,以维护国家社会公益和保护个人、组织的合法权益。

二、行政关系和行政法律关系

行政法是调整行政关系的法律。行政关系是行政法的调整对象。

行政关系,是指行政组织在行使行政管理职权过程中与行政相对人、其他行政组织或者与行政组织所属工作人员之间发生的社会关系,以及国家立法机关、司法机关、上级行政机关、专门行政监督机关以及公民、法人和其他组织,在监督行政行为过程中,与行政组织及其所属工作人员之间发生的社会关系。换句话说,行政关系既包括外部行政关系,也包括内部行政关系;既包括行政管理关系,也包括监督行政关系。

行政关系按其发生领域的不同,分为外部行政关系与内部行政关系。外部行政关系是指行政组织与外部的各种主体之间的关系;内部行政关系是指行政组织系统内的关系。其中外部行政关系是基本的,内部行政关系是从属的。

外部行政关系根据行政组织的地位,又可分为行政管理关系和监督行政关系。行政管理关系是指行政组织因对外行使行政管理职权而与作为行政相对人的个人、组织发生的关系;监督行政关系是指行政组织因接受监督而与作为监督主体的国家权力机关、司法机关、专门行政监督机关以及社会组织、公民个人而发生的关系。两者相比较而言,行政管理关系是基本的。

内部行政关系主要包括行政机关与其工作人员之间,上下级行政机关之间,平行行政机关之间,行政机关与所属机构、派出机构之间,行政机关与其委托行使某种特定行政职权的组织之间的直接或者间接的关系。

行政关系具有以下一些基本特征:(1) 行政关系之中存在双方或双方以上的当事人或者主体;(2) 当事人之中必定有一方是行政组织或其工作人员;(3) 行政关系是因行政组织行使职权或接受监督而发生的。行政关系如下图所示:

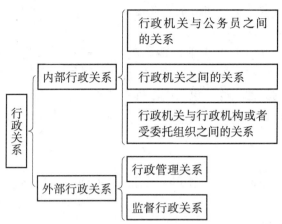

图表 3-1　行政关系

行政关系接受行政法的调整,形成行政法律关系。法律调整是根据一定的社会需要,运用一系列法律手段,对社会关系施加作用或影响。行政法律关系就是经过行政法的调整所形成的合法的、受到法律保护的行政关系。行政法律关系与行政关系是有区别的,区别在于,前者经过法律的调整,后者未经法律调整,只是一种事实社会关系。但在实践中,两者往往是一体的,即绝大多数行政关系一开始就是受法律调整的,因而就是行政法律关系。行政法的主要目的就在于尽可能地规制行政关系,使所有的行政关系都成为行政法律关系。

行政法律关系主要有三类:(1) 行政管理法律关系。它是指作为行政主体的行政机关和法律、法规授权的组织因行使行政职权而与作为行政相对人的个人和组织之间发生的法律关系。(2) 监督行政法律关系。它是指作为被监督对象的行政组织和国家公务员因接受行政法制监督而与作为行政法制监督主体的国家权力机关、司法机关、专门行政监督机关以及人民群众之间发生的关系。作为监督主体的人民群众(个人、组织)不能直接对监督对象(行政组织、国家公务员)采取有法律效力的监督措施,他们必须通过作为国家机关的监督主体采取此种措施。(3) 内部行政法律关系主要指行政机关内部的关系,各种级别、各种地域、各种部门行政机关之间的相互关系以及行政机关与所属国家公务员之间的关系。

三、行政法的渊源

法律渊源和法律部门是两个不同的法律概念。法律部门,又称部门法,是指同类法律规范的集合。一般认为,中国共有九个法律部门(或部门法):宪法、行政法、民(商)法、刑法、经济法、社会法、环境法、程序法、军事法等。行政法是中国的法律部门之一,是所有调整行政关系的法律规范的集合。

法律渊源是指法律的效力来源,或者法律从何处而来的。中国的法律渊源主要有以下几类：宪法,法律,行政法规,地方性法规,自治条例和单行条例,部门规章,地方政府规章,国际条约和协定。在这里,法律仅指全国人民代表大会及其常务委员会制定的规范性法律文件。

行政法是一个部门法,但是它的渊源是多种多样的。在中国,行政法的渊源主要包括宪法、法律、行政法规、地方性法规、自治条例和单行条例、部门规章、地方政府规章。行政法的其他渊源还包括中国缔结或加入的有关国际条约和协定、国家机关的法律解释以及国家行政机关与执政党、社会组织联合发布的规范性文件等。

第二节　行政主体和行政相对人

一、行政法主体

行政主体是行政法主体之一。了解行政主体,必须先了解行政法主体。

行政法律关系由三个要素构成,即主体、客体和内容。行政法律关系主体就是行政法律关系的参加者,即在行政法律关系中享有权利或权力,承担义务的人或组织,简称为行政法主体。行政法律关系客体就是行政法主体之间的权利、义务或者权力、义务指向的对象。行政法律关系的内容就是主体所享有的权利或权力以及所承担的义务或职责。这里,我们主要了解行政法主体。

行政法律关系分为三类：行政管理法律关系、监督行政法律关系和内部行政法律关系。在不同的行政法律关系中,存在着不同的行政法主体。(1)在行政管理法律关系中,主体是行政主体和行政相对人。行政主体包括行政机关和法律、法规授权的组织。行政相对人包括个人和组织,个人包括中国公民、外国人和无国籍人；组织包括法人组织和非法人的其他组织。(2)在监督行政法律关系中,主体分别是作为被监督对象的行政组织和国家公务员,以及实施监督的国家权力机关、司法机关、专门行政监督机关以及人民群众；国家公务员在行政管理法律关系中不是独立的主体,但在监督行政法律关系中,是独立的主体。(3)在内部行政法律关系中,主体主要是行政机关和国家公务员。这些都是行政法主体。

在前文中,用"行政组织"这一称谓涵盖了行政管理法律关系中的行政主体,监督行政法律关系中的作为被监督对象的行政组织和内部行政法律关系中的行政机关。

二、行政主体

（一）含义和特征

行政主体是行政管理法律关系的一方当事人,是指能以自己名义行使国家行政职权,作出影响行政相对人权利义务的行政行为,并能对外承担行政法律责任,在行政诉讼中能作为被告应诉的行政机关或法律、法规授权的组织。

"行政主体"这一术语,正如同"行政法主体"一样,并不存在于现行的任何一个规范性法律文件中,它是行政法学用来分析行政法律关系的学术概念。

显然,行政主体不同于行政法律关系的主体或行政法主体。行政主体只是其中一种行政法律关系即行政管理法律关系的一方当事人。任何一种法律关系都存在着两方或多方当事人。行政管理法律关系的一方当事人为行政主体,另一方是行政相对人。行政主体在行政管理法律关系中处于管理者的地位。行政相对人处于被管理者的地位。

行政主体包括两种:行政机关和法律、法规授权的组织(又称为"被授权的组织")。

行政主体不等于行政机关,行政机关只是其中一种,尽管是最重要的一种行政主体。

行政主体除了行政机关外,还有法律、法规授权的组织。这里的法律,仅指狭义的法律而言,法规指行政法规、地方性法规。一个组织,例如律师协会、注册会计师协会,如果被法律或法规授权,它就具有对行政相对人的某种行政管理职权,可以对行政相对人实施某些方面的行政管理行为。

行政主体是行使国家行政职权,实施行政行为的行政机关或经法律、法规授权的组织,不同于没有行政职权的企事业组织和社会团体。

行政主体是能以自己的名义行使国家行政职权,实施行政行为的机关或组织,不同于被行政机关委托行使行政职权的组织。

行政机关的职权通常由行政机关的工作人员,即国家公务员具体行使;经法律或法规授权的组织的职权通常由该组织的工作人员具体行使。但是国家公务员和被授权的组织的工作人员都不是行政主体,他们实施的一切行政行为的后果均归属于行政主体,由行政主体对外承担行政法律责任。行政主体是能由其本身就其职权行为对外承担行政法律责任,在行政诉讼中能作为被告应诉的机关或组织。

行政主体具有以下这些特征,或者说一个组织作为行政主体,必须具备这些要件。

1. 享有并行使行政管理职权

一般而言,行政主体和民事主体分别实施行政法规范和民法规范,它们的一个重要区别就是前者享有并行使行政管理职权,后者享有并行使民事权利。但是由于行政组织也有可能从事民事活动,如购买办公设备,行政组织在从事民事活动时并不能行使行政管理职权,只能行使民法所赋予的民事权利。所以,以是否享有和行使行政管理职权作为标准,也可以区分作为民事主体的行政组织和作为行政主体的行政组织。

2. 能够以自己的名义实施行政管理职权并独立承担由此产生的法律责任

行政主体能够以自己名义实施行政管理职权并能独立承担由此产生的法律责任,具有独立的法律地位。比如,行政主体以自己的名义制作和发布行政决定,在行政诉讼中作为被告应诉。

3. 在形式上是一定的组织

在一般情况下,行政管理职权是由公务员或者工作人员加以实施的。但是,这些个人行使行政管理职权有两种基本情况:其一,个人具有公务员或者被授权的组织的工作人员身份;其二,个人具有被委托行使行政职权的组织的工作人员身份。无论在哪种情况下,个人都不具有以自己名义对外行使管理职权的独立地位。在前一种情况中,个人是以行政机关或者法律、法规授权组织的名义作出管理决定,其法律后果由行政机关或者法律、法规授权组织承担;在后一种情况中,个人都是以委托者的名义作出管理决定,其法律后果由委托者承担。因此,在行政法上,行政主体必然是一定的组织,而排斥任何个人。

行政主体这一概念具有重要的作用。明确谁是行政主体,可以满足这样一些现实需要:(1)实现依法行政的需要。依法行政要求明确谁应当对法律负责。(2)确定行政诉讼被告的需要。行政诉讼要求确定谁是被告,到法庭应诉。(3)确定行政行为效力的需要。"行为主体应具备行政主体资格"是行政行为具有法律效力的要件之一。(4)保持行政活动连续性、统一性的需要。

如上所述,在中国,行政主体可以分为两大类:一是行政机关;二是法律、法规授权的组织。以下分述之。

(二)行政机关

1. 行政机关的含义

行政机关是指依宪法或行政组织法的规定而设置的行使国家行政职权的国家机关。

行政机关是国家机关,是由国家设置、代表国家行使行政职权的机关,不同于政党、社会组织、团体。

行政机关是行使国家行政职权的国家行政机关,不同于立法机关、司法机关。

行政机关是依宪法或行政组织法的规定而设置的行使国家行政职权的国家机关,不同于法律、法规授权的组织。

在日常用语中,人们往往把行政机关和行政机构相混淆,例如往往把工商局、土地管理局、公安派出所、地区行政公署等等都称为行政机关。实际上,行政机关和行政机构有严格的区分。

在行政法上,行政机关是指具有法人资格,能够以自己名义行使行政权,并承担由此而产生的法律责任的行政组织。在行政法上法人成立的条件和民法是相同的。根据《民法通则》第37条、第50条的规定,一个组织具有法人资格,必须符合以下条件:(1)依法成立;(2)有必要的、独立的财产或者经费;(3)有自己的名称、组织机构和场所;(4)能够独立承担法律责任。在中国,属于"行政机关"范畴的有:(中央层面)国务院,国务院各部、委员会、中国人民银行、审计署、具有行政管理职能的国务院直属机构;(地方层面)地方各级人民政府(包括省、自治区、直辖市人民政府,自治州、地级市人民政府,县、自治县、不设区的县级市、市辖区人民政府,以及乡、民族乡、镇人民政府)、县级以上地方各级人民政府的职能部门,以及省级人民政府、县级人民政府和区人民政府的派出机关(分别是地区行政公署、区公所和街道办事处)。

行政机构是指行政机关内部的或者派出的、一般对外不能以自己名义发布决定和命令的单位,其行为的对外法律后果归属于其所属的行政机关。在中国,有两类行政机构。一类是行政机关的内部机构,它们由于其所属行政机关的级别不同而有不同的行政级别,在称谓上表现为室、科、处、司等。另一类是行政机关的派出机构,如公安派出所、税务所、工商所等。无论是内部机构还是派出机构,都与行政机关不同,通常不被视为行政主体。但是,在特定情况下,如果法律、法规给予其特别授权,使其在一定范围内具备了独立行使行政职权的资格,那么,它们就成为行政主体。不过,即使它们经授权成为行政主体,依然不属于作为行政主体之一种的"行政机关"范畴,而属于"法律、法规授权的组织"范畴。

派出机关和派出机构也是不同的。它们的区别在于,派出机关虽然是被派出的行政机关,但是享有独立的法律地位;派出机构是从属于行政机关的机构,不享有独立的法律地位。派出机关有以下三类:(1)省、自治区人民政府经国务院批准设立的地区行政公署;(2)县、自治县人民政府经省、自治区、直辖市人民政府批准设立的区公所;(3)市辖区、不设区的市的人民政府经上一级人民政府批准设立的街道办事处。派出机构主要有隶属于公安行政机关的公安派出所,隶属于税务行政机关的税务所和隶属于工商行政机关的工商所。

2. 行政机关的特征

行政机关具有以下特征:

(1)行政机关行使国家行政职权,管理国家行政事务。

(2)行政职权是执行法律、实施法律,对国家内政、外交事务进行管理的权力。

(3)行政机关执行法律与司法机关适用法律有所区别,行政机关的执行法律是通过对国家内政、外交事务进行管理实现的;司法机关的适用法律是通过处理案件和进行法律监督实现的。

(4)行政机关在组织体系上实行领导—从属制,即上级行政机关领导下级行政机关,下级行政机关从属于上级行政机关,向上级行政机关负责和报告工作。

(5)行政机关在决策体制上一般实行首长负责制。

(6)行政机关行使职权通常是主动的、经常的和不间断的。

(7) 行政机关最经常、最直接、最广泛地与个人、组织打交道。

(8) 行政机关是行政主体之一,能够以自己名义对外行使职权,并独立承担法律责任。

3. 行政机关的分类

从不同的角度,可以对行政机关进行不同的分类。

(1) 按照行政机关的级别,行政机关可以分为中央行政机关与地方行政机关。它们各自包含的行政机关的范围分别对应于前面"1. 行政机关的含义"中的"中央层面"和"地方层面"所包含的行政机关。

(2) 按照行政机关的职权范围,行政机关可以分为一般行政机关与部门行政机关。一般行政机关的权限是全方位的,涉及各个行政领域的各种行政事务,如国务院和地方各级人民政府就是一般行政机关;部门行政机关的权限是局部性的,仅涉及特定行政领域或特定行政事项,如国务院各部委、地方人民政府的各职能部门。两者都是独立的行政主体,一般行政机关领导部门行政机关。

(3) 按照行政机关管理的客体和内容,行政机关可以分为职能性行政机关与专业性行政机关。职能性行政机关管理的客体和内容是综合性的,跨部门、跨行业的,如工商行政机关、税务行政机关等,专业性行政机关管理的客体是专门性、部门性、行业性的,如交通行政机关、林业行政机关等。

(4) 按照行政机关的决策和负责体制,行政机关可以分为首长制行政机关与委员会制行政机关。首长制行政机关的最终决策权归于行政首长,行政首长为整个行政机关的行为负责;委员会制行政机关的决策权归于一个由若干委员组成的委员会,委员会对所有决策性的问题进行集体讨论,根据少数服从多数的原则作出决策,并集体承担决策责任。中国行政机关大多实行首长负责制。

对于行政机关,还可以有其他的分类方法。

根据基本职权的不同,行政机关可以分为行政立法机关、行政执法机关、行政司法机关,或者分为行政决策机关、行政执行机关、行政信息咨询机关、行政监督机关。

根据存续时间的长短,行政机关可以分为常设性行政机关、临时性行政机关。

(三) 法律、法规授权的组织

法律、法规授权的组织是指依具体法律、法规授权而行使特定行政职权的非行政机关。其中,法律是指全国人民代表大会或其常务委员会制定的规范性法律文件,行政法规是指国务院制定的规范性法律文件,地方性法规是指省、自治区、直辖市、较大的市的人民代表大会或其常务委员会制定的规范性法律文件。"法律、法规授权的组织"不同于行政机关,是非行政机关的组织。

一些非行政机关的组织,经法律、法规的授权,成为独立实施行政管理职权的行政主体。在中国,此类组织主要包括:(1) 社会团体。如工会、妇联、某些行业协会等。《工会法》授权工会对于侵害职工权益的事件或工伤事故进行调查的权力;《妇女权益保障法》授权妇联做好保护妇女权益的有关工作;《律师法》授权律师协会多项行政管理职权;《注册会计师法》授权注册会计师协会负责组织会计师资格考试以及会计师登记注册。(2)事业单位。如《教育法》授权公立学校颁发学位证书。(3)基层群众性自治组织。如《村民委员会组织法》授权村民委员会办理本村的公共事务和公益事业;《城市居民委员会组织法》授权居民委员会办理本居住地区的公共事务和公益事业。(4)行政机构。例如,专门行政机构(如专利复审委员会、商标评审委员会、医疗事故鉴定委员会、计量鉴定机构);职能部门的内部机构(如物价检查机构、消防监督机构、交通警察队、港航监督机构);职能部门的派出机构(如公安派出所、税务所、工商所)。

(四)行政机关委托的组织

行政机关委托的组织是指受行政机关委托行使一定行政职权的非国家机关的组织。行政机关委托的组织不属于行政主体,由委托方即行政机关承担法律责任。

被委托的组织必须具备以下条件:

(1)属于依法成立的管理公共事务的事业组织;

(2)具有熟悉有关法律、法规、规章和业务的工作人员;

(3)对违法行为需要进行技术检查或技术鉴定的,应当有条件组织进行相应的技术检查或技术鉴定。

被委托组织的范围,除社会组织、团体、企事业组织,基层群众性自治组织,各种技术检验、鉴定机构外,还包括群众性自治保卫组织和某些私人组织。

(五)行政机关内部的公务员

公务员是指依法定方式和程序任用的,在中央和地方各级国家行政机关中工作的,依法行使国家行政权、执行国家公务的人员。2005年4月27日第十届全国人民代表大会常务委员会第十五次会议通过了《公务员法》,在该法的第2条,对公务员作了广义的界定:"本法所称公务员,是指依法履行公职、纳入国家行政编制、由国家财政负担工资福利的工作人员。"由于本章节论述的行政主体以及行政主体的相关行为,均是从国家行政机关的层面上展开的,故未取上述广义的解释。

公务员在不同的行政法律关系中,具有不同的法律地位。在外部行政管理法律关系中,国家公务员代表行政机关,以所在行政机关的名义行使国家行政权,其行为的结果归属于相应行政机关,不具有一方当事人的资格。在行政诉讼法律关系中,在代表行政机关应诉时,国家公务员既不是原告,也不是被告,不具有诉讼当事人的地位;在非处于公务员地位、成为行政相对人时,可以成为行政诉讼的原告,针对行政主体提起行政诉讼。在内部行政法律关系中,可以作为一方当事人(另一方当事人是行政机关),但不能对行政机关的行政处分提起行政诉讼,对行政处分不服一般由行政机关本系统处理。在监督行政法律关系中,作为监督对象或者监督相对人,成为一方当事人。

我们需要区分公务员执行公务的行为与非执行公务的行为,也就是识别何为执行公务的行为。一般而言,可以根据这样的四个因素加以识别:时间因素,岗位因素,职责因素,命令因素。

时间因素:公务员在上班时间实施的行为,通常认为是公务行为。反之,公务员在下班以后实施的行为一般视为个人行为。

岗位因素:公务员在其工作岗位上实施的行政行为通常认为是公务行为。反之,公务员离开工作岗位实施的行为则多为个人行为。

职责因素:公务员非在上班时间和工作岗位实施的行为如与其职责有关,通常亦认为是公务行为。反之,如其行为既非在上班时间或工作岗位实施,又不能证明行为与其职责有关,则认为是个人行为。

命令因素:公务员依行政首长命令、指示或委托实施的行为通常认为是公务行为。

公务员执行公务的行为具有法律效力,公务员向行政相对人发布的行政命令、采取的行政措施、实施的各种具体行政行为,相对人有遵守、服从的义务。公务员执行公务的行为责任由其所在行政机关承担,但在内部行政法律关系中,公务员必须向其所在行政机关承担责任,包括纪律责任和经济责任。

三、行政相对人

在行政管理法律关系中,一方当事人是行政主体,另一方当事人是行政相对人。

行政相对人是指在行政管理法律关系中与行政主体相对应的一方当事人。有时候称为"行政相对方",或简称为"相对方"或"相对人"。在行政管理法律关系中,行政相对人接受行政主体的行政管理,其权益受到行政主体行政行为的影响。

行政相对人包括个人和组织。个人包括中国公民,也包括在中国境内的外国人、无国籍人;组织包括法人组织和非法人的其他组织。

尽管在行政管理法律关系中,行政相对人处于被管理的地位,但是仍有一系列的权利。主要有以下这些权利:(1)申请权,申请行政主体实现其法定权利的权利;(2)参与权,根据法律法规的规定参与行政管理的权利;(3)知情权,依法了解各种行政信息的权利;(4)批评、建议权,对违法、不当的行政行为提出批评的权利;(5)申诉、控告、检举权,对那些给他们自身造成不公正影响的行政行为进行申诉的权利,对违法、失职的行政行为进行控告、检举的权利;(6)陈述、申辩权,有权陈述自己的意见、看法;(7)申请复议权,对具体行政行为不服的,有权依法申请复议;(8)提起行政诉讼权,对具体行政行为不服的,有权依法提起行政诉讼;(9)请求行政赔偿权,当其合法权益被侵犯并造成损失时,有权请求行政赔偿;(10)抵制违法行政行为权,对明显违法或重大违法的行政行为,有权依法予以抵制。

一般而言,行政相对人负有以下义务:(1)服从行政管理的义务;(2)协助公务的义务;(3)维护公益的义务;(4)接受行政监督的义务;(5)提供真实信息的义务;(6)遵守法定程序的义务。

第三节 行 政 行 为

一、行政行为的概念

行政行为有广义和狭义两种含义。广义的行政行为是指行政组织实施的所有产生行政法律效力的行为。狭义的行政行为是指行政主体及其工作人员行使行政职权对行政相对人作出的法律行为。行政行为一般取狭义解。

行政行为是行政管理法律关系的客体,即双方当事人的权利义务指向的对象。双方当事人围绕行政行为形成法律关系。行政主体有权依法实施行政行为,行政相对人则负有服从的义务。

行政行为具有以下法律特征:

1. 单方性

行政行为是行政主体运用行政权对公共利益的一种集合、维护和分配,只能是代表公共利益的行政主体的单方意思表示。行政相对人的行政参与并没有改变行政行为的单方性。

2. 强制性

就行政主体而言,强制性表现在行政主体的职权同时也是职责,行政主体不能放弃职权,有义务依法行使职权。就行政相对人而言,强制性表现为对行政行为的服从和配合。

3. 法定性

行政主体是否有某种行政职权,有多大范围内的行政职权,如何行使行政职权,必须根据法律规定。行政主体的自由裁量必须在法定的框架内行使。

4. 无偿性

一般情况下,行政主体通过行政行为所提供的公共服务是无偿的,其行政经费由国家财政划拨。当然,如果特定行政相对人分享了比其他行政相对人更多的公共利益(比如获得许可而开采矿藏),行政行为就是有偿的。

除了行政行为以外,行政主体为了更好地实现行政目的,还经常作出其他行为,例如行政合同行为和行政指导行为。但是这些行为不具有或者不完全具有上述特征,例如行政合同是基于双方当事人的意思一致产生的,是双方合意的产物;行政指导不具有强制性,对于被指导的公民、法人或其他组织只具有建议性质。尽管在行政实践中这些行为是大量存在的,但是不应当被看作是行政行为。

二、行政行为的分类

可以从不同的角度,对行政行为作不同的分类。以下是几种主要的分类。

(一)按照行政行为的对象或者行政相对人是否特定的人或组织,行政行为可以分为抽象行政行为与具体行政行为

区别抽象行政行为和具体行政行为,有两个标准:(1)行为的对象是否特定;(2)行为是否可以反复被适用。在通常情况下,具体行政行为所指向的对象,即行政相对人,都是明确的、特定的个人或组织;抽象行政行为所指向的对象是不特定的个人和组织。除了行政许可是对未来具有约束力的以外,具体行政行为一般都是对已经发生的事实适用一次;抽象行政行为可以是对未来发生的事件不断地反复适用的。

抽象行政行为与具体行政行为的区别类似于规范性法律文件与非规范性法律文件的区别。抽象行政行为就是制定规范性法律文件和规范性文件的行为,具体行政行为就是根据规范性法律文件和规范性文件制作非规范性法律文件和其他行政决定的行为。抽象行政行为实际上就是行政立法行为以及没有行政立法权的行政机关制定规范性文件的行为。具体行政行为就是将这些文件实施于特定的个人和组织的行为。

具体行政行为和抽象行政行为之分,在中国行政法实践中具有重要意义。根据当前的行政救济机制,行政相对人对具体行政行为不服,可以依法对之直接提起行政复议或者行政诉讼,而对抽象行政行为不服的,行政相对人则不能直接提起行政复议或者行政诉讼,只能在对具体行政行为提出复议或者诉讼过程中,要求复议机关或法院判断具体行政行为所依据的抽象行政行为是否与上位法相冲突、相抵触,以对抽象行政行为进行间接的监督。

(二)按照行为受法律规范拘束的程度,行政行为可以分为羁束性行政行为与裁量性行政行为

羁束性行政行为是指行为的范围、方式、程序、手段等均由法律详细、明确、具体地规定,行政主体必须严格依法实施的行为。裁量性行政行为是指法律规定在行为的范围、方式等方面留有一定的余地和幅度,行政主体可以结合具体情况,斟酌、选择而作出的行为。

在行政诉讼中,法院对羁束性行政行为进行合法性审查,而对裁量性行政行为,一般不予审查,只有当行政行为显失公平或行政主体滥用职权时,才予以审查。

（三）按照行为启动方式的不同，行政行为可以分为依职权的行政行为与依申请的行政行为

依职权的行政行为是指行政主体根据法律赋予的职权，不待相对一方当事人的请求而主动为之的行为。依申请的行政行为是指行政主体根据相对一方当事人的申请而实施的行政行为，它以相对一方当事人的申请为前提条件。

（四）按照行为是否对行政相对人有利，行政行为可以分为授益行政行为与不利行政行为

授益行政行为是指行政主体为行政相对人设定权益或者免除义务的行政行为。不利行政行为是指行政主体为行政相对人设定义务或者剥夺、限制其权益的行政行为，又称负担性行政行为。当然，在某些情况下，同一个行政行为对某一行政相对人而言是授益行政行为，而对另一行政相对人而言则是不利行政行为。

（五）按照行为是否必须具备法定的形式，行政行为可以分为要式行政行为与非要式行政行为

要式行政行为是指必须根据法定的方式或者必须具备法定的形式才能产生法律效力和后果的行政行为，这种行政行为一般会产生特定的非规范性法律文件。非要式行政行为是指法律对之没有要求一定的方式或形式的行政行为。行政行为大多为要式行政行为，非要式行政行为仅限于特定场合和条件。

有必要指出两种特殊行政行为。第一种是行政终局裁决行为。行政主体可以对某些事项作出终局裁决，不受司法审查；行政相对人不能对之提起行政诉讼。但是对于这种行为，只能由全国人民代表大会或其常务委员会制定的法律才有权设定，行政机关不能自己设定，而且不论如何，关系到公民基本权利的事项不得设定终局裁决行为。第二种是国家行为，如国防、外交等行为，当事人不得对此提起行政诉讼。

三、行政行为的成立及其条件

行政行为的成立指行政行为在完成其法定程序，具备相应法定要件后正式对外发生法律效力。

抽象行政行为的成立方式是签署公布规范性法律文件和规范性文件，将有关文件告知一般公民。具体行政行为的成立方式是，最后决定正式作出，有关决定告知行政相对人以及有关文书（如果有的话）已为行政相对人受领。

行政行为的成立需要具备一定的法定条件，全面地符合法律规定的条件。这些条件有三个方面，以下简述之。

1. 行为主体合法

行为主体具有行政主体资格；应通过一定会议作出的行为通过了相应会议的讨论，并且相应会议有法定人数出席。

2. 行为权限合法

行政行为必须是在行政主体的法定权限范围所作的行政行为；行政主体没有滥用职权的情形。

3. 行为内容合法

行为有事实根据，并且证据确凿；抽象行政行为具有法律、法规或者规章的依据，抽象行政行为正确适用了法律、法规、规章和行政规范性文件；行政行为目的符合立法本意。

4. 行为程序合法

行为符合法定方式；行为符合法定步骤、顺序；行为符合法定时限。

5. 行为形式合法

行政行为具备法律所要求的形式。

四、行政行为的效力

行政行为成立后，即产生法律效力。行政行为的法律效力包括四个方面，即公定力、确定力、拘束力和执行力。

(一) 公定力

公定力是指行政行为一经成立，不论是否合法，即具有被推定为合法而要求所有机关、组织、个人予以尊重的一种法律效力。公定力是一种推定或假定的法律效力。行政行为在因为违法而被有关机关撤销或变更以前，被推定为合法的，要求公众予以尊重。公定力是相对的，在有重大或明显违法情况下，行政行为自作出时起即无效。

(二) 确定力

确定力是指行政行为一经成立，非经法定机关依法定程序不得任意变更或撤销。确定力包括形式上的确定力和实质上的确定力。形式上的确定力是指行政行为一旦作出，相对人不得任意改变或任意请求改变该行政行为。实质上的确定力是指行政行为一经作出，行政主体非经法定程序不得任意改变或撤销。

(三) 拘束力

拘束力是指行政行为生效后，所具有的约束、限制有关行政相对人和行政主体的法律效力。拘束力是一种约束力、限制力，即要求遵守的法律效力。拘束力不仅及于有关行政相对人，而且及于作出该行为的行政主体及其他一切行政主体和工作人员。但是拘束力对其他行政相对人不起作用。

(四) 执行力

执行力是指行政行为生效后，行政相对人必须实际履行行政行为确定的义务。如其拒绝履行或拖延履行，行政主体可以依法采取必要手段或申请人民法院强制其履行。拘束力是执行力的前提，执行力是拘束力的保障。

五、行政行为的无效、撤销与废止

(一) 行政行为的无效

行政行为的无效是指行政行为有重大或明显违法等情形,自始至终不产生法律效力。对于无效的行政行为,行政相对人可以拒绝执行。

行政行为的无效,主要是由于以下原因:行政行为存在重大的违法情形,例如行政行为的执行将严重损害人民的生命财产安全;行政行为明显违法,例如某县政府设定本县作出的某类行政行为是终局行政行为,行政相对人不得对之提起行政诉讼;行政主体存在严重越权的行为,例如物价局作出了属于工商局职权范围内的事情;行政行为是行政主体因受胁迫、欺诈而作出的,例如行政主体受欺骗而作出的行政行为。这些行政行为都是无效的行政行为。行政行为包含犯罪因素或将导致行政相对人犯罪,也是无效的行政行为。

行政行为被确认无效后,发生以下法律后果:

(1) 被确认为无效的行政行为自始至终不发生法律效力,被该行为改变的状况应尽可能恢复到行为以前的状态。

(2) 行政相对人可以不受无效行政行为的拘束,可以自行决定不履行该行为设定的义务,并不承担法律责任;同时还可在该行为作出后的任何时间提出异议,申请有权机关进行审查,确认其无效。

(3) 有权的国家机关(权力机关、司法机关或行政机关及其上级机关)可以在任何时候审查并宣布相应行政行为无效,而不受时效限制。

(4) 行政主体因该无效行政行为而取得的一切利益(如罚款或没收的财物)均应返还相对人,并对因此而给相对人带来的损失承担赔偿责任。同时也应收回因该行政行为而给予相对人的权益,如相对人无过错,应对相对人进行补偿。

(二) 行政行为的撤销

行政行为的撤销是指已经发生法律效力的行政行为,如发现其违法或不当,由有权机关予以撤销,使相应行政行为失去法律效力。撤销是针对一般违法或者不适当行政行为而言的。

行政行为不具备合法要件,例如出现主体不合法,或内容不合法,或程序不合法的情形,该行为应当被撤销。当行政行为不适当或不甚合理的时候,由行政机关加以撤销,法院通常不以不适当为由撤销。即使行政相对人超过复议或者诉讼期限,也不影响行政机关撤销违法或者不适当的行政行为。

行政行为被撤销之后,自始即没有法律效力,但是在特殊情况下,比如为了照顾公共利益或者行政相对人没有过错,被撤销的行政行为自被撤销之日起失去法律效力。如果行政行为因行政主体的过错被撤销,对于由此给相对人带来的一切损失,行政机关应予赔偿。

可撤销的行政行为与无效的行政行为不同。以下图表是它们之间的一个对照。

图表 3-2　可撤销的行政行为与无效的行政行为的区别

	无效行政行为	可撤销的行政行为
简单的界定	明显、重大的违法行为	一般违法或不当的行政行为
基本的价值取向	一些行政行为是当然无效的行为,是基于公民的基本权益保障和公民享有抵抗权的考虑	一些行政行为之失效有待于其被撤销,是基于稳定法律秩序的考虑
法律后果	(1) 行政相对人享有抵抗权 (2) 行政相对人可在任何时候请求有权机关确认并宣布其无效 (3) 有关机关可在任何时候确认并宣布其无效 (4) 应尽可能恢复到行政行为作出之前的状况	(1) 行政相对人只有通过法定程序、在法定期限内请求有权机关予以撤销 (2) 撤销后,通常使行为自始失去效力,但有例外

(三) 行政行为的废止

行政行为的废止是指已经发生法律效力的行政行为,因具有法定情形而被依法定程序宣布废止,使其失去法律效力。

当有关法律、法规、规章或政策被修改、废止或撤销致使行政行为失去依据的时候,当实际情况发生变化致使行政行为失去存在意义的时候,当原定任务或目标已经完成,行政行为的任务已实现的时候,行政行为一般被废止。

被废止的行政行为自被废止之日起失去效力。行政行为因其法律或政策依据变化而引起废止时,如这种废止给相对人带来较大损失的,行政机关应予适当补偿。

六、行政行为的主要种类

行政行为的种类繁多,下面的图表简单地表示了主要的行政行为之间的关系。

图表 3-3　行政行为的种类

行政行为
- 抽象行政行为
  - 行政立法行为(即制定行政法规和行政规章的行为)
  - 制定规范性文件行为
- 具体行政行为
  - 行政处罚、行政强制、行政许可、行政给付、行政确认、行政征收、行政奖励、行政裁决、行政复议……

以下我们选择一些主要的行政行为加以讲述。这些行政行为主要是行政立法、行政处罚、行政强制、行政给付、行政许可、行政确认、行政征收、行政裁决、行政复议。行政复议因其重要性，将在本章第三节单独讲解。

（一）行政立法

行政立法，是指特定国家行政机关根据法定权限、遵循法定程序制定行政法规和行政规章的活动。所谓特定国家行政机关是指三类国家行政机关：(1) 国务院；(2) 国务院各部、委员会、中国人民银行、审计署、具有行政管理职能的直属机构；(3) 省、自治区、直辖市、较大的市的人民政府。所谓法定权限是指《宪法》和《立法法》赋予的立法权限或者被其他国家机关合法授予的立法权限。所谓行政法规指国务院制定和颁布的规范性法律文件。所谓行政规章，包括部门规章和地方政府规章。部门规章是国务院各部、委员会、中国人民银行、审计署、具有行政管理职能的直属机构制定和颁布的规范性法律文件。地方政府规章是省、自治区、直辖市、较大的市的人民政府制定和颁布的规范性法律文件。行政立法不包括上述机关以外的其他行政机关制定规范性文件的行为。

行政立法具有以下特征：

1. 行政立法是一种准立法行为

行政立法具有行政行为和立法行为的双重性。行政立法的主体是依法享有行政立法权的国家行政机关；行政立法的调整对象是与行政管理有关的社会关系；行政立法的目的是实现行政管理的目标。所以行政立法具有行政行为的性质，又具有立法性质。行政立法是制定法律规范的国家活动，所制定的规范性法律文件具有法的属性；行政立法遵循着相应的立法程序。但是行政立法与国家权力机关立法是不同的，在立法主体、立法的内容、所立之法的效力等级、立法程序、立法形式等方面都有区别。

2. 行政立法是一种抽象行政行为

从行政立法的结果看，行政立法产生的是具有普遍约束力的规范性法律文件，因而是一种抽象行政行为。

3. 行政立法有职权立法和授权立法之分

所谓职权立法，即行政机关依据《宪法》和《立法法》的规定而享有行政立法权，并不需要立法机关的授权。所谓授权立法，即行政机关的行政立法权是由立法机关通过单行法律或者决议的形式授予的。

（二）行政处罚

行政处罚，是指行政机关对违反行政法规范、尚未构成犯罪的行政相对人给予制裁的具体行政行为。

行政处罚的对象是行政管理法律关系中的行政相对人。这是行政处罚与行政处分的一个区别。行政处分的对象是内部行政关系中的公务员。所谓行政处分是行政机关对于违法或违纪的公务员采取的制裁措施。

行政处罚的前提条件是行政相对人实施了违反行政法规范但尚未构成犯罪的行为。这是行政处罚与刑罚的一个区别。实施刑罚的前提是犯罪分子实施了违反刑法、构成犯罪的行为。

行政处罚是一种以惩戒违法为目的、具有制裁性的具体行政行为。这是同行政强制、一般行政命令等区别之处。

行政处罚包括：(1) 人身自由罚是剥夺或限制人身自由的处罚。具体而言，有两种：行政拘留和劳动教养。(2) 行为罚(或能力罚)是限制或剥夺某种行为能力或资格的处罚。主要有两种：责令停产停业和吊销、暂扣许可证或执照。(3) 财产罚是使被处罚人的财产权利和利益受到损害。罚款就是一种财产罚。没收财物也是一种财产罚，包括没收违法所得和没收非法财物两种具体形式。(4) 声誉罚是一种使违法者的名誉、荣誉、信誉或精神上的利益受到损害的处罚，比如警告、通报批评、剥夺荣誉称号等。

(三) 行政强制

行政强制，是指行政主体为实现一定的行政目的，对相对人的财产及人身自由等采取的强制措施。行政强制一般指除了行政处罚以外的行政强制措施。

行政强制主要有三种形式：行政强制执行、即时强制、行政调查中的强制。

行政强制执行是最基本的行政强制形式。它是指在行政法律关系中，作为义务主体的行政相对人不履行其应当履行的义务，行政主体或人民法院依法采取强制措施，迫使其履行。行政强制执行的前提是行政相对人不履行义务；所谓不履行的义务是行政相对人不履行行政机关在行政决定书中确认的义务。行政强制执行的主体是行政机关或者人民法院。行政强制执行的目的是使行政决定确认的义务得以落实。人民法院之所以成为行政强制执行的主体，是因为在某些情况下，根据法律规定，行政机关可以申请人民法院行政强制执行。如《食品卫生法》第50条规定："当事人对行政处罚决定不服的，可以在接到处罚通知之日起15日内向作出处罚决定的机关的上一级机关申请复议；当事人也可以在接到处罚通知之日起15日内直接向人民法院起诉。当事人逾期不申请复议也不向人民法院起诉，又不履行处罚决定的，作出处罚的机关可以申请人民法院强制执行。"

即时强制是法律赋予部分行政主体的一种紧急处置权，是指行政主体为了维护社会秩序，保障社会安全，保护公民的人身、财产权免受侵害，采取一定的强制措施，对某些可能或正在发生的违法行为或危害社会及公民个人安全的行为予以及时预防或制止。如强制带离现场、盘问、约束、扣留、使用警械、武器、强制隔离、强制检疫、强制治疗等都属于即时强制。

行政调查中的强制是指为了实现行政目的，行政主体依据其职权，对一定范围内的行政相对人进行的强制性检查、了解等信息收集活动。例如，要求纳税人到税务机关进行税务登记、设置账簿和根据凭据记账、办理纳税申报、要求提交有关资料、进入现场调查、实地检查、盘问检查、标本物的无偿收集等。

（四）行政许可

行政许可，是指行政机关根据公民、法人或者其他组织的申请，经依法审查，准予其从事特定活动的行为。2003年8月27日第十届全国人民代表大会常务委员会第四次会议通过了《行政许可法》，该法自2004年7月1日起施行。

行政许可的内容是国家一般禁止或限制的活动，未经许可，行政相对人不得从事某种活动；行政许可是依申请的行政行为；行政许可是要式行政行为，核发或拒绝许可证、执照都应当以书面形式；行政许可是行政主体赋予行政相对人某种法律资格或法律权利的授益性行政行为；行政许可的事项必须有明确的法律规定，许可的范围不得超出法定界线。

《行政许可法》规定了可以设定行政许可的事项和可以不设定行政许可的事项。可以设定行政许可的事项一般是直接涉及国家安全、公共安全、经济宏观调控、生态环境保护或者直接关系人身健康、生命财产安全等事项。可以不设定行政许可的事项一般是公民、法人或者其他组织能够自主决定的或者市场竞争机制能够有效调节的事项。

对于可以设定行政许可的事项，法律可以设定行政许可。尚未制定法律的，行政法规可以设定行政许可。尚未制定法律、行政法规的，地方性法规可以设定行政许可；尚未制定法律、行政法规和地方性法规的，因行政管理的需要，确需立即实施行政许可的，省、自治区、直辖市人民政府规章可以设定临时性的行政许可。临时性的行政许可实施满一年需要继续实施的，应当提请本级人民代表大会及其常务委员会制定地方性法规。

行政许可事项设定后，由法定的行政主体实施。行政主体实施行政许可的事项必须遵守法定的步骤、方式、顺序和时限。大致有以下程序。

1. 公布

行政机关应当将法律、法规、规章规定的有关行政许可的事项、依据、条件、数量、程序、期限以及需要提交的全部材料的目录和申请书示范文本等在办公场所公示。

2. 申请

公民、法人或者其他组织从事特定活动，依法需要取得行政许可的，应当向行政机关提出申请，如实向行政机关提交有关材料和反映真实情况，并对其申请材料实质内容的真实性负责。

3. 受理

行政机关对申请人提出的行政许可申请，应当根据法律规定决定是否受理。受理或者不予受理行政许可申请，应当出具加盖本行政机关专用印章和注明日期的书面凭证。

4. 审查

行政主体依法对申请进行审查,审查内容包括申请人的条件、申请材料、申请事项,有些资格的许可还须审查申请人是否通过规定的考试、考核。

5. 决定

申请人的申请符合法定条件、标准的,行政机关应当依法作出准予行政许可的书面决定。行政机关依法作出不予行政许可的书面决定的,应当说明理由,并告知申请人享有依法申请行政复议或者提起行政诉讼的权利。

(五) 行政给付

行政给付一般是指行政主体在公民失业、年老、疾病或丧失劳动能力等情况或其他特殊情况下,依照有关法律、法规、规章或政策的规定,赋予其一定物质权益或与物质有关的权益的具体行政行为。行政给付体现了国家对于社会特殊群体、弱势群体的关心和帮助。

行政给付是行政主体依法向行政相对人给付金钱或实物;行政给付的对象是具有特定情形的行政相对人;行政给付是一种依申请行政行为;行政给付的内容是指行政机关通过行政给付行为赋予给付对象一定的物质上的权益或与物质相关的权益。物质上的权益表现为给付相对人一定数量的金钱或实物;与物质有关的权益主要表现为让相对人免费入学受教育、享受公费医疗待遇等。

行政给付的形式散见于法律、法规、规章、政策之中。主要有以下四种:抚恤金、特定人员离退休金、社会救济福利金、自然灾害救济金及救济物资。

行政给付也须按照一定的条件和程序进行。

(六) 行政确认

行政确认,是指行政主体依法对行政相对人的法律地位、法律关系或有关法律事实进行甄别,给予确定、认定、证明(或证伪)并予以宣告的具体行政行为。例如工商行政机关进行企业登记,公安机关进行户口登记,公证机关依当事人的申请进行的公证行为,交通警察部门对交通事故责任的认定,技术监督部门对于产品质量是否合格的认定等,都属于行政确认。

行政主体依法拥有确认权。行政确认是行政主体依法作出的具有强制力的行政行为,当事人必须服从,否则要承担相应的法律责任。行政确认是要式行政行为,行政主体必须以书面形式表达行政确认的结果。行政确认也是羁束性行政行为,行政主体只能严格按照法律规定和技术鉴定规范进行行政确认,没有和很少有自由裁量余地。

(七) 行政征收

行政征收,是指行政主体凭借国家行政权,根据国家和社会公共利益的需要,依法向行政相对人强制性征集一定数额金钱和实物的行政行为。

行政征收主要由税和费组成。税是国家税收机关(包括税务机关和海关)依法强制取得财政收入的一种手段。费,即各种行政收费,是行政主体为行政相对人一定的公益服务,或者授予国家资源和资金的使用权而收取的代价。作为一种公益服务,行政行为在一般情况下是无偿的,但是如果行政相对人获得多于一般的行政相对人的公益服务,则应支付一定费用。

行政征收只能由法定的行政主体在法定的职权范围内依照法定的标准进行。任何机关都不得超越法律征收税费。

（八）行政裁决

行政裁决,是指行政主体依照法律授权和法定程序,对当事人之间发生的与行政管理活动密切相关的、与合同无关的特定民事、经济纠纷进行裁决的具体行政行为。行政裁决又称为行政司法。

行政裁决的主体是法律授权的特定行政机关,没有法律授权,行政机关不能进行行政裁决。可以进行行政裁决的机关主要有:(1)一般行政机关,即依法律、法规授权的各级人民政府及其主管部门;(2)裁决知识产权纠纷的专门行政机构,即在行政机关内设置的受理和裁决特定争议和纠纷的专门机构。这样的机构有两个:一个是国家专利局设置的专利复审委员会,主要受理相对人对专利权人的专利提出争议的案件;另一个是国家商标局设置的商标评审委员会,主要受理商标注册人对他人已注册的商标提出争议的案件和其他人对商标注册人已注册的商标提出争议的案件。

行政裁决的对象是与合同无关的特定的民事、经济纠纷。行政裁决程序依当事人的申请开始。行政裁决是行政机关行使行政裁决权的活动,具有法律效力,对行政裁决不服,可以向人民法院提起诉讼。

第四节 行 政 复 议

一、行政复议的概念

行政复议,是指行政相对人认为具体行政行为侵犯其合法权益,向行政复议机关提出复查该具体行政行为的申请,行政复议机关对被申请的具体行政行为进行合法性、适当性审查,并作出行政复议决定。

行政复议只能由行政相对人提起,任何其他主体无权提起。复议权只能由行政机关所属的人民政府或上一级主管部门行使。提请行政复议是行政相对人的一种程序性权利,不得被非法剥夺。行政复议是一种行政司法活动,即由行政机关以准司法的方式来审理特定的行政主体与行政相对人之间的争议,既不完全等同于司法活动,又不完全等同于一般的行政行为。

在行政复议制度中,申请复议的行政相对人称为申请人,原作出具体行政行为的机关称为被申请人,受理申请的机关称为复议机关或行政复议机关。行政复议可能有第三人参加。行政复议中的第三人是指与被申请的具体行政行为有利害关系,通过申请或者复议机关通知,参加到复议中的公民、法人或者其他组织。例如治安行政处罚案件中的被处罚人、共同处罚人或者受到被处罚人侵害的人。如果被处罚人提起行政复议,则共同处罚人、被害人可以作为第三人参加复议。

《行政复议条例》是国务院于1990年12月24日发布、1991年1月1日起施行的一部行政法规,后于1994年10月9日修订。1999年4月29日,第九届全国人民代表大会常务委员会第九次会议颁布了《行政复议法》,于1999年10月1日起正式开始施行。

行政复议制度的目的在于保护公民、法人和其他组织的合法权益;维护和监督行政机关依法行使职权,防止和纠正违法或者不当的具体行政行为。

二、行政复议范围

(一)可申请复议的具体行政行为

根据《行政复议条例》和《行政复议法》,可申请复议的具体行政行为包括以下十种:

(1) 行政处罚决定;
(2) 行政强制措施;
(3) 有关许可证、执照、资质证、资格证等证书是否颁发、变更、中止、撤销的决定,有关审批、登记等是否办理的决定;
(4) 确认不动产(主要指自然资源)所有权或使用权的决定;
(5) 侵犯合法经营自主权的行为;
(6) 变更或者废止农业承包合同的行为;
(7) 违法要求履行义务的行为;
(8) 不依法办理行政许可;
(9) 不履行保护人身权、财产权和受教育权的职责;
(10) 不依法发放抚恤金、社会保险金或者最低生活保障费(行政给付);
(11) 其他侵犯合法权益的具体行政行为。

(二)不可申请复议的行政行为

(1) 行政法规和行政规章;
(2) 内部行政行为,即行政机关作出的行政处分或其他人事处理决定;
(3) 行政机关对民事纠纷作出的调解或者其他处理;
(4) 国防、外交等国家行为。

(三)有关抽象行政行为问题

一般情况下,抽象行政行为是不受复议审查的。对于行政立法行为不可申请行政复议。在特定情况下,可以申请对除了行政法规、部门规章和地方政府规章以外的行政机关制定的规范性文件进行间接的行政复议。也就是说,行政相对人不能直接对抽象行政行为申请复议,在对具体行政行为申请复议时,认为具体行政行为所依据的规定不合法,方才可以一并提出对该规定的审查申请。

三、行政复议的管辖

（一）由人民政府作出原具体行政行为的

(1) 对地方各级人民政府的具体行政行为不服的,向上一级地方人民政府申请行政复议。

(2) 对省、自治区政府派出机关（即地区行政公署）所属的县级地方人民政府的具体行政行为不服的,向该派出机关申请行政复议。

(3) 对省、自治区、直辖市人民政府的具体行政行为不服的,向该人民政府申请行政复议;对复议决定不服,既可以向法院提起行政诉讼,也可以向国务院申请终局裁决（即行政相对人可以选择,但如果选择向国务院申请裁决的,国务院作出裁决后就不能再向法院提起行政诉讼）。

（二）由人民政府工作部门作出原具体行政行为的

(1) 对县级以上地方各级人民政府工作部门的具体行政行为不服的,既可以向本级政府申请行政复议,也可以向上一级主管部门申请行政复议。

(2) 但对海关、金融、国税、外汇管理等机关和国家安全机关（这些机关属垂直领导体制）的具体行政行为不服的,只能向上一级主管部门申请行政复议。

(3) 对国务院各部门的具体行政行为不服的,向该部门申请行政复议;对复议决定不服的,既可以向法院提起行政诉讼,也可以向国务院申请终局裁决。

（三）由派出机关、派出机构作出原具体行政行为的

(1) 对县级以上地方政府派出机关（即地区行政公署、区公所、街道办事处）的具体行政行为不服的,向设立该派出机关的政府申请行政复议。

(2) 对政府工作部门派出机构以自己名义作出的具体行政行为不服的,既可以向设立该派出机构的部门申请行政复议,也可以向该部门的本级地方政府申请行政复议。

（四）由法律、法规授权的组织作出原具体行政行为的

对法律、法规授权的组织的具体行政行为不服的,分别向直接管理该组织的地方政府、地方政府工作部门或者国务院部门申请行政复议。

（五）其他情况

(1) 对两个以上行政机关以共同名义作出的具体行政行为不服的,向其共同的上一级行政机关申请行政复议。

(2) 对被撤销的行政机关在撤销前作出的具体行政行为不服的,向继续行使

其职权的行政机关的上一级行政机关申请行政复议。

四、行政复议申请和受理

(一)申请

1. 申请时效

行政相对人对具体行政行为不服,可以在具体行政行为作出后 60 日内提起行政复议。不过,法律规定申请期限超过 60 日的除外,也就是说,如果单行法律(只限于全国人民代表大会及其常务委员会制定的法律)明确规定的申请复议期限是 60 日以上的,依照该法律的规定。

2. 申请形式

行政相对人可以向有管辖权的行政机关提出书面或口头申请。

(二)受理

行政复议机关收到复议申请后,应在 5 日内进行审查,并根据不同情况作出以下处理:

(1)对不符合《行政复议法》规定的行政复议申请,决定不予受理,并书面告知申请人;

(2)对符合《行政复议法》规定的,但又不属于该机关受理的行政复议申请,应当告知申请人向有关行政复议机关提出。

没有作出不予受理的决定,也没有告知申请人向有权受理的行政复议机关提出申请的:

(1)行政复议机关在收到复议申请后 5 日内,没有作出不予受理的决定,也没有告知申请人向有权受理的行政复议机关提出申请,那么,行政复议申请自行政复议机关负责法制工作的机构收到之日起即为受理。

(2)行政复议机关对公民、法人或其他组织依法提出的行政复议申请,无正当理由不予受理的,上级行政机关应当责令其受理;必要时,上级行政机关也可以直接受理。

(3)如果法律、法规规定行政复议必须前置于行政诉讼的,行政复议机关决定不予受理或者受理后超过行政复议期限不作答复的,公民、法人或其他组织可以自收到不予受理决定书之日起或行政复议期满之日起 15 日内,依法向人民法院提起行政诉讼。

五、行政复议审理、决定和执行

(一)审理

1. 书面审和口头审

以书面审查为原则,但申请人提出要求或行政复议机关法制工作机构认为必要时,可以调查情况并听取申请人、被申请人和第三人的意见。

2. 申请人、第三人的阅卷权

除涉及国家秘密、商业秘密或者个人隐私外,申请人、第三人有权查阅被申请人提出的书面答复、作出具体行政行为的证据、依据和其他有关材料。

3. 禁止被申请人事后收集证据

在行政复议过程中,被申请人(即作出原具体行政行为的行政主体)不得自行向申请人和其他有关组织或个人收集证据。

以上第 2 和第 3 项内容是《行政复议法》针对行政复议的准司法性质,吸收《行政诉讼法》相关内容而作出的规定。

4. 依申请一并审查规范性文件

申请人在申请行政复议时,一并提出对有关行政规范性文件的审查申请的,行政复议机关有权处理的,应在 30 日内依法处理。无权处理的,应在 7 日内转送有权处理的行政机关依法处理,有权处理的行政机关应在 60 日内依法处理。处理期间,中止行政复议程序。

5. 依职权一并审查规范性文件

行政复议机关在审查具体行政行为时,发现其依据不合法,本机关有权处理的,应在 30 日内依法处理。无权处理的,应在 7 日内转送有权处理的国家机关依法处理。处理期间,中止行政复议程序。

以上第 4 和第 5 项内容,是《行政复议法》针对行政复议受理范围扩大到规章之下行政规范性文件而作出的规定,可见,行政复议机关不仅可以应申请人请求对规范性文件进行审查,也可以无需申请人请求,主动进行审查。

(二) 决定

1. 决定的种类

(1) 维持决定。如果具体行政行为认定事实清楚,证据确凿,适用依据正确,程序合法,内容适当,则作出维持具体行政行为的决定。

(2) 限期履行决定。如果被申请人不履行法定职责,责令其在一定期限内履行职责。

(3) 撤销决定、变更决定或确认违法决定。复议机关认为具体行政行为有下列情形之一的,作出撤销决定、变更决定或确认违法决定:具体行政行为主要事实不清、证据不足的;适用依据错误;违反法定程序的;超越或滥用职权的;明显不当的。

在作出撤销决定或确认违法决定的同时,还可以责令被申请人限期重新作出具体行政行为,但被申请人不得以同一的事实和理由作出与原具体行政行为相同或基本相同的具体行政行为。

(4) 赔偿决定。被申请人的具体行政行为侵犯申请人合法权益造成损害,申请人请求赔偿的,责令被申请人依法赔偿申请人的损失。

2. 决定的期限

《行政复议法》规定,行政复议机关应当自受理申请之日在 60 日内作出复议决定。还规定了两个例外。

(1) 单行法律规定行政复议期限少于 60 日的,依照该法律规定。

(2) 情况复杂,不能在规定期限内作出复议决定的,经复议机关负责人批准,可以适当延长,并告知申请人和被申请人,但延长期限最多不超过 30 日。

(三) 执行

行政复议机关作出复议决定后,应当送达有关当事人。申请人如果不服行政复议决定,可依法提起行政诉讼。法律规定复议为终局决定的,行政复议决定一经送达即发生法律效力。法律规定可以对之提起行政诉讼的复议决定,当事人可以自收到复议决定书之日起 15 日内提起行政诉讼。如果当事人在法定的期限内既不提起行政诉讼,也不履行复议决定,复议决定在法定起诉期限届满即具有强制执行的法律效力。如果对被申请人不履行复议决定,即被申请人不履行或者无正当理由拖延履行行政复议决定的,行政复议机关或者有关上级行政机关应当责令其限期履行。

本 章 小 结

本章在内容安排上的逻辑顺序是:由行政法的一般原理到行政法律关系的主体,再到行政法律关系的客体,最后到行政法律关系的救济方式。

行政法是调整在行政过程中所产生的行政关系的法律规范总和。一般认为,行政法包括三个部分:(1) 行政组织法;(2) 行政行为法;(3) 行政法制监督法、行政救济法。行政关系是行政法的调整对象,而行政关系接受行政法的调整后就形成行政法律关系,也即行政法律关系是行政关系的行政法律化。行政法是一个部门法,但是它的渊源是多种多样的,有宪法、法律、行政法规、地方性法规、自治条例和单行条例、部门规章、地方政府规章以及一些其他渊源。

行政法律关系分为三类:行政管理法律关系、监督行政法律关系和内部行政法律关系。

行政主体是行政管理法律关系的一方当事人,是指能以自己名义行使国家行政职权,作出影响行政相对人权利义务的行政行为,并能对外承担行政法律责任,在行政诉讼中能作为被告应诉的行政机关或法律、法规授权的组织。行政相对人是指在行政管理法律关系中与行政主体相对应的一方当事人,接受行政主体的行政管理,其权益受到行政主体行政行为的影响。

行政行为是行政管理法律关系的客体,是指行政主体及其工作人员行使行政职权对行政相对人作出的法律行为,具有单方性、强制性、法定性和无偿性的特点。它包括抽象行政行为和具体行政行为,其中前者包括行政立法行为和制定规范性文件行为,后者包括行政处罚、行政强制、行政给付、行政许可、行政给付、行政确认、行政征收、行政奖励、行政裁决等。

行政复议是行政法律关系中特有的救济方式,当行政相对人认为具体行政行为侵犯其合法权益时,可以向行政复议机关提出复查该具体行政行为的申请,由行政复议机关对被申请的具体行政行为进行合法性、适当性审查,并作出行政复议决定。其目的在于保护公民、法人和其他组织的合法权益;维护和监督行政机关依法行使职权,防止和纠正违法或者不当的具体行政行为。

【拓展和链接】 国务院《全面推进依法行政实施纲要》(2004 年,摘要)

全面推进依法行政的指导思想。全面推进依法行政,必须以邓小平理论和"三个代表"重要思想为指导,坚持党的领导,坚持执政为民,忠实履行宪法和法律赋予的职责,保护公民、法人和其他组织的合法权益,提高行政管理效能,降低管理成本,创新管理方式,增强管理透明度,推进社会主义物质文明、政治文明和精神文明协调发展,全面建设小康社会。

全面推进依法行政的目标。全面推进依法行政,经过十年左右坚持不懈的努力,基本实现建设法治政府的目标:(1)政企分开、政事分开,政府与市场、政府与社会的关系基本理顺,政府的经济调节、市场监管、社会管理和公共服务职能基本到位。中央政府和地方政府之间、政府各部门之间的职能和权限比较明确。行为规范、运转协调、公正透明、廉洁高效的行政管理体制基本形成。权责明确、行为规范、监督有效、保障有力的行政执法体制基本建立。(2)提出法律议案、地方性法规草案,制定行政法规、规章、规范性文件等制度建设符合宪法和法律规定的权限和程序,充分反映客观规律和最广大人民的根本利益,为社会主义物质文明、政治文明和精神文明协调发展提供制度保障。(3)法律、法规、规章得到全面、正确实施,法制统一、政令畅通,公民、法人和其他组织合法的权利和利益得到切实保护,违法行为得到及时纠正、制裁,经济社会秩序得到有效维护。政府应对突发事件和风险的能力明显增强。(3)科学化、民主化、规范化的行政决策机制和制度基本形成,人民群众的要求、意愿得到及时反映。政府提供的信息全面、准确、及时,制定的政策、发布的决定相对稳定,行政管理做到公开、公平、公正、便民、高效、诚信。(4)高效、便捷、成本低廉的防范、化解社会矛盾的机制基本形成,社会矛盾得到有效防范和化解。(5)行政权力与责任紧密挂钩、与行政权力主体利益彻底脱钩。

行政监督制度和机制基本完善,政府的层级监督和专门监督明显加强,行政监督效能显著提高。(6)行政机关工作人员特别是各级领导干部依法行政的观念明显提高,尊重法律、崇尚法律、遵守法律的氛围基本形成;依法行政的能力明显增强,善于运用法律手段管理经济、文化和社会事务,能够依法妥善处理各种社会矛盾。

依法行政的基本要求。(1)合法行政。行政机关实施行政管理,应当依照法律、法规、规章的规定进行;没有法律、法规、规章的规定,行政机关不得作出影响公民、法人和其他组织合法权益或者增加公民、法人和其他组织义务的决定。(2)合理行政。行政机关实施行政管理,应当遵循公平、公正的原则。要平等对待行政管理相对人,不偏私、不歧视。行使自由裁量权应当符合法律目的,排除不相关因素的干扰;所采取的措施和手段应当必要、适当;行政机关实施行政管理可以采用多种方式实现行政目的的,应当避免采用损害当事人权益的方式。(3)程序正当。行政机关实施行政管理,除涉及国家秘密和依法受到保护的商业秘密、个人隐私的外,应当公开,注意听取公民、法人和其他组织的意见;要严格遵循法定程序,依法保障行政管理相对人、利害关系人的知情权、参与权和救济权。行政机关工作人员履行职责,与行政管理相对人存在利害关系时,应当回避。(3)高效便民。行政机关实施行政管理,应当遵守法定时限,积极履行法定职责,提高办事效率,提供优质服务,方便公民、法人和其他组织。(4)诚实守信。行政机关公布的信息应当全面、准确、真实。非因法定事由并经法定程序,行政机关不得撤销、变更已经生效的行政决定;因国家利益、公共利益或者其他法定事由需要撤回或者变更行政决定的,应当依照法定权限和程序进行,并对行政管理相对人因此而受到的财产损失依法予以补偿。(5)权责统一。行政机关依法履行经济、社会和文化事务管理职责,要由法律、法规赋予其相应的执法手段。行政机关违法或者不当行使职权,应当依法承担法律责任,实现权力和责任的统一。依法做到执法有保障、有权必有责、用权受监督、违法受追究、侵权须赔偿。

与本章相关的主要法律法规

1.《中华人民共和国国务院组织法》(1982年12月10日第五届全国人民代表大会第五次会议通过,同日起施行)

2.《中华人民共和国地方各级人民代表大会和地方各级人民政府组织法》(1979年7月1日第五届全国人民代表大会第二次会议通过,1982年、1986年、1995年和2004年四次修正)

3.《中华人民共和国公务员法》(2005年4月27日第十届全国人民代表大会常务委员会第十五次会议通过)

4.《中华人民共和国立法法》(2000年3月15日第九届全国人民代表大会第三次会议通过,同年7月1日起施行)

5.《中华人民共和国行政处罚法》(1996年3月17日第八届全国人民代表大会第四次会议通过,同年10月1日起施行)

6.《中华人民共和国行政复议法》(1999年4月29日第九届全国人民代表大会常务委员会第九次会议通过,同年10月1日起施行)

7.《中华人民共和国行政许可法》(2003年8月27日第十届全国人民代表大会常务委员会第四次会议通过)

案例1：行政复议不作为,股民状告证监会

2003年10月23日,中国股市10年来首例小股民状告证监会案件在北京第一中级人民法院正式开庭。

ST生态(原蓝田股份)的股民张晓玮,以及深中侨的股民孙毅作为两家上市公司部分股民的代表先后以证监会对行政复议"不作为"为由把证监会告上了法庭。北京市第一中级人民法院基于两个的案件相似性,以及诉讼主体一致,因此将两个案件进行了合并审理。

今年6月底,张晓玮、洪耀(同为ST生态股民)两人因不服上证所对ST生态终止上市的决定,向证监会提出行政复议申请。8月1日,他们收到了证监会不予受理的答复。理由是,按有关规定,张晓玮等人不能直接申请行政复议,而应请求ST生态行使行政复议的权利。

张晓玮却认为证监会不予受理的理由不能成立,流通股东作为公司退市的直接受害者有权要求进行复议。于是决定起诉证监会行政复议的"不作为"。8月5日,两人来到北京市第一中级人民法院,递交了起诉书。诉状请求法院判决证监会对ST生态终止上市一事行使行政复议责任,并由证监会承担相关诉讼费用。

资料来源：《南方都市报》 发布时间：2003年10月24日

案例2：武汉一无期徒刑犯人获国家行政赔偿

2001年9月18日晚,湖北武汉黄陂区组织公安机关和有关部门组成联合执法队,对辖区内非法鞭炮作坊进行查处。在收缴刘小望家生产、储存的烟花爆竹后,执法人员在搬运过程中发生爆炸,致使5名民警殉职和包括刘小望之妻在内的多名居民伤亡,刘家的三层楼房及其他财物被毁损。

随后,武汉市中级人民法院以刘小望非法买卖、储存爆炸物罪而判处其无期徒刑,剥夺政治权利终身。同时,根据相关证据认定,此次爆炸的原因,并非刘小望的直接行为所致,而是执法人员在收缴过程中因摩擦、碰撞及烟花爆竹掉在地上引起的。

2002年12月13日,刘小望及其4个未成年子女向黄陂区法院提起行政诉讼,要求黄陂公安机关给予行政赔偿。武汉市中级人民法院指定新洲区法院公开审理。报经省、市法院认可,尚在服刑的刘小望因与此案有直接利益关系,被准许以原告身份参与诉讼。

一审法院认为,公安机关依法收缴刘小望家非法生产、储存的烟花爆竹,是其职务行为,但由于执法人员在执行任务过程中,对其所搬运的危险物品疏于安全防范,操作不当,以致发生爆炸,造成人员伤亡和财产损失,属于违反行政职责的行为。

依照《国家赔偿法》有关规定,裁定由公安机关赔偿刘小望之妻的死亡赔偿金57 988元;房屋及财产损失57 369元;刘小望四子女的生活费38 640元。其中刘小望获得4万余元。上诉期内,双方均未提起上诉。

资料来源:《中国新闻网》 发布时间:2004年4月19日

案例3：尹琛琰诉卢氏县公安局不作为行政赔偿案

2002年6月27日凌晨3时许,尹琛琰位于卢氏县县城东门外的"工艺礼花渔具门市部"发生盗窃,作案人的撬门声惊动了在街道对面"劳动就业培训中心招待所"住宿的旅客吴古栾、程发新,他们又叫醒了该招待所负责人任春风,当他们确认有人行窃时,即打电话110向警方报案,前后两次打通了被告卢氏县公安局"110指挥中心"并报告了案情,但卢氏县公安局始终没有派人出警。20多分钟后,作案人将盗窃物品装上1辆摩托车后驶离了现场。尹琛琰被盗的物品为渔具、化妆品等货物,价值总计24 546.50元人民币。案发后,尹琛琰向卢氏县公安局提交了申诉材料,要求卢氏县公安局惩处有关责任人,尽快破案,并赔偿其损失。卢氏县公安局一直没有作出答复。尹琛琰认为,卢氏县公安局的失职造成其财产损失,遂向河南省卢氏县人民法院提起行政诉讼。

卢氏县人民法院认为:被告卢氏县公安局在本案中,两次接到群众报警后,都没有按规定立即派出人员到现场对正在发生的盗窃犯罪进行查处,不履行应该履行的法律职责,其不作为的行为是违法的,该不作为行为相对原告尹琛琰的财产安全来说,是具体的行政行为,且与门市部的货物因盗窃犯罪而损失在法律上存在因果关系。卢氏县公安局没有及时依法履行查处犯罪活动的职责,使尹琛琰有可能避免的财产损失没能得以避免,故应对盗窃犯罪造成的财产损失承担相应的赔偿责任。尹琛琰的门市部发生盗窃犯罪时,尹琛琰没有派人值班或照看,对财产由于无人照看而被盗所造成的损失,也应承担相应的责任。

综上,卢氏县人民法院于2002年12月12日判决如下:卢氏县公安局赔偿尹琛琰 25 001.5 元损失的 50%,即 12 500.75 元,在判决生效后 10 日内给付。

资料来源:《最高人民法院网——典型案例》 发布时间:2003 年 12 月 22 日

思考题

1. 行政法的特征是什么?
2. 如何理解行政合理原则?
3. 行政行为有效成立的条件是什么?
4. 行政复议的范围有哪些?

第四章 刑 法

本章要点

本章阐述了刑法的一般知识,主要包括:(1)刑法的一般原理,涉及刑法的概念、任务、基本原则和适用范围;(2)犯罪和犯罪构成,分析了犯罪的概念以及犯罪构成的四个方面:犯罪客体、犯罪的客观方面、犯罪主体和犯罪的主观方面;(3)排除犯罪性的行为,主要分析了正当防卫和紧急避险两类情况;(4)故意犯罪形态,对犯罪既遂、犯罪预备、犯罪未遂和犯罪中止等四种形态进行了分析;(5)共同犯罪,涉及共同犯罪的概念、形式和共同犯罪人的种类及其刑事责任;(6)刑罚,对刑罚的概念、目的、种类,以及量刑、数罪并罚、缓刑、减刑、假释、时效等内容作了相应介绍;(7)犯罪的种类,对中国现行刑法中规定的危害国家安全罪等十类犯罪(类罪名)进行了简要阐述。

第一节 刑法概述

一、刑法的概念和任务

(一)刑法的概念

刑法是规定犯罪、刑事责任和刑罚的法律规范的总称,是国家的基本法律之一。它的基本内容,是规定了什么行为是犯罪、如何追究犯罪人的刑事责任以及处以何种处罚。刑法有广义和狭义之分。广义的刑法,就是以国家名义制定和颁布的规定犯罪与刑罚的一切法律规范的总称,包括刑法典、单行刑法和附属刑法。狭义的刑法,仅指国家立法机关依法典形式颁布的刑法,即刑法典。1979年7月1日第五届全国人民代表大会第二次会议通过的《刑法》和1997年3月14日第八届全国人民代表大会第五次会议修订的《刑法》即为狭义的刑法。单行刑法是规定某一种或几种犯罪及其刑事责任的法律。附属刑法是指其他非刑事法律中有关犯罪与刑罚的规范。

（二）刑法的任务

《刑法》第2条明确规定：中华人民共和国刑法的任务，是用刑罚同一切犯罪行为作斗争，以保卫国家安全，保卫人民民主专政政权和社会主义制度，保护国有财产和劳动群众集体所有的财产，保护公民私人所有的财产，保护公民的人身权利、民主权利和其他权利，维护社会秩序、经济秩序，保障社会主义建设事业的顺利进行。

二、刑法的基本原则

刑法的基本原则是直接反映刑法的目的和依据，规范刑法的基本制度，指导刑事立法和刑事司法的根本性的准则。我国《刑法》规定了三个基本原则：

（一）罪刑法定原则

罪刑法定原则的经典表述是"法无明文规定不为罪、法无明文规定不处罚"。罪行法定原则要求犯罪和刑罚都由法律明文规定，定罪、量刑以及行刑都必须以刑法规定为依据。传统的罪行法定主义包含着以下的基本内容：排斥习惯法、禁止适用类推、反对扩张解释、不得溯及既往、废止绝对的不定期刑。

（一）适用法律平等原则

适用法律平等原则，是指司法机关对一切犯罪人，不分民族、性别、职业、家庭出身、宗教信仰、教育程度、财产状况、职位高低、功劳大小等与罪行无关的因素有何不同，都应一律平等地适用刑事法律的规定，不允许任何人有超越法律的特权。适用刑法平等原则具体体现在定罪上一律平等、量刑上一律平等、行刑上一律平等。

（三）罪责刑相适宜原则

罪责刑相适宜是指刑罚的轻重应与犯罪分子所犯的罪行和应承担的刑事责任相适应，即根据罪行的社会危害性的大小，以及犯罪人主观恶性的程度，决定刑罚的轻重。重罪重判、轻罪轻判、罪刑相当、罚当其罪。

三、刑法的适用范围

刑法的适用范围，是指刑法适用于什么地方、什么人和什么时间，以及是否有溯及既往的效力的总称。它关系到一个国家行使管辖权和刑罚权，涉及到国家的主权的问题。

（一）刑法的空间效力

刑法的空间效力，是指刑法在什么地方和对什么人有效力。

我国的属地管辖权，即刑法对地域的适用范围，有以下三个方面的规定：

(1) 在我国领域内犯罪的,除法律有特别规定的以外,都适用我国刑法。我国领域是指我国国境以内的全部区域,包括领陆、领水和领空。这里的"法律有特别规定的",包括享有外交特权和豁免权的外国人的刑事责任,通过外交途径解决;民族自治地方制定的变通或补充规定;香港和澳门的特殊规定。(2) 在我国船舶或者航空器内犯罪的,适用我国刑法;我国驻外大使馆、领事馆也视为是在我国领域。(3) 只要犯罪的行为或者结果有一项发生在中华人民共和国领域内的,就认为是在中华人民共和国领域内犯罪。

我国的属人管辖权,即对人的效力,这里涉及的主要是对我国公民犯罪的刑事管辖权。

我国公民在我国领域外犯刑法规定之罪的,适用我国刑法,但是按刑法规定的最高刑为3年以下有期徒刑的,可以不予追究。对国家工作人员和军人,只要在我国领域外触犯了我国刑法,实施任何犯罪,一律都要按刑法追究刑事责任。

我国刑法的保护管辖权,这里主要涉及的是对外国人犯罪的刑事管辖权。外国人在我国领域外对我国国家或者公民犯罪,而按照刑法规定的最低刑为3年以上有期徒刑的,可以适用我国刑法,但是按照犯罪地的法律不受处罚的除外。

《刑法》还规定,凡在我国领域外犯罪,依照我国刑法应当负刑事责任的,虽然经过外国审判,仍然可以依照我国刑法追究,但是在外国已经受过刑罚处罚的,可以免除或者减轻处罚。

(二) 刑法的时间效力

刑法的时间效力,是指刑法生效、失效的时间以及它是否适用于生效以前发生的行为,即是否有溯及既往的效力。

刑法的生效时间:刑法的生效时间是指刑法从什么时候开始发生法律效力。主要有两种方式:(1) 自公布之日起生效。(2) 公布后,经过一定的期限再生效。

刑法的失效时间:刑法的失效时间,是指刑法效力的终止时间。通常有两种:(1) 由立法机关明确宣布失效。(2) 自然失效,由于新法代替了旧法,旧法自然失效;或者由于立法时一些特殊的条件已经消失,旧法自然失效。

刑法的溯及力:是指刑法生效后,对它生效以前未经审判的或判决尚未确定的行为是否适用的问题。如果适用就是有溯及力;如果不适用,就没有溯及力。我国刑法对于溯及力,采取的是从旧兼从轻原则。《刑法》规定,对于中华人民共和国成立以后至1997年10月1日新刑法实施以前的行为,如果行为时的法律不认为是犯罪的,适用当时的法律;如果行为时的法律认为是犯罪,并且依照新刑法关于时效的规定应当追诉的,按照当时的法律追究刑事责任,但是如果新刑法不认为是犯罪或者处罚较轻的,适用新刑法。新刑法实施以前,依照行为时法律已经作出的生效判决,继续有效。

第二节　犯罪和犯罪构成

一、犯罪的概念和特征

我国《刑法》明确地规定了犯罪的基本概念：一切危害国家主权、领土完整和安全,分裂国家、颠覆人民民主专政的政权和推翻社会主义制度,破坏社会秩序和经济秩序,侵犯国有财产或者劳动群众集体所有财产,侵犯公民私人所有财产,侵犯公民的人身权利、民主权利和其他权利,以及其他危害社会的行为,依照法律应当受刑法处罚的,都是犯罪,但是情节显著轻微危害不大的,不认为是犯罪。根据立法规定和刑法理论的通说,犯罪具有三个基本的特征：

（一）犯罪是一种严重危害社会的行为

这是犯罪最本质的特征。首先,犯罪必须是一种以作为或不作为形式表现出来的行为,任何思想如果不表现为外在的行为,就不可能构成犯罪。其次,犯罪必须是危害社会的行为,即对刑法所保护的利益实际或可能造成损害。再次,作为犯罪本质特征的社会危害性,必须达到严重的社会危害性,即情节显著轻微危害不大的,就不是犯罪。社会危害性的有无和大小不是固定不变的,它会随着经济、文化、政治等条件的变化而变化。

（二）犯罪是触犯刑事法律的行为

犯罪的本质特征是具有严重的社会危害性,而刑事法律就是对一个行为的社会危害性所作出的评价。犯罪不仅是一种社会现象,也是一种法律现象。强调犯罪认定上的法律特征,正是罪刑法定原则的重要体现。

（三）犯罪是一种应当受到刑罚处罚的行为

任何违法行为,都应当承担相应的法律责任。犯罪是适用刑罚的前提,而刑罚是犯罪行为的法律后果。

二、犯罪构成

（一）犯罪构成的概念

犯罪构成是刑事法律规定的、决定某一行为的社会危害性,并为成立犯罪所必须具备的客观要件和主观要件的有机统一。它是研究犯罪必须具备哪些法定条件才能成立,它解决的是犯罪的规格和具体标准问题,它是区别罪与非罪、此罪与彼罪的界限,也是应否追究刑事责任的依据。犯罪构成在犯罪认定问题中占有核心地位。

（二）犯罪构成要件

每一个具体的犯罪都有具体的犯罪构成,但是各种犯罪都离不开主观和客观要件。犯罪构成要件是犯罪构成的基本单元,是犯罪构成整体的各个有机的组成部分。按照我国刑法理论的通说,犯罪构成要件分别包括犯罪客体、犯罪的客观方面、犯罪主体和犯罪的主观方面。

1. 犯罪客体

犯罪客体是我国刑法所保护的,并且为犯罪行为所侵害的社会关系。犯罪客体说明犯罪行为危害了什么社会利益,是犯罪行为具有严重社会危害性的体现。犯罪客体和犯罪对象是两个不同的概念:犯罪客体是指社会关系,犯罪对象是犯罪行为所直接作用的人或物;犯罪客体是构成犯罪的必备条件,犯罪对象并非每个犯罪构成的必要条件;犯罪行为一定危害犯罪客体,而犯罪对象则不一定受到损害。

根据犯罪客体侵犯的社会性质的不同,刑法理论将犯罪客体分为三类:一般客体,即一切犯罪行为所共同侵犯的客体,他是刑法所保护的社会关系的整体。同类客体,是指某一类犯罪所共同侵犯的客体,即刑法所保护的某一部分或者某一个方面的社会关系。直接客体,即某一种特定的犯罪所侵犯的某种具体的社会关系。

2. 犯罪的客观方面

犯罪的客观方面是由刑法所规定的,在犯罪活动的外在表现中所包含的、为构成犯罪所必需的具有一定特征的事实要素。犯罪客观方面的内容包括危害行为及其方式、行为对象、行为的危害结果以及犯罪的时间、地点。

危害行为,是指行为人在其意识和意志支配下的具有社会危害性的身体活动。危害行为是犯罪行为的核心要件。危害行为客观上的表现多种多样,归纳起来,有两种方式:作为和不作为。作为,是指犯罪人用积极的行动去实施我国刑法所禁止的危害社会的行为。既包括行为人自身的动作,也包括行为人利用工具、动物、自然力乃至利用他人的行动。不作为,是指行为人消极的不去实施自己应当履行的某种特定的义务。不作为要求的特定义务有:(1)法律明文规定的义务。(2)根据行为人的职务和业务要求而产生的义务。(3)法律行为引起的义务。(4)由于自己的先前行为而使法律保护的某种利益处于危险状态而引起的义务。不作为犯罪成立的要件,一般认为有两个:行为人负有特定义务;行为人必须有履行特定义务的实际可能而不履行。在我国刑法中,绝大多数犯罪是由作为构成的,少数犯罪由不作为构成。

危害结果,有广义和狭义两种概念。广义的危害结果,是指危害行为侵犯刑法一般客体所引起的损害,着重于表现危害行为所造成的社会危害性。广义的危害结果存在于一切犯罪之中。狭义的危害结果,危害行为侵犯作为犯罪构成要件的直接客体所造成的或可能造成的损害。并非任何犯罪都存在狭义的危害结果。危害结果对定罪量刑的作用:(1)有一些犯罪是以实施危害行为开始,以给客体造成具体危害结果而完成。如故意杀人罪、抢劫、盗窃等。具体的危害结果是否产生,作为既遂与未遂的标准。(2)有些犯罪是以危害结果的大小作为划分罪与非罪的界限。如盗窃罪、抢夺罪、诈骗罪等。(3)有些犯罪是以有发生某些严重后果的危险作为构成的要件。(4)有些犯罪只要实施了条文规定的行为,而不要求产生某种危害结果。如诽谤罪。(5)有些犯罪明确规定以危害结果的大小作为量刑的依据。(6)过失犯罪,只有发生了严重的后果,才构成犯罪。

犯罪的时间、地点和方法:任何犯罪都离不开时间、地点和方法而发生,但绝大多数犯罪并不把时间、地点和方法作为犯罪构成的条件,只有刑法特别规定的,才是某些犯罪构成的必备条件。

3. 犯罪主体

犯罪主体,就是刑法规定的实施犯罪行为,并且承担刑事责任的人,包括自然人和单位。

自然人犯罪主体可分为一般主体和特殊主体。只要求达到刑事责任年龄、具有刑事责任能力的自然人即可构成的犯罪主体为一般主体,除具备上述条件之外,还要求具有特定职业或者身份的人才能构成的,为特殊主体。刑事责任年龄、刑事责任能力是自然人犯罪主体构成的两个基本条件。刑事责任年龄是指刑法所规定的,行为人对自己实施的严重危害社会行为负刑事责任必须达到的年龄。我国《刑法》对自然人犯罪主体的刑事责任年龄作出了规定:(1)绝对无责任年龄时期,行为人的年龄不满14周岁的,其任何行为一概不追究刑事责任。(2)相对有责任年龄时期,已满14周岁不满16周岁的人,犯故意杀人、故意伤害致人重伤或者死亡、强奸、抢劫、贩卖毒品、放火、爆炸、投毒罪的,应当负刑事责任。(3)完全有责任年龄时期,已满16周岁的人犯罪,应当负刑事责任。(4)从宽责任年龄时期,已满14周岁不满18周岁的人犯罪,应当从轻或者减轻处罚。因不满16周岁不予刑事处罚的,责令他的家长或监护人加以管教;在必要的时候,也可以由政府收容教养。刑事责任能力,是指行为人具有辨认自己行为的意义、性质、作用和后果,并加以控制自己行为的能力。这是犯罪主体的又一必要条件。刑事责任能力的内容是由辨识能力和控制能力两个部分组成的,其中的关键还是控制能力。我国对于几种特殊的人的刑事责任能力问题作出了规定:(1)精神病人在不能辨识或者不能控制自己行为的时候造成危害结果,经法定程序鉴定确认的,不负刑事责任,但是应当责令他的家属或者监护人严加看管和医疗,在必要的时候,由政府强制医疗。(2)间歇性的精神病人在精神正常的时候犯罪,应当负刑事责任。(3)尚未完全丧失辨认或控制自己行为能力的精神病人犯罪的,应当负刑事责任,但是可以从轻或减轻处罚。(4)酗酒的人犯罪,应当负刑事责任。(5)又聋又哑的人或者是盲人犯罪,可以从轻、减轻或者免除处罚。

单位犯罪主体,就是具备刑事责任能力,实施了刑法分则明文规定的可以由单位构成犯罪的公司、企业、事业单位和机关团体。单位组织、单位具有的刑事责任能力,是其最基本的两个构成要件。公司、企业、事业单位、机关、团体实施的危害社会的行为,法律规定为犯罪的,应当负刑事责任。单位犯罪的,对单位判处罚金,并对其直接负责的主管人和其他直接责任人员判处刑罚。刑法分则和其他法律另有规定的,依照规定。所以我国刑法实行的是以双罚制为基础、以单罚制为补充的刑事责任原则。

4. 犯罪的主观方面

犯罪的主观方面是指行为人对自己所实施的危害社会的行为及其危害结果所抱有的心理态度。犯罪心理态度的基本内容是故意和过失,又称为罪过,此外还有犯罪目的与动机。犯罪故意或犯罪过失是任何犯罪构成都必须具备的构成要件。

犯罪故意,是指行为人明知自己的行为会发生危害社会的结果,并且希望或者放任这种结果发生的心理态度。犯罪故意分为直接故意和间接故意。直接故意,是指行为人明知自己的行为必然或者可能发生某种危害社会的结果,并且希望这种结果发生的心理态度。间接故意,是指行为人明知自己的行为可能发生某种危害社会的结果,并且放任这种结果发生的心理态度。在司法实践中,间接故意的存在大致有三种情形:(1)行为人追求某个犯罪目的而放任另一个危害结果发生的。(2)行为人追求一个非犯罪目的而放任某种危害结果的发生。(3)在突发性犯罪中,行为人不计后果,放任严重后果的发生。

犯罪过失,是指行为人应当预见自己的行为可能发生危害社会的结果,因为疏忽大意而没有预见,或者已经预见而轻信能够避免,以致这种结果发生的心理态度,犯罪过失存在的前提是要有法律规定的危害社会结果的发生。根据过失心理态度的不同,犯罪过失分为过于自信的过失与疏忽大意的过失。过于自信的过失,是指行为人已经预见到自己的行为可能发生危害社会的结果,但轻信能够避免,以致发生这种结果的心理态度。疏忽大意的过失,是指行为人应当预见自己的行为可能发生危害社会的结果,因为疏忽大意而没有预见,以致发生了这种结果的心理态度。

犯罪的目的和动机,是犯罪主观因素之一,决定并影响危害性质和危害程度,对定罪量刑具有直接的意义。犯罪动机,是指刺激、驱使行为人实施犯罪行为的内心冲动或者内心起因。犯罪动机一般不影响犯罪的成立,但对于确定行为人的主观恶性程度,能起到重要的作用。犯罪目的,是指犯罪人希望通过实施犯罪行为达到某种危害结果的心理态度。在法律明文规定必须有犯罪目的的犯罪中,特定的犯罪目的是某种犯罪构成的必备的要件,否则,就不构成犯罪。

意外事件造成危害结果的,行为人不负刑事责任。意外事件,是指行为在客观上造成了损害结果,但不是出于行为人的故意或过失,而是由于不能抗拒的或者不能预见的原因所引起的事件。不可抗拒,是指行为人虽然认识到自己的行为会发生损害结果,但由于当时主客观条件的限制,行为人无力防止损害结果的发生。不能预见,是指行为人对自己的行为造成的危害结果,不具备能够预见或应当预见的条件。

图表4-1 犯罪构成

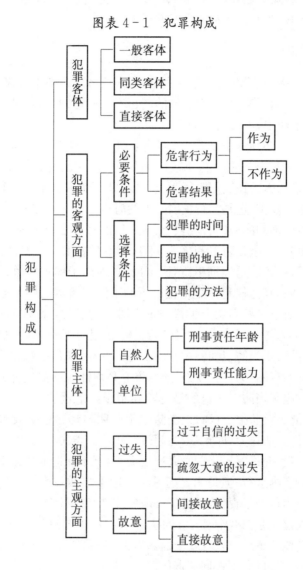

第三节 排除犯罪性的行为

排除犯罪性的行为,是指某种行为在外观上似乎具有严重的社会危害性,而实质上却是为了保护国家、公共利益、本人或者他人的权益而实施的对社会有益的行为,或者虽对社会有危害却不具有犯罪构成的行为。

我国《刑法》规定的排除犯罪性行为的种类有：正当防卫、紧急避险、意外事件。刑法理论认为除此之外，还有依照法令的行为、执行上级命令的行为、正当的业务行为、自救的行为和经权利人同意的行为。

一、正当防卫

正当防卫，是指为了使国家、公共利益、本人或者他人的人身权利、财产和其他权利免受正在进行的不法侵害，而采取的制止不法侵害的行为，对不法侵害人造成损害的，属于正当防卫，不负刑事责任。

实施正当防卫，必须具备以下几个条件：(1)必须有不法侵害行为的发生。这是实施正当防卫的起因条件。正当防卫中的不法侵害主要是指那些性质严重、侵害程度强烈、危险较大的违法侵害行为，包括犯罪行为和其他违法行为。(2)必须是正在进行的不法侵害，这是实行正当防卫的时机条件。不法侵害是实际存在的，而不是主观臆想或推测的；必须是出于正在进行的状态之中，而不是尚未开始或者已经结束。假想防卫、事先防卫和事后防卫，都不具备实行正当防卫的时间条件，如果构成了犯罪，应依法追究刑事责任。(3)必须出于保护国家、集体、本人或者他人的人身、财产和其他权利免受正在进行的不法侵害的意图。这是实行正当防卫的主观条件。对于一些客观上虽符合正当防卫的条件，而不具备主观上防卫意图的行为，不能认为是正当防卫。例如，防卫挑拨，为了侵害对方，故意挑逗他人向自己进攻，然后借口正当防卫加害对方的行为。互相斗殴，指双方行为人都有向对方实行不法侵害的意图和行为。(4)正当防卫必须针对不法侵害者本人实行。这是对象条件。实施正当防卫的目的是排除和制止不法侵害，对于不法侵害人以外的任何人，都不能进行防卫。(5)正当防卫不能明显地超过必要限度造成重大损害，这是限度条件。法律允许防卫行为超过制止不法侵害行为的必要限度，只是不得明显超过；法律也允许对不法侵害人造成损害，但不能造成不必要损害。正当防卫能在必要的限度内进行，但是明显超过必要限度造成重大损害的，是防卫过当。对于防卫过当应当负刑事责任，但是应当减轻或者免除处罚。

《刑法》还规定了例外的情况。《刑法》规定，对正在进行行凶、杀人、抢劫、强奸、绑架，以及其他严重危及人身安全的暴力犯罪，采取防卫行为，造成不法侵害人伤亡的，不属于防卫过当，不负刑事责任。

二、紧急避险

紧急避险，是指为了使国家、公共利益、本人或者他人的人身、财产和其他权利免受正在发生的危险，不得已采取的紧急避险行为，造成损害的，不负刑事责任。

紧急避险必须具备以下的几个条件：(1)要有足以使合法利益遭到严重损害的危险发生。这是实行紧急避险的起因条件。危险的来源主要有：自然灾害、违法犯罪行为、人的生理疾患、动物的侵袭。(2)必须是正在发生的危险。即足以使合法利益遭受严重的危险已经出现而又尚未结束的状态,这是实行紧急避险的时机条件。(3)紧急避险的实施必须是为了避免国家、公共利益、本人或者他人的合法利益遭受到损害。这是紧急避险的目的条件。(4)必须是在迫不得已的情况下实施的。迫不得已,就是在发生危险的紧急状态下,除了采取紧急避险行为以外,别无他法能够避免正在发生的危险,不得不损害一个合法利益以保护更大的合法利益。(5)避险不能超过必要的限度造成不应有的损害,这里的限度条件应是避险行为所引起的损害,必须小于所保护的权益,而不能等于,更不能大于所保护的权益。紧急避险超过必要的限度造成不应有的损害是避险过当,应当负刑事责任,但是应当减轻或者免除处罚。另外,《刑法》还特别规定,对于在职业上、业务上负有特定责任的人,不得为了避免自己的危险而实施紧急避险。

第四节　故意犯罪形态

故意犯罪的实施,大都要经过犯罪的准备、实行、完成的发展过程。但是在其发展的过程中,由于主客观条件的影响,而使犯罪行为在某一阶段停止下来,呈现出不同的形态,出现和形成了犯罪的预备、未遂、中止和既遂。

一、犯罪既遂

犯罪既遂,是指行为人故意实施的犯罪行为已经具备了刑法分则所规定的某种犯罪的全部构成要件,即犯罪的完成状态。根据刑法分则对具体犯罪构成要件的规定,犯罪既遂主要有以下几种形态:(1)结果犯,以发生了法定的犯罪结果作为既遂的标准。例如,故意杀人罪、盗窃罪等。(2)行为犯,以行为的完成或者完成行为作为既遂的标准,只要行为人实施了刑法分则所规定的行为,不论是否发生了犯罪结果,其行为本身就构成了犯罪既遂。例如诬告陷害罪。(3)危险犯,以造成某种犯罪结果发生的危险状态作为既遂的标准。即行为人已实施的刑法分则规定的某种犯罪行为,只要造成足以发生严重后果的危险状态即为既遂。例如破坏交通工具罪。对于既遂犯,直接依照刑法分则有关条文的规定定罪量刑。

二、犯罪预备

犯罪预备,是指为实行犯罪准备工具、制造条件,由于行为人意志以外的原因而未能着手实行犯罪行为的犯罪停止形态。犯罪预备的基本特征是:(1)行为人主观上有犯罪意图,其目的在于为顺利地实行犯罪而制造条件。(2)行为人在客观上实施了为犯罪制造条件的预备行为。犯罪预备行为的形式主要有两种:准备犯罪工具、制造犯罪条件。(3)行为人未能着手实施犯罪。(4)未能着手是由于犯罪人意志以外的原因。

预备犯,应当负刑事责任,但是犯罪预备还没有给社会造成实际的危害后果,因此《刑法》规定,对于预备犯可以比照既遂犯从轻、减轻或者免除处罚。

三、犯罪未遂

犯罪未遂,已经着手实施犯罪,但由于犯罪分子意志以外的原因而未完成犯罪的一种犯罪停止状态。构成犯罪未遂必须具备以下条件:(1)已经着手实行犯罪,即行为人开始实施刑法分则条文规定的某种具体犯罪构成要件的行为。(2)犯罪未得逞,是指行为人的行为没有完成某一犯罪的全部构成要件,其具体表现为犯罪行为没有实行完毕或者虽然实行完毕,但法定的既遂结果没有发生。(3)犯罪未得逞是由于犯罪分子意志以外的原因。这是犯罪未遂与犯罪中止的主要区别。《刑法》规定,对于未遂犯,可以比照既遂犯从轻或者减轻处罚。

四、犯罪中止

犯罪中止,是指在犯罪过程中,自动放弃犯罪或者自动有效地防止犯罪结果发生的一种犯罪停止形态。犯罪中止有两种情况:(1)在犯罪的发展过程中,犯罪分子自动放弃犯罪,因而没有发生犯罪结果。(2)在犯罪行为实行完毕后,犯罪结果尚未发生的过程中,犯罪分子自动有效地防止了犯罪结果的发生。犯罪中止的成立必须具备以下的条件:(1)必须发生在犯罪预备开始到犯罪结果发生前的过程中。(2)必须自动放弃犯罪或自动有效地防止犯罪结果的发生。《刑法》规定,对于中止犯,没有造成损害结果的,应当免除处罚;造成损害的,应当减轻处罚。

第五节 共 同 犯 罪

一、共同犯罪的概念

共同犯罪是指两人以上共同故意犯罪。构成共同犯罪必须具备以下要件:(1)犯罪主体是两人以上,达到刑事责任年龄、具有刑事责任能力的人。一般是指自然人,也可以指单位。(2)客观方面必须具有共同的犯罪行为。即各个共同犯罪人的行动都是指向同一目标,彼此联系,互相配合,结成一个有机的犯罪整体,共同造成犯罪结果。(3)主观方面必须有共同的犯罪故意。就是各共同犯罪人通过意思联络,知道自己与他人配合共同实施犯罪,认识到他们的共同犯罪行为会发生危害社会的结果,并且希望或者放任这种危害结果的发生。

二、共同犯罪的形式

共同犯罪形式,是指两人以上共同犯罪的内部结构或者各共同犯罪人之间的结合方式。我国刑法学者对共同犯罪的形式的划分,主要有以下几种:

(一)任意的共同犯罪和必要的共同犯罪

任意的共同犯罪,是指法定的能够一人单独实施的犯罪,而由两人以上共同故意实施的犯罪情况。必要的共同犯罪,是指法定必须由两人以上共同实施的犯罪情况。

(二)事前通谋的共同犯罪和事前无通谋的共同犯罪

事前通谋的共同犯罪,是指各个共同犯罪人在着手实行犯罪之前已经形成了共同犯罪故意的情况。事前无通谋的共同犯罪,是指各共同犯罪人在着手实行犯罪时或者实行犯罪的过程中临时形成共同犯罪故意的情况。

(三)一般共同犯罪和犯罪集团

一般共同犯罪,是指没有固定组织形式的共同犯罪。犯罪集团,是指三人以上为共同实施犯罪而组成的较为固定的犯罪组织。犯罪集团是共同犯罪的一种特殊的形式,具有较大的社会危害性,因此,是我国刑法历来打击的对象。

三、共同犯罪人的种类及其刑事责任

我国《刑法》以共同犯罪人在共同犯罪中所起的作用为标准,也适当考虑其分工的特殊情况,将共同犯罪人分为主犯、从犯、胁从犯和教唆犯。

(一)主犯

主犯包括三种情况:(1)组织、领导犯罪集团进行活动的犯罪分子,即犯罪集团的首要分子。(2)聚众犯罪中起组织、策划、指挥作用的犯罪分子,即聚众犯罪中的首要分子。(3)在共同犯罪中起主要作用的犯罪分子。对于主犯,应当按照其所参与的或者组织、指挥的全部犯罪处罚,而对于组织、领导犯罪集团的主犯,按照犯罪集团所犯的全部罪行处罚。

(二)从犯

从犯,是指在共同犯罪中起次要或者辅助作用的犯罪分子。所谓起次要作用,通常是指直接参加了实行犯罪,但其罪行较小、情节较轻、直接造成的危害后果不严重。所谓辅助作用,是指为共同犯罪的实施创造有利条件,辅助实行犯罪。对于从犯,应当从轻、减轻处罚或者免除处罚。

(三)胁从犯

胁从犯,是指被胁迫参加犯罪的人。胁从犯虽然是被迫参加犯罪的,不是出于自愿,但其行为也是受自己的意志支配的,所以构成了犯罪。对于胁从犯,应当按照他的犯罪情节减轻处罚或者免除处罚。

（四）教唆犯

教唆犯，是指引起他人实行犯罪意图的人。即客观上具有引起他人产生犯罪意图的教唆行为；主观上具有教唆他人犯罪的故意。在认定教唆犯时，应注意以下几点：教唆未达到刑事责任年龄、没有刑事责任能力的人去实施犯罪的，应当按单独实行犯论处；被教唆的人实施了所教唆以外的犯罪，教唆人只能按其所教唆的犯罪负刑事责任。对于教唆犯，应当按照他在共同犯罪中所起的作用处罚；教唆不满18岁的人犯罪，应当从重处罚；如果被教唆的人没有犯被教唆的罪，对教唆犯可以从轻或者减轻处罚。

第六节 刑 罚

一、刑罚的概念和目的

（一）刑罚的概念

刑罚是人民法院依照法律的规定，对犯罪分子实行惩罚的一种最严厉的强制措施。犯罪是刑罚的前提，刑罚是犯罪的法律后果。

刑罚具有以下的特点：（1）刑罚是最严厉的强制方法。（2）刑罚是国家最高权力机关制定的强制方法。在我国，只有全国人民代表大会才可以制定刑事法律。（3）刑罚是对犯罪分子适用的强制方法。对于一般违法行为而未构成犯罪的人，不能适用刑罚。（4）刑罚是只能由人民法院按照法定的程序适用的强制方法。（5）刑罚是由特定机关执行的强制方法。

（二）刑罚的目的

我国刑罚的目的是预防犯罪，包括一般预防和特殊预防。特殊预防，是指预防犯罪分子再次犯罪。刑罚特殊预防的实现一方面通过刑罚执行，剥夺犯罪分子再犯罪的能力和再犯罪的条件；另一方面，通过刑罚的教育改造功能，使犯罪分子走上正途。一般预防是指预防社会上有犯罪倾向的不稳定分子实施犯罪。国家通过对犯罪分子适用刑罚，从而威慑有犯罪倾向的不稳定分子，防止其走上犯罪的道路。

二、刑罚的种类

我国刑罚分为主刑和附加刑两大类。

（一）主刑

主刑，是指只能独立适用的主要刑罚方法。主刑不能附加适用。我国刑法规定的主刑有：管制、拘役、有期徒刑、无期徒刑与死刑。

1. 管制

管制是对犯罪分子不予关押,但限制其一定自由,由公安机关执行和群众监督改造的刑罚方法。管制是我国特有的一种轻刑。不予关押是指不剥夺犯罪人的人身,将罪犯仍然留在原来的工作单位或居住地工作或劳动,在劳动中同工同酬。限制一定人身自由,主要有:未经执行机关的批准,不得行使言论、出版、集会、结社、游行、示威自由的权利;按照执行机关规定报告自己的活动情况;遵守执行机关的关于会客的规定;离开所居住的市、县或者迁居,应当报经执行机关批准。管制的期限为3个月以上2年以下,数罪并罚时不得超过3年。管制的期限从判决之日起计算;判决执行前先行羁押的,羁押1日折抵刑期2日。如果管制期满,执行机关应即向本人和其所在的单位或者居住地的群众宣布解除管制。

2. 拘役

拘役是指短期剥夺犯罪人的人身自由,就近实行劳动改造的刑罚方法。拘役由公安机关在就近的拘役所、看守所或者其他监狱场所执行。在执行期间,受刑人每月可以回家一天至两天,参加劳动的,可以酌量发给报酬。拘役的期限为1个月以上6个月以下,数罪并罚时不得超过1年。拘役的刑期从判决执行之日起计算,判决执行以前先行羁押的,羁押1日折抵刑期1日。

3. 有期徒刑

有期徒刑是剥夺犯罪人一定期限的自由,实行强制劳动改造的刑罚方法。有期徒刑是我国适用面最广的刑罚方法。有期徒刑的执行是在监狱或其他执行场所。凡是有劳动能力的,都应当参加劳动,接受教育和改造。有期徒刑的期限为6个月以上15年以下,数罪并罚时,不得超过20年。刑期从判决执行之日起开始计算,判决执行以前先行羁押的,羁押1日折抵刑期1日。

4. 无期徒刑

无期徒刑是剥夺犯罪人终身自由,实行强制劳动改造的刑罚方法。对被判无期徒刑的罪犯,送监狱和其他执行场所执行。凡是有劳动能力的,都应当参加劳动,接受教育和改造。在改造期间,只要真诚悔改或有立功表现,可以依法减刑或者假释。对被判处无期徒刑的犯罪分子,应当附加剥夺政治权利。

5. 死刑

死刑是剥夺犯罪分子生命的刑罚方法。包括立即执行与缓期两年执行两种情况。我国刑法适用死刑的原则是,保留死刑,但又严格控制死刑。其表现:(1)必须严格遵守罪行法定原则,适用死刑。(2)不得对犯罪时不满18周岁的人和审判时怀孕的妇女适用死刑,既包括死刑立即执行也包括缓期两年执行。(3)被判处死刑的罪犯,如果不必立即执行的,可以宣告缓期两年执行,实行劳动改造,以观后效。(4)死刑除依法由最高人民法院判处的以外,都应当报经最高人民法院核准,死刑缓期执行的,可以由高级人民法院判决或核准。

死刑缓期执行是我国的独创。死刑缓期执行期间,如果没有故意犯罪,2年期满后,减为无期徒刑;如果确有重大立功表现,2年期满后,减为15年以上20年以下有期徒刑;如果故意犯罪,查证属实的,由最高人民法院核准,执行死刑。死刑缓期执行的期间,从判决确定之日起计算。死刑缓期执行减为有期徒刑,从死刑缓期执行期满之日起计算。

(二)附加刑

附加刑是指补充主刑适用的刑罚方法。附加刑既可以附加主刑适用,也可以独立适用。附加刑包括:罚金、剥夺政治权利、没收财产、驱逐出境。

1. 罚金

罚金是人民法院判处犯罪分子向国家缴纳一定数额金钱的刑罚方法。罚金的适用对象主要是破坏社会主义市场秩序罪、侵犯财产罪、贪污贿赂罪。罚金的数额由人民法院根据情节判处。罚金在判决指定的期限内一次或者分次缴纳,期满不缴纳的,强制缴纳。如果因遭遇不可抗拒的灾祸缴纳确实有困难的,可以酌情减少或免除。

2. 剥夺政治权利

剥夺政治权利,是剥夺犯罪人参加管理国家和政治活动的权利的一种刑罚方法。剥夺的政治权利是:选举权和被选举权;言论、出版、集会、结社、游行、示威的权利;担任国家机关职务的权利;担任国有公司、企业、事业单位和人民团体领导职务的权利。剥夺政治权利适用于:危害国家安全的犯罪分子;对被判处死刑或者无期徒刑的犯罪分子,应当适用剥夺政治权利终身;对于故意杀人、强奸、放火、爆炸、投毒、抢劫等严重破坏社会秩序的犯罪分子可以附加适用剥夺政治权利。

3. 没收财产

没收财产是指将犯罪人所有财产的一部分或者全部强制无偿地收归国有的刑罚方法。没收财产主要适用于危害国家安全罪、破坏社会主义市场经济罪、侵犯财产罪、贪污受贿罪。没收全部财产的,应当对犯罪分子个人及其扶养的家属保留必要的生活费用;在判处没收财产的时候,不得没收属于犯罪分子家属所有或者应有的财产;没收财产以前犯罪人所负的正当债务,需要以没收的财产偿还的,经债权人请求,应当偿还。

4. 驱逐出境

驱逐出境是强迫犯罪的外国人离开中国国境的刑罚方法。对于犯罪的外国人,可以独立适用或者附加适用驱逐出境。独立适用的,以判决确定之日起执行;附加适用的,从主刑执行完毕之日起执行。

三、量刑

(一)量刑的概念

量刑,是指人民法院对犯罪分子依照刑法的规定裁量决定刑罚的一种审判活动。定罪和量刑是人民法院刑事审判活动中的两个重要环节。定罪是解决被告人的行为是否有罪和构成什么罪的问题。量刑则是在定罪的基础上,解决犯罪分子应否判处刑罚、判处何种刑罚以及对判处的刑罚是否立即执行等问题。量刑的基本原则是以事实为依据,以法律为准绳。对犯罪分子决定刑罚时,应当根据犯罪的事实、犯罪的性质、情节和对于社会的危害程度,依照刑法的有关规定判处。

(二) 量刑情节

量刑情节,是指法律规定或司法实践认可的,体现犯罪分子的人身危险性或犯罪行为的社会危害程度,量刑时应当考虑的主客观情况。量刑情节可以分为,法定量刑情节和酌定量刑情节。

法定量刑情节,是指刑法明文规定应当或者可以从重、从轻、减轻或者免除处罚的情节。我国《刑法》将其分为从重情节、从轻情节、减轻情节和免除处罚情节。对于法定情节,审判人员在决定对犯罪人量刑时必须严格依照法律规定,不得擅自取舍和改变法定量刑情节的功能。

酌定量刑情节,是指刑法没有明文规定,人民法院根据审判实践总结出来的,由审判人员灵活掌握的影响对犯罪人处刑轻重的情节。根据我国的司法实践,酌定的量刑情节有:犯罪的动机与目的、犯罪的时间与地点、犯罪人犯罪前的表现与犯罪后的态度、初犯、偶犯等。

(三) 累犯

累犯是指受过一定刑罚处罚,在刑罚执行完毕或者赦免以后,在法定期限以内又犯一定之罪的犯罪人。累犯分为一般累犯和特殊累犯。一般累犯的构成条件是:(1) 前罪和后罪都是故意犯罪。(2) 前罪所判处的刑罚和后罪应当判处的刑罚均是有期徒刑以上。(3) 后罪发生在前罪刑罚执行完毕或者赦免以后5年内。被假释的犯罪分子,从假释期满之日起计算。特殊累犯的构成条件:(1) 前罪和后罪都是危害国家安全罪。(2) 后罪发生的时间不需要受前罪刑罚执行完毕或者赦免后时间长短的限制。(3) 不受前后两罪所判刑罚及应判刑罚轻重的限制。《刑法》规定对于累犯应当从重处罚,不得适用缓刑和假释。

(四) 自首

自首,是指犯罪以后自动投案,如实供述自己的罪行的行为。自首的成立需要具备两个条件:(1) 自动投案,是指犯罪事实或者犯罪嫌疑人未被司法机关发觉,或者虽被发觉,但犯罪嫌疑人尚未受到讯问、未被采取强制措施时,主动、直接向公安机关、人民检察院或者人民法院投案。犯罪嫌疑人向其所在的单位、城乡基层组织或者其他有关负责人员投案的;犯罪嫌疑人因病、伤或者为了减轻犯罪后果,委托他人先代为投案,或者先以信电投案的;罪行未被司法机关发觉,仅因形迹可疑被有关机关或者司法机关盘问、教育后,主动交代自己的罪行;犯罪后逃跑,在被通缉、追捕过程中,主动投案的;经查实确已准备去投案,或者正在投案途中,被公安机关捕获的,应当视为自动投案。并非出自犯罪嫌疑人主动,而是经亲友规劝、陪同投案的;公安机关通知犯罪嫌疑人的亲友,或亲友主动报案后,将犯罪嫌疑人送去投案的,也应当视为自动投案。犯罪嫌疑人投案后又逃跑的,不能认定为自首。(2)如实供述自己的罪行,是指犯罪嫌疑人自动投案后,如实交代自己的主要犯罪事实。犯有数罪的犯罪嫌疑人仅如实供述所犯数罪中部分犯罪的,只对如实供述部分犯罪的行为,认定为自首。共同犯罪案件中的犯罪嫌疑人,除如实供述自己的罪行,还应当供述所知的同案犯,主犯则应当供述所知其他同案犯的共同的犯罪事实,才能认定为自首。犯罪嫌疑人自动投案并如实供述罪行后又翻供的,不能认定为自首,但在一审判决前又能如实供述的,应当认定为自首。对被采取强制措施的犯罪嫌疑人、被告人和已宣判的罪犯,如实供述司法机关尚未掌握的或者判决确定的罪行属不同种罪行的,以自首论。

对于自首的犯罪分子,可以从轻或者减轻处罚;对于犯罪较轻的,可以免除处罚。

(五)立功

立功,是指犯罪分子揭发其他犯罪分子的犯罪行为,经查证属实,或者提供重要线索,从而得以侦破其他案件的行为。立功分为一般立功和重大立功。《刑法》规定,犯罪分子有立功表现的,可以从轻或者减轻处罚;有重大立功表现的,可以减轻或者免除处罚,犯罪后自首又有立功表现的,应当减轻或者免除处罚。

四、数罪并罚

数罪并罚,是指判决宣告前一人犯数罪,或者刑罚没有执行完毕以前发现漏罪或者又犯新罪,对其所犯各罪分别定罪量刑,依照法定原则,决定应执行的刑罚。

我国对数罪并罚规定了三种情况:(1)判决宣告以前,一个人犯有数罪的,除判处死刑和无期徒刑以外,应在总和刑以下,数刑中最高刑以上,酌情决定应执行的刑期,但管制最高不能超过3年,拘役最高不能超过1年,有期徒刑最高不能超过20年,如果数罪中有判处附加刑的,附加刑仍须执行。(2)判决宣告以后,刑罚没有执行完毕之前,发现被判处刑罚的犯罪分子在宣判以前还有其他罪行没有判决的,应当对新发现的罪作出判决,把前后两个判决的处罚,按上述第一种情况决定执行的刑期,已经执行的刑期,应当计算在新决定执行的刑期内。这种方法称为"先并后减"。(3)判决宣告以后,刑罚执行完毕以前,被判刑的犯罪分子又犯罪的,应当对新犯的罪作出判决,把前罪没有执行完毕的刑罚和后罪所判处的刑罚,按上述第一种情况,决定执行的刑罚。但是已经执行的刑期不计算在新决定的刑期以内,这种方法称为"先减后并"。

五、缓刑

缓刑,是指人民法院对于被判处拘役、3年以下有期徒刑的犯罪分子,根据其犯罪情节和悔罪表现，认为暂缓执行原判刑罚，确实不致再危害社会的，规定一定的考验期，在考验期内没有犯新罪，违反法律、法规和发现漏罪的，原判刑罚就不再执行并公开予以宣告的制度。对犯罪分子在缓刑考验期内犯新罪、漏罪和违反行政法规、情节严重的，均可撤销缓刑。我国《刑法》规定，拘役的缓刑考验期限为原判刑期以上1年以下，但是不能少于2个月。有期徒刑的缓刑考验期限是原判刑期以上5年以下，但是不能少于1年。考验期限从判决确定之日起计算。宣告缓刑的犯罪分子，如果被判处了附加刑的，附加刑仍须执行。对于累犯，不适用缓刑。

六、减刑和假释

（一）减刑

减刑是指对被判处管制、拘役、有期徒刑、无期徒刑的犯罪分子，在刑罚执行期间，如果认真遵守监规，接受教育改造，确有悔改表现的，或者有立功、重大立功表现的，将其原判刑罚予以适当减轻的一种刑罚执行制度。减刑以后实际执行的刑期，判处管制、拘役、有期徒刑的，不能少于原判刑期的1/2；判处无期徒刑的，不能少于10年。对于无期徒刑减为有期徒刑的刑期，应自无期徒刑判决确定之日起计算。

（二）假释

假释是指对判处有期徒刑或无期徒刑的犯罪分子，在执行一定刑期之后，确有悔改表现的，不致再危害社会，附条件地将其提前释放的一种刑罚制度。适用假释的犯罪分子必须已执行了一定的刑期。对判处有期徒刑的，必须已经执行了原判刑罚的1/2以上；对被判处无期徒刑的，必须实际执行了10年以上。如果有特殊情况，经最高人民法院核准，可以不受上述执行刑期的限制。有期徒刑的假释考验期为没有执行完毕的刑期，无期徒刑的考验期为10年。假释的考验期限，从假释之日起。犯罪分子在假释考验期内，又犯新罪、被发现漏罪或者违反法律、行政法规或者国务院公安部门有关假释的监督管理规定的，撤销假释。对累犯以及杀人、爆炸、抢劫、强奸、绑架等暴力性犯罪中的一罪被判处10年以上有期徒刑、无期徒刑的犯罪分子，不得假释。

七、时效

时效，是指刑事法律规定的，经过一定的期限，对刑事犯罪不得追诉或者对所判刑罚不得执行的法律制度。分为追诉时效和行刑时效。追诉时效，是指刑法规定的对犯罪分子追究刑事责任的有效期限，过了法定的追诉期限，不得再对犯罪人进行追诉，已经追诉的，应撤销案件，或者不予起诉，或者终止审判。行刑时效是指对犯罪分子宣判后执行刑罚的有效期限，超过法定的行刑期限未予执行的，就不再执行原判刑罚的法律制度。我国《刑法》只规定了追诉时效。

《刑法》对追诉时效的规定是：(1)法定最高刑为不满5年有期徒刑的,经过5年。(2)法定最高刑为5年以上不满10年有期徒刑的,经过10年。(3)法定最高刑为10年以上有期徒刑的,经过15年。(4)法定最高刑为无期徒刑、死刑的,经过20年;如果20年后认为必须追诉的,须报请最高人民检察院核准。

追诉时效从犯罪之日起计算,犯罪行为有连续或者继续状态的,从犯罪行为终了之日起计算。刑法还规定了时效的延长和中断。时效延长,即在人民检察院、公安机关、国家安全机关立案侦查或者在人民法院受理案件以后,逃避侦查或者审判的,不受追诉时效的限制。被害人在追诉期限内提出控告,人民法院、人民检察院、公安机关应当立案而不予立案的,不受追诉时效的限制。时效中断,是指在追诉期限以内又犯罪的,前罪追诉的期限从犯后罪之日起计算,已经经过的时效归于无效。

第七节 犯罪的种类

我国《刑法》分为总则和分则两编。总则是关于犯罪、刑事责任和刑罚及其运用的一般原则的规定。分则是将总则规定的原则具体化,规定了各种具体的犯罪及其构成要件、罪状和对该种罪应当判处的法定刑。我国《刑法》原则上依据犯罪的同类客体对犯罪进行了分类,依据各类犯罪的社会危害程度对各类罪进行了排列,同时兼顾各种犯罪之间的内在联系,分则将具体的犯罪分为十类。

一、危害国家安全罪

危害国家安全罪,是指故意实施危害中华人民共和国的国家独立、现行的政治制度、社会制度、领土完整和安全的行为。这类犯罪的特征是：犯罪客体是国家安全;犯罪的客观方面为实施了法律所规定的危害国家的各种犯罪行为;犯罪主体为一般主体;犯罪的主观方面只能是故意。这类犯罪共12个罪名,包括背叛国家罪,分裂国家罪、煽动分裂国家罪、武装叛乱罪、武装暴乱罪、颠覆国家政权罪、煽动颠覆国家政权罪等。

二、危害公共安全罪

危害公共安全罪,是指故意或过失地实施危害不特定多数人生命、健康或者重大公私财产安全的行为。本类罪的特征是：犯罪的客体是公共安全,即不特定的多数人的生命、健康或重大公私财产安全;犯罪的客观方面表现为行为人实施了危害公共安全的行为;犯罪的主体多数是一般主体,少数是特殊主体,有些犯罪单位也可以构成;犯罪的主观方面可以是故意,也可以是过失。危害公共安全罪中共有

42个罪名,包括放火罪,失火罪,决水罪,过失决水罪,爆炸罪,过失爆炸罪,投毒罪,过失投毒罪,以危险方法危害公共安全罪,破坏交通工具罪等。

三、破坏社会主义市场经济秩序罪

破坏社会主义市场经济秩序罪,是指违反了国家市场经济管理法规,破坏国家市场经济管理制度,侵害社会主义市场经济秩序的行为。这类罪的特征是:犯罪客体是社会主义市场经济秩序;犯罪的客观方面表现为违反国家市场经济管理法规,破坏国家市场经济管理活动和市场经济秩序的行为;罪犯主体多数为一般主体,少数为特殊主体,也可以是单位;犯罪主观方面绝大多数犯罪是由故意构成的,少数犯罪则有过失构成。这类犯罪分生产、销售伪劣商品罪,走私罪,妨害公司、企业的管理秩序罪,破坏金融管理秩序罪,金融诈骗罪,危害税收征管罪,侵犯知识产权罪,扰乱市场秩序罪8节,共94个罪名。

四、侵犯公民人身权利、民主权利罪

侵犯公民人身权利、民主权利罪,是指故意或者过失地侵犯公民人身权利和民主权利的行为。侵犯公民人身权利、民主权利罪的特征是:犯罪客体是公民的人身权利、民主权利;犯罪的客观方面表现为具有侵犯公民人身权利、民主权利的行为;犯罪主体多数为一般主体,少数为特殊主体;犯罪的主观方面多数出于故意,少数是过失。这类犯罪共37个罪名,有故意杀人罪、故意伤害罪、强奸罪、强制猥亵罪、侮辱妇女罪、非法拘禁罪等。

五、侵犯财产罪

侵犯财产罪,是指以非法占有为目的,攫取公私财物,或者挪用、毁坏公私财物或者破坏生产经营的行为。这类罪的特征是:犯罪客体是公私财物的所有权;犯罪的客观方面表现为以各种手段侵犯公私财产的行为;犯罪主体有一般主体,也有特殊的主体;犯罪的主观方面是故意。这类犯罪共12个罪名,包括抢劫罪、盗窃罪、诈骗罪、抢夺罪等。

六、妨害社会管理秩序罪

妨害社会管理秩序罪,是指妨害国家机关对社会的管理活动,破坏社会秩序,情节严重的行为。妨害社会管理秩序罪的特征是:犯罪客体是国家确立的,并有法律保护的社会管理秩序;犯罪的客观方面表现为违反各种管理法规,妨害社会管理秩序,情节严重的行为;犯罪主体多数为一般主体,个别是特殊主体,也可以是单位;犯罪的主观方面绝大多数是故意,少数是过失。这类犯罪分扰乱社会秩序罪,妨害司法罪,妨害国境管理罪,妨害文物管理罪,危害公共卫生罪,破坏环境资源保

护罪,走私、贩卖、运输、制造毒品罪,组织、强迫、引诱、容留、介绍卖淫罪,制造、贩卖、传播淫秽物品罪9节,共119个罪名。

七、危害国防利益罪

危害国防利益罪,是指违反国防法规,拒不履行国防义务或者以其他方式危害国防利益的行为。危害国防利益罪的特征是:犯罪客体是侵害国家的国防利益;犯罪的客观方面表现为违反国防法规,实施了危害国家国防利益的行为;犯罪的主体多数是一般主体,包括自然人和单位,少数是特殊主体;犯罪主观方面既有故意,也有过失。这类罪共有21个罪名,包括阻碍军人执行职务罪,破坏武器装备、军事设施、军事通信罪,冒充军人招摇撞骗罪等。

八、贪污贿赂罪

贪污贿赂罪,是指国家工作人员利用职务上的便利,贪污公共财物、挪用公款、索贿、受贿以及其他贪利性的职务犯罪行为和相关的行贿、介绍贿赂等犯罪以及由国家机关、国有公司、企业、事业单位、人民团体实施贿赂及相关的犯罪行为。贪污贿赂罪的构成要件是:犯罪客体是国家工作人员公务活动的廉洁性和公私财产所有权;犯罪的客观方面是实施了利用职务上的便利,谋取私利的行为;犯罪主体多数是特殊主体,即国家工作人员,少数犯罪可以由单位和一般主体构成;犯罪的主观方面只能是故意。这类罪有10个罪名,包括贪污罪,挪用公款罪,受贿罪,行贿罪,介绍贿赂罪,巨额财产来源不明罪等。

九、渎职罪

渎职罪,是指国家机关工作人员滥用职权、玩忽职守、徇私舞弊、妨害国家机关的正常活动,致使国家和人民利益遭受重大损失的行为。渎职罪的特征是:犯罪客体是侵犯国家机关正常活动;犯罪的客观方面表现为滥用职权、玩忽职守、徇私舞弊,致使国家和人民利益遭受重大损失的行为;犯罪主体一般是国家机关工作人员,个别犯罪非国家机关工作人员也能构成;犯罪的主观方面多数是故意,少数是过失。这类罪共有33个罪名,包括滥用职权罪,玩忽职守罪,故意泄露国家秘密罪,徇私枉法罪,枉法裁判罪。

十、军人违反职责罪

军人违反职责罪,是指军人违反职责,危害国家军事利益,依法应受刑罚处罚的行为。军人违反职责罪的特征是:犯罪客体是国家的军事利益;犯罪的客观方面表现为军人违反职责、危害国家军事利益的行为;犯罪的主体是军人;犯罪的主观方面多数是故意,少数是过失。这类罪共有31个罪名,包括战时违抗命令罪,投降罪,战时临阵脱逃罪等。

本章小结

由于我国刑法在体例上分为总则(关于犯罪、刑事责任和刑罚及其运用的一般原则的规定)和分则(总则规定的原则具体化,规定了各种具体的犯罪及其构成要件、罪状和对该种罪应当判处的法定刑)两个部分,本章对于刑法的介绍又是概述性的,所以在内容安排上就以总则为主(第一至六节),分则为辅(第七节)。

刑法是规定犯罪、刑事责任和刑罚的法律规范的总称,是其他法律的保障法。我国刑法规定了三个基本原则:罪刑法定原则、适用法律平等原则和罪责刑相适宜原则。在刑法的适用范围方面,我国以属地管辖为原则,以属人管辖和保护性管辖为例外,同时对于刑法的溯及力采取从旧兼从轻原则。

简言之,犯罪就是触犯刑法应当受到刑罚处罚的严重危害社会的行为,包括犯罪客体、犯罪的客观方面、犯罪主体和犯罪的主观方面四个构成要素。

有些行为虽然表面上看起来像是犯罪,但实际上却不是,这些行为就是排除犯罪性行为。我国刑法规定的排除犯罪性行为的种类有:正当防卫、紧急避险、意外事件。刑法理论认为除此之外,还有依照法令的行为、执行上级命令的行为、正当的业务行为、自救的行为和经权利人同意的行为。

一个完整的故意犯罪的实施,大都要经过犯罪的准备、实行、完成的发展过程。但是在其发展的过程中,由于主客观条件的影响,而使犯罪行为在某一阶段停止下来,从而呈现出了犯罪的预备、未遂、中止和既遂等不同的形态。

人是会合作的动物,反映在犯罪上就是共同犯罪,也即两人以上共同故意犯罪。贯彻罪责刑相适应原则,我国刑法以共同犯罪人在共同犯罪中所起的作用为标准,也适当考虑其分工的特殊情况,将共同犯罪人分为主犯、从犯、胁从犯和教唆犯,分别规定了不同的刑事责任。

刑罚是人民法院依照法律的规定,对犯罪分子实行惩罚的一种最严厉的强制措施。犯罪是刑罚的前提,刑罚是犯罪的法律后果。我国刑罚分为主刑和附加刑两大类。其中主刑包括管制、拘役、有期徒刑、无期徒刑与死刑。附加刑包括罚金、剥夺政治权利、没收财产和驱逐出境。

我国刑法原则上依据犯罪的同类客体对犯罪进行了分类,依据各类犯罪的社会危害程度对各类罪进行了排列,同时兼顾各种犯罪之间的内在联系,分则将具体的犯罪分为十类:危害国家安全罪,危害公共安全罪,破坏社会主义市场经济秩序罪,侵犯公民人身权利、民主权利罪,侵犯财产罪,妨害社会管理秩序罪,危害国防利益罪,贪污贿赂罪,渎职罪和军人违反职责罪。

【拓展和链接】 面向 21 世纪的中国刑事法学

21世纪的中国刑事法学研究应当着重解决以下四个方面的问题,以实现中国刑事法治的科学化、现代化和国际化:

(一)转换理论观念

我国传统的刑事法观念认为,刑事法律是执行阶级专政职能、镇压阶级敌人反抗、惩罚严重刑事犯罪分子的工具。由此决定,我国刑事法律的确立和变更,曾主要取决于政治斗争的需要;刑事法律的适用,随政治形势而变迁;刑事法学的研究,以符合立法和政治需要为原则,这种实用主义的刑事法观念,不仅阻碍了刑事法学理论的更新和发展,而且也使刑事立法缺乏长远预见。因而转换刑事法观念,确立与时代发展和社会变迁相适应的现代刑事法观念,就成为21世纪中国刑事法律变革和中国刑事法学发展的必要前提。对此,我们认为,随着社会主义市场经济的深入发展,刑事法的价值观念应当从过去对社会利益、公共秩序的单纯强调转变为社会保护与公民个人权利的保障并重。刑事法律规范不仅是全体公民的基本行为准则,而且也是司法者代表国家行使刑罚权的裁判规范,是国家刑事政策不可逾越的界限。就我国当前的实际情况而言,刑事法观念转变的重点应当放在对个人权利的尊重和保障方面,并在立法与司法两个层面予以体现,这也是当今刑事法律发展的世界性潮流与趋势。

(二)调整研究方向

我国以往的刑事法学研究,基本上唯刑事立法和刑事司法马首是瞻,过分偏重注释法律,而没有形成独立的学术品格。应当说,应用性是刑事法学的生命,是刑事法学得以发展和繁荣的源泉,离开应用性(实践性),刑事法学就成了无源之水、无本之木。但是,刑事法律的运用与发展有其自身的客观规律。对刑事法学运行规律的科学揭示,仅仅依靠注释性研究是远远不够的。而要维护刑事法学的科学性,就必须进行刑事法学基础理论的研究,运用刑事法学的理论和相关学科的知识来揭示刑事法治的内在客观规律,有意识地引导现行刑事法律的科学运作。综观近现代世界各国刑事法治发展、变革的历史,刑事法学基础理论研究均扮演着十分重要的角色。我国以往的刑事法学虽对基础理论有所研究,但获突破性进展不多,这也是导致我国刑事法学研究不能高瞻远瞩、形成高屋建瓴之势的一个相当重要的原因。

(三)改革研究方法

针对以往刑事法学研究仅注重定性研究而忽视定量研究、研究方法比较贫乏等问题,我国新世纪的刑事法学研究在坚持辩证唯物主义和历史唯物主义的世界观与方法论的基础上,还应当着力改进研究方法:贯彻定性研究与定量研究的有机结合;针对不同的课题和问题,注意思辨研究与实证研究的正确选择与合理结合;繁荣、优化比较研究,不仅要注意对外部世界刑事法律、刑事法学的介绍和规范层面的研究,而且也要注意对之进行经济、文化、政治等深层次的研究;从刑事法治的整体运行状况出发,根据某些问题的关联性质,注意结合刑事法学的有关学科进行研究;提倡学科的交叉整合,根据课题研究的需要,注意借鉴、引进其他社会科学、现代自然科学的某些研究方法,等等。

(四)拓宽研究视野

以往我国的刑事法学研究,由于多种因素的影响和制约,比较注重国内法的研究,而在外向型研究方面则相对比较薄弱,从而在很大程度上阻碍了我国刑事法治与当代世界先进刑事法治的衔接。因而拓宽刑事法学研究视野,加强中国区际刑事法的研究,努力开拓外国刑事法、比较刑事法暨国际刑事法的研究,应当成为新世纪我国刑事法学研究亟需加强的领域。(根据赵秉志教授《面向21世纪的中国刑事法学》摘编,引自正义网—法律学术,2003年6月11日)

与本章相关的主要法律法规

1.《中华人民共和国刑法》(1979年7月1日第五届全国人民代表大会第二次会议通过,1997年3月14日第八届全国人民代表大会第五次会议修订,自1997年10月1日起施行)

2. 中华人民共和国刑法修正案(一)(1999年12月25日第九届全国人民代表大会常务委员会第十三次会议通过)

3. 中华人民共和国刑法修正案(二)(2001年8月21日第九届全国人民代表大会常务委员会第二十三次会议通过)

4. 中华人民共和国刑法修正案(三)(2001年12月29日第九届全国人民代表大会常务委员会第二十五次会议通过)

5. 中华人民共和国刑法修正案(四)(2002年12月28日第九届全国人民代表大会常务委员会第三十一次会议通过)

6. 中华人民共和国刑法修正案(五)(2005年2月28日第十届全国人民代表大会常务委员会第十四次会议通过)

7. 全国人民代表大会常务委员会关于惩治骗购外汇、逃汇和非法买卖外汇犯罪的决定(1998年12月29日第九届全国人民代表大会常务委员会第六次会议通过)

8. 全国人民代表大会常务委员会关于《中华人民共和国刑法》第93条第2款的解释(2000年4月29日第九届全国人民代表大会常务委员会第十五次会议通过)

9. 全国人民代表大会常务委员会关于《中华人民共和国刑法》第228条、第342条、第410条的解释(2001年8月31日第九届全国人民代表大会常务委员会第二十三次会议通过)

案例1：马加爵被执行死刑

马加爵,系云南大学生命科学学院生物技术专业学生。2004年2月上旬,马加爵在云南大学鼎鑫学生公寓与其同学唐学李、邵瑞杰、杨开红等人为琐事争执,认为邵瑞杰、杨开红等人说自己为人差、性格古怪等,并认为自己在学校的名声受到诋毁,原因都是邵瑞杰、杨开红、龚博等人所致,感到很绝望,于是决意杀害邵瑞杰、杨开红、龚博,因担心同宿舍的唐学李妨碍其作案,决定将4人一起杀害。被告人马加爵购买了铁锤,并制作了假身份证,到昆明火车站购买了火车票,以便作案后逃跑。2004年2月13日至15日,被告人马加爵采取用铁锤打击头部的同一犯罪手段,将唐学李等4名被害人逐一杀害,并把被害人尸体藏匿于宿舍衣柜内。马加爵作案后于2月15日晚乘坐昆明至广州的火车逃离昆明。经公安部通缉,被告人马加爵3月15日晚被海南省三亚市公安机关抓获归案。

2004年4月22日,昆明市中级人民法院公开审理了马加爵涉嫌故意杀人,附带民事诉讼原告人李文杨、唐先和、邵渭清、黄燮梅、杨绍权、马存英提起附带民事诉讼一案,并于4月24日作出刑事附带民事判决,认定马加爵犯故意杀人罪,判处死刑,剥夺政治权利终身;判令马加爵赔偿附带民事诉讼原告人李文杨、唐先和人民币2万元,赔偿附带民事诉讼原告人邵渭清、黄燮梅人民币2万元,赔偿附带民事诉讼原告人杨绍权、马存英人民币2万元。宣判后,在法定期限内,马加爵没有提出上诉,昆明中院即依法报送云南省高级法院核准对马加爵的死刑判决。

6月17日上午9:00,云南省昆明市中级人民法院宣告了云南省高级人民法院对马加爵的死刑复核裁定。经复核,云南省高级人民法院裁定核准昆明市中级人民法院以故意杀人罪判处马加爵死刑,剥夺政治权利终身的刑事判决。宣判结束,马加爵即被押赴刑场执行死刑。

资料来源:《中国法院网——刑事案件》 发布时间:2004年6月17日

案例2：沈阳黑社会头目刘涌案

刘涌,1960年11月30日生于辽宁省沈阳市,原任沈阳嘉阳集团董事长。2000年7月11日被沈阳市公安局刑事拘留,同年8月10日经沈阳市人民检察院批准逮捕。2002年4月17日,辽宁省铁岭市中级人民法院对刘涌等22人组织、领导黑社会性质组织及故意伤害等案一审公开宣判。以组织、领导、参加黑社会性质组织罪、故意伤害罪、非法持有枪支罪等多项罪名,判处被告人刘涌死刑。

2003年8月15日,辽宁省高级人民法院"鉴于其犯罪的事实、犯罪的性质、情节和对于社会的危害程度以及本案的具体情况",在终审中判处刘涌死刑,缓期二年执行。改判引起了较大的社会反响,许多媒体连续撰文对此改判表示质疑。

最高人民法院于2003年12月18日在锦州市对沈阳黑社会"刘涌案件"进行了提审。并于22日上午对刘涌案经再审后作出判决:以故意伤害罪,判处刘涌死刑,剥夺政治权利终身;与其所犯其他各罪并罚,决定执行死刑,剥夺政治权利终身。

资料来源:《人民网—地方专题》 发布时间:2003年12月22日

案例3:防卫过当杀劫匪 夺回皮包被判刑

哥哥为替妹妹夺回被抢的皮包,在与抢包者发生争执时,怒将一劫匪刺伤致死。日前,河南省鹤壁市山城区人民法院以故意伤害罪判处其有期徒刑三年,缓刑五年。

2003年11月21日傍晚,女青年肖云在下班回家的路上,被酒后的张平、董冰二人盯上,尾随至矿山机械厂附近菜市场处时,突然对肖云实施抢劫,将其皮包抢走后逃窜。肖云被抢后惊慌失措,急忙给家人打电话求助,其兄肖风一听妹妹被抢,顿时怒火中烧,携带一把自制的短刀前去替妹妹找包,当肖风行至其家附近小路时,发现有两人正在翻一个包,借着附近楼上的灯光他认出正是妹妹的包,当其上前索要时遭到张平打骂,进而发生厮打,打斗中,肖风向张平左腹部捅了一刀,在逃跑过程中张平倒地死亡。

法院经审理认为,肖风面对张平的不法侵害,持刀将其捅伤,致人死亡,其行为已构成故意伤害罪,但属防卫过当,应减轻处罚,故作出上述判决。

资料来源:《中国法院网—刑事案件》 发布时间:2004年2月28日

思考题

1. 简述刑法的基本原则。
2. 犯罪的特征有哪些?
3. 简述犯罪构成要件。
4. 什么是正当防卫?
5. 什么是刑罚?我国刑罚的目的是什么?

第五章 民 法

本章要点

本章阐述了民法的一般知识,主要包括:(1)民法的一般原理,主要分析了民法的概念、调整对象、基本原则、渊源以及民事法律关系;(2)民事主体,主要分析了自然人、法人、个体工商户、农村承包经营户、个人合伙以及其他社会组织等民事主体的概念和特征等相关知识;(3)民事法律行为,涉及民事法律行为的一般原理、类型、瑕疵民事行为以及代理;(4)民事权利,主要介绍了人身权利和财产权利;(5)民事义务和民事责任;(6)民事诉讼时效,涉及民事诉讼时效的概念、期间以及时效的中止、中断和延长等内容。

第一节 民法概述

一、民法的概念

"民法"一词源自于古罗马法中区别于万民法而只调整其本邦市民间的法律。确立以权利为本位和人格平等为基础、私有财产神圣不可侵犯和过错责任等为原则的法国民法典(即《拿破仑法典》)是近代民法的代表。而修订于19世纪末,为社会公共利益对私权绝对化和私法自治予以限制并确立诚实信用和无过错责任等原则的德国民法典则是现代民法的典范。如今,作为一个独立的法律部门,民法不仅是一国的基本法律,也是任何一国法律体系最重要的法律之一。

在中国,民法是指调整平等主体之间人身关系和财产关系的法律规范体系的总称,其中平等主体包括自然人、法人和其他组织等。新中国的第一部民法典现正在起草中,《民法通则》是我国现行的民事基本法律依据。

二、民法的调整对象

任何一部法律都调整一定的社会关系。依《民法通则》第 2 条,我国民法的调整对象为平等主体之间人身关系和一定范围的财产关系。这里的人身关系是指人们在社会生活中形成的与主体的人身不可分离、不直接体现经济利益而以特定的精神利益为内容的社会关系。其特点为:主体地位平等,与民事权利的享有和行使相关,与主体的人身密不可分,不可转让与抛弃,不直接体现经济利益。它包括人格关系和身份关系。其中前者是基于主体人格利益为内容的人身关系;后者是基于主体一定身份而发生的以身份利益为内容的人身关系。

财产关系即经济关系,是指人们在社会财富的生产、分配、交换和消费过程中形成的以经济利益为内容的社会关系。这里的一定范围指民法只调整发生于交换和消费环节中的部分财产关系。民法所调整的财产关系其特点为:主体地位平等;一般基于当事人自愿发生;受价值规律支配;具有可支配性。它主要包括民事主体之间的财产归属关系、利用关系和流转关系。

三、民法的基本原则

民法的基本原则指由民事基本法律明文规定并贯穿于各项民事法律制度的,对民事立法、司法和民事活动及各具体民事法律规范具有普遍指导意义和拘束力的根本准则。我国民法的基本原则主要包括:

(一)平等

它意味着参与民事活动的主体:法律地位一律平等;平等地依法享有权利和承担义务;合法权益受法律的平等保护;平等地负担民事责任。依该原则要求各民事主体不得凭借地位、财产、规模、所有制等优势或差别将自己的意志强加于对方;否定并禁止在民事活动以及在对民事纷争处理中产生任何特权或歧视因素。

(二)自愿

又称意思自治。它是平等原则的必然延伸,指民事主体在民事活动中可按自己的意愿和利益,依法确立民事法律关系。它体现为:当事人可自主确定民事事项,当事人只对自己的真实意思负责,禁止任何非法干预当事人意思自治的行为,当事人作出的违背自己真实意思的行为均可通过法律救济途径得以纠正。

(三)公平

公平是人们的理想目标,作为一个理念它要求社会能实现:人人平等;权利义务相一致;优待弱者。作为一项法律原则,它不仅是价值观念,还须具有可操作性。这一原则体现为:主体参与民事法律关系机会均等;主体参与民事活动应以公平理念指导自己的行为、平衡各方利益;当民法规范缺位时,可依该原则变动当事人间的权利义务;当事人合理地承担民事责任。公平原则是自愿原则的补充,但民事裁判中一般不能以公平原则否定或对抗当事人的自愿行为。

(四) 诚实信用

它是对自愿原则的延伸和保障,指主体在民事活动中应诚实、守信用、善意地行使权利和履行义务。该原则要求主体:在民事活动中应诚实、不欺诈;应善意行使权利,不损人利己;应信守诺言、不擅自毁约,严格依照约定或法定全面履行义务,兼顾各方利益;当约定不明或订约后情势变化无法履行时,应依诚实信用的要求确定彼此间的权利、义务和责任,予以补救。在民事裁判中,裁判者也不得依此原则而滥用自由裁量权以对抗更为基础的平等和自愿原则。

(五) 等价有偿

它是公平原则在交换领域的具体体现,指主体在民事交往活动中应遵循价值规律的要求进行等价交换,以实现各自的利益和意愿。需要说明的是,这里的"等价有偿"只适用于具有经济内容的财产关系,而不适用于无经济内容的人身关系;它并不意味着所交换的利益价值相等,而是相当;它并不适用于所有具有经济内容的财产关系,有些财产流转关系并非等价有偿,如赠与、继承等。

(六) 禁止权利滥用

它要求主体在民事活动中必须依法正确行使自己的权利,不得以损害他人合法权益来谋取或实现自己的利益。依这一原则,主体在进行民事活动时首先应遵守法律、法规;法律法规未规定的应遵从公序良俗或国家政策;不损害社会公共利益;不损害其他主体的合法权益。否则即构成滥用权利。

(七) 保护民事主体合法权益

该原则意味着:国家法律明文确定对主体的合法权益予以公力保护;政权机关依法对主体的合法权益承担保护职责;主体在其合法权益受到威胁时可依照法定条件和程序请求公力保护以获得确认与恢复;只有主体的合法权益才能获得法律保护,非法利益不受法律保护。

四、民法的渊源

民法的渊源指具有法律效力,作为调整民事权利义务关系和民事活动法律依据的一切有效的公开文件及其他表现形式。在我国,民法渊源主要包括:

(一) 宪法中的民法规范

宪法是国家的根本大法,具有最高的法律效力,是民法的源泉、立法依据。我国《宪法》中关于财产所有权的确认与保护、主体的基本权利和义务等规定,既是民事立法的基本准则和依据,也是调整民事关系的法律规范。

(二) 基本法律

在我国,它是由全国人民代表大会制定的,其总体效力仅次于宪法的民事基本法。在《民法典》尚未完成编撰的今天,现行民事基本法有《民法通则》和《合同法》,

其中,规定了民事生活共通原则和基本制度的《民法通则》在民法渊源中处于指导和核心地位。

（三）法律

它是由全国人民代表大会常务委员会制定的,其总体效力次于宪法、基本法律的民事法律。现行有效的这类法律主要包括:(1)单行民事法律,如《婚姻法》、《继承法》、《著作权法》等;(2)含有重要民法规范的其他法律,如《文物保护法》、《农村土地承包法》、《道路交通安全法》等。

（四）含有民法规范的行政法规

在我国,国务院可依法制定发布含有民法规范的行政法规。该行政法规不仅对主体所参与的民事活动具有拘束力,而且还是各级各类人民法院办理相关民事案件的法律依据。这类行政法规主要包括两种:(1)依政府实施法律的行政职能,为立法机关制定的法律所作的配套,如《著作权法实施办法》、《专利法实施细则》等;(2)含有民法规范的单行行政法规,如《医疗事故处理条例》、《城市私有房屋管理条例》、《工伤保险条例》、《计算机软件保护条例》等。

（五）民事司法解释

我国最高人民法院对于民事法律的系统性解释文件和对法律适用的说明,对各级各类人民法院审判民事案件具有拘束力,故有法律规范的性质。此类文件颇多,主要的有《关于贯彻执行〈中华人民共和国民法通则〉若干问题的意见(试行)》、《关于审理名誉权案件若干问题的解释》、《关于适用〈中华人民共和国婚姻法〉若干问题的解释》等。

（六）法律认可的惯例

在我国可作为法律渊源的惯例主要包括:(1)国内惯例,如《合同法》第125条允许用交易习惯解释当事人间对合同的歧义;(2)国际惯例,加入世界贸易组织(WTO)后越来越多的国际惯例将作为民事法律规范用于调整在我国发生的民事活动,如国民待遇、歧视违法等。

（七）国际条约

我国政府签署并经全国人民代表大会及其常务委员会批准的国际公约或双边条约,具有与国内法同等的法律效力,也是我国重要的民事法律渊源。如《联合国国际货物销售合同公约》、《保护工业产权巴黎公约》等。

此外,含有民法规范的我国地方性法规和特区经济法规、自治条例和单行条例、行政规章和地方性规章等在其制定者权限范围内并与法律、行政法规不相抵触的前提下,也可作为法院民事审判的法律规范的渊源。

五、民事法律关系

任何法律都调整一定的社会关系,民事法律关系则是由民事法律规范调整的,在主体间形成以民事权利义务为内容的社会关系。当这种生活层面的社会关系经民法调整,赋予民事权利义务内容后,就转化为民事法律关系。

与其他法律关系相比,民事法律关系有其特点:(1)主体的平等性;(2)形成前提的自治性;(3)内容的私法性;(4)关系的法律效力性。

任何民事法律关系的形成都必须具备下列缺一不可的要素:

(一)民事法律关系的主体

简称主体或民事主体,是指参与民事法律关系,在其中享有民事权利、承担民事义务的人。这里的"人"包括个体的人和集合体的人,前者在法律上被称为自然人,即因出生而获得生命的人类个体,包括我国公民、外国公民和无国籍人;后者包括法人、其他社会组织以及在特定情形(如发行国债)下的国家。

(二)民事法律关系的内容

它指主体在民事法律关系中享有的民事权利和应承担的民事义务。所谓权利即主体获得的法律上的许可,这种许可包括:主体自己为一定行为(作为)或不为一定行为(不作为);主体要求他人为一定行为或不为一定行为;当主体自己或要求他人为一定行为或不为一定行为受到他方阻碍时,可请求国家或社会保护。所谓义务即主体在法律上所受的拘束,它包括:主体应当为一定行为或不为一定行为;这种为一定行为或不为一定行为系为了满足权利人的合法要求;若违之将承担对己不利的法律后果。民事权利是主体在民法上去实现其利益或欲为的可能性。在本质上权利是权利人欲为或不为的界限与范围,在此范围内有充分的自由和法律的保障;而超越此范围或损害了他人的合法权益非但得不到保障,而且将被追究责任。根据不同的标准,民事权利可以分为:(1)财产权和人身权(详见本章第四节)。(2)支配权,即主体对权利客体进行直接的、排他的并享有其利益的权利;请求权,即主体要求特定他人为一定行为或不为一定行为的权利;形成权,即依主体单方意思表示即能使某权利发生、变更或消灭的权利;以及抗辩权,即能阻止对方请求权效力的权利。(3)绝对权和相对权。前者其效力所及之相对人为不特定者的权利,后者即其效力所及之相对人仅为特定者的权利。(4)专属权和非专属权。前者即只属于特定主体,且不可转让和继承的权利,后者则可以转让和继承。(5)主权利和从权利。前者即不依赖其他权利为条件就能存在的权利,后者即以主权利的存在为前提而存在的权利。(6)原权利和救济权利。前者即应存之基础权利,后者即援助和保障基础权利得以实现的权利。民事权利可以放弃,义务不可抛弃。

(三)民事法律关系的客体

即主体间权利义务所指向的对象,是主体相互交往结成彼此间民事权利义务的基石或利益所在。没有客体即无从产生民事法律关系。依其利益的表现形式,主要可分为:(1)物,即可满足人之需要并能为人所支配或控制的物质实体或自然力。在民法意义上,它须具有存在性、可支配性、效用性及合法性之特点。(2)行为,即主体所实施的行为,如提供劳务、完成工作等。能成为民法意义上客体的行为须具有给付性和合法性之特点。(3)智力成果,即经主体脑力劳动所创造的精神财富,是知识产权的客体,主要包括科学发现、技术发明、文学艺术作品、商标等。能成为民法意义上客体的智力成果须具有合法性,即形成合法、交易合法和使用合法。

图表 5-1 民事法律关系

民事法律关系	民事法律关系主体	公民(自然人)		
		法人	企业法人	
			非企业法人	机关
				事业
				社会团体
		个体工商户		
		农村承包户		
		个人合伙		
		联营组织		
	民事法律关系客体	物		
		行为		
		智力成果		
	民事法律关系内容	民事权利	所有权	
			债权	
			知识产权	
			人身权	
		民事义务		

任何民事法律关系的形成,除应具有民事法律规范、主体等静态要素外,还须具有一个必不可少的动态因素——民事法律事实。它指符合民事法律规范,能引起民事法律关系产生、变更或消灭的客观现象,可分为:(1)事件,即与当事人意志无关的法律事实,如自然灾害、时间流逝、政策变化、战争、人的出生或死亡等;(2)行为,即当事人的意识行为。法律事实是形成主体间民事权利义务的关键因素,正是由于它的介入,才可能产生、变更或终止主体间民事法律关系。

第二节 民事主体

民事主体即民事法律关系主体,如前所述,它是参与民事法律关系,在其中享有民事权利、承担民事义务的人,其种类主要包括自然人、法人和其他组织。

一、自然人

自然人是依自然规律出生,并据此依其国籍法直接取得民事主体资格的人类个体。对某一具体国度而言,其最主要的形式为本国公民。公民是指具有一国国籍,并依该国宪法和法律享有权利、承担义务的自然人。而一个公民要成为民事主体,去享有民事权利、承担民事义务,在法律上须具备一个前提——即具有民事权利能力和民事行为能力。

公民的民事权利能力是法律赋予或确认的公民享有民事权利和承担民事义务的资格,即确认一个自然人成为社会人的主体资格。其特点为:(1) 人皆有之。它与自然人不可分离,故不得转让、抛弃,也不可剥夺。(2) 个个平等。主体间的民事权利能力一律平等。(3) 始于出生。自然人民事权利能力的获得一般开始于出生。(4) 终于死亡。自然人的民事权利能力一般自其死亡时消灭。

自然人的死亡包括自然死亡和宣告死亡。前者指某一自然人机体生命运动的终结。后者则是法律对下落不明满一定期限后的自然人推定其死亡的制度。依我国民法,公民下落不明满4年或因意外事故致下落不明满2年的,利害关系人向法院申请宣告其死亡。宣告死亡与自然死亡具有同等法律效力。若被宣告死亡者复出或被确定未死的,经本人或利害关系人申请,法院应当撤销该死亡宣告。被撤销死亡宣告者有权请求返还财产;有民事行为能力人在被宣告死亡期间所实施的民事法律行为有效,受法律保护。

公民的民事行为能力是指法律确认的,公民以自己的独立行为去取得、行使民事权利,承担、履行民事义务的能力。其特点为:非皆有之,因人而异。民事行为能力的有无及程度与自然人的意思能力相关,我国民事立法对此采用年龄推定主义和个案审查主义原则。

依我国民法,年满18周岁的公民或已满16周岁未满18周岁、以自己的劳动收入为主要生活来源的公民,为完全民事行为能力人,可自主实施法律不禁止的任何民事法律行为。已满10周岁的未成年公民和不能完全辨认自己行为的精神病人,为限制民事行为能力人,只可独立实施与其年龄及智力相适应的行为,否则须经其法定代理人同意(含追认)或由其法定代理人代为实施,但其本人与他人订立的纯获利益的合同可不必经其法定代理人追认。未满10周岁的公民和不能辨认自己行为的精神病人,为无民事行为能力人,不能独立参与民事活动,为民事法律行为;其任何民事法律行为均须由其法定代理人代为实施,否则无效。

对与无民事行为能力人利益相关和限制民事行为能力人依法不能独立实施的民事活动,只能由其监护人代为实施。监护指法律明文确定对未成年人和成年精神病人设定专人以保护其利益、监督其行为、管理其财产的制度。依我国民法,未成年人的父母是其监护人;未成年人父母已亡或无监护能力的,依次由其祖父母或外祖父母、兄姐、关系密切的其他亲属或朋友、父母单位及该未成年人住所地的居(村)委会或民政部门担任其监护人;成年精神病人的法定监护人范围和顺序为:配偶、父母、成年子女、其他近亲属、关系密切的其他亲属或朋友、其所在单位或住所地的居(村)委会或民政部门。监护人对被监护人负有保护其身体健康、照顾其生活、教导其思想、监管其行为、保护并管理其财产、代为其民事法律行为、代理其诉讼等职责,并对被监护人致他人损害后果承担民事责任。监护人已尽监护之责的,可适当减轻其责任。承担赔偿责任时,被监护人有财产的,可从其财产中支付;不足部分由监护人承担,但单位担任监护人的除外。监护职责基于下列法律事实终止:(1)被监护人获得完全民事行为能力;(2)监护人或被监护人一方死亡;(3)监护人丧失民事行为能力;(4)监护人辞去监护;(5)监护人被依法撤销监护资格。

对我国境内的外国自然人,我国法律实行国民待遇原则和对等原则。

二、法人

在民法上,法人指依法成立,具有民事权利能力和民事行为能力,能以自己的名义享有民事权利并独立承担民事义务的社会组织。依其功能、设立方式可分为:企业法人,即以赢利为目的,专门从事商品生产经营活动的经济组织,是社会中最活跃、最普遍的法人;机关法人,即依法直接设立、获得法人资格的国家机关,包括权力机关、行政机关、司法机关和军事机关;事业单位法人,即由国家财政负担、从事公益事业并获得法人资格的社会组织,如医院、电台、图书馆等;以及社会团体法人,即由自然人或法人自愿组成的为实现会员共同愿望,按章程开展活动的非营利并取得法人资格或者由一定的捐赠财产组成并具有法人资格的社会组织,如中国科学技术协会、宋庆龄基金会等。

一个社会组织要成为法人,须同时具备下列条件:(1)依法成立。这里的"依法"除指法人设立的宗旨、组织形式、活动范围等实体条件要符合法律规定外,还须符合法定程序:企业法人须依法经工商注册登记;机关法人直接依相关组织法及其他法律法规设立;事业单位法人须经政府批准;社会团体法人则须经民政部门核准登记。(2)有必要的财产,它是法人独立进行民事活动并独立承担民事责任的物质基础和保障。这里的财产,可以是自有的,可以是依法募集的,也可以由国家财政拨给的,但须能由该法人依法独立支配。(3)有自己的名称,并能以该名称独立进行民事活动。(4)有自己的组织机构。该组织机构须能保证形成法人的团体意志,并能代表法人实施民事行为。(5)有自己的场所。一个法人一般有若干个场所,如办公场所、生产场所、销售场所等,而其中主要办事机构所在地为其法定住所。(6)能独立承担民事责任,它是区别法人与否的根本标志。其含义为:能以自己的名义承担民事责任;能以自己可独立支配的财产承担民事责任;有能力自己独立承担民事责任。

与自然人相比,法人的民事权利能力和民事行为能力自有其特点:(1)其民事权利能力和民事行为能力始于成立,终于终止(注销);(2)其民事权利能力的范围依其自身性质、宗旨、设立目的由法律直接确定或登记确定,并受其自身条件的限制,如资质;(3)除名称权、名誉权、智力成果权外,一般没有自然人特有的健康权、身体权、婚姻自主权、受赠(抚、扶)养权等人身权利;(4)基于对交易安全、国有资产的保护,法律可对特定法人的民事权利能力予以特别限制,如国家机关以及以公益为目的的事业单位、社会团体法人不得提供债的担保;(5)其民事权利能力和民事行为能力同生同灭;(6)其民事权利能力和民事行为能力范围一致;(7)其民事行为能力通过代表机构或其委派的代表实现的,如法定代表人;(8)法人须对其法定代表人及其工作人员的职务行为负责;(9)其责任能力也意味着对其违法行为所产生的后果承担责任的能力。

三、个体工商户与农村承包经营户

个体工商户指经工商行政机关核准登记,专门从事工商业经营的个体劳动者。作为我国独立的民事主体,它具有如下特征:(1)系个体劳动者,但以户为工商管理的基本单位。(2)专门从事工商业经营。它可在国家允许范围内,经营工业、手工业、建筑业、交通运输业、商业、服务业、修理业及其他行业。(3)须依法登记。有经营能力的城镇待业人员、农村村民及国家政策允许的其他人员可提出申请,经户籍所在地工商行政机关核准,领取个体工商营业执照。(4)业主须亲自经营。他可请帮手,也可带学徒,但其本人须亲自参与经营。不得自己不经营而出租执照给他人经营。(5)可依法起字号。

农村承包经营户指承包农村集体经济组织土地或其他资源,专门从事种植、养殖等农业生产经营活动的成员或其家庭。它具有如下特征:(1)系农村集体经济组织的成员,而非独立的个体劳动者;(2)依与所在的农村集体经济组织间订立的承包合同约定的义务,以自己的名义独立从事商品经营;(3)其设立、存续和终止以与所在的农村集体经济组织间订立的承包合同为依据,无须工商行政机关核准登记;(4)须在法律允许范围内从事生产经营活动,并对所承包经营的自然资源和其他资产进行合理使用、妥善管理,不得擅自改变用途。

以个人名义申请登记的个体工商户和承包的农村承包经营户,其经营收益归经营者个人所有;所欠债务也由其个人承担无限偿还责任。夫妻关系存续期间,一方以个人名义从事个体工商经营或农村承包经营的,其收入为夫妻共同财产;所欠债务也以夫妻共同财产承担偿还责任。家庭成员共同出资、共同经营或收益的主要部分供家庭成员消费的,其收益归家庭成员共有;其债务则以该家庭共有财产承担无限偿还责任。

四、个人合伙

个人合伙指两个以上自然人依所订之协议,共同出资,为了共同的经济目的,合伙经营其共同事业的经营体,它是我国独立的民事法律关系主体。若该经营体依法注册为合伙企业的,则同时适用我国《合伙企业法》的规定。个人合伙具有下列特点:(1)系两个以上自然人基于共同出资和经济目的而形成;(2)依合伙协议(合同)而形成;(3)共同出资、参与经营;(4)可起字号,该商号在民事活动中具有当事人地位;(5)合伙人对合伙债务承担无限连带责任。

合伙人投入的财产,由合伙人统一管理和使用;合伙经营积累的财产,归合伙人共有。

合伙人对合伙财产实行共有共管。合伙的经营活动,由合伙人共同决定,其中凡涉及大政方针、合伙期限、新人入伙等重大事项须经全体合伙人同意。合伙事务的执行权可由全体合伙人行使;也可由全体合伙人授权合伙人中的一个或数人行使,不参与执行的合伙人对合伙事务的执行享有监督权,如监督检查合伙经营状况、财产使用及管理情况,并查阅财务账目。合伙人为合伙事务垫付的必要费用和所遭受无法避免之损失,享有求偿请求权。除法律另有规定外,合伙的入伙、退伙、盈余分配、债务内部分摊、终止及清算可由合伙协议确定。

五、其他社会组织

其他社会组织,又称非法人组织,指不具有法人资格但依法可以自己的名义进行民事活动的社会组织。它具有如下特点:(1)依法成立。作为我国独立的民事法律关系主体,它须符合法律规定的条件和程序。其设立的程序不尽相同,有的直接依法设立,如村(居)委会;有的须依法经注册登记,如个人独资企业、合伙企业等;有的直接依合同设立,如非企业的个人合伙、农村承包经营户等。(2)不管依何种程序设立,它均可依法独立享有自己的名称权。(3)具有相应的民事权利能力和民事行为能力。可以自己的名义进行民事活动,并可享有民事权利和负担民事义务。(4)不具有法人资格。在法律地位上它不具有完全的独立性,不能独立承担民事责任。(5)系社会组织。

除上述个体工商户、农村承包经营户、个人合伙外,非法人组织还包括:个人独资企业、私营企业、合伙企业、不具有法人资格的企业、企业的分支机构、村(居)

委会、街道办事处、地区行政公署、县属区公所、公安派出所等。

第三节　民事法律行为

一、概述

民事法律行为简称法律行为,是自然人、法人和其他组织设立、变更或终止民事权利和义务的合法行为。它具有下列特点:(1)由民事主体实施;(2)基于行为人的意思表示;(3)能产生行为人预期的法律后果;(4)系合法的私行为。

法律行为的成立,须同时具备如下要件:(1)主体须具有相应的民事行为能力;(2)行为人的意思表示须真实;(3)行为的内容、实施方式及后果须合法;(4)标的须确定且可能。此外,法律对某些法律行为有特别要求的,还须满足该特别要求:如实践性法律行为须完成标的的交付、附条件的法律行为须成就所附条件等。

按意思表示或行为表现形式的不同,法律行为可分为:(1)口头形式,在日常生活中最为普遍。其特点为简便快捷,但发生争议时难以查证。(2)书面形式,合同书、信件、电报、电传、传真、电子邮件、电子数据交换等均属此类。其特点是更有利于意思表示内容的确定,发生争议时有证可查。(3)默示形式,即行为人以不作为的形式表达其意思。该形式只有在法律有明文特别规定或当事人间事先有特别约定的情形下才有效。(4)推定形式,即行为人用行动而不用语言的形式表达其意思,如投币乘公交车、举牌应标等。

二、民事法律行为的类型

依不同标准,民事法律行为可分为:

(一)单方法律行为、双方法律行为与共同法律行为

单方法律行为指仅由一方意思表示就能成立的法律行为。其特点为只要行为人意思表示真实而无需对方同意即告成立,如遗嘱、对无权代理的追认等。双方法律行为指当事人双方意思表示一致才能成立的法律行为。其特点是唯当事人双方合意方能成立,买卖、借贷等是典型的双方法律行为。共同法律行为,又称多方法律行为,指多数当事人意思表示一致而成立的法律行为。其合意不同于双方法律行为的合意,其合意为表意的多数当事人的意志和利益平行、一致;双方法律行为的合意则是双方对应而不平行。立法、董事会决议是典型的共同法律行为。

(二)身份性法律行为和财产性法律行为

前者指发生当事人身份变动效果的法律行为,如属单方法律行为的辞去委托

监护;属双方法律行为的协议离婚、收养等。后者指仅发生当事人财产变动效果而无身份变动效果的法律行为,如买卖、赠与、抛弃等。

(三)有偿法律行为和无偿法律行为

在双方财产性法律行为中,前者指双方当事人各应给付而取得对价利益的法律行为,如买卖、租赁等;后者指当事人约定一方履行义务而对方不给付对价利益的法律行为,如赠与、借用等。

(四)诺成性法律行为和实践性法律行为

前者又称不要物行为,指双方当事人意思表示一致即告生效的法律行为,如选料加工;后者又称要物行为,指除当事人意思表示一致外还须交付标的物才能生效的法律行为,如来料加工、保管合同等。

(五)要式法律行为和非要式法律行为

前者指须满足法律特定的形式或程序方能生效的法律行为,如结婚、房产抵押须经登记;后者则无需此形式或程序即能生效。

(六)有因法律行为和无因法律行为

前者又称要因行为,指以原因为成立前提的法律行为,原因条件有欠缺、不合法、不可能成立或与该行为不一致的,则该行为不能成立,如买卖、抵消等;后者又称非要因行为,它不以原因为成立前提,即无论原因条件有无欠缺、违法,该行为本身自完成时起生效,不受原因条件的限制,如签发票据等。

(七)生前法律行为和死后法律行为

前者又称生存行为,指其效力发生于行为人生存时的法律行为,大部分法律行为皆然;后者又称死因法律行为,指唯行为死后方能生效的法律行为,如遗嘱、人寿保险赔款等。

(八)主法律行为和从法律行为

前者指在两个相关的法律行为中,不依赖另一行为而可独立存在的法律行为;而须依赖他行为方能存在的法律行为则是后者,在担保贷款合同中,贷款是主法律行为,而担保贷款则是从法律行为。

三、瑕疵民事行为

民事法律行为以行为人的意思表示为核心要件,若行为人的意思表示有瑕疵,则必然影响该行为的效力,基于这种有瑕疵的意思表示而为的以及违反法律或公共利益的行为即瑕疵民事行为。根据法律对行为后果认定标准的不同,它可分为:无效民事行为、可撤销或变更的民事行为和效力待定的民事行为。

(一)无效民事行为

指欠缺法律行为之根本生效要件,自始、确定和当然不发生行为人意思之预期效力的民事行为。其含义为该行为：(1) 自始无效；(2) 绝对无效；(3) 意思无效。依我国现行民事法律的规定下列民事行为无效：(1) 无民事行为能力者实施的；(2) 一方以欺诈、胁迫的手段损害国家利益的；(3) 恶意串通损害第三方利益的；(4) 违反法律、行政法规强制性规定的；(5) 违反公共利益的；(6) 以合法形式掩盖非法目的。依我国《合同法》，在双方合同中含有如下单方面免责的条款无效：(1) 造成对方人身伤害的；(2) 因故意或重大过错造成对方财产损失的。民事行为部分无效的，不影响其他部分的效力。民事行为被认定无效后，发生如下法律后果：(1) 不得履行；已履行的，中止履行。(2) 双方返还财产；不能或没必要返还的，应予适当补偿。(3) 过错方应赔偿对方所受之损失；双方均有过错的，应各自承担相应的责任。(4) 恶意串通损害第三方利益的，所得之利益应收归国有或返还集体、第三人。

(二) 可撤销或变更的民事行为

简称可撤销民事行为，指其意思表示有瑕疵，当事人可申请法院或仲裁机构予以撤销或变更的民事行为。其特点为：(1) 行为人意思表示有瑕疵；(2) 依法可由法院或仲裁机构予以撤销或变更；(3) 唯当事人才可向法院或仲裁机构主张该行为无效或要求变更；(4) 该行为的效力在被法院或仲裁机构撤销或裁定中止前不自动停止，双方自愿解除或变更的除外。依我国现行民事法律下列民事行为可撤销或变更：(1) 对行为的性质、对方当事人以及标的的品种、质量、规格和数量等有重大误解的；(2) 显失公平的，即一方利用优势或对方无经验，致使双方的权利义务明显违反公平、等价有偿原则的；(3) 一方以欺诈、胁迫的手段或乘人之危，使对方在违背真实意思情形下所为的。有上述情形之一的，受害方可于知道或应当知道该撤销事由之日起一年内向法院或仲裁机构行使撤销权；当事人请求变更的，法院或仲裁机构不得撤销而只能变更。民事行为被撤销后，该行为自始无效，并发生与无效民事行为相同之法律后果。

(三) 效力待定的民事行为

指行为之法律效力有待于第三人的意思表示，在其意思表示前即效力尚未处于确定状态的民事行为。该行为的特点为：(1) 行为已由行为人实施完毕；(2) 尚不生效；(3) 是否有效有待于第三人的意思表示；(4) 其后果既可成为民事法律行为，也可成为无效民事行为。在我国此类行为主要有：(1) 限制民事行为能力人实施的依法不能独立实施的双务行为；(2) 行为人无代理权、超越代理权或代理权已终止后，仍以被代理人的名义所为的行为；(3) 无处分权人以自己的名义对他人权利标的实施处分行为；(4) 债务人将其所负担债务一部或全部擅自转移给相对人承受的行为。这里的第三人分别为法定代理人、被代理人、权利人和债权人。对行为人的上述行为，第三人依法可追认，也可不予追认；而作为行为人对方当事人的相对人依法也可行使催告权和撤销权。

四、代理

代理指代理人在代理权限范围内,以被代理人(本人)的名义与第三方(相对人)实施行为,其后果由被代理人承受的民事法律行为。其特点为:(1)代理人须以被代理人的名义实施;(2)须在代理权限范围内实施;(3)代理行为本身须具有法律意义;(4)代理人须独立为代理行为;(5)代理的后果由被代理人承受。代理的意义体现在:其一,扩大了主体的活动范围;其二,可补充某些主体资格的缺陷;其三,可弥补主体自身因能力、知识、经验、时间、地域等条件限制所致的不足。代理是对民事法律行为的代理,且其自身本是民事法律行为,自要符合民事法律行为的一般要件,此外它还须符合下列特别要件:(1)须有三方当事人,且代理人须有完全的民事行为能力;(2)代理标的须为法律所许可;(3)须依代理权;(4)须为被代理人谋利。

图表5-2 代理法律关系

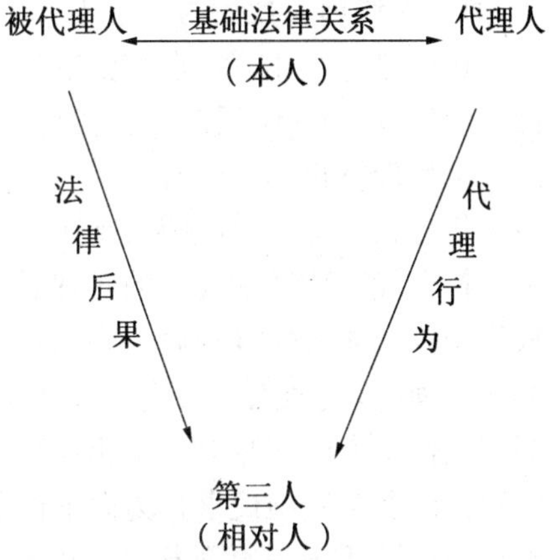

依不同标准,有效的代理可分为:

(一)委托代理、法定代理和指定代理

委托代理又称授权代理、意定代理,指基于被代理人的委托而产生的代理。其特点为:委托人须有完全的民事行为能力;受托人须按委托人意思行使代理权。法定代理指基于法律规定而直接产生的代理。其特点为:被代理人无完全的民事行为能力;代理人直接依法律规定行使代理权。指定代理指由法院或其他机关的裁定或决定而产生的代理。其特点为:被代理人无完全的民事行为能力;被代理人无法定代理人或各法定代理人未依法为被代理人履行代理职责;由法院或民政等机关裁定或决定确定。

(二)一般代理与特别代理

前者又称全权代理,指代理权限及于事项的全部,其范围并无特别限定的代理;后者指对代理权限范围有特别限定的代理。

(三)单独代理和共同代理

前者指代理权仅授一人,代理人仅为一个的代理;后者指代理权授予两人以上,代理人为多数人的代理。

(四)本代理和再代理

前者指直接基于被代理人的选任而产生的代理;后者又称复代理,指代理人为了被代理人的利益,在必要情形下将代理事项的一部或全部转托他人所为的代理,再代理须经被代理人事先许可或事后追认,且再代理人不得超越原代理权限。

依我国民法,代理权基于下列的法律事实之一而终止:(1)代理人死亡或消灭;(2)代理人不再具有完全的民事行为能力;(3)被代理人死亡或消灭,但下列情形除外:① 代理人不知被代理人死亡的;② 被代理人的继承人均予承认的;③ 被代理人与代理人约定代理权到代理事项完成时终止的;④ 在被代理人死前已进行,而在被代理人死后为其继承人的利益继续完成的。此外,有下列情形之一的,委托代理终止:(1)代理事务业已完成;(2)代理期间届满而未续延;(3)被代理人撤销代理权;(4)代理人辞去代理。除上述情形外,有下列情形之一的,法定程序或指定代理终止:(1)被代理人取得或恢复民事行为能力;(2)指定机关依法取消指定代理;(3)由其他原因引起代理人与被代理人间监护关系消灭。

符合代理特征和要件的代理后果应由被代理人承受;未获被代理人追认的无权代理以及无效代理的后果则由代理人自行承受,并承担相应的民事责任。而在委托代理中,代理人与被代理人间应明确代理人及代理事项、权限和期限;授权不明的被代理人应向相对人承担民事责任,代理人负连带责任。被代理人知道他人假冒自己名义实施民事行为而不作否认表示的,视为同意;相对人知道行为人无代理权、超越代理权或代理权已终止还与行为人实施民事行为致他人损害的,由相对人和行为人负连带责任。代理人明知受托事项违法仍进行代理活动或被代理人明知代理人的代理行为违法未表示反对的,由被代理人和代理人负连带责任。行为人无代理权、超越代理权或代理权已终止仍以被代理人的名义实施民事行为,而善意相对人有理由相信行为人有代理权的,该代理行为有效,其后果由被代理人承受。

第四节 民事权利

民事权利是民法所确认主体享有参与民事活动,主张、维护和实现其民事利益的基本权利。它是符合社会利益的主体个体利益,是主体作为社会主体存在及维护社会利益的基准点。民事权利包括人身权利和财产权利两大方面。

一、人身权利

人身权利指主体依法享有的,体现在其人格和身份关系上并与其自身不可分离的利益为内容的民事权利。它具有如下特征:(1)与人身紧密相连、不可分离;(2)不直接体现财产内容,但与财产权相关;(3)集绝对权、专属权和支配权特性于一身。人身权利可分为:

(一)人格权

指作为主体所必备的、以人格利益为客体并为法律所确认和保护的民事权利。

除人身权利的共有特征外,它还有其自身特点:(1)系主体所固有;(2)人皆有之,并具专属性;(3)以人格利益为客体;(4)在自然人间个个平等;(5)为法律所确认。按主体的不同,它可分为自然人人格权和社会组织人格权;按权利客体和保护方式的不同,它可分为精神性人格权和物质性人格权;按内容概括程度的不同,它可分为一般人格权和具体人格权。

1. 一般人格权

指主体享有的概括人格独立、人格尊严、人格平等和人身自由全部内容的一般人格利益,以及由此形成并经法律确认的基本权利。其特点为:概括性、普遍性、专属性、法律确认性和基本人权性。其内容主要包括:(1)人格独立,即主体人格由自己支配,主体存在无需借助外力,主体意志不受他人强制;(2)人格尊严,即主体作为"人"所应有的最起码的社会地位和社会评价以及受到同类最起码的尊重的权利;(3)人格平等,即作为"人"的资格,人皆有之,个个平等;(4)人身自由,即公民依法享有的人身不受侵犯和自主行为的权利,包括身体自由、行为自由、婚姻自主、通信自由以及住宅自由等。

2. 具体人格权

主要包括:(1)生命权,含生命安全维护、生命利益支配等权利;(2)健康权,含健康维护权和劳动能力的保有、利用和发展权;(3)身体权,含完整性身体保护权,对自身整体和部分的肢体、组织和器官的支配权和死后遗体处置权等;(4)自然人姓名权和社会组织名称权;(5)名誉权;(6)肖像权,含形象再现权、肖像使用权和不作为请求权等;(7)隐私权,含私信息控制权、私活动自由权、私领域保密权和隐私利用权等;(8)婚姻自主权等。

(二)身份权

指主体基于某种特定的身份或能力而享有的民事权利。除人身权利的共有特征外,它还有其自身特点:(1)系基于特定身份或能力而取得;(2)非主体之必备权利;(3)客体为身份利益;(4)它本质上是权利(但有些包含义务,如抚养权);(5)它本质上是人身权利(但有些含有财产内容,如监护权)。身份权主要包括:

1. 配偶权

含相互间的受扶助权、贞操保持请求权、人身自由权、共同财产支配权、代理权、姓名权和相互继承遗产权等。

2. 亲权

即父母对未成年子女人身、财产的管教和保护的权利,含健康与安全保护权、教育权、法定代理与同意权、抚养权、惩戒权以及对子女财产的管理、代为处分和使用收益权等。

3. 亲属权

指父母与成年子女、(外)祖父母与(外)孙子女及兄弟姐妹之间基于亲属关系而产生的身份权(其内容详见第八章第一节)。此外还包括相互间的民事行为能力、失踪或死亡宣告申请权、失踪者财产代管权等。

4. 监护权

含监护人对被监护人居住指定权,法定代理与同意权,交还请求权,对其财产的管理、代为处分和使用权以及扶养、监督、管教义务等。

5. 智力成果人身权

含主体对智力成果的探求、取得、保有、维护、利用和处分权等。

6. 荣誉权

指主体因对社会所作贡献而享有的获得社会肯定和褒奖的权利,含荣誉获得权、保有和维护权、精神和物质利益利用权等。

二、财产权利

与前文所述民法所调整的财产归属、利用和流转关系相对应,民法对主体确认和保护的财产权利也分别体现为所有权、知识产权、用益物权、债权和担保物权;依民法理论,也可将该财产权利划分为物权、债权和知识产权(限于篇幅,这里对担保物权和知识产权不予展开,请分别详见第六章第四节和第七章)。

(一) 所有权

指主体对其所有之财产在法律许可范围内享有的占有、使用、收益和处分的权利。它有如下特征:(1)系绝对权,无需他人积极协助,所有人自己便可实现其权利;(2)具有排他性,同一物上不可同时并存两个以上的所有权;(3)权能最完全;(4)具有恒久性,不得预定其存续期限;(5)具有弹性,所有人可在其物上为他人设定他物权后仍不失其所有权,当该物上所设定负担除去,所有人可恢复其所有的权能。

所有权各权能中的占有,指所有人对其财物具有的无障碍的控制与支配。使用指依物之性能和用途,在不毁损或变更其性质前提下加以利用。收益指对物利用后所产生的物质性利益或价值。处分指决定该物最后命运的权能。

依不同的主体,可分为:(1)国家所有权,其特征为:① 国家是国有财产具有唯一的和统一的主体;② 国家所有权的客体具有广泛性而无限制,含土地、矿藏、水流等自然资源,铁路、公路、电站、军港等公用设施,银行、邮电、电信等企业资产,医院、学校、广播等公共事业资产等;③ 为公共利益,国家可在宪法、法律许可范围内通过补偿征收使集体或个人财产国有化;④ 国有企业资产可实行所有权与用益权相分离。(2)集体所有权,其特征为:① 集体所有权主体是各集体组织;② 所有权由集体组织行使,而该集体组织成员不得行使;③ 集体所有权客体也具有广泛性,但法律规定专属国有的除外;④ 集体财产可实行所有权与用益权相分离。(3)自然人财产所有权,主要含房屋、生活用品、文物、图书资料、林木、牲畜、智力成果、法律许可个人所有的生产资料、合法所得、其他合法财产。(4) 共有权,即两个以上主体对同一财产享有所有权,它包括按份共有和共同共有。(5) 建筑物区分所有权,即多个区分所有人共同拥有同一幢建筑物时,各区分所有人所享有的对其专有部分的专有权和对共用部分的共有权的总和。

依我国民法,财产所有权的取得,不得违反法律规定。所有权的取得有原始取得和继受取得之分。前者是指非依所有人的权利和意思而依法律规定直接取得,如生产、收取天然孳息、没收、时效取得等;后者指依所有人的权利和意思基于法律事实而取得的所有权,如买卖、赠与、继承等。所有权一般基于下列法律事实而消灭:(1) 转让;(2) 抛弃;(3) 所有权客体的灭失;(4) 国家征收、征用、征购等其他原因。

(二) 用益物权

指主体对他人之物,在一定范围内依法享有占有、使用、收益及处分的权利。其特点为:(1) 以对标的物的占有为前提,以对该物的使用和受益为目的;(2) 系他物权、限定物权和有期物权;(3) 其标的物一般限定于不动产;(4) 不以用益物权人对所有人享有其他财产权为前提而具独立性;(5) 主要以民法为依据,但特别法有规定的,优先适用特别法的规定。

在我国,用益物权主要体现为:(1) 国有土地使用权;(2) 农村土地承包经营权;(3) 农村生活用地使用权;(4) 相邻权。

(三) 债权

债是特定当事人间请求为一定给付的民事法律关系。在该关系中,一方所享有的请求对方为一定给付之权利为债权,该方当事人为债权人;另一方所负有向对方为一定给付之义务为债务,该方当事人为债务人。与物权相比,债权有如下特征:(1) 具有动态性,它体现财产的流转关系;(2) 具有相对性,形成于特定主体之间,且债权的实现有赖于债务的履行;(3) 客体特定性,为债务人的特定行为;(4) 发生的多元性,合法行为可发生债,不法行为也可发生债。

债基于下列原因发生:(1) 合同(详见第六章第一节);(2) 单方允诺,也称单务约束,如悬赏、遗赠;(3) 侵权行为,即不法侵害他人合法权益的行为;(4) 不当得利,即无合法根据获得利益而致他人利益受损的行为;(5) 无因管理,即无法定和约定的义务,为使他人利益受损而主动为其管理事务或提供服务的行为;(6) 其他原因。

依不同标准,债可分为:(1) 意定之债和法定之债,前者依主体意思自治,后者依法律规定;(2) 特定物之债和种类物之债,前者不得以他物代替履行目标的物的所有权自债成立时转移;(3) 按照一方当事人的人数,可以分为单一之债和多数人之债;(4) 按份之债和连带之债;(5) 简单之债和选择之债;(6) 财物之债和劳务之债;(7) 主债和从债,前者可以独立存在,后者依附前者存在。

债一般基于如下法律事实消灭：(1) 清偿,即债务方依约履行完毕；(2) 抵销,即互有债务的双方互相抵销重合部分；(3) 提存,即因债权人的原因,债务人无法依约向其交付标的物而依法将该物交于一定机构,使该债权债务归于消灭的法律制度；(4) 混同,即债权债务同归于一个主体,如单位合并；(5) 免除,即债权人以债的消灭为目的而抛弃债权的行为；(6) 更新,即在原债务基础上产生新债务而使原债务归于消灭。

第五节　民事义务与民事责任

一、民事义务

民事义务指义务主体为满足权利人的利益需要,在权利限定范围内须为一定行为或不为民事义务的约束。它有如下特点：(1) 约束性,对义务主体具有拘束力；(2) 系利益的相对面,对义务主体体现为不(负)利益性；(3) 法律确定性,即使是约定义务,一经确定即受法律规制,违反之即不具有行为的合法性,法定义务则自不待言；(4) 强制性,义务主体须履行,若不履行,将承担由此而生的法律责任。

依不同标准,民事义务可分为：

(一) 约定义务与法定义务

前者指按当事人意思确定的义务,它以不违反法律的强制性规定为限；后者为依法律规定直接产生的义务,如对未成年子女的抚育义务、对物权的不作为义务等。

(二) 积极义务与消极义务

前者指义务主体须为一定行为为内容义务,如给付财物、提供劳务；后者则要求义务主体须对权利主体的权益予以容忍,如不披露他人的隐私、不干涉他人的婚姻自由等。

(三) 专属义务与非专属义务

前者指义务主体不得将其移转给他人负担的义务,如特邀演员的演出；后者则为可移转给他人负担的义务,如偿还欠款等。

(四) 基本义务与附随义务

前者为依约定已对义务主体明确确定的义务；后者则是约定以外、依合同法诚实信用原则,根据情势变化而派生的义务,如遇不可抗力而及时通知对方义务、遇乘客发病而生的先行救助义务等。

二、民事责任

民事责任指主体因违反约定或法定之民事义务依法须承受的对己不利之民事

法律后果。它有如下特点:(1)以民事义务为基础,是不履行民事义务的法律后果;(2)以恢复被侵害权利为目的;(3)系保护性民事法律关系的内容,即权利主体的救济请求权,有赖于国家公权力并需通过责任主体负担一定义务来实现;(4)具有法律上的强制性,责任主体可自行承担民事责任,唯责任主体不能自觉承担时,经相对方请求,国家才通过法定程序强制其承担。

依不同标准,民事责任可分为:

(一)违约责任、侵权责任与其他责任

前者指违反合同约定的义务依法应承担的责任;侵权责任指因实施了侵犯他人合法人身或财产权利的行为依法应承担的责任;不履行因不当得利、无因管理而产生的义务所应依法承担的则是其他责任。

(二)财产责任与非财产责任

前者指直接以一定的财产为承担内容的民事责任,如返还财物、赔偿损失等;后者指不直接具有财产内容的民事责任,如赔礼道歉、恢复名誉等。

(三)无限责任与有限责任

前者即债务人以其全部财产和能力用于承担偿还债务,并对余债或超越其负担能之债继续承担偿还责任;后者则是债务人仅以依法先行确定的财产作为偿还其所负债务的责任限制,当该财产不足以满足债权时,可不以其他财产继续清偿。

(四)单独责任与共同责任

前者指依法应由一个主体单独承担的责任;后者指依法应由两个以上主体共同承担的责任,依不同的标准,它又可分为混合责任、按份责任和连带责任。

义务主体违反民事义务、承担民事责任,除应由权利主体依法行使请求权外,还须根据义务主体不同的违反民事义务的行为,适用不同的责任承担原则。最基本的民事责任分为两大类:其一为违约责任(详见第六章第六节);其二为侵权责任。

依不同标准,侵权行为可分为:(1)单独侵权行为与共同侵权行为;(2)积极侵权行为与消极侵权行为;(3)一般侵权行为和特殊侵权行为。

一般侵权行为,也称普通侵权行为,指行为人基于过错直接致人损害,因而适用民法上的一般责任条款的行为,该行为的构成须具备下列要件:(1)须有损害事实存在;(2)行为人的行为具有违法性;(3)该行为与损害结果间有因果关系;(4)行为人主观上有过错。因一般侵权行为依法应承担的民事责任为一般侵权责任。该责任以行为人主观上有过错为其归责原则,它意味着:(1)以过错为责任的构成要件;(2)以过错作为决定行为人承担责任的理由、标准和决定性要素;(3)适用"谁主张,谁举证"的证据规则;(4)过错程度与责任承担相一致。

特殊侵权行为指他人的损害确系行为人有关的行为、事件或特别原因所致,因而适用民法上的特别责任条款或民事特别法的规定。在我国这类行为主要有：(1) 国家机关或其工作人员的职务侵权行为；(2) 产品质量瑕疵致人损害的侵权行为；(3) 高度危险作业致人损害的侵权行为；(4) 环境污染致人损害的侵权行为；(5) 地面陷阱致人损害的侵权行为；(6) 建筑物上的搁置物、悬挂物坠落致人损害的侵权行为；(7) 饲养动物致人损害的侵权行为；(8) 被监护人致人损害的侵权行为等。因特殊侵权行为依法应承担的民事责任为特殊侵权责任。对此类行为则分别适用过错责任推定、无过错责任或公平责任为其归责原则。

过错责任推定归责原则有如下特点：(1) 以主观上存有过错为承担民事责任的根本要件和前提；(2) 加害人能证明自己无主观过错，或系受害人或第三人过错行为所致，或自己的行为与该致害结果无因果关系的可免责；(3) 实行举证责任倒置，若加害人无法证明自己无主观过错或非自己行为所致或系受害人或第三人过错行为所致，则推定加害人存有过错而承担民事责任。依我国民法和最高法院有关司法解释，适用该归责原则的侵权行为主要有：地面陷阱致人损害的；建筑物上的搁置物、悬挂物坠落致人损害的；饲养动物致人损害的；共同危险行为致人损害的；医疗行为致人损害的等。

无过错责任归责原则有如下特点：(1) 不以行为人存有主观过错为承担民事责任的前提和构成要件；(2) 受害方主张权利时只要就损害事实与加害人的行为存有因果关系举证即可；(3) 加害人只有证明该致害结果系受害人故意所致或自己的行为与该致害结果无因果关系方可免责；(4) 加害人证明自己已恪尽职责或该致害结果完全系受害人或第三人过错所致的，可作为适当减轻自己责任的抗辩理由；(5) 责任范围一般根据受害人的受害程度确定；(6) 它只适用于法律特定的情形。依我国民法和最高人民法院有关司法解释，适用该归责原则的侵权行为主要有：国家机关工作人员职务行为致人损害的；产品质量瑕疵致人损害的；高度危险作业致人损害的；环境污染致人损害的；被监护人致人损害的等。

公平责任归责原则有如下特点：(1) 用社会公平观念为价值判断标准确定责任的归属；(2) 主要适用于以财产责任作为承担方式的案件，并适用于当事人及第三人均无过错而又确存损害结果的情形；(3) 它只有在法无明文规定适用无过错责任归责原则，而依过错责任归责原则处理结果将显失公平情形下适用；(4) 责任范围由法院根据案件具体情况、受害程度、各当事人经济状况等因素确定，由各当事人合情合理地分担。

我国法定的民事责任承担方式主要有：(1) 停止侵害；(2) 排除妨碍；(3) 消除危险；(4) 返还财产；(5) 恢复原状；(6) 消除影响、恢复名誉；(7) 赔礼道歉；(8) 修理；(9) 赔偿损失；(10) 支付违约金；(11) 重作、更换；(12) 定金；(13) 继续履行等。其中(1)—(7)专用于承担侵权责任；(10)—(13)专用于承担违约责任；(8)、(9)既可用于承担侵权责任，也可用于承担违约责任；而赔偿损失则是最常见、适用范围最广的民事责任。

第六节 民事诉讼时效

一、概述

民事诉讼时效指权利人若怠于行使其实体权利到法定程序期限届满,其获得公力救济权归于消灭的法律制度。它不同于除斥期间,两者有如下区别:(1)性质不同,前者通过请求权期限的设定来保护主体原有的实体权利,届满后权利人丧失的仅为司法保护请求权而并不丧失其原有实体权利;后者届满后权利人丧失的一般为形成权。(2)起算点不同,前者一般自权利人能够行使请求权之日起算;后者则一般自权利成立之日起算。(3)计算方式不同,前者具有弹性,起算后依法可中止、中断或延长;后者则为不变期间,不可中止、中断或延长。(4)法律表述不同,对前者法律一般直接表述为"时效";后者则不表述为时效,并散见于诸法。(5)届满后果不同,前者届满后义务主体自愿履行的,不受其限;后者届满后法院可依职权否决原权利人的主张。

二、民事诉讼时效期间

(一)一般诉讼时效期间

指民法上统一规定适用于法律无特别规定的各种民事法律关系的诉讼时效期间。依我国民法,主体向法院请求保护民事权利的诉讼时效期间为2年,法律另有规定的除外。

(二)特殊诉讼时效期间

指由民法或单行法律特别规定的仅适用于某些特定民事法律关系的诉讼时效期间。依我国民法,下列的诉讼时效期间为1年:(1)身体受到伤害要求赔偿的;(2)出售不合格商品未声明的;(3)延付或拒付租金的;(4)寄存财物被丢失或毁损的。此外,依我国《产品质量法》第45条、《合同法》第129条和《环境保护法》第45条,因产品存在缺陷造成损害要求赔偿的诉讼时效期间为2年;因国际货物买卖和技术进出口合同争议提起诉讼或申请仲裁的期限为4年;因环境污染损害赔偿提起诉讼的期间为3年。

依我国民法,诉讼时效期间自知道或应当知道权利被侵害时起算,但自权利被损害之日起逾20年的,法院不予保护。诉讼时效期间届满,权利人请求司法保护的,胜诉权消灭。但其实体权利依然存在,义务人自愿履行的,不受其限;义务人自愿履行义务后,不得以诉讼时效期间届满为由要求返还。

三、民事诉讼时效的中止、中断和延长

民事诉讼时效的中止,指在诉讼时效期间的最后 6 个月内,因发生法定事由使权利人不能行使请求权的,暂停计算诉讼时效期间,待中止事由消除后,再继续计算诉讼时效期间的法律制度。该法定事由为:(1) 不可抗力;(2) 其他障碍,主要包括权利人为被监护人而无法定代理人的、继承开始后尚未确定继承人或遗产管理人的、当事人双方尚处于夫妻关系中的、义务人下落不明的等。诉讼时效中止,原诉讼时效依然有效;中止事由消除后,诉讼时效继续进行。

民事诉讼时效的中断,指在诉讼时效进行中,因发生法定事由致使已经过的诉讼时效期间归于无效,待中断事由消除后,重新开始计算诉讼时效期间的法律制度。该法定事由为:(1) 提起诉讼或申请仲裁;(2) 权利人向义务人主张权利;(3) 义务人同意履行义务。诉讼时效期间自中断起,重新开始计算。

民事诉讼时效的延长,指法院对权利人在诉讼时效期间届满后提起的诉讼请求,经审查确认其确有特殊情况未能及时行使权利的而延长其诉讼时效期间的法律制度。这里的"特殊情况"即权利人由于客观的障碍在法定诉讼时效期间不能行使请求权的情形。依我国民法,确有特殊情况而超过诉讼时效期间的,法院可延长诉讼时效期间。

本 章 小 结

民法虽然是一个重要法律部门,但是其内容和体系都极为庞杂,因此我们将民法分解为几章来阐述。本章主要介绍"一般"民法的知识,后面各章(第六至八章)分别介绍合同法、知识产权法以及婚姻法和继承法等"特殊"民法的知识。

在我国,民法是指调整平等主体之间人身关系和财产关系的法律规范体系的总称,其调整对象为平等主体之间人身关系和一定范围的财产关系。在民事立法、司法和民事活动中必须遵循一些根本准则,也即民法的基本原则,主要包括:平等、自愿(意思自治)、公平、诚实信用、等价有偿、禁止权利滥用、保护民事主体合法权益等原则。

一定层面的社会关系经民法调整后就转化为民事法律关系。与其他法律关系相比,民事法律关系有其特点:主体的平等性、形成前提的自治性、内容的私法性和关系的法律效力性。

民事主体即民事法律关系主体,是参与民事法律关系,在其中享有民事权利、承担民事义务的人,其种类主要包括自然人、法人和其他组织。

民事法律行为简称法律行为,是自然人、法人和其他组织设立、变更或终止民

事权利和义务的合法行为,属于法律事实的范畴。与民事法律行为的完美无瑕相对,基于有瑕疵的意思表示而为的以及违反法律或公共利益的行为即瑕疵民事行为。为了扩大主体的活动范围,补充某些主体资格的缺陷或者弥补主体自身因能力、知识、经验、时间、地域等条件限制所致的不足,民法还专门设立了代理制度。

民事权利和民事义务以及民事责任是民事法律关系的内容,其中民事权利是指民法所确认主体享有参与民事活动,主张、维护和实现其民事利益的基本权利,包括人身权利和财产权利两大方面;民事义务是指义务主体为满足权利人的利益需要,在权利限定范围内须为一定行为或不为民事义务的约束;民事责任是指主体因违反约定或法定之民事义务依法须承受的对己不利之民事法律后果。

为了督促权利人行使权利,节约社会资源,民法还规定了民事诉讼时效,即权利人若怠于行使其实体权利到法定程序期限届满,其获得公力救济权归于消灭的法律制度。

【拓展和链接】 中国民法典的制定

20世纪50年代以来,许多学者就不断呼吁和企盼我国制定和颁布民法典。然而由于种种原因民法典至今未出台,成为中国法制史上的一大憾事。目前,制定民法典的条件已经具备,民法典的制定工作也已经开始启动。制定民法典是我国经济和社会发展的迫切需要,也是实行依法治国战略、完善社会主义市场经济法律体系的重要标志。从国外的立法来看,法国民法典的制定,只用了15年。而苏俄民法典的制定仅费时5年。我们预计,从现在着手,到下世纪初,我国应该能够完成民法典的制定工作。

制定民法典,无疑是我国法制建设中的一件大事。然而,我国应当制定一部什么样的民法典呢?首先是立法精神的确定。在立法精神的确定方面,应当十分注重对民事主体的权利的保护和尊重当事人意思自治原则。我国正处一个新旧体制转轨时期,计划经济体制下国家机关直接干预民事关系现象并没有消失,在很多方面,政府对民事关系的不适当的,甚至过度的干预仍然存在,当事人在从事交易活动方面的必要的自由仍受到限制,这与市场经济所要求的尽量尊重当事人的自由,从而充分发挥市场主体的能动性、发展市场经济的要求是不相适应的。其次是民法典的立法体系问题。民法典的立法体系,大致可区分为两种:其一为罗马式,又称法学阶梯式,为法国及受其影响的国家所采用;其二为德意志式,为德国及其追随者采用,其中最被人称道的是后者。该种体系的最大特色,是设总则篇,规定民法的共同制度和规则,另有债权、物权、亲属、继承篇。就我国民法典而言,民法典要体系化,必须有总则篇,从而使各项民事法律制度有共性的内容得以在总则中体现,也可以达到立法简洁的目的,尤其是像法律行为制度,可用高度抽象的规则来填补合同法等法律调整的空白,这就严格区分了物权和债权,对于民法分则体系的完善也有必要。民法典的分则部分应包括传统法典中不是独立存在的制度,如人格权制度、侵权行为制度、知识产权制度等。人格权之所以应该作为一个独立的制度,是因为民法中两类基本的权利,就是财产权和人身权(其中主要是人格权),这是民法的两个支柱,既然财产权可以分为债权、物权等各项制度,人格权为何不能成为一项独立存在的制度? 否认人格权作为一项独立制度存在的必要性,实际上还是受到了"重物轻人"的立法观念的影响,是不可取的。侵权行为法应当从债法体系中分离出来,从而成为民法体系中独立的一支。侵权行为法归属于债法并非天经地义,因特定的文化及法律因素作用所导致的英美法系侵权行为法的独立模式,更具其合理性。债法体系主要是以合同法为中心建立起来的,债法主要是合同法,债的一般规则主要适用于合同之债,而不完全适用于侵权之债。将侵权法置于债法之中,极不利于侵权法的发展。所以,侵权行为法从债法中独立,应是创建我国新的民法体系的组成部分。这种独立并不否认债的概念及规则,而是使其更加合理和清晰,进而与其他法律规范共同构成科学的、符合中国国情的民法体系。关于知识产权制度。知识产权制度是否应包括在民法中,争议很大。有些学者认为知识产权有其特殊性,并不完全运用民法的基本原则,应成为一个独立的法律部门。这一观点不够妥当。我们不否认知识产权制度的特殊性,但归根结底,知识产权仍然是一种民事权利,其本质属性是财产权利和人身权利的结合,而且我国民法通则已在民事权利一章中专设知识产权一节。现行的合同法律制度,也对知识产权的转让和利用设有专门规定。这就说明,我国现行法已认为知识产权制度属于民法的组成部分,因而,我国未来民法典中,应包含知识产权法的内容。关于民法和商法的关系,有学者主张采用民商分立的体制,在制定民法典的同时,还应制定商法典或者商法总则。我认为,民法与商法均有调整交易关系的内容,且进入交易活动以后,很多情况下是无法分清商事主体与民事主体、商事行为与民事行为。因此,民商分立的最大缺点就是立法上产生相互矛盾和重复,而民商合一的优点恰恰是能够解决这种矛盾和重复,使交易规则统一化、国际化,有利于司法体系的内在协调。所以,我们应坚持民商合一体制,在制定民法典的同时另行制定商事法规,但不能也不必要单独制定商法典和商法总则。尽管人们对民法典的内容和体系还存在着一些不同意见,但是这些都可以在不断的研究和探讨中逐渐形成共识。我们有充分的理由相信,一部有中国特色的先进的体系完整的民法典的问世在不远的将来一定会成为现实。如果说19世纪初法国民法典和20世纪初德国民法典的问世,成为世界民法发展史上的重要成果,那么21世纪初中国民法典的出台,必将在民法发展史上留下光辉的篇章。(根据王利明教授《我国为什么制定民法典,应制定什么样的民法典》一

文整理,摘自北大法律信息网,2005 年 6 月 14 日)

与本章相关的主要法律法规

1.《中华人民共和国民法通则》(1986 年 4 月 12 日第六届全国人民代表大会第四次会议通过,自 1987 年 1 月 1 日起施行)

2. 最高人民法院关于贯彻执行《中华人民共和国民法通则》若干问题的意见(试行)(1988 年 1 月 26 日最高人民法院审判委员会通过)

案例1：为讨房屋居住权 孙女告赢亲奶奶

原告倩倩(化名)起诉称,自己的户口在奶奶家中,并一直居住至今。父母离婚后,她随父亲生活,依然在奶奶家居住。后来,父亲出走,并下落不明。此后,她的大姑和大伯一家到此居住。从此,倩倩常被打骂,最后竟被轰了出来。由于没有地方住,她只好住在同学家或到亲戚家借住,现在无固定住所,因此要求回原房居住。

但倩倩的奶奶辩称,倩倩在此居住期间,经常给家里惹事,有时夜不归宿。有一天晚上,还带了一个男孩回家,奶奶不让住,她就要自杀。她现在已长大成人,且有父母,她的居住问题应由父母解决。自己身体也不好,不能再照顾她了。

宣武区法院经过审理后认为,倩倩自出生起一直与奶奶居住,户口也在这里,两人属于共居亲属关系,奶奶承租的公房,倩倩享有使用权。因此,倩倩要求回原房居住,理由正当,对此予以支持。

宣判后,奶奶提出了上诉,被北京市第一中级人民法院审理后驳回。

资料来源:《中国法院网—民事案件》 发布时间:2004 年 3 月 16 日

案例2：伐木工被树砸死 未尽责雇主赔偿

2002 年 7 月初,阮国红购买了江西省瑞昌市南义镇一处责任山的枫树,并雇佣李武良等 9 人为其工作。7 月 12 日上午,9 名雇工分成三组作业,李武良、余泽玖、余新林一组先作业完毕后,李武良因口渴,便经过聂鉴金等所在组放树点去喝水。当时聂鉴金等人正由上往下放树,与李武良同组的余泽玖、余新林急忙叫其快跑,李武良跑了几步后认为安全了,遂站立不动,致使上面放下的树正砸在他身上,经抢救无效死亡。李武良死后,雇主阮国红支付了 4 600 元安葬费,聂鉴金也给付了 1 700 元。此后死者家属因与雇主和其他雇工未就赔偿事项达成协议,向江西省瑞昌市法院横港法庭提起了诉讼,要求雇主和其他 8 名雇工承担所有赔偿责任。

一审法院经审理判决,被告阮国红承担赔偿金 35 896 元的 40%,计款 15 358 元,被告聂鉴金承担 5% 的补偿责任,计款 1 795 元。一审宣判以后,原告不服向九江中院提起上诉。

二审法院审理后认为,雇主阮国红雇佣死者李武良等雇工为其伐树,对雇工在工作中的安全未尽监督、管理职责,致使造成李武良在受雇期间因意外事故死亡,对此损害结果雇主阮国红应承担主要赔偿责任。死者李武良在工作中应当预见其他作业组放树有危险性,却因口渴喝水,在穿过其他作业组时又未听从他人叫喊而被树砸死,对此损害结果其自己应当承担次要责任。聂鉴金等雇工在工作中没有过错,对李武良的死亡不应承担民事赔偿责任。但鉴于聂鉴金在二审中表示服从原审判决,故对其承担5%责任予以确认。原审适用赔偿费用的标准符合法律规定,但对主、次责任划分不当。

资料来源:《中国法院网—民事案件》 发布时间:2004年1月12日

案例3:汽车压飞鹅卵石打人致死 法院判决驾驶员赔偿损失

2001年2月1日下午5时许,被告黎智海驾驶四川Q23604号农用运输车运载两吨多煤炭从蕨溪镇李子湾河坝运往本镇宣化村,当车行至宜宾县第三中学校宿舍楼外路段时压飞路面一鹅卵石,打中在路旁休息的王明英左下颌,致王明英左颌骨骨折外伤性颅内出血,经抢救无效死亡。

经法庭审理查明:被告黎智海驾驶车辆在运输过程中压飞路面一鹅卵石打中原告母亲王明英左下颌致其死亡的事实存在。依据《民法通则》第123条规定"从事高空、高压、易燃、易爆、剧毒、放射性、高速运输工具等对周围环境有高度危险的作业,造成他人损害的,应当承担民事责任"的规定,被告黎智海对原告母亲王明英死亡应承担民事赔偿责任。遂作了被告赔偿原告损失费46048元的判决。

资料来源:《中国法院网—案件传真》 发布时间:2002年6月11日

思考题

1. 民法的调整对象是什么?
2. 民事权利能力与民事行为能力对民事主体的法律意义有哪些?
3. 民事法律行为的成立条件是什么?
4. 怎样才能正确行使民事权利?
5. 民事责任的构成要件有哪些?

第六章 合同法

本章要点

本章阐述了合同法的一般知识,主要包括:(1)合同法的一般原理,涉及合同的概念、特征、种类以及合同法的基本原则;(2)合同的订立,涉及订约主体资格、合同的形式、内容以及订立的程序;(3)合同的效力,涉及合同的有效、无效、可变更、可撤销以及效力待定等具体效力形式;(4)合同的履行,对合同履行的原则、规则以及担保等方面的内容进行了分析;(5)合同的变更、转让和终止;(6)合同的责任,主要分析了缔约过失责任和违约责任两种合同责任形式。

第一节 合同法概述

一、合同的概念和特征

(一)合同的概念

合同,是指当事人之间设立、变更、终止民事权利义务关系的协议。合同的概念有广义和狭义之分。广义的合同泛指关于一切权利义务的协议。

狭义的合同专指涉及民事权利义务的民事合同。我国《合同法》所称的合同是狭义的合同,即平等主体的自然人、法人、其他组织之间设立、变更、终止民事权利义务关系的协议。

(二)合同的基本特征

1. 合同是双方的民事法律行为

合同都是由两个以上的民事主体实施民事法律行为的结果,如买卖合同、借款合同、租赁合同等,单方行为不能构成合同关系。

合同行为是民事法律行为,民事主体依法缔结的合同关系,受国家法律保

护。合同当事人必须严格履行合同义务;不履行合同,擅自变更合同都将承担民事责任

2. 合同以设立、变更、终止民事权利、民事义务为目的

民事主体订立合同都是为了追求一定的目的。合同关系必然是以设立、变更、终止民事权利、民事义务关系为目的的。

3. 合同当事人的法律地位平等

在合同关系中,双方当事人在法律上具有独立、平等的地位,平等地享有权利,平等地承担义务,平等地受法律保护。法律地位平等是当事人自由、真实表达自己意志的前提,也是当事人之间权利义务对等的基础,这是商品交换关系的本质所决定的,也是合同关系最本质的特征。

4. 合同是双方当事人意思表示一致的协议

合同是双方当事人就设立、变更、终止民事权利义务关系经过协商达成一致意见的结果。合同在本质上就是合意的结果。

二、合同的种类

合同按不同标准可作不同的分类:

(一)按合同所反映交易关系的性质划分

按合同所反映交易关系的性质,合同可分为:买卖合同;供用电、水、气、热力合同;赠与合同;借款合同;租赁合同;融资租赁合同;承揽合同;建设工程合同;运输合同;技术合同;保管合同;仓储合同;委托合同;行纪合同;居间合同以及合伙合同、担保合同、保险合同等。我国《合同法》就采取这样的分类标准。前 15 种由《合同法》规定。其他合同由《合伙企业法》《担保法》《保险法》等法律规定。

(二)按合同当事人双方权利义务的分担方式划分

按合同当事人双方权利义务分担方式,合同可分为:双务合同和单务合同。双务合同是指合同双方当事人既享有权利又承担义务的合同。大多数合同都为双务合同。单务合同是指合同一方当事人只享有权利而不承担义务;另一方当事人则只承担义务不享有权利的合同。

(三)按合同当事人之间取得权利是否互负对价为标准划分

按合同当事人之间取得权利是否互负对价给付为标准,合同可分为:有偿合同和无偿合同。有偿合同是指当事人取得利益须偿付相应代价的合同,如买卖合同。无偿合同是指当事人一方只享有权利而无需偿付代价的合同,如赠与合同。

(四)按合同成立是否要以标的物交付为要件划分

按合同成立是否要以标的物交付为要件,合同可分为:诺成合同和实践合同。诺成合同是指只需合同双方当事人意思表示一致合同即成立的合同。大多数合同为诺成合同。实践合同是指除合同双方当事人意思表示一致,还要交付合同标的

物合同才能成立的合同,如保管合同、自然人之间的借款合同等。

(五)按合同成立是否必须采用一定形式或程序划分

按合同成立是否必须采用一定形式或程序,合同可分为:要式合同和非要式合同。要式合同是指订立合同时必须采用法律规定的特定形式或程序才能成立或生效的合同。非要式合同是指订立合同不需要按特定形式或程序就可成立或生效的合同。要式合同是法律对特殊内容为交易的在形式上采取强制性规范的结果,旨在维护交易安全,如不动产。《合同法》规定的合同大多数是非要式合同。

(六)按合同之间是否存在从属关系划分

按合同之间是否存在从属关系,合同可分为:主合同和从合同。主合同是指凡不以他种合同存在为前提而能独立存在的合同。从合同是指必须以他种合同的存在为前提,自身不能独立存在的合同,如担保合同。

(七)按合同订约人为自己还是为合同第三人利益而订立合同划分

按合同订约人为自己还是为合同第三人利益而订立合同,合同可分为:为本人利益订立的合同和为第三人利益而订立的合同。为本人利益而订立的合同是指合同双方订约人都是为了本人利益而订立的合同,也可称为束己合同。为第三人利益而订立的合同又称涉他合同,是指合同订约人并非为自己而是为第三人利益而订立的合同,如指定第三人为受益人的人身保险合同。

(八)按法律上有无规定合同的名称和规则划分

按法律上有无规定合同的名称和规则,合同可分为:有名合同和无名合同。有名合同是指法律赋予某种合同一定名称并特别做出规则的合同,如《合同法》分则部分规定的15种合同,《担保法》、《合伙企业法》、《保险法》等规定的担保合同、合伙合同、保险合同等。无名合同是指法律没有规定其名称,不违反法律强制性规定和社会公众利益的合同。法律没有规定的合同在实际生活中是大量存在的,只要不违反法律强制性规定和社会公众利益的涉及民事权利义务的协议都是无名合同。

三、合同法的基本原则

合同法的基本原则是合同法最重要的部分,它不仅是合同立法的指导思想,也是调整合同关系所必须遵循的基本方针和准则。尽管合同法基本原则与其他合同法律规范相比,比较抽象,但合同法基本原则本身也是合同法的强制性规范,违反合同法基本原则的合同是无效合同,将受到合同法的制裁。

合同法属于民法范畴,合同法基本原则可以分成两部分,一部分是民法基本原则在合同法中的体现,一部分是合同法特有的基本原则。合同法特有的基本原则主要有合同自由原则、合同正义原则、鼓励交易原则。

(一) 合同自由原则和合同正义原则

合同自由原则也称合同自愿原则,它是合同法特有的基本原则。合同法崇尚的是任何人可以在不违背法律强制性规定和社会公共利益的条件下,通过自己的意志创造合同关系去获得民事利益。自由缔结合同,获得合同利益是不可剥夺的权利。合同自由原则的内容包括:订立合同的自由、选择合同当事人的自由、决定合同内容的自由、决定合同方式的自由和协商变更、终止合同的自由等。现行合同法的自由原则既坚持了合同自由的基本精神,又在立法上和司法上进行了必要的限制,以达到限制过度行使合同自由的权利,维护合同公正。

合同正义原则追求的是合同的公正。它强调合同一方与对方之间给付的等值、公平,合同权利义务和风险负担的合理分配。合同正义原则是对合同自由原则的限制:在立法上,对垄断企业、公共企业,如邮政、电力、铁路运输建立强制缔约,建立专门行政机关监督、控制滥用合同,制定标准合同等措施;在司法上,赋予法官以公平、诚实信用、公序良俗原则,行使自由裁量权。

合同自由原则和合同正义原则是合同法互相依存、互相补充的基本原则。合同自由原则的实施目的是追求合同的公正。合同正义原则对合同自由的限制是为了防止利用合同自由侵害合同公正特别是在保护经济地位较弱的合同一方,以实现合同的真正自由。

(二) 鼓励交易原则

合同法是调整交易关系的法律,维护交易安全,鼓励交易是合同法的根本。鼓励交易原则首先鼓励合法、正当的交易,其次是鼓励自愿的交易,只有自愿的交易才是公正的交易,欺诈、胁迫等严重违背国家利益和社会公共利益的合同不仅不应鼓励,而且应当追究当事人的合同责任。但是,对于意思表示有瑕疵的合同由于与合同根本制度没有冲突,可以通过合同可变更、可撤销、合同纠正等制度,解决当事人合同关系,以达到鼓励交易、维护交易安全的目的。

第二节 合同的订立

一、合同主体资格

订立合同必须具有订约主体资格。合同法规定订立合同的当事人主体资格相当宽泛。一般来说订约主体资格不仅包括具有民事权利能力和行为能力的自然人和法人,还包括其他组织,如合伙组织、法人分支机构等并不具有独立承担民事责任的主体。

代订合同是订立合同的主体资格较为复杂的问题,也是现实生活中的一种常见现象,它不仅发生在自然人之间,更多发生在法人、其他组织之间。代订合同是民事代理的原理在合同制度中的具体运用,它能使被代理人在更大的时间空间范围内行使自己的权利,实现自己的利益。

代订合同是指当事人依法委托代理人以本人(即被代理人)的名义与第三人订立合同,并由本人承担由此产生的法律后果的行为。

代订合同具有以下主要特征:(1) 代理人以被代理人的名义与第三人订立合同;(2) 代理人是在被代理人授权范围内,独立地与第三人进行意思表示或者接受第三人的意思表示;(3) 公民、法人和其他组织都可以通过代理人代订合同,这种代理行为的法律后果应由被代理人承担;(4) 代理人没有代理权、超越代理权或者代理权终止后仍以被代理人名义订立合同,未经被代理人追认,对被代理人不发生效力,由代理人自己承担责任;(5) 行为人没有代理权、超越代理权或者代理权终止后以被代理人名义订立合同,相对人有理由相信行为人有代理权的,该代理行为有效。这在民法原理上称"表见代理"。

在委托代订合同时,被代理人一般应当签署书面的授权委托书,写明代理人的姓名或者名称、代理事项、代理权限等内容,并由被代理人签名或者盖章。代订合同其本身也是一种合同关系。

二、合同的形式

合同的形式,是指合同当事人达成协议的外在表现形式,也就是双方当事人在订立合同时意思表示一致的表现形式。合同形式主要有口头形式和书面形式两大类:

口头形式是当事人以口头的意思表示达成的协议。口头形式的优点是简便易行、迅速及时,缺点是一旦发生争议,口说无凭,取证困难,难以分清是非和责任。

书面形式是当事人以文字的意思表示达成的协议。书面形式虽不如口头形式便捷,但优点是有据可查,便于履行,便于管理,一旦发生争议,便于查明是非,分清责任。合同标的较大,合同内容较为复杂的,一般应采用书面合同。书面形式包括合同书、信件图表和数据电文(包括电报、电传、传真、电子数据交换和电子邮件)等可以有形地表现所载内容的形式。

《合同法》对订立合同的形式采取了以当事人约定的形式为主,以法定的形式为辅的立法原则,法律、行政法规规定采用书面形式的或者当事人约定采用书面形式的,应当采用书面形式订立合同。法律、行政法规规定或当事人约定采用书面形式订立合同,当事人未采用书面形式,但一方当事人已经履行了主要义务,对方当事人又接受的,该合同仍应确认为有效。

订立合同还可以采取其他形式,目前主要是指推定形式和默示形式。推定形式是指当事人并不直接用书面或者口头方式进行意思表示,而是通过实施某种行为进行意思表示;默示形式是指当事人采用沉默的方式进行意思表示。

三、合同的内容

(一)合同的条款

合同的内容就是指合同的条款。根据契约自由原则,合同的条款只要是在法律允许的范围内,应由当事人自主协商进行约定,法律一般不予干预。《合同法》只对一般合同都具备的共同性的、最基本的条款,作了指导性的规定。《合同法》规定,合同的内容由当事人约定,一般包括以下条款:

1. 当事人的名称或者姓名和住所

名称是指法人或者其他组织在登记机关注册登记的称谓;姓名是指自然人在身份证或户籍登记中的称谓;住所是指自然人的户籍所在地,法人或其他组织的注册登记所在地。当事人的名称或者姓名和住所是确定当事人民事权利和民事义务的标志。

2. 标的

标的是指当事人双方权利义务共同指向的对象。合同标的的范围是很广泛的,包括物、货币、劳务、智力成果和工程项目等。合同没有标的或者标的不明确,当事人权利义务就无所指向,合同就不能成立。合同标的必须明确、具体和合法。

3. 数量

数量是指标的计量,它是由数字和计量单位组成的,是用来衡量标的大小、多少、轻重的尺度。标的没有数量或数量不明确,会使双方当事人的权利义务处于不确定的状态,合同就无法履行。

4. 质量

质量是检验标的内在素质和外观形态的指标,是确定标的特征和品质的重要条件。它主要包括产品的成分、含量、纯度、精度、性能、款式、品种、规格、型号等指标,合同中应明确、具体、详细地规定。以劳务作为合同标的的,也应当明确劳务的质量的具体标准和认定方法。质量条款是合同的重要条款,订立合同的质量条款时,凡有法定标准的产品,必须严格按法定标准;没有法定标准的或虽有法定标准,而根据当事人的需要另有特殊要求的,双方当事人应当协商约定具体的质量标准。

5. 价款或者报酬

价款或者报酬是指取得标的一方当事人以货币形式向对方当事人给付相应的代价。出让货物取得价金,提供劳务或服务取得报酬,一般统称为价金。价金是有偿合同不可缺少的主要条款。价金条款一般由单价、总价和计算方法三部分组成。

当事人在订立合同时,如果有政府定价的,就必须执行政府定价;如果有政府调节价的,就应当在政府调节价规定的幅度范围内约定价格;属于市场调节价的商品价款或者服务报酬,则可以由双方当事人在订立合同时自主约定。在市场经济条件下,价金以市场调节价为主,政府定价、指导价仅涉及少数领域和产品。

6. 履行的期限、地点和方式

履行期限是指交付标的和支付价金的起止时间,是一方当事人要求对方当事人履行义务的时间界限,也是判断合同是否按时履行的依据,还是确定当事人违约与否的一个重要因素。

履行地点是指当事人按合同约定履行义务的地点。履行地点应根据合同标的性质或合同当事人具体情况进行约定,如交货地、取货地、付款地、施工地等。由于履行地点关系到运输方式、条件、费用支出、途中损耗和风险责任等诸多问题,因此,履行地点必须详细、具体、明确。

履行方式是指当事人采取什么方式和手段来履行合同义务。不同的合同往往有不同的履行方式。如交货方式可分供方送货、需方提货和代办托运三种;交货次数可分一次交货和分期分批交货;结算方式可分现金结算、转账结算和票据结算等。

7. 违约责任

违约责任是指合同当事人不履行或者不适当履行合同约定的义务,依照法律规定或合同约定应当承担的法律责任。违约责任的实质是对违约方追究民事责任。当事人承担违约的方式主要有支付违约金、赔偿金、继续履行三种,具体方式和计算方法由双方当事人根据法律规定或自行协商约定。

8. 解决争议的方法

解决争议的方法是指当事人之间在履行合同过程中发生了争议后,采取什么途径和方法来解决彼此的争议。解决争议的方法一般有协商、调解、仲裁和诉讼四种。采取什么方法来解决合同争议,应由当事人自主协商决定。由于我国实行"或裁或审"的制度,即在仲裁和诉讼两种方法中,只能选择其中一种,当事人如选择了仲裁方法,就不能再向人民法院起诉。

上述 1、2、3 项条款它直接涉及到合同当事人的权利义务是否已经确定,因此,往往都构成合同的必备条款,如果合同缺少这些条款,就可能直接导合同不成立。4、5、6、7、8 项条款,是否约定,仅仅涉及到合同双方的利益问题。因此,这些条款在合同中没能约定,也并不必然导致合同不成立,所以它们不是合同的必备条款。

(二) 合同示范文本和格式条款

1. 合同示范文本

合同示范文本一般是由政府业务主管部门总结长期实践的经验,根据有关法律和政策的规定,在广泛听取各方面的意见,尤其是消费者的意见之后,按照一定的程序而拟制的某一种或某一类合同文本的统一样式。

由于合同示范文本是政府业务主管部门制定的,它能较公平、公正地规定双方当事人权利义务,条款也比较全面和规范,对合同当事人很有帮助,可以避免条款缺漏,防止出现显失公平和违法的条款。但是,从合同自由原则来说,合同示范文本仍是指导性、提示性的,仅供当事人参照,并不具有法律约束力。

2. 格式条款

格式条款是指一方当事人为了重复使用预先拟制的、并在订立合同时未与对方当事人协商,也不允许对方作更改的条款,又称标准条款或定型条款。

目前社会上采用格式条款订立合同的现象相当普遍,尤其是在公用事业(供水、供电、供气、通讯等方面)、金融业、保险业以及交通运输、旅游业、房屋租赁和买卖等方面的合同中广泛采用。

格式合同的优点是简便、迅速,可以减少反复协商的过程,它的缺点是格式合同的提供者本身就是当事人一方,因此在预先拟制条款时,一般都较多地考虑自己的利益,而对另一方的权利进行较多限制,强加一些不平等条款,使双方实际上处于不平等地位。为此,《合同法》为维护合同公正对格式合同作了三方面的严格限制:(1)提供格式条款的一方应当遵循公平原则确定当事人之间的权利和义务,如违反公平原则,出现显失公平的情况,对方当事人有权请求人民法院或者仲裁机构变更、解除合同;(2)提供格式条款的一方应当采用合理的方式,对免责和限制责任条款按照对方的要求进行提示和说明,如格式条款中有欺诈、胁迫、损害社会公共利益或者免除其责任、加重对方责任、排除对方主要权利等内容的,该条款无效;(3)双方对格式条款的理解发生争议时,应当按照通常理解予以解释。对格式条款有两种以上解释的,应当作出不利于提供格式条款一方的解释。格式条款和非格式条款不一致的,应当采用非格式条款。

四、合同订立的程序

任何合同的订立都要经过要约和承诺两个基本阶段。

(一) 要约

1. 要约的概念和条件

要约,又称订约提议,它是指一方当事人(要约人)向另一方当事人(受受约人)提出订立合同的意思表示,在市场交易中,也称开盘、发盘或报价。要约一般应具备四个要件:(1)要约人向受约人清楚表明订立合同的意思表示;(2)这种意思表示必须具体明确,足以说明当事人主要的民事权利义务的存在;(3)这种意思表示必须表明经受要约人承诺,要约人即受该意思表示约束;(4)要约必须送达受约人。

2. 要约的有效期限及约束力

要约有效期,一般是从要约达到受约人时生效,至要约答复期限届满时失效。要约如没有规定答复期限的,应当以合理期限为准。

要约人在要约的有效期限内受到自己发出的要约的约束,即一旦受约人接受要约,要约人就有与受约人订立合同的义务。

要约可以撤回。要约撤回是指要约人在要约发出以后,以撤回要约的通知先于或者与发出的要约同时到达受约人的行为,使尚未发生效力的要约不再发生效力。

《合同法》还规定了要约可以撤销。要约撤销是指要约人在要约通知已到达受约人,受约人还没有作出承诺前,要约人以撤销要约的通知行为消灭已生效要约的效力。要约撤销有以下限制:(1)有答复期限的要约,在答复期限内不能撤销;(2)受要约人有充分理由说明该要约不能撤销的,要约人不能撤销;(3)要约撤销对受约人产生损失的,要承担缔约过失责任。

3. 要约的失效

有下列情况之一时,要约失效:(1)受约人拒绝要约;(2)要约人依法撤销要约;(3)承诺期限届满,受约人未作出承诺;(4)受约人对要约的内容作出实质性变更。

4. 要约邀请

要约邀请,又称要约引诱,它是指当事人向他人表示订约愿望和介绍有关情况,并希望他人向自己发出要约的意思表示。市场交易中也称询盘,如商品价目表、拍卖公告、招股说明书及一般的商业广告等。要约邀请是虚盘,对发出邀请的人不具有法律约束力。

(二)承诺

1. 承诺的概念和条件

承诺,又称接受提议,它是指受约人同意要约的意思表示。在市场交易中,承诺也称收盘或接盘。

承诺应当具备三个要件:(1)承诺必须由受约人向要约人作出;(2)承诺必须在要约规定的有效期内作出;(3)承诺必须与要约的内容相一致,如受约人对要约的内容作出实质性的变更,就不是承诺,而是新的要约。

2. 承诺期限和承诺生效的时间

承诺期限是指受约人作出有效承诺的期限。承诺应当在要约确定的期限内到达要约人,要约没有确定具体的承诺期限的,应当在合理期限内到达要约人。

承诺生效的时间是指承诺的具体生效时间。《合同法》明确规定,承诺应当在要约确定的期限内到达要约人。承诺通知到达要约人时生效。受约人超过承诺期限发出的承诺通知,除要约人及时通知受约人该承诺有效以外,就不算承诺,而是新的要约。承诺不需要通知的,根据交易习惯或者要约的要求作出承诺的行为时生效。

3. 承诺的撤回

承诺撤回是指受约人发出承诺通知之后,又要撤回其承诺。《合同法》规定,承诺可以撤回。撤回承诺的通知应当在承诺通知到达要约人之前或者与承诺通知同时到达要约人。

订立合同都必须经过要约和承诺两个基本阶段,而在通常情况下,订立合同往往是当事人之间要经过要约,新的要约(又称反要约),直到一方最后表示承诺的反复协商过程。要约一经承诺,合同即告成立。当事人如果采用书面形式订立合同时,在承诺时,一般双方当事人都应在合同上签字或盖章。

第三节 合同的效力

合同的效力又称合同的法律效力,它是指成立的合同将对合同当事人乃至第三人产生的法律约束力。合同是当事人关于民事权利义务协商一致的结果,但是,当事人协商一致的结果至少不得违反国家法律的强制性规定和社会公共利益,才能产生法律效果,达到当事人预期的法律后果。

一、有效合同和无效合同

(一)有效合同

有效合同是指法律予以认可和保护、在法律上具有约束力的合同。一般情况下,只要合同主体资格合格,合同内容和形式合法,各当事人真实意思表示达成一致的,就是有效合同。

合同生效的时间涉及到合同从什么时间开始生效的标志,《合同法》对合同生效时间作了一般生效时间和特殊生效时间两类规定。

1. 一般生效时间

合同自成立时生效。在一般情况下,大多数合同只要是符合法律规定条件所订立的合同,从合同成立时起,就具有法律约束力。

2. 特殊生效时间

有些合同不一定一成立就生效,还必须具备法律规定或当事人约定的某些条件和程序才能生效:(1)法律、行政法规规定应当办理批准、登记等手续的,自批准、登记时才能生效;(2)当事人对合同的效力可以约定附条件或者附期限。附生效条件的合同,自条件成就时生效。附生效期限的合同,自期限届至时生效。

合同生效后,对合同双方当事人都具有法律约束力,即当事人应当按合同的约定履行各自的义务,任何一方不得擅自变更或者解除合同。如有不履行合同义务或不适当履行合同义务的,应当承担违约责任。

(二)无效合同

无效合同是指当事人之间已经成立的合同由于违反法律规定而导致法律不予

认可或不予保护的合同。无效合同具有以下特征：

(1) 违反法律、行政法规强制性规定或危害社会公共利益。

(2) 合同内容具有不可履行性。

(3) 合同自始无效和当然无效。

《合同法》规定，有下列情形之一的，合同无效：(1) 一方以欺诈、胁迫的手段订立合同，损害国家利益；(2) 恶意串通，损害国家、集体或第三人利益；(3) 以合法形式掩盖非法目的；(4) 损害社会公共利益；(5) 违反法律、行政法规的强制性规定。

二、可变更和可撤销合同

(一) 可变更和可撤销合同的特征与种类

可变更或者可撤销合同是指合同成立后，当存在法律规定的事由时，人民法院或者仲裁机构根据当事人的申请，经过审理，允许变更或撤销合同或有关合同内容的合同。可变更或可撤销合同具有以下特征：

(1) 合同在变更或撤销前是有效的；

(2) 合同在意思表示方面有瑕疵；

(3) 法律允许受害方享有合同的变更或撤销权，但变更权和撤销权是请求权。

《合同法》规定，下列合同，当事人一方有权请求人民法院或者仲裁机构变更或者撤销：(1) 因重大误解而订立的；(2) 在订立合同时显失公平的；(3) 一方以欺诈、胁迫的手段或乘人之危，使对方在违背真实意思的情况下订立的合同。

可变更和可撤销合同的变更或撤销，由当事人选择确定。当事人请求变更的，人民法院或仲裁机构不得撤销。当事人请求撤销的，人民法院或仲裁机构不得变更。撤销权的行使有一定期限，即具有撤销权的当事人自知道或者应当知道撤销事由之日起 1 年内没有行使撤销权的，撤销权归于消灭。

(二) 无效合同和被撤销合同的效力及法律后果

1. 无效合同和被撤销合同的效力

无效的合同或者被撤销的合同自始没有法律约束力。合同部分无效，不影响其他部分效力的，其他部分仍然有效。合同无效或者被撤销的，不影响合同中独立存在的有关解决合同争议方法的条款的效力。

2. 无效合同和被撤销合同的法律后果

合同无效或者被撤销后，因该合同取得的财产，应当予以返还；不能返还或者没有必要返还的，应当折价补偿。有过错一方应当赔偿对方因此所受到的损失；双方都有过错的，应当各自承担相应的责任；当事人恶意串通，损害国家、集体或者第三人利益的，因此取得的财产收归国家所有或者返还集体、第三人。

三、效力待定的合同

效力待定合同是指有些合同成立后,存在某些不符合合同生效要件的规定,其效力能否发生尚未确定的合同。效力待定合同的当事人可以采取某些补救办法,促成合同生效。效力待定合同内容是否产生法律效果尚未确定,法律允许相对人采取合同补救措施,促使合同生效。效力待定合同主要有以下几种情况:

1. 主体不合格

如限制民事行为能力人订立的合同,相对人可以催告其法定代理人在1个月以内予以追认。如果法定代理人追认了,该合同就有效,否则合同就无效。法定代理人未作表示的,视为拒绝追认。但纯获利益的合同或者与其年龄、智力、精神健康状况相适应而订立的合同,不必经法定代理人追认。

2. 无权代理

行为人没有代理权、超越代理权或者代理权终止后以被代理人名义订立的合同,相对人可以催告被代理人在1个月内予以追认。被代理人追认了,该合同有效,否则合同就无效。被代理人未作表示的,视为拒绝追认。合同被追认之前,善意相对人有撤销的权利,撤销应当以通知的方式作出。

3. 推定有效的代理

行为人没有代理权、超越代理权或者代理权终止后以被代理人名义订立的合同,而相对人有充分的、正当的理由相信行为人有代理权的,该代理行为应视为有效,或推定为有效。

第四节 合同的履行

合同履行是指双方当事人按照合同约定的条款,全面地完成各自承担的义务的行为。合同当事人通过订立合同确定双方的权利和义务,最终要通过合同的履行才能实现。合同的履行是整个合同关系中最核心的阶段。

一、合同履行的原则

合同履行的原则是指合同当事人在履行合同过程中应遵循的基本活动准则。

(一) 全面履行的原则

全面履行原则,又称完全履行原则或适当履行原则,它是指当事人按照合同约定的标的、数量、质量、价款或者报酬以及履行的期限、地点和方式,全面地完成各自应承担的全部义务。

（二）诚实信用的原则

诚实信用原则是指当事人在履行合同义务时，要诚实、要守信、要善意。《合同法》规定，当事人应当遵循诚实信用原则，根据合同的性质、目的和交易习惯，履行通知、协助、保密等义务。

（三）促成交易的原则

促成交易原则是指在合同生效后，如果合同中有些问题没有约定，或者约定不明确时，应当按照交易习惯履行。

（四）维护受损害方合法权益的原则

维护受损害方合法权益的原则是指为维护无过错的受损害一方当事人的合法权益，维护社会经济秩序，防范合同欺诈等不法侵害，法律赋予受损害方以一定的法律手段维护自己的合法权益。

二、合同履行的规则

合同履行的规则是指在合同履行过程中需要遵守的具体规范。合同履行过程中，合同当事人之间经常会遇到各种各样复杂的问题，诸如合同条款存在缺陷、标的物价格发生变化、当事人一方合法权益受到侵害等情况，为了保障交易安全，促进交易顺利进行，促使当事人全面履行合同，《合同法》对合同履行规则作了规定。

（1）正确履行，包括履行主体、合同标的、履行时间、地点、方式等要正确。

（2）亲自履行，在正常情况下，合同当事人是选定一方当事人的履行能力，履行条件，信誉等。要求当事人亲自履行是权利人的一项重要权利。

（3）条款约定不明确的履行，包括：质量条款、价格条款、履行地点条款、履行期限条款、履行方式条款、履行费用条款等规定不明的履行规则。

（4）涉及第三人履行的合同、不完全履行以及情势变更等履行规则。

（5）法定义务规则，包括通知义务，协助义务，方便义务，减损义务。

这些规定为解决有效合同的履行提供了基本规则。

三、合同履行的担保

合同履行的担保是根据法律的规定和合同的约定，一方当事人为表明自己能全面切实履行合同债务而向对方提供一定形式的保证。合同担保的实质是对合同债务履行的担保，是保证合同履行的一种法律手段。有关合同履行的担保，适用《担保法》的规定。

（一）保证

保证是指由主合同以外第三人向债权人作出承诺，担保债务人履行债务，当债务人不履行债务时，将按照约定由保证人履行或承担连带责任的行为。根据《担保法》规定，具有代为清偿债务能力的自然人、法人、其他组织都可以成为保证人，但国家机关、以公益为目的的事业单位和企业法人的分支机构、职能部门均不能作保证人。保证一般应采用书面形式,保证人向债权人履行债务后有权向债务人追偿。债权人与债务人双方恶意串通,骗取保证人提供保证的,该保证无效,保证人将不承担责任。

(二)抵押

抵押是指合同义务人或合同以外的第三人在不转移对抵押物占有的情况下,向权利人提供一定的财产作抵押物,当义务人不履行义务时,权利人有权将抵押物折价或变卖、拍卖,并从所获价款中优先受偿。在借款合同中,银行贷款多数采用抵押贷款方式。抵押物一般仍由抵押人占有、保管和使用,但在抵押期间,非经抵押权人同意,抵押人擅自处分抵押物的行为是无效的。

(三)质押

质押是指合同义务人或合同以外的第三人将其财产移交权利人占有,以该财产作为债权的担保,当义务人不履行义务时,权利人有权将该财产折价或变卖、拍卖,并从所获价款中优先受偿。质押可分为动产质押和权利质押两种形式。

(四)留置

留置是指合同当事人一方因合同关系已经合法占有对方财产,在对方当事人不履行合同义务超过法定期限或约定期限后,有权将该留置物折价或变卖、拍卖,并从所获价款中优先受偿。留置担保主要适用于保管、运输、承揽等合同。

(五)定金

定金担保是指为了证明合同成立和保证全面切实履行合同义务,一方当事人预先向对方给付一定数额的货币,作为债权担保。当债务人全面履行债务后,定金应当抵作价款或者收回;如果给付定金一方不履行约定债务的,就无权要求返还定金;而收受定金的一方不履行约定债务的,则双倍返还定金。

第五节　合同的变更、转让和终止

一、合同的变更

合同变更有广义和狭义之分。广义的合同变更包括合同内容的变更和合同主体的变更。狭义的合同变更仅指合同内容的变更,合同主体变更称为合同转让。狭义的合同变更是指合同有效成立后,尚未履行或完全履行以前,当事人就合同的内容达成修改和补充的协议。

合同变更是由一定的法律事实所引起的。根据法律事实的性质不同,合同变更可以分为:

（一）合同的合意变更

合同的合意变更是指合同有效成立后，尚未履行或完全履行以前，双方当事人就原合同的内容达成修改和补充的协议。《合同法》规定：

(1) 当事人对合同变更的内容约定不明确的，推定为合同未变更；

(2) 当事人就变更合同协商一致后，法律、行政法规规定变更合同应当办理登记手续的，必须依法办理，否则合同变更无效。

（二）合同的法定变更

合同的法定变更，又称为合同的裁决变更，是指合同有效成立后，尚未履行和完全履行以前，出现了法律规定可变更合同的事由，享有合同变更权的一方提出合同变更的请求并最终得到法院或仲裁机关变更合同的裁决。根据《合同法》等法律的规定，以下几种情形是合同变更的法定理由：

(1) 因情势变更的出现，使合同难以履行或按期履行；

(2) 因可归责于义务人的事由而导致原合同无法履行；

(3) 因重大误解或是显失公平和一方以欺诈、胁迫的手段或乘人之危损害另一方利益的合同，受损害一方可以请求合同变更。

二、合同的转让

合同转让属于广义的合同变更，又称合同主体变更，是指合同有效成立后，合同尚未履行或完全履行前，在不改变合同内容的情况下，变动合同的当事人。合同转让按转让的内容可分为：合同权利的转让，合同义务的转移，合同权利义务的转让。合同转让按转让合同内容的范围又可分为全部转让和部分转让。

（一）合同权利的转让

又称债权让与，是指在不改变合同内容的前提下，合同权利人通过与第三人订立转让协议将合同权利转让于第三人。合同权利的转让，一方面反映合同权利本身具有财产性，具有转让的功能；另一方面合同权利本质上又是一种特定的债权，所以其转让受到法律一定范围的限制。《合同法》对合同权利转让作出了下列限制：

(1) 基于特定身份关系或人身依赖关系而产生的合同权利不得转让，如抚养费、赡养费请求权，委托关系产生的权利；

(2) 按照当事人约定不得转让的合同权利；

(3) 依照法律、行政法规规定不得转让的权利。

另外，在合同转让方式上规定了合同权利转让应当通知合同义务人，未经通知该转让对合同义务人不发生效力。合同权利转让后，受让人依法取得与合同权利有关的从权利，但该从权利专属于债权人自身的除外。

（二）合同义务的转移

合同义务的转移又称为合同义务的承担，是指在不改变合同内容的前提下，合同义务人通过与第三人、合同权利人订立合同义务转移的协议,将合同义务全部或部分转移给第三人。合同义务的转移因涉及到合同义务人对合同义务的转移后,对合同权利人的责任不同又可分为免责的债务承担和并存的债务承担。前者是指合同义务转移后,第三人代替合同义务人负担全部转移后的义务,原义务人完全脱离合同关系,即使第三人不能履行转移后的义务,与原合同义务人无关。后者是指合同义务转移后,第三人代替合同义务人承担全部转移后的义务,但原合同义务人并不脱离原合同关系,当第三人不能履行转移后的义务,原合同义务人对其承担连带责任。

合同义务转移,直接涉及到合同权利人的利益。《合同法》规定,合同义务人将合同义务转移给第三人必须经合同权利人同意。因此,合同义务的转移是合同义务人、第三人与合同权利人三方的协议。合同义务转移后,第三人享有主张原合同义务人对合同权利的抗辩权。合同义务转移后,第三人同时承担与原合同义务有关的从义务,该从义务专属于原合同义务人自身的除外。

(三)合同权利义务的概括转移

合同权利义务的概括转移是指在不改变合同内容的前提下,由原合同当事人一方将其权利义务一并转移给第三人,此种转移与单纯的合同权利转让和合同义务转移不同,而是概括地转移合同权利和义务,《合同法》规定须经合同另一方当事人同意。

根据当事人之间是合意还是法律规定,合同权利义务概括转移可以分为合同转移和企业合并、分立引起的债权、债务转移。

三、合同的终止

合同终止是指由于它的法律事实的发生,使合同所设定的权利义务在客观上已不再存在,合同关系归于消灭。合同的终止也就是合同权利义务的终止,它是指当事人双方终止合同关系,合同确立的当事人之间的权利义务关系的消灭。合同终止的法定情形有:

(一)合同的履行

合同履行也称清偿。是合同的自然终止,这是合同最主要、最常见的终止原因。当合同生效后,合同当事人不折不扣地按照约定和法律规定履行了各自的义务,实现了各自的权利,使整个合同目的得以实现,合同确立的权利义务得到了绝对消灭。

(二)合同解除

合同解除是指合同有效成立后,尚未履行或全部履行之前,当事人通过协议或依法定理由提前终止合同,从而使合同权利义务关系消灭。

合同解除按解除发生的原因分为协议解除和法定解除两种。

1. 协议解除

协议解除是基于合同当事人约定而解除合同的一种形式,也是自愿原则在终止合同关系中的一种表现形式。协议解除合同有两种情况:一种是订立合同时,双方在合同中约定解除合同的条件,一旦解除合同的条件成就时,有解除权的一方即可解除合同(约定解除);另一种是在合同履行过程中,经双方协商一致,即可解除合同,这种解除也称事后协商解除(合意解除)。

2. 法定解除

法定解除是指当事人一方在有法律规定的解除条件出现时,即可通过行使解除权而使合同终止。法定解除也是单方享有解除权的解除。《合同法》规定的解除合同的条件有:(1)因不可抗力致使不能实现合同目的;(2)在履行期限届至前,当事人一方明确表示或者以自己的行为表明不履行主要债务;(3)当事人一方迟延履行主要债务,经催告后在合理期限内仍未履行;(4)当事人一方迟延履行债务或者有其他违约行为致使不能实现合同目的;(5)法律规定的其他情形。

单方行使解除权是一种形成权,行使合同解除权的一方应当及时通知对方,合同自通知到达对方时合同解除,如对方对解除合同有异议,可以请求人民法院或者仲裁机构确认解除合同效力。合同解除后,尚未履行的,终止履行;已经履行的,根据履行情况和合同性质,当事人可以要求恢复原状或采取其他补救措施,并有权要求赔偿。

图表6-1 合同解除的类型

合同解除 ── 协议解除 ── 约定解除 / 合意解除
         └── 法定解除

(三)债务相互抵销

债务相互抵销是指当事人互负种类相同的债务,依照法律规定或双方约定,在等额债务范围内相互抵销。

债务相互抵销可以分为法定抵销和合意抵销,法定抵销必须符合以下条件:一是必须是当事人之间互负债务的;二是两项债务标的物种类、品质相同,如果不同,除当事人双方协商一致的以外,不得抵销;三是两项债务必须都已到履行期。

合同抵销是根据合同自由原则,由双方当事人商定抵销的条件,自由进行,法律不加干涉。

(四)债务人依法将标的物提存

提存制度是指当债权人没有正当理由拒绝受领标的物,或者债权人下落不明等原因致使债务人无法履行债务时,债务人可以依法将标的物交付给提存机关而使合同的权利义务及时终止的制度。

标的物提存后,除债权人下落不明以外,债务人应及时通知债权人或者债权人的继承人、监护人。标的物提存后发生毁损、灭失的风险由债权人承担。提存期间,标的物的孳息归债权人所有,提存有关费用由债权人负担。标的物提存后,债权人可以随时领取提存物,如果自提存之日起5年内不提取的,提存物扣除提存费用后归国家所有。

(五)债权人免除债务

债权人免除债务人部分或者全部债务的,合同的权利义务部分或者全部终止。债权人免除债务人债务,实际上是债权人向债务人自愿放弃其债权的一种单方意思表示,也是一种终止合同的法律行为。

(六)债权债务同归于一人

债权债务同归于一人,也称混同,即发生债权与债务同归于一人的事实,而致使合同权利义务消灭。例如原合同双方当事人订立合同后,双方合并为一个法人时,原债权债务就同归于合并后的法人,原合同的权利义务关系当然终止。但是,《合同法》规定,如债权债务同归于一人,涉及到第三人利益时,合同的权利义务关系不能终止。

(七)法律规定或者当事人约定终止的其他情形

第六节 合同责任

一、缔约过失责任

(一)缔约过失责任的概念

缔约过失责任又称先合同责任,是指当事人在合同订立过程中,因过错违背基于诚信原则而产生的法定义务导致合同不成立时,使对方遭受损害而应承担的一种民事责任。缔约过失责任是一种合同成立前的责任,它不同于违约责任,而是一种独立的合同责任。缔约过失责任须具备以下构成要件:

(1)缔约一方违反先合同义务。先合同义务是一种法定义务,即当事人双方从为签订合同而进行磋商起就因诚信原则而产生的法定义务,包括协助、照顾、保护、通知等义务。违反这些义务,就是违反先合同义务。

(2)一方当事人受到损失。

(3)违反先合同义务与该损失之间有直接因果关系。一方当事人的实际损失是由另一方当事人违反先合同义务行为直接引起的。违反先合同义务的行为包括作为和不作为。

(4) 违反先合同义务在主观上有过错。

(二) 缔约过失责任的具体形式

(1) 假借订立合同,恶意进行磋商;

(2) 故意隐瞒与订立合同有关的主要事实或者提供虚假情况;

(3) 其他违反诚实信用原则的行为,如违反商业保密义务,泄露在谈判磋商中获取的对方的商业信息。

二、违约责任

(一) 违约责任的概念

违约责任是指合同当事人不履行合同义务或者不适当履行合同义务时所应承担的民事法律责任。违约责任以合同义务的存在为前提,而且是因当事人不履行或者不适当履行合同义务而发生的。违约责任的承担还必须以合同的有效成立为前提,无效合同不产生合同义务,因而也就谈不上违约责任。

(二) 违约责任的归责原则

违约责任的归责原则是确定合同债务人违约责任的根据和标准。《合同法》采用了目前有关国际公约和很多国家所普遍采用的无过错责任原则,即严格责任原则。

(三) 承担违约责任的方式

承担违约责任的方式是指违约当事人依照法律规定或者合同约定,承担违约责任的行为方式。

《合同法》规定的承担违约责任的方式主要有以下几种:(1) 继续履行;(2) 采取补救措施;(3) 赔偿损失;(4) 定金担保;(5) 支付违约金。究竟采用何种方式,由当事人根据具体情况和自己的要求加以选择。

(四) 预期违约和不可抗力

1. 预期违约

预期违约又称先期违约,它是指在合同订立之后履行期限届满之前,当事人一方明确表示或者以自己的行为表明不履行合同义务的行为。针对一方的预期违约,另一方可以在履行期限届满之前要求违约方承担违约责任。《合同法》采用预期违约制度的目的是使受损害方提前和及时地获得法律上的补救,从而防止其蒙受可以避免的损失。

2. 不可抗力

不可抗力是指不能预见、不能避免并不能克服的客观情况。不可抗力通常可分为自然现象和社会现象,如地震、战争等。

《合同法》规定,因不可抗力不能履行合同的,根据不可抗力的影响,部分或者全部免除责任。不可抗力事件只有发生在合同履行期间,即必须是在合同订立之后、终止履行之前发生,才能免除当事人的违约责任。如果意外事件发生在合同订立之前,或者履行终止之后,或者一方当事人迟延履行而又未经对方当事人同意时,则不能构成不可抗力事件。

本 章 小 结

本章在"节"的安排顺序上基本上与合同法总则中的"章"的顺序保持一致,同时这也符合一定的逻辑认知要求:先对合同有一个大体的认识,再看合同的订立,订立后的合同会有不同的效力,效力确定后就需要履行合同,履行的过程中有可能进行变更和转让,如果履行有瑕疵就需要承担相应的合同责任。

我国合同法所称的合同是指平等主体的自然人、法人、其他组织之间设立、变更、终止民事权利义务关系的协议。为了更好地认识合同,可以按不同的标准对其作不同的分类。合同法也有自己的基本原则,但是合同法属于民法范畴,所以其基本原则可以分成两部分,一部分是民法基本原则在合同法中的体现,一部分是合同法特有的基本原则。合同法特有的基本原则主要有合同自由原则、合同正义原则、鼓励交易原则。

合同的订立,在主体方面要求当事人必须具有订约主体资格,即应当具有相应的民事权利能力和民事行为能力,当事人也可以依法委托代理人代订合同;在形式方面,必须符合法定和约定的形式(包括书面形式、口头形式和其他形式);在内容(也即合同的条款)方面,根据契约自由原则,合同的条款只要是在法律允许的范围内,当事人可以自主协商进行约定,法律一般不予干预,但合同法会作一些指导性的规定;在程序方面,任何合同的订立都要经过要约和承诺两个基本阶段。

并不是任何合同在订立后都会直接产生法律效力的,根据效力的不同,可以将合同划分为:有效合同、无效合同、可变更和可撤销合同以及效力待定的合同。

合同履行是指双方当事人按照合同约定的条款,全面地完成各自承担的义务的行为。为了切实有效地履行合同,合同法规定了合同履行的原则和规则,担保法规定了合同履行的担保制度。

合同订立后履行完毕前有可能发生变更和转让。合同变更是指合同有效成立后,尚未履行或完全履行以前,当事人就合同的内容达成修改和补充的协议。合同转让是指合同有效成立后,合同尚未履行或完全履行前,在不改变合同内容的情况下,变动合同的当事人。合同确立的当事人之间的权利义务关系会因为特定的法律事实的出现而消灭(合同终止),这些法律事实有:合同的履行、合同解除、债务相互抵销、债务人依法将标的物提存、债权人免除债务、债权债务同归于一人以及法律规定或者当事人约定终止的其他情形。

"无救济就无权利",为了给合同的订立提供救济,合同法规定了违反先合同义务的缔约过失责任;为了给合同的履行提供救济,合同法规定了违反合同义务的违约责任。

【拓展和链接】 《合同法》制定的成就和经验

历经六年修改,统一的《合同法》终于诞生了。合同法的统一是我国民事立法工作的一个重大进步,其成就不应低估:第一,统一合同法大大改善了我国民事立法中分散、零乱、不规范的现状。长期以来,我国在合同法这个重要部门里存在着三个法律、几十个条例规章、几百条司法解释和批复,彼此间的重复、矛盾和不规范之处不可胜数。这种状况远远够不上一个法治国家的要求。合同法制定的经验说明,只要我们继续做好工作,也同样可以在其他领域取得成功;第二,这次的合同法在内容上吸收了一些先进的理论和国外先进的立法成果,用以适应我国社会主义市场经济发展的需要,例如关于缔约责任的规定(第42、43条)、关于格式条款的规定(第39、40条)、关于合同后义务的规定(第92条)、关于融资租赁的规定(第14章)等。这些规定都是20世纪民法实务和理论的较新的成果,迄今为止也只有很少几个国家将之纳入民法典中。我国这次将之订入合同法中可说是"迎头赶上"先进行列,而不跟在别人后面亦步亦趋。我们还吸收采用了一些最新的国际公约和示范法(例如《联合国国际货物销售合同公约》、《国际商事合同通则》)的规定。这都使我国的合同法能够跻身于世界先进法律之林而无愧色。第三,合同法吸收了一些英美法系的制度和规定,进行了一次初步的融合两大法系规定的尝试。采英美法系之长,或者融合两大法系的规定,一直是各国法学家特别是大陆法系国家法学家的理想,但是迄今在民法(狭义的)方面没有很多成功的经验。这次制定的合同法中,在少数地方采用了英美法系的规定,例如关于要约撤销的规定(第18条)、关于间接代理的规定(第403条)等,都属于这一类。当然,这一类的例子还很少,而且这种做法的效果如何还有待于实践的检验,但这种尝试是有意义的、有益的。无论这种尝试的成功或失败都将使我们取得经验,为将来我国立法的进一步发展,为将来我国内地法律与香港法律的融合奠定基础。第四,这次合同法抛弃了几十年来支配或影响我国民事立法的一些旧框框,改正了过去计划经济的一些残余,为今后的民事立法开辟了新路。例如合同形式问题困扰了我国民法学者几十年,《经济合同法》中以书面合同为主的规定支配了我们几十年,立法者明知这种规定已经脱离了实际而不敢修改,这次终于得到修正。关于"国家、集体"优先受保护的观念这次也得到一定的改正。虽然不少修正都还有不彻底的地方,但毕竟动摇了几十年陈旧建筑的基础。这是一个明显的成就。

当然缺点也还是存在的:第一,这次的合同法仍有不可忽视的残缺之处,在合同法分则中,遗漏了像"借贷合同(使用借贷和消费借贷)"这样生活中极普遍的古老的典型合同,其他如雇佣合同、合伙合同,虽然是存在争议,尚待研究,仍然是一种缺漏;第二,旧法中有少数应该改革的地方没有彻底改革,被"保留"下来,显得改革的勇气不足。法制方面的改革滞后于我国经济方面的改革,也表现在这次合同法的改革中。例如合同法中仍然保留了旧法中的少数不必要的规定(如第38条、第52条、59条等)。还有个别的错误的规定(如第132条);第三,为了调和有关技术合同的争议,保留技术合同的整体性,几乎把技术合同原封未动地纳入合同法中,使合同法分则的体例出现失调。(摘自谢怀栻:《合同法的统一是我国民事立法工作的一个重大进步》,《中国法学》1999年第3期)

与本章相关的主要法律法规

1.《中华人民共和国合同法》(1999年3月15日第九届全国人民代表大会第二次会议通过,同年10月1日施行)

2. 最高人民法院关于适用《中华人民共和国合同法》若干问题的解释(一)(1999年12月1日最高人民法院审判委员会1090次会议通过,同年12月29日起施行)

3.《中华人民共和国担保法》(1995年6月30日第八届全国人民代表大会常务委员会第十四次会议通过,同年10月1日施行)

4. 最高人民法院关于适用《中华人民共和国担保法》若干问题的解释(2000年9月29日最高人民法院审判委员会1133次会议通过)

案例1:口头协议:一字之差引发7万元纠纷

2001年8月中旬,黑龙江的黄希全与广州许某通过电话将交易的价格谈妥后,委托助手李某和汽车司机张某,将500万双筷子运到了广州。李、张两人来广州与许某见面后,许某对筷子进行了验收并当即答应付钱。在李、张的陪伴下,许某去银行为黄希全电汇了近7万元货款。黄希全带上手续去当地的银行取款时,才发现许某把"黄希全"写成了"黄希泉",使他无法领取汇款。无奈之下,他只好向许某追讨货款,但均遭许某拒绝。多次催款无效后,黄希全于去年12月中旬赶到广州与许某打起了官司。

广州市白云区法院认为:可以肯定许某夫妻已多次向户主为"黄希全"的人,通过银行汇款的形式支付过款项。许某称"黄希泉"是其朋友,与黄希全并非同一个人,但又不能证明有"黄希泉"这个人存在,从证据上来讲难以让人信服。黄希全与"黄希泉"实为同一个人,许某与之发生了买卖关系。黄希全虽无直接证据证明已把筷子交给了许某,但其提供的证人证言一致且合情合理。因此,货款是理所当然该返还的。

资料来源:《中国法院网—案件大全》 发布时间:2002年5月13日

案例2:因质量不合格索要加工费却被反诉

1999年3月,山东省滕州市某电缆公司与某电线厂达成协议,电缆公司为电线厂加工铜芯铝胶线,电线厂提供原材料及每吨1 000元的加工费。电缆公司因向电线厂索要加工费及垫用铝价款未果,电缆公司向山东省滕州市山亭区法院起诉。审理中,电线厂辩称,在合同履行中,电缆公司加工的裸导线存在质量问题,已经退回电缆公司,不同意电缆公司的诉讼请求,并提出反诉,请求电缆公司赔偿其损失。

法院经审理后认为,电缆公司交付的工作成果不符合合同质量要求,并给电线厂造成损失。因此,电缆公司请求电线厂支付加工费的请求不予支持。电线厂的反诉成立,对于电线厂因此造成的直接损失,即给付电缆公司代为加工的原材料的金额减去不合格产品的价值,电缆公司应负赔偿责任。遂判决驳回电缆公司诉讼请求,赔偿反诉方电线厂经济损失27 473.30元。该案宣判后,双方当事人均服判未上诉,该判决已产生法律效力。

资料来源:《中国法院网—案件传真》 发布时间:2002年7月3日

思考题

1. 什么是合同?合同有哪些特征?
2. 合同一般包括哪些条款?
3. 无效合同有哪几种?
4. 合同履行的担保形式有哪些?
5. 什么是合同责任?

第七章 知识产权法

本章要点

本章阐述了知识产权法的一般知识,主要包括:(1)知识产权法的一般原理,主要分析了知识产权的概念和范围以及知识产权法的概念和渊源;(2)著作权法的一般知识,涉及著作权法以及著作权的概念、著作权人及其权利、著作权的利用和限制、邻接权、著作权的保护以及计算机软件著作权;(3)专利法的一般知识,涉及专利法和专利权的概念、专利权人及其权利、获得专利权的条件和程序以及专利权的利用和保护;(4)商标法的一般知识,涉及商标法和商标权的概念、商标注册以及商标权的使用、消灭和保护等内容。

第一节 知识产权法概述

一、知识产权的概念

知识产权(Intellectual Property)是现代国际上广泛使用的一个法律概念,指人们对智力劳动成果依法享有的专有权利。在知识经济时代,加强对知识产权的保护显得尤为重要和迫切。世界贸易组织中的《与贸易有关的知识产权协定》(以下简称 TRIPS 协定)明确规定:知识产权属于私权。中国《民法通则》也将知识产权作为一种特殊的民事权利予以规定。

知识产权具有如下特征:

1. 知识产权的客体是不具有物质形态的智力成果

这是知识产权的本质属性,是知识产权区别于物权、债权、人身权和财产继承权等民事权利的首要特征。智力成果是指人们通过智力劳动创造的精神财富或精神产品,本身凝结了人类的一般劳动,具有财产价值,可以成为权利标的,是与民法意义上的"物"相并存的一种民事权利客体,也有学者称之为"知识产品"或"知识财产和相关精神权益"。

2. 专有性

即知识产权的权利主体依法享有独占使用智力成果的权利,他人不得侵犯。从本质上讲,知识产权是一种垄断权。这种垄断权必须符合法律规定并受到一定限制。正是由于知识产权权利主体能获得法定垄断利益,才使知识产权制度具有激励功能,促使人们不断开发和创造新的智力成果,推动技术的进步和社会的发展。知识产权和物权都是一种绝对权和对世权,从而有别于债权。

3. 地域性

即知识产权只在产生的特定国家或地区的地域范围内有效,不具有域外效力。各国的知识产权立法基于主权原则必然呈现出独立性,各国的政治、经济、文化和社会制度的差异,也会使知识产权保护的规定有所不同。一国的知识产权要获得他国的法律保护,必须依照有关国际条约、双边协议或按互惠原则办理。

4. 时间性

即依法产生的知识产权一般只在法律规定的期限内有效。超出知识产权的法定保护期后,该知识产权权利消灭,有关智力成果进入公有领域,人们可以自由使用。须注意的是,商标权的期限届满后可通过续展依法延长保护期;少数知识产权没有时间限制,只要符合有关条件,法律可长期予以保护,如商业秘密权、地理标志权、商号权等。

二、知识产权的范围

由于世界各国法律体系的结构及分类的差异,不同国家对知识产权的范围的划定也不一致。总体上讲,知识产权是一个不断扩张的开放体系,随着科学技术的发展和社会的进步,不仅使知识产权传统权利类型内涵不断丰富,而且使知识产权的外延也不断拓展。根据 TRIPS 协定、《成立世界知识产权组织公约》等国际公约和中国《民法通则》、《反不正当竞争法》等国内立法,知识产权的范围主要包括以下内容:

(1) 著作权和邻接权。著作权,又称版权,是指文学、艺术和科学作品的作者及其相关主体依法对作品所享有的人身权利和财产权利。邻接权在著作权法中被称为"与著作权有关的权益"。

(2) 专利权,即自然人、法人或其他组织依法对发明、实用新型和外观设计在一定期限内享有的独占实施权。

(3) 商标权,即商标注册人或权利继受人在法定期限内对注册商标依法享有的各种权利。

(4) 商业秘密权,即民事主体对商业秘密依法享有的专有权利。

(5) 植物新品种权,即完成育种的单位或个人对其授权的品种依法享有的排他使用权。

(6) 集成电路布图设计权,即自然人、法人或其他组织依法对集成电路布图设计享有的专有权。

(7) 商号权,即商事主体对商号在一定地域范围内依法享有的独占使用权。

其他例如"科技成果奖励权"、"地理标志权"、"域名权"、"反不正当竞争权"、"数据库特别权利"、"商品化权"等能否成为独立的知识产权,目前在理论界尚存在一定的分歧。

三、知识产权法的概念和渊源

知识产权法是指因调整知识产权的归属、行使、管理和保护等活动中产生的社会关系的法律规范的总称。知识产权法的综合性和技术性特征十分明显,在知识产权法中,既有私法规范,也有公法规范;既有实体法规范,也有程序法规范。但从法律部门的归属上分析,知识产权法仍属于民法的特别法。民法的基本原则、制度和法律规范大多可适用于知识产权,并且知识产权法中的公法规范和程序法规范都是为确认和保护知识产权这一私权服务的。

知识产权法的渊源。中国知识产权立法起步较晚,但发展迅速,现已建立起符合国际先进标准的法律体系。知识产权法的渊源是指知识产权法律规范的表现形式,可分为国内立法渊源和国际公约两部分。

(一) 知识产权国内立法渊源

(1) 知识产权法律。如《著作权法》、《专利法》、《商标法》和《反不正当竞争法》等。

(2) 知识产权行政法规。主要是《著作权法实施条例》、《计算机软件保护条例》、《专利法实施细则》、《商标法实施条例》、《知识产权海关保护条例》、《植物新品种保护条例》、《集成电路布图设计保护条例》等。

(3) 知识产权地方性法规、自治条例和单行条例。如《深圳经济特区企业技术秘密保护条例》等。

(4) 知识产权行政规章。如《国家工商行政管理局关于禁止侵犯商业秘密行为的规定》等。

(5) 知识产权司法解释。如《最高人民法院关于审理专利纠纷案件适用法律问题的若干规定》、《最高人民法院关于诉前停止侵犯注册商标专用权行为和保全证据适用法律问题的解释》等。

(二) 中国参加的知识产权国际公约

中国在制订国内知识产权法律法规的同时,加强了与世界各国在知识产权领域的交往与合作,加入了十多项知识产权保护的国际公约。主要有:TRIPS

协定、《保护工业产权巴黎公约》、《保护文学和艺术作品伯尔尼公约》、《世界版权公约》、《商标国际注册马德里协定》、《专利合作条约》等。其中,世界贸易组织中的 TRIPS 协定被认为是当前世界范围内知识产权保护领域中涉及面广、保护水平高、保护力度大、制约力强的国际公约,对中国国内有关知识产权法律的修改起了重要作用。

图表 7-1 中国知识产权法渊源

国内立法渊源	国际公约
知识产权法律 知识产权行政法规 知识产权地方性法规 自治条例和单行条例 知识产权行政规章 知识产权司法解释	TRIPS 协定 《巴黎公约》 《伯尔尼公约》 《世界版权公约》 《马德里协定》 《专利合作条约》等

第二节 著作权法

一、著作权法及著作权的客体

(一)著作权法

著作权法是调整人们之间因著作权以及与著作权有关的权益而产生的社会关系的法律规范的总称。狭义的著作权法是指单一的法典形式体现的著作权法,如《著作权法》,广义的著作权法还包括其他调整著作权关系的法律条文、法规及司法解释等。

我国现行的著作权法主要有《著作权法》、《著作权法实施条例》、《计算机软件保护条例》、《广播电视管理条例》、《出版管理条例》、《音像制品管理条例》、《计算机软件著作权登记办法》、《著作权行政处罚实施办法》、《最高人民法院关于审理著作权民事纠纷案件适用法律若干问题的解释》等。

我国著作权法的宗旨是确认和保护作者的权利,《著作权法》第 1 条规定:"为了保护文学、艺术和科学作品作者的著作权,以及与著作权有关的权益,鼓励有益于社会主义精神文明、物质文明建设的作品的创作和传播,促进社会主义文化和科学事业的发展与繁荣,根据宪法制定本法。"

国务院著作权行政管理部门主管全国的著作权管理工作;各省、自治区、直辖市人民政府的著作权行政管理部门主管本行政区域的著作权管理工作。

（二）著作权的客体

著作权的客体是作品。著作权法上称的作品，是指文学、艺术和科学领域内具有独创性并能以某种有形形式复制的智力成果，包括以下列形式创作的文学、艺术和自然科学、社会科学、工程技术等作品：

(1) 文字作品。是指小说、诗词、散文、论文等以文字形式表现的作品。

(2) 口述作品。是指即兴的演说、授课、法庭辩论等以口头语言形式表现的作品。

(3) 音乐、戏剧、曲艺、舞蹈、杂技艺术作品。音乐作品，是指歌曲、交响乐等能够演唱或者演奏的带词或者不带词的作品；戏剧作品，是指话剧、歌剧、地方戏等供舞台演出的作品；曲艺作品，是指相声、快书、大鼓、评书等以说唱为主要形式表演的作品；舞蹈作品，是指通过连续的动作、姿势、表情等表现思想情感的作品；杂技艺术作品，是指杂技、魔术、马戏等通过形体动作和技巧表现的作品。

(4) 美术、建筑作品。美术作品，是指绘画、书法、雕塑等以线条、色彩或者其他方式构成的有审美意义的平面或者立体的造型艺术作品；建筑作品，是指以建筑物或者构筑物形式表现的有审美意义的作品。

(5) 摄影作品。是指借助器械在感光材料或者其他介质上记录客观物体形象的艺术作品。

(6) 电影作品和以类似摄制电影的方法创作的作品。是指摄制在一定介质上，由一系列有伴音或者无伴音的画面组成，并且借助适当装置放映或者以其他方式传播的作品。

(7) 工程设计图、产品设计图、地图、示意图等图形作品和模型作品。图形作品，是指为施工、生产绘制的工程设计图、产品设计图，以及反映地理现象、说明事物原理或者结构的地图、示意图等作品；模型作品，是指为展示、试验或者观测等用途，根据物体的形状和结构，按照一定比例制成的立体作品。

(8) 计算机软件。是指计算机程序及其有关文档。

(9) 法律、行政法规规定的其他作品。

并不是所有作品都受著作权法保护，不予保护的对象主要有：

(1) 依法禁止出版、传播的作品；

(2) 法律、法规，国家机关的决议、决定、命令和其他具有立法、行政、司法性质的文件，及其官方正式译文；

(3) 时事新闻，指通过报纸、期刊、广播电台、电视台等媒体报道的单纯事实消息；

(4) 历法、通用数表、通用表格和公式。

二、著作权人及其权利

(一) 著作权人

1. 一般意义上的著作权人

《著作权法》第9条规定:"著作权人包括:(一)作者;(二)其他依照本法享有著作权的公民、法人或者其他组织。"

作者是创作作品的公民。首先,只有公民(自然人)才能成为作者,其他无生命的社会组织因其不具有直接创作能力而不能成为作者。其次,只有进行创作的人才能成为作者。著作权法所称创作,是指直接产生文学、艺术和科学作品的智力活动。为他人创作进行组织工作,提供咨询意见、物质条件,或者进行其他辅助活动,均不视为创作。

单位在特定情况下可以视为作者。《著作权法》第11条第3款规定:"由法人或者其他组织主持,代表法人或者其他组织意志创作,并由法人或者其他组织承担责任的作品,法人或者其他组织视为作者。"

在实际生活中,通常以署名来认定作者。《著作权法》第11条第4款规定:"如无相反证明,在作品上署名的公民、法人或者其他组织为作者。"

2. 演绎作品的著作权人

演绎作品是对已发表的作品经过改编、翻译、注释、整理等而创造出来的新作品。《著作权法》第12条规定:"改编、翻译、注释、整理已有作品而产生的作品,其著作权由改编、翻译、注释、整理人享有,但行使著作权时不得侵犯原作品的著作权。"

3. 合作作品的著作权人

合作作品是指两人以上合作创作的作品。《著作权法》第13条规定:"两人以上合作创作的作品,著作权由合作作者共同享有。没有参加创作的人,不能成为合作作者。合作作品可以分割使用的,作者对各自创作的部分可以单独享有著作权,但行使著作权时不得侵犯合作作品整体的著作权。"

4. 汇编作品的著作权人

汇编作品是汇编若干作品、作品的片段或者不构成作品的数据或者其他材料,对其内容的选择或者编排体现独创性的作品。《著作权法》第14条规定:"……汇编作品,其著作权由汇编人享有,但行使著作权时,不得侵犯原作品的著作权。"

5. 影视作品的著作权人

影视作品是指电影作品和以类似摄制电影的方法创作的作品。《著作权法》第15条规定:"电影作品和以类似摄制电影的方法创作的作品的著作权由制片者享有,但编剧、导演、摄影、作词、作曲等作者享有署名权,并有权按照与制片者签订的合同获得报酬。电影作品和以类似摄制电影的方法创作的作品中的剧本、音乐等可以单独使用的作品的作者有权单独行使其著作权。"

6. 职务作品的著作权人

职务作品是公民为完成法人或者其他组织工作任务所创作的作品。《著作权法》第16条规定了职务作品的著作权人："著作权由作者享有,但法人或者其他组织有权在其业务范围内优先使用。作品完成两年内,未经单位同意,作者不得许可第三人以与单位使用的相同方式使用该作品。"

《著作权法》第16条第2款规定了特殊职务作品的著作权人："有下列情形之一的职务作品,作者享有署名权,著作权的其他权利由法人或者其他组织享有,法人或者其他组织可以给予作者奖励：(一)主要是利用法人或者其他组织的物质技术条件创作,并由法人或者其他组织承担责任的工程设计图、产品设计图、地图、计算机软件等职务作品;(二)法律、行政法规规定或者合同约定著作权由法人或者其他组织享有的职务作品。"

7. 委托作品的著作权人

委托作品是指作者接受他人委托而创作的作品。《著作权法》第17条规定："受委托创作的作品,著作权的归属由委托人和受托人通过合同约定。合同未作明确约定或者没有订立合同的,著作权属于受托人。"

8. 原件所有权转移的作品著作权归属

有些作品载体的所有权和作品的著作权是可以分离的。比如一幅油画,它的作者和它的收藏者可以是两个人。《著作权法》第18条规定："美术等作品原件所有权的转移,不视为作品著作权的转移,但美术作品原件的展览权由原件所有人享有。"作品所有权人可以对作品欣赏、展览或者再出售,但是不得从事修改、复制等侵犯作品著作权的行为。

9. 作者身份不明的作品著作权归属

《著作权法实施条例》第13条规定："作者身份不明的作品,由作品原件的所有人行使除署名权以外的著作权。作者身份确定后,由作者或者其继承人行使著作权。"

(二)著作权人的权利

著作权人享有的权利包括人身权和财产权两类。

著作人身权是指著作权人基于作品的创作依法享有的以人格利益为内容的权利,它只能由作者行使,不得许可他人行使,也不可转让或继承。著作权法上的人身权始于作品的创作完成之日,并随作品的存在而永久性存在。它的内容包括：

(1)发表权,即决定作品是否公之于众的权利;

(2)署名权,即表明作者身份,在作品上署名的权利;

(3)修改权,即修改或者授权他人修改作品的权利;

(4)保护作品完整权,即保护作品不受歪曲、篡改的权利;

著作财产权是指著作权人依法享有的控制作品的使用并获得财产利益的权利。它的内容包括：

（5）复制权，即以印刷、复印、拓印、录音、录像、翻录、翻拍等方式将作品制作一份或者多份的权利；

（6）发行权，即以出售或者赠与方式向公众提供作品的原件或者复制件的权利；

（7）出租权，即有偿许可他人临时使用电影作品和以类似摄制电影的方法创作的作品、计算机软件的权利，计算机软件不是出租的主要标的的除外；

（8）展览权，即公开陈列美术作品、摄影作品的原件或者复制件的权利；

（9）表演权，即公开表演作品，以及用各种手段公开播送作品的表演的权利；

（10）放映权，即通过放映机、幻灯机等技术设备公开再现美术、摄影、电影和以类似摄制电影的方法创作的作品等的权利；

（11）广播权，即以无线方式公开广播或者传播作品，以有线传播或者转播的方式向公众传播广播的作品，以及通过扩音器或者其他传送符号、声音、图像的类似工具向公众传播广播的作品的权利；

（12）信息网络传播权，即以有线或者无线方式向公众提供作品，使公众可以在其个人选定的时间和地点获得作品的权利；

（13）摄制权，即以摄制电影或者以类似摄制电影的方法将作品固定在载体上的权利；

（14）改编权，即改变作品，创作出具有独创性的新作品的权利；

（15）翻译权，即将作品从一种语言文字转换成另一种语言文字的权利；

（16）汇编权，即将作品或者作品的片段通过选择或者编排，汇集成新作品的权利；

（17）应当由著作权人享有的其他权利。

三、著作权的利用和限制

（一）著作权的利用

著作权人对其作品享有的著作财产权可以依法许可他人使用，也可以依法部分或者全部转让，并获取报酬。

著作权的许可使用权是指著作权人依法享有的许可他人使用作品并获得报酬的权利。《著作权法》第 24 条规定："使用他人作品应当同著作权人订立许可使用合同。"

许可使用合同包括下列主要内容：
（1）许可使用的权利种类；
（2）许可使用的权利是专有使用权或者非专有使用权；

(3) 许可使用的地域范围、期间;

(4) 付酬标准和办法;

(5) 违约责任;

(6) 双方认为需要约定的其他内容。

著作权的转让权是指著作权人依法享有的转让著作财产权中部分或全部权利并获得报酬的权利。《著作权法》第 25 条规定,转让著作财产权应当订立书面合同。

权利转让合同包括下列主要内容:

(1) 作品的名称;

(2) 转让的权利种类、地域范围;

(3) 转让价金;

(4) 交付转让价金的日期和方式;

(5) 违约责任;

(6) 双方认为需要约定的其他内容。

(二) 著作权的限制

为了调节作者和社会公众双方的权益,《著作权法》对著作权也作了一定的限制。

1. 著作权保护不是无止境的,而是具有一定的期限

著作人身权中的署名权、修改权、保护作品完整权的保护期不受限制,但是发表权的保护受到一定的限制。

公民的作品,其发表权、著作财产权的保护期为作者终生及其死亡后 50 年,截至于作者死亡后第 50 年的 12 月 31 日;如果是合作作品,截至于最后死亡的作者死亡后第 50 年的 12 月 31 日。

法人或者其他组织的作品、著作权(署名权除外)由法人或者其他组织享有的职务作品,其发表权、著作财产权的保护期为 50 年,截至于作品首次发表后第 50 年的 12 月 31 日,但作品自创作完成后 50 年内未发表的,不再保护。

电影作品和以类似摄制电影的方法创作的作品、摄影作品,其发表权、著作财产权的保护期为 50 年,截至于作品首次发表后第 50 年的 12 月 31 日,但作品自创作完成后 50 年内未发表的,不再保护。

作者身份不明的作品,其著作财产权的保护期截至于作品首次发表后第 50 年的 12 月 31 日。

2. 著作权可以合理使用

合理使用是指根据法律的明文规定,不必征得著作权人的同意而无偿使用他人已发表的行为。合理使用必须符合以下条件:

(1) 合理使用的作品,必须是已经发表的作品。未发表的作品不经著作权人

的同意,不得擅自使用。

(2) 合理使用他人的作品,不得以营利为目的。合理使用一般只限于为个人消费或者公益性使用等目的少量使用他人作品的行为。

(3) 合理使用必须尊重作者的署名权、修改权和保护作品完整权等人身权。合理使用应当指明作者姓名、作品名称,并且不得侵犯著作权人依法享有的其他权利。

(4) 合理使用必须基于法律的明文规定。除《著作权法》第22条明确规定的情形外,其他行为均不构成合理使用。

《著作权法》第22条规定了合理使用的范围:

(1) 为个人学习、研究或者欣赏,使用他人已经发表的作品;

(2) 为介绍、评论某一作品或者说明某一问题,在作品中适当引用他人已经发表的作品;

(3) 为报道时事新闻,在报纸、期刊、广播电台、电视台等媒体中不可避免地再现或者引用已经发表的作品;

(4) 报纸、期刊、广播电台、电视台等媒体刊登或者播放其他报纸、期刊、广播电台、电视台等媒体已经发表的关于政治、经济、宗教问题的时事性文章,但作者声明不许刊登、播放的除外;

(5) 报纸、期刊、广播电台、电视台等媒体刊登或者播放在公众集会上发表的讲话,但作者声明不许刊登、播放的除外;

(6) 为学校课堂教学或者科学研究,翻译或者少量复制已经发表的作品,供教学或者科研人员使用,但不得出版发行;

(7) 国家机关为执行公务在合理范围内使用已经发表的作品;

(8) 图书馆、档案馆、纪念馆、博物馆、美术馆等为陈列或者保存版本的需要,复制本馆收藏的作品;

(9) 免费表演已经发表的作品,该表演未向公众收取费用,也未向表演者支付报酬;

(10) 对设置或者陈列在室外公共场所的艺术作品进行临摹、绘画、摄影、录像;

(11) 将中国公民、法人或者其他组织已经发表的以汉语言文字创作的作品翻译成少数民族语言文字作品在国内出版发行;

(12) 将已经发表的作品改成盲文出版。

3. 著作权可以法定许可使用

法定许可使用是指根据法律的明文规定,不经著作权人同意而有偿使用他人已经发表的作品的行为。它与合理使用的不同之处在于,法定许可只是在一定范围内限制了著作权人的人身权,但并未限制著作权人的财产权,著作权人仍然有获取报酬的权利。但著作权人事先声明不许使用的,一般不使用法定许可使用。

根据有关规定,法定许可使用包括以下情形:

(1) 为实施九年制义务教育和国家教育规划而编写出版教科书,除作者事先声明不许使用的外,可以不经著作权人许可,在教科书中汇编已经发表的作品片段或者短小的文字作品、音乐作品或者单幅的美术作品、摄影作品。

(2) 作品在报纸、期刊上刊登后,除著作权人声明不得转载、摘编的外,其他报刊可以转载或者作为文摘、资料刊登。

(3) 已在报刊上刊登或者网络上传播的作品,除著作权人声明或者上载该作品的网络服务提供者受著作权人的委托声明不得转载、摘编的以外,网站可以转载、摘编。

(4) 录音制作者使用他人已经合法录制为录音制品的音乐作品制作录音制品,著作权人声明不许使用的除外。

(5) 广播电台、电视台播放他人已经发表的作品。

(5) 广播电台、电视台播放已经出版的录音制品。

四、邻接权

(一) 邻接权的概念

随着科学技术的进步,各种利用手段增多,著作财产权的范围也不断扩大,不仅原作品的著作权人享有权利,而且传播者也提出了权利要求。邻接权应运而生。

邻接权是指作品传播者对在传播作品过程中产生的成果依法享有的专有权利,又称为作品传播者权或与著作权相关的权利。

邻接权是为了保护作品传播者而设立的一种权利,它以著作权的存在为基础;对于著作权合理使用的限制,同样适用于对邻接权的限制,邻接权的保护期也为50年。但邻接权又与著作权不同:首先,著作权的主体是作者或著作权人,邻接权的主体是作品的传播者,主要是表演者、录音录像制作者、广播电视组织者和出版者。其次,著作权的客体是作品本身,而邻接权的客体是传播作品过程中产生的成果。第三,著作权是一种独立性的权利,邻接权是一种从属性的权利,其权利的行使受到作品著作权的制约。

(二) 邻接权人的权利和义务

1. 出版者的权利和义务

出版者的权利主要有:

(1) 专有出版权。《著作权法》第 30 条规定:"图书出版者对著作权人交付出版的作品,按照合同约定享有的专有出版权受法律保护,他人不得出版该作品。"图书出版合同中约定图书出版者享有专有出版权但没有明确其具体内容的,视为图书出版者享有在合同有效期限内和在合同约定的地域范围内以同种文字的原版、修订版出版图书的专有权利。

报社、期刊社对著作权人的投稿在一定期限内也享有专有出版权。著作权人向报社、期刊社投稿的,自稿件发出之日起15日内未收到报社通知决定刊登的,或者自稿件发出之日起30日内未收到期刊社通知决定刊登的,可以将同一作品向其他报社、期刊社投稿。双方另有约定的除外。

(2) 版式设计专有权。《著作权法》第35条规定:"出版者有权许可或者禁止他人使用其出版的图书、期刊的版式设计。"

出版者的义务主要有:

(1) 按合同约定或者国家规定向著作权人支付报酬。

(2) 按照合同约定的出版质量、期限出版图书。

(3) 重印、再版作品的,应当通知著作权人,并支付报酬。

(4) 出版改编、翻译、注释、整理、汇编已有作品而产生的作品,应当取得改编、翻译、注释、整理、汇编作品的著作权人和原作品的著作权人许可,并支付报酬。

(5) 合理注意的义务。对出版行为的授权、稿件来源的署名、所编辑出版物的内容等尽合理的注意义务,避免出版行为侵犯他人的著作权等合法权利。

2. 表演者的权利和义务

表演者对其表演享有的权利主要有:

(1) 表明表演者身份;

(2) 保护表演形象不受歪曲;

(3) 许可他人从现场直播和公开传送其现场表演,并获得报酬;

(4) 许可他人录音录像,并获得报酬;

(5) 许可他人复制、发行录有其表演的录音录像制品,并获得报酬;

(6) 许可他人通过信息网络向公众传播其表演,并获得报酬。

表演者的义务主要有:

(1) 使用他人作品演出,表演者(演员、演出单位)应当取得著作权人许可,并支付报酬。演出组织者组织演出,由该组织者取得著作权人许可,并支付报酬。

(2) 使用改编、翻译、注释、整理已有作品而产生的作品进行演出,应当取得改编、翻译、注释、整理作品的著作权人和原作品的著作权人许可,并支付报酬。

3. 录制者的权利和义务

录音录像制作者对其制作的录音录像制品,享有许可他人复制、发行、出租、通过信息网络向公众传播并获得报酬的权利。

录音录像制作者使用他人作品制作录音录像制品,应当取得著作权人许可,并支付报酬。使用改编、翻译、注释、整理已有作品而产生的作品,应当取得改编、翻译、注释、整理作品的著作权人和原作品著作权人许可,并支付报酬。制作录音录像制品,应当同表演者订立合同,并支付报酬。

4. 播放者的权利和义务

广播电台、电视台有权禁止未经其许可的下列行为：(1) 将其播放的广播、电视转播；(2) 将其播放的广播、电视录制在音像载体上以及复制音像载体。

广播电台、电视台播放他人未发表的作品，应当取得著作权人许可，并支付报酬。电视台播放他人的电影作品和以类似摄制电影的方法创作的作品、录像制品，应当取得制片者或者录像制作者许可，并支付报酬；播放他人的录像制品，还应当取得著作权人许可，并支付报酬。

五、著作权的保护

我国著作权的保护主要由人民法院和著作权行政管理部门实施。未经著作权人的同意，又无法律上的依据，擅自使用他人作品的行为，即构成著作权侵权行为。根据侵权行为的情节及其危害后果，侵权人分别承担民事、行政乃至刑事责任。

（一）应当承担民事责任的著作权侵权行为

根据《著作权法》第46条规定，有下列侵权行为的，应当根据情况，承担停止侵害、消除影响、赔礼道歉、赔偿损失等民事责任：

(1) 未经著作权人许可，发表其作品的；

(2) 未经合作作者许可，将与他人合作创作的作品当作自己单独创作的作品发表的；

(3) 没有参加创作，为谋取个人名利，在他人作品上署名的；

(4) 歪曲、篡改他人作品的；

(5) 剽窃他人作品的；

(6) 未经著作权人许可，以展览、摄制电影和以类似摄制电影的方法使用作品，或者以改编、翻译、注释等方式使用作品的，著作权法另有规定的除外；

(7) 使用他人作品，应当支付报酬而未支付的；

(8) 未经电影作品和以类似摄制电影的方法创作的作品、计算机软件、录音录像制品的著作权人或者与著作权有关的权利人许可，出租其作品或者录音录像制品的，著作权法另有规定的除外；

(9) 未经出版者许可，使用其出版的图书、期刊的版式设计的；

(10) 未经表演者许可，从现场直播或者公开传送其现场表演，或者录制其表演的；

(11) 其他侵犯著作权以及与著作权有关的权益的行为。

根据《著作权法》的规定，侵犯著作权的行为应当根据情节承担停止侵害、消除影响、公开赔礼道歉以及赔偿损失等民事责任。

（二）应当承担综合责任的著作权侵权行为

《著作权法》第47条规定，有下列侵权行为的，应当根据情况，承担停止侵害、消除影响、赔礼道歉、赔偿损失等民事责任;同时损害公共利益的,可以由著作权行政管理部门责令停止侵权行为,没收违法所得,没收、销毁侵权复制品,并可处以罚款;情节严重的,著作权行政管理部门还可以没收主要用于制作侵权复制品的材料、工具、设备等;构成犯罪的,依法追究刑事责任:

(1) 未经著作权人许可,复制、发行、表演、放映、广播、汇编、通过信息网络向公众传播其作品的,著作权法另有规定的除外;

(2) 出版他人享有专有出版权的图书的;

(3) 未经表演者许可,复制、发行录有其表演的录音录像制品,或者通过信息网络向公众传播其表演的,著作权法另有规定的除外;

(4) 未经录音录像制作者许可,复制、发行、通过信息网络向公众传播其制作的录音录像制品的,著作权法另有规定的除外;

(5) 未经许可,播放或者复制广播、电视的,著作权法另有规定的除外;

(6) 未经著作权人或者与著作权有关的权利人许可,故意避开或者破坏权利人为其作品、录音录像制品等采取的保护著作权或者与著作权有关的权利的技术措施的,法律、行政法规另有规定的除外;

(7) 未经著作权人或者与著作权有关的权利人许可,故意删除或者改变作品、录音录像制品等的权利管理电子信息的,法律、行政法规另有规定的除外;

(8) 制作、出售假冒他人署名的作品的。

(三) 侵犯著作权的刑事责任

根据我国《刑法》第 217 条规定,以营利为目的,有下列侵犯著作权情形之一,违法所得数额较大或者有其他严重情节的,处 3 年以下有期徒刑或者拘役,并处或者单处罚金;违法所得数额巨大或者有其他特别严重情节的,处 3 年以上 7 年以下有期徒刑,并处罚金:

(1) 未经著作权人许可,复制发行其文字作品、音乐、电影、电视、录像作品、计算机软件及其他作品的;

(2) 出版他人享有专有出版权的图书的;

(3) 未经录音录像制作者许可,复制发行其制作的录音录像的;

(4) 制作、出售假冒他人署名的美术作品的。

六、计算机软件著作权

(一) 计算机软件著作权的客体

计算机软件著作权的客体是计算机软件,即计算机程序及其有关文档。计算机程序,是指为了得到某种结果而可以由计算机等具有信息处理能力的装置执行的代码化指令序列,或者可以被自动转换成代码化指令序列的符号化指令序列或者符号化语句序列。同一计算机程序的源程序和目标程序为同一作品。文档,是指用来描述程序的内容、组成、设计、功能规格、开发情况、测试结果及使用方法的文字资料和图表等,如程序设计说明书、流程图、用户手册等。

受《著作权法》保护的软件必须由开发者独立开发,并已固定在某种有形物体上。

对软件著作权的保护不延及开发软件所用的思想、处理过程、操作方法或者数学概念等。

(二)计算机软件著作权人及其权利

软件著作权人,是指依法对软件享有著作权的自然人、法人或者其他组织。除法律另有规定外,软件著作权属于软件开发者。软件开发者,是指实际组织开发、直接进行开发,并对开发完成的软件承担责任的法人或者其他组织;或者依靠自己具有的条件独立完成软件开发,并对软件承担责任的自然人。如无相反证明,在软件上署名的自然人、法人或者其他组织为开发者。

委托开发、合作开发软件著作权的归属及行使与一般著作权归属及行使原则相同。但职务软件的著作权归属有一定的特殊性。《计算机软件保护条例》第13条规定,自然人在法人或者其他组织中任职期间所开发的软件有下列情形之一的,该软件著作权由该法人或者其他组织享有,该法人或者其他组织可以对开发软件的自然人进行奖励:

(1)针对本职工作中明确指定的开发目标所开发的软件;

(2)开发的软件是从事本职工作活动所预见的结果或者自然的结果;

(3)主要使用了法人或者其他组织的资金、专用设备、未公开的专门信息等物质技术条件所开发并由法人或者其他组织承担责任的软件。

软件著作权人享有的权利有:

(1)发表权,即决定软件是否公之于众的权利;

(2)署名权,即表明开发者身份,在软件上署名的权利;

(3)修改权,即对软件进行增补、删节,或者改变指令、语句顺序的权利;

(4)复制权,即将软件制作一份或者多份的权利;

(5)发行权,即以出售或者赠与方式向公众提供软件的原件或者复制件的权利;

(6)出租权,即有偿许可他人临时使用软件的权利,但是软件不是出租的主要标的的除外;

(7)信息网络传播权,即以有线或者无线方式向公众提供软件,使公众可以在其个人选定的时间和地点获得软件的权利;

(8)翻译权,即将原软件从一种自然语言文字转换成另一种自然语言文字的权利;

(9)应当由软件著作权人享有的其他权利。

软件著作权人可以许可他人行使其软件著作权,并有权获得报酬。

软件著作权人可以全部或者部分转让其软件著作权,并有权获得报酬。

(三) 计算机软件著作权的保护期限及限制

软件著作权自软件开发完成之日起产生。自然人的软件著作权,保护期为自然人终生及其死亡后50年,截至于自然人死亡后第50年的12月31日;软件是合作开发的,截至于最后死亡的自然人死亡后第50年的12月31日。法人或者其他组织的软件著作权,保护期为50年,截至于软件首次发表后第50年的12月31日,但软件自开发完成之日起50年内未发表的,不再保护。

为了维护社会公共利益,保障软件的正常使用,促进软件开发技术的发展,《计算机软件保护条例》规定了软件著作权的限制:

(1) 软件的合法复制品所有人享有下列权利:根据使用的需要把该软件装入计算机等具有信息处理能力的装置内;为了防止复制品损坏而制作备份复制品。这些备份复制品不得通过任何方式提供给他人使用,并在所有人丧失该合法复制品的所有权时,负责将备份复制品销毁;为了把该软件用于实际的计算机应用环境或者改进其功能、性能而进行必要的修改;但是,除合同另有约定外,未经该软件著作权人许可,不得向任何第三方提供修改后的软件。

(2) 为了学习和研究软件内含的设计思想和原理,通过安装、显示、传输或者存储软件等方式使用软件的,可以不经软件著作权人许可,不向其支付报酬。

(3) 软件开发者开发的软件,由于可供选用的表达方式有限而与已经存在的软件相似的,不构成对已经存在的软件的著作权的侵犯。

(四) 计算机软件著作权的保护

除《著作权法》或者《计算机保护条例》另有规定外,有下列侵权行为的,应当根据情况,承担停止侵害、消除影响、赔礼道歉、赔偿损失等民事责任:

(1) 未经软件著作权人许可,发表或者登记其软件的;

(2) 将他人软件作为自己的软件发表或者登记的;

(3) 未经合作者许可,将与他人合作开发的软件作为自己单独完成的软件发表或者登记的;

(4) 在他人软件上署名或者更改他人软件上的署名的;

(5) 未经软件著作权人许可,修改、翻译其软件的;

(6) 其他侵犯软件著作权的行为。

除《著作权法》、《计算机保护条例》或者其他法律、行政法规另有规定外,未经软件著作权人许可,有下列侵权行为的,应当根据情况,承担停止侵害、消除影响、赔礼道歉、赔偿损失等民事责任;同时损害社会公共利益的,由著作权行政管理部门责令停止侵权行为,没收违法所得,没收、销毁侵权复制品,可以并处罚款;情节严重的，著作权行政管理部门并可以没收主要用于制作侵权复制品的材料、工具、设备等；触犯刑律的，依照刑法关于侵犯著作权罪、销售侵权复制品罪的规定，依法追究刑事责任：

(1) 复制或者部分复制著作权人的软件的；

(2) 向公众发行、出租、通过信息网络传播著作权人的软件的；

(3) 故意避开或者破坏著作权人为保护其软件著作权而采取的技术措施的；

(4) 故意删除或者改变软件权利管理电子信息的；

(5) 转让或者许可他人行使著作权人的软件著作权的。

软件复制品的出版者、制作者不能证明其出版、制作有合法授权的，或者软件复制品的发行者、出租者不能证明其发行、出租的复制品有合法来源的，应当承担法律责任。

软件的复制品持有人不知道也没有合理理由应当知道该软件是侵权复制品的，不承担赔偿责任；但是，应当停止使用、销毁该侵权复制品。如果停止使用并销毁该侵权复制品将给复制品使用人造成重大损失的，复制品使用人可以在向软件著作权人支付合理费用后继续使用。

(五) 计算机软件的登记

为促进我国软件产业发展，增强我国信息产业的创新能力和竞争能力，国家著作权行政管理部门鼓励软件登记，并对登记的软件予以重点保护。软件著作权人可以向国务院著作权行政管理部门认定的软件登记机构办理登记。

国家版权局主管全国软件著作权登记管理工作。国家版权局认定中国版权保护中心为软件登记机构。

软件登记分为软件著作权登记、软件著作权专有许可合同和转让合同登记。软件著作权登记申请人应当是该软件的著作权人以及通过继承、受让或者承受软件著作权的自然人、法人或者其他组织。软件著作权合同登记的申请人，应当是软件著作权专有许可合同或者转让合同的当事人。

申请人在登记申请批准之前，可以随时请求撤回申请。中国版权保护中心应当自受理日起60日内审查完成所受理的申请，申请符合《计算机软件著作权保护条例》和《计算机软件著作权登记办法》规定的，予以登记，发给相应的登记证书，并予以公告。国家版权局根据最终的司法判决或者著作权行政管理部门作出的行政处罚决定，可以撤销登记。中国版权保护中心可以根据申请人的申请，撤销登记。

除《计算机软件著作权登记办法》另有规定外，任何人均可查阅软件登记公告以及可公开的有关登记文件。申请软件登记或者办理其他事项，应当交纳费用。

但是软件登记不是软件著作权产生的依据，未经登记的软件著作权、软件许可合同、软件转让合同依然受法律保护。

第三节 专 利 法

一、专利法和专利权的客体

（一）专利法

专利法是调整人们之间因专利以及专利权而产生的社会关系的法律规范的总称。狭义的专利法是指单一的法典形式体现的专利权法,如《专利法》;广义的专利法还包括其他调整专利权关系的法律条文、法规及司法解释等。

我国现行的专利法主要有《专利法》、《专利法实施细则》、《关于促进科技成果转化的若干规定》、《专利标记和专利号标注方式的规定》、《专利代理管理办法》、《专利实施强制许可办法》、《关于电子专利申请的规定》、《最高人民法院关于审理专利纠纷案件适用法律问题的若干规定》等。

我国专利法的宗旨是确认和保护专利权人的权利,《专利法》第1条规定:"为了保护发明创造专利权,鼓励发明创造,有利于发明创造的推广应用,促进科学技术进步和创新,适应社会主义现代化建设的需要,特制定本法。"

国务院专利行政部门负责管理全国的专利工作;统一受理和审查专利申请,依法授予专利权。省、自治区、直辖市人民政府管理专利工作的部门负责本行政区域内的专利管理工作。

（二）专利权的客体

专利权的客体是指依法应授予专利的发明创造。《专利法》第2条规定:"本法所称的发明创造是指发明、实用新型和外观设计。"

1. 发明

《专利法》所称发明,是指对产品、方法或者其改进所提出的新的技术方案。科学发现不属于发明,文学、艺术和社会领域的成果也不能构成专利法意义上的发明。其中,产品发明是指人们通过智力劳动创造出来的各种产品,这种产品是自然界和人类社会从未有过的,并且具有实际应用价值。方法发明是指为解决某特定技术问题而采用的手段和步骤的发明,通常包括制造方法、化学方法、生物方法及其他方法的发明。改进发明是指对已有的产品发明或方法发明所作出的实质性的革新的技术方案。

2. 实用新型

《专利法》所称实用新型,是指对产品的形状、构造或者其结合所提出的适于实用的新的技术方案。实用新型专利只保护产品,即具有一定的固定形状、占据一定的空间的实体。方法、自然物都不属于实用新型的保护客体,此外,根据专利局的规定,下列产品也不能申请实用新型专利:单纯材料替换的产品,以及用不同工艺生产的同样形状、构造的产品;不可移动的建筑物;仅以平面图案设计为特征的产品,如棋、牌等;由两台或两台以上的仪器或设备组成的系统,如电话网络系统、上下水系统、采暖系统、楼房通风空调系统、数据处理系统、轧网机、连铸机等;单纯的线路,如纯电路、电路方框图、气动线路图、液压线路图、逻辑方框图、工作流程图、平面配置图以及实质上仅具有电功能的基本电子电路产品。

3. 外观设计

《专利法》所称外观设计,是指对产品的形状、图案或者其结合以及色彩与形状、图案的结合所作出的富有美感并适于工业应用的新设计。外观设计的载体必须是产品,不能重复生产的手工艺品、农产品、畜产品、自然物不能作为外观设计的载体。通常,产品的色彩不能独立构成外观设计,除非产品色彩变化的本身已经形成一种图案。

4. 专利法不予保护的对象

我国《专利法》对于以下情况不授予专利权:

(1) 违反国家法律、社会公德或者妨害公共利益的发明创造。发明创造本身的目的并没有违反国家法律,但是由于被滥用而违反国家法律的,不属此列。

(2) 科学发现。科学发现是揭示客观上已经存在,但是尚未被人们认识到的事物的特性和自然规律。专利法只保护利用自然规律改造客观世界的发明创造,而不保护自然规律本身。

(3) 智力活动的规则和方法。智力活动是指人的思维活动,它仅是指导人们对信息进行思维、识别、判断和记忆的规则和方法,本身并不涉及技术手段或方法,也不解决技术问题和产生技术效果,因而不能授予专利权。

(4) 疾病的诊断和治疗方法。诊断和治疗疾病,是指以有生命的人或者动物为直接实施对象,进行识别、确定或消除病因、病灶的过程。专利法不保护此类创造性劳动,是出于人道主义的考虑和社会伦理的原因,保证医生在诊断和治疗过程中选择最恰当的方法和条件。但是,药品或医疗器械可以申请专利。

(5) 动物和植物品种。虽然我国专利法规定动植物产品不能获得专利,但是生产动植物产品的方法,可以依法授予专利权。

(6) 用原子核变换方法获得的物质。原子核变换,包括聚变和裂变,这一类的产品和制造方法都不能获得专利权,因为原子核变换事关国家军事、国防机密,各国专利法一般都不予保护。

二、专利权人及其权利

(一) 专利申请人和专利权人

提出专利申请的人是专利申请人。专利申请经专利管理部门批准后,专利申请人成为专利权人。专利权人就是依法享有专利权并承担相应义务的人。在专利申请未获得批准前,专利申请人不享有专利权。两个以上的申请人分别就同样的发明创造申请专利的,专利权授予最先申请的人。

专利权人包括下列几种:

1. 发明人或设计人

专利法所称发明人或设计人,是指对发明创造的实质性特点作出了创造性贡献的人。其他在完成发明创造过程中的辅助人员,比如只负责组织工作的人,为物质条件的利用提供方便的人或者从事其他辅助工作的人都不是发明人或设计人。发明人或设计人只能是自然人,不能是单位、集体或课题组。

发明创造可以分为职务发明创造和非职务发明创造。执行本单位的任务或者主要是利用本单位的物质技术条件所完成的发明创造为职务发明创造。既非执行本单位的任务,也没有主要利用本单位的物质技术条件所完成的发明创造是非职务发明创造。非职务发明创造的专利申请权属于发明人或设计人,申请被批准后,该发明人或者设计人为专利权人。对发明人或者设计人的非职务发明创造专利申请,任何单位或者个人不得压制。

两个或两个以上的发明人或者设计人合作完成的发明创造,专利申请权和取得的专利权属于全体合作者共同所有。

2. 发明人或设计人的单位

职务发明创造的专利申请权属于该单位,申请被批准后,该单位为专利权人。

专利法所称的职务发明分两类,执行本单位的任务所完成的职务发明创造和主要利用本单位物质技术条件完成的职务发明创造。

执行本单位任务所完成的职务发明创造是指:

(1) 在本职工作中作出的发明创造;

(2) 履行本单位交付的本职工作之外的任务所作出的发明创造;

(3) 退职、退休或者调动工作后 1 年内作出的,与其在原单位承担的本职工作或者原单位分配的任务有关的发明创造。

本单位的物质技术条件是指本单位的资金、设备、零部件、原材料或者不对外公开的技术资料等。一般认为,如果在发明创造的过程中,全部或者大部分利用了单位的物质技术条件,这种利用对发明创造的完成起到了不可替代的决定性作用的,就可以认定为主要利用了本单位的物质技术条件。如果仅仅是少量利用了本单位的物质技术条件,对发明创造的完成不具有决定性影响的,不能认定是职务发明创造。利用本单位的物质技术条件所完成的发明创造,单位与发明人或者设计人订有合同,对申请专利的权利和专利权的归属作出约定的,从其约定。

被授予专利权的单位应当对职务发明创造的发明人或者设计人给予奖励;发明创造专利实施后,根据其推广应用的范围和取得的经济效益,对发明人或者设计人给予合理的报酬。

专利法所称本单位,包括临时工作单位。

3. 受让人

专利申请权和专利权可以依法通过合同或者继承转让。专利申请权转让后,受让人申请并获得专利的,受让人是专利权人。

一个单位或者个人接受其他单位或者个人委托所完成的发明创造,如果双方约定发明创造的专利申请权归委托方,从其约定;申请被批准后,委托人为专利权人。约定不明确或者没有约定的,专利申请权属于完成发明创造的单位或者个人;申请被批准后,申请的单位或者个人为专利权人。

因转让而获得专利申请权和专利权后,受让人并不因此成为发明人或设计人,该发明创造的发明人或设计人也不因此丧失其特定的人身权利。

(二)专利权人的权利与义务

1. 专利权人的权利

(1)独占权。发明和实用新型专利权被授予后,除法律另有规定的外,任何单位或者个人未经专利权人许可,都不得实施其专利,即不得为生产经营目的制造、使用、许诺销售、销售、进口其专利产品,或者使用其专利方法以及使用、许诺销售、销售、进口依照该专利方法直接获得的产品。外观设计专利权被授予后,任何单位或者个人未经专利权人许可,都不得实施其专利,即不得为生产经营目的制造、销售、进口其外观设计专利产品。

(2)许可权。专利权人不仅自己可以实施其专利,而且可以许可他人实施自己的专利。任何单位或者个人实施他人专利的,应当与专利权人订立书面实施许可合同,向专利权人支付专利使用费。被许可人无权允许合同规定以外的任何单位或者个人实施该专利。

(3)转让权。专利权人可以通过出售、赠与、投资入股等方式将专利申请权、专利权转让给他人。转让专利申请权或者专利权的,当事人应当订立书面合同,并向国务院专利行政部门登记,由国务院专利行政部门予以公告。专利申请权或者专利权的转让自登记之日起生效。中国单位或者个人向外国人转让专利申请权或者专利权的,必须经国务院有关主管部门批准。

(4)标记权。专利权人有权在其专利产品或者该产品的包装上标明专利标记和专利号。

2. 专利权人的义务

(1)积极实施的义务。法律规定除非涉及国家安全和重大权益需要保密外,专利权人自专利权被授予后一段时间内必须付诸实施。这是为了使发明创造能够及时得到应用,为社会发展和人民生活创造应有的价值。

(2)缴纳各种专利费用的义务。专利权人要获得和保护自己的专利,就应当

210

依法支付各种费用。主要包括申请费、实质审查费、专利年费等。没有按照规定缴纳年费的,专利权在期限届满前终止。

三、获得专利权的条件和程序

（一）授予专利权的条件

发明创造要获得专利权,必须符合法律规定的形式条件和实质条件。形式条件是申请专利时在申请文件和手续方面的要求。实质条件是指申请专利的发明创造本身必须具备的属性要求。

1. 发明或者实用新型专利的授权实质条件

授予专利权的发明和实用新型,应当具备新颖性、创造性和实用性。

（1）新颖性。是指在申请日以前没有同样的发明或者实用新型在国内外出版物上公开发表过、在国内公开使用过或者以其他方式为公众所知,也没有同样的发明或者实用新型由他人向国务院专利行政部门提出过申请并且记载在申请日以后公布的专利申请文件中。

申请专利的发明创造在申请日以前 6 个月内,有下列情形之一的,不丧失新颖性：在中国政府主办或者承认的国际展览会上首次展出的；在规定的学术会议或者技术会议上首次发表的；他人未经申请人同意而泄露其内容的。

（2）创造性。是指同申请日以前已有的技术相比,该发明有突出的实质性特点和显著的进步,该实用新型有实质性特点和进步。创造性的判断以所属领域的普通技术人员的知识和判断标准为准。

（3）实用性。是指该发明或者实用新型能够制造或者使用,并且能够产生积极效果。

2. 外观设计专利的授权实质条件

授予专利权的外观设计,应当同申请日以前在国内外出版物上公开发表过或者国内公开使用过的外观设计不相同和不相近似,并不得与他人在先取得的合法权利相冲突。

（二）授予专利权的程序

1. 专利的申请

（1）专利申请的形式要求。申请发明或者实用新型专利的,应当提交请求书、说明书及其摘要和权利要求书等文件。请求书应当写明发明或者实用新型的名称,发明人或者设计人的姓名,申请人姓名或者名称、地址,以及其他事项。说明书应当对发明或者实用新型作出清楚、完整的说明,以所属技术领域的技术人员能够实现为准；必要的时候,应当有附图。摘要应当简要说明发明或者实用新型的技术要点。权利要求书应当以说明书为依据,说明要求专利保护的范围。

申请外观设计专利的,应当提交请求书以及该外观设计的图片或者照片等文件,并且应当写明使用该外观设计的产品及其所属的类别。

专利申请一般要求以书面形式提出,现在,为了方便专利申请人申请专利,也可以通过互联网以电子文件形式提出专利申请。2004年2月12日,国家知识产权局颁布了《关于电子专利申请的规定》,规范电子化申请的程序和形式要件。

(2)专利申请的单一性原则。一件发明或者实用新型专利申请应当限于一项发明或者实用新型。属于一个总的发明构思的两项以上的发明或者实用新型,可以作为一件申请提出。一件外观设计专利申请应当限于一种产品所使用的一项外观设计。用于同一类别并且成套出售或者使用的产品的两项以上的外观设计,可以作为一件申请提出。

(3)专利申请日。国务院专利行政部门收到专利申请文件之日为申请日。如果申请文件是邮寄的,以寄出的邮戳日为申请日。申请人享有优先权的,优先权日视为申请日。

(4)专利申请的优先权。申请人自发明或者实用新型在外国第一次提出专利申请之日起12个月内,或者自外观设计在外国第一次提出专利申请之日起6个月内,又在中国就相同主题提出专利申请的,依照该外国同中国签订的协议或者共同参加的国际条约,或者依照相互承认优先权的原则,可以享有优先权。

申请人自发明或者实用新型在中国第一次提出专利申请之日起12个月内,又向国务院专利行政部门就相同主题提出专利申请的,可以享有优先权。

申请人要求优先权的,应当在申请的时候提出书面声明,并且在3个月内提交第一次提出的专利申请文件的副本;未提出书面声明或者逾期未提交专利申请文件副本的,视为未要求优先权。

2. 专利申请的审批

发明专利的审批要经过以下四个步骤:

(1)初步审查。这是对专利申请的形式条件的审查。由专利主管机关查明该申请是否符合专利法关于申请形式要求的规定。

(2)早期公开。国务院专利行政部门收到发明专利申请后,经初步审查认为符合专利法要求的,自申请日起满18个月,即行公布。国务院专利行政部门可以根据申请人的请求早日公布其申请。

(3)实质审查。发明专利申请自申请日起3年内,国务院专利行政部门可以根据申请人随时提出的请求,对其申请进行实质审查;申请人无正当理由逾期不请求实质审查的,该申请即被视为撤回。国务院专利行政部门认为必要的时候,可以自行对发明专利申请进行实质审查。发明专利的申请人请求实质审查的时候,应当提交在申请日前与其发明有关的参考资料。

(4)授权登记公告。发明专利申请经实质审查没有发现驳回理由的,由国务院专利行政部门作出授予发明专利权的决定,发给发明专利证书,同时予以登记和公告。发明专利权自公告之日起生效。国务院专利行政部门对发明专利申请进行实质审查后，认为不符合专利法规定的，应当通知申请人，要求其在指定的期限内陈述意见，或者对其申请进行修改；无正当理由逾期不答复的，该申请即被视为撤回。

实用新型和外观设计专利申请不需要经过实质审查，经初步审查没有发现驳回理由的，由国务院专利行政部门作出授予实用新型专利权或者外观设计专利权的决定，发给相应的专利证书，同时予以登记和公告。实用新型专利权和外观设计专利权自公告之日起生效。

3. 专利的复审

国务院专利行政部门设立专利复审委员会。专利申请人对国务院专利行政部门驳回申请的决定不服的，可以自收到通知之日起 3 个月内，向专利复审委员会请求复审。专利复审委员会复审后，作出决定，并通知专利申请人。专利申请人对专利复审委员会的复审决定不服的，可以自收到通知之日起 3 个月内向人民法院起诉。

4. 专利权的无效宣告

自国务院专利行政部门公告授予专利权之日起，任何单位或者个人认为该专利权的授予不符合专利法有关规定的，可以请求专利复审委员会宣告该专利权无效。专利复审委员会对宣告专利权无效的请求应当及时审查和作出决定，并通知请求人和专利权人。宣告专利权无效的决定，由国务院专利行政部门登记和公告。对专利复审委员会宣告专利权无效或者维持专利权的决定不服的，可以自收到通知之日起 3 个月内向人民法院起诉。人民法院应当通知无效宣告请求程序的对方当事人作为第三人参加诉讼。

宣告无效的专利权视为自始即不存在。宣告专利权无效的决定，对在宣告专利权无效前人民法院作出并已执行的专利侵权的判决、裁定，已经履行或者强制执行的专利侵权纠纷处理决定，以及已经履行的专利实施许可合同和专利权转让合同，不具有追溯力。但是因专利权人的恶意给他人造成的损失，应当给予赔偿。如果依照上述规定，专利权人或者专利权转让人不向被许可实施专利人或者专利权受让人返还专利使用费或者专利权转让费，明显违反公平原则，专利权人或者专利权转让人应当向被许可实施专利人或者专利权受让人返还全部或者部分专利使用费或者专利权转让费。

四、专利的利用和保护

对于专利权人来说，申请专利主要是为了发挥该发明创造的经济效益和社会效益。为了能够使专利成果发挥最大的社会效益，创造最大的社会财富，《专利法》对专利权的使用作了一定的规定。

（一）专利权的保护期限和保护范围

发明专利权的期限为 20 年,实用新型专利权和外观设计专利权的期限为 10 年,均自申请日起计算。专利权期限届满后,专利权终止。专利权期限届满前,专利权人可以书面放弃专利权。

发明或者实用新型专利权的保护范围以其权利要求的内容为准,说明书及附图可以用于解释权利要求。外观设计专利权的保护范围以表示在图片或者照片中的该外观设计专利产品为准。

（二）专利权的强制许可

实施强制许可的目的是为了促进获得专利的发明创造得以实施,防止专利权人滥用专利权,维护社会公共利益。

1. 不合理实施专利的强制许可

具备实施条件的单位以合理的条件请求发明或者实用新型专利权人许可实施其专利,而未能在合理长的时间内获得这种许可时,国务院专利行政部门根据该单位的申请,可以给予实施该发明专利或者实用新型专利的强制许可。

自专利权被授予之日起满 3 年后,任何单位均可以依照专利法的规定,请求国务院专利行政部门给予强制许可。国务院专利行政部门作出的给予实施强制许可的决定,应当限定强制许可实施主要是为供应国内市场的需要;强制许可涉及的发明创造是半导体技术的,强制许可实施仅限于公共的非商业性使用,或者经司法程序或者行政程序确定为反竞争行为而给予救济的使用。

2. 从属专利的强制许可

一项取得专利权的发明或者实用新型比前已经取得专利权的发明或者实用新型具有显著经济意义的重大技术进步,其实施又有赖于前一发明或者实用新型的实施的,国务院专利行政部门根据后一专利权人的申请,可以给予实施前一发明或者实用新型的强制许可。

在依照上述规定给予实施强制许可的情形下,国务院专利行政部门根据前一专利权人的申请,也可以给予实施后一发明或者实用新型的强制许可。

3. 为了公共利益的强制许可

在国家出现紧急状态或者非常情况时,或者为了公共利益的目的,国务院专利行政部门可以给予实施发明专利或者实用新型专利的强制许可。

4. 强制许可的申请和限制

申请实施强制许可的单位或者个人,应当提出未能以合理条件与专利权人签订实施许可合同的证明。取得实施强制许可的单位或者个人不享有独占的实施权,并且无权允许他人实施。取得实施强制许可的单位或者个人应当付给专利权人合理的使用费,其数额由双方协商;双方不能达成协议的,由国务院专利行政部门裁决。

5. 强制许可决定

国务院专利行政部门作出的给予实施强制许可的决定,应当及时通知专利权人,并予以登记和公告。给予实施强制许可的决定,应当根据强制许可的理由规定实施的范围和时间。强制许可的理由消除并不再发生时,国务院专利行政部门应当根据专利权人的请求,经审查后作出终止实施强制许可的决定。

专利权人对国务院专利行政部门关于实施强制许可的决定不服的,专利权人和取得实施强制许可的单位或者个人对国务院专利行政部门关于实施强制许可的使用费的裁决不服的,可以自收到通知之日起3个月内向人民法院起诉。

(三) 专利侵权行为

1. 专利侵权行为

专利侵权行为是指在专利权有效期内,行为人未经专利权人许可又无法律依据,以生产经营为目的从事下列行为:

(1) 擅自生产制造专利产品;

(2) 擅自销售或使用专利产品;

(3) 擅自以生产经营为目的的进口专利产品;

(4) 假冒专利权人拥有的专利号及专利名称。

为生产经营目的使用或者销售不知道是未经专利权人许可而制造并售出的专利产品或者依照专利方法直接获得的产品,能证明其产品合法来源的,需要停止侵害,但不承担赔偿责任。

2. 专利侵权行为责任和纠纷处理

根据《专利法》规定,侵犯专利权,引起纠纷的,由当事人协商解决;不愿协商或者协商不成的,专利权人或者利害关系人可以向人民法院起诉,也可以请求管理专利工作的部门处理。管理专利工作的部门处理时,认定侵权行为成立的,可以责令侵权人立即停止侵权行为;侵权人期满不起诉又不停止侵权行为的,管理专利工作的部门可以申请人民法院强制执行。进行处理的管理专利工作的部门应当事人的请求,可以就侵犯专利权的赔偿数额进行调解。

假冒他人专利的,除依法承担民事责任外,由管理专利工作的部门责令改正并予公告,没收违法所得,可以并处违法所得3倍以下的罚款,没有违法所得的,可以处5万元以下的罚款;构成犯罪的,依法追究刑事责任。

以非专利产品冒充专利产品、以非专利方法冒充专利方法的,由管理专利工作的部门责令改正并予公告,可以处5万元以下的罚款。

3. 不视为侵犯专利权的行为

有下列情形之一的,不视为侵犯专利权:

(1) 专利权人制造、进口或者经专利权人许可而制造、进口的专利产品或者依照专利方法直接获得的产品售出后,使用、许诺销售或者销售该产品的;

(2) 在专利申请日前已经制造相同产品、使用相同方法或者已经作好制造、使用的必要准备,并且仅在原有范围内继续制造、使用的;

(3) 临时通过中国领陆、领水、领空的外国运输工具,依照其所属国同中国签订的协议或者共同参加的国际条约,或者依照互惠原则,为运输工具自身需要而在其装置和设备中使用有关专利的;

(4) 专为科学研究和实验而使用有关专利的。

第四节 商标法

一、商标法、商标及商标权

(一) 商标法

商标法是调整人们之间因商标以及商标权而产生的社会关系的法律规范的总称。狭义的商标法是指单一的法典形式体现的商标法,如《商标法》;广义的商标法还包括其他调整商标权关系的法律条文、法规及司法解释等。

我国现行的商标法主要有《商标法》、《商标法实施条例》、《驰名商标认定和保护规定》、《商标评审规则》、《集体商标、证明商标注册和管理办法》、《商标使用许可合同备案办法》、《集体商标、证明商标注册和管理办法》、《最高人民法院关于审理商标案件有关管辖和法律适用范围问题的解释》、《最高人民法院关于审理商标民事纠纷案件适用法律若干问题的解释》等。

我国商标法的宗旨是为了加强商标管理,保护商标专用权,促使生产、经营者保证商品和服务质量,维护商标信誉,以保障消费者和生产、经营者的利益,促进社会主义市场经济的发展。

国务院工商行政管理部门商标局主管全国商标注册和管理的工作。国务院工商行政管理部门设立商标评审委员会,负责处理商标争议事宜。

(二) 商标

1. 商标的概念

商标是经营者在商品或者服务项目上使用的,将自己经营的商品或服务与其他经营者经营的商品或服务区别开来的一种商业专用识别标记。任何能够将自然人、法人或者其他组织的商品与他人的商品区别开的可视性标志,包括文字、图形、字母、数字、三维标志和颜色组合,以及上述要素的组合,均可以作为商标申请注册。

2. 商标的种类

根据不同的标准,可以将商标分为以下几种:

(1) 根据商标结构,可分为平面商标和立体商标。平面商标是指以文字、图形、字母、数字、色彩的组合,或前述要素的相互组合构成的商标。立体商标实质以商品外形或者商品的实体包装等具有立体外观的三维标志构成的商标。例如美国"可口可乐"公司就将其可乐瓶的形状作为商标注册。

(2) 根据商标的用途,可分为商品商标和服务商标。商品商标是指用于各种商品上,用来区别不同生产经营者的商标。服务商标是指用于服务项目,用来区别不同服务提供者的商标。

(3) 两种特殊的商标:集体商标和证明商标。集体商标,是指以团体、协会或者其他组织名义注册,供该组织成员在商事活动中使用,以表明使用者在该组织中的成员资格的标志。证明商标,是指由对某种商品或者服务具有监督能力的组织所控制,而由该组织以外的单位或者个人使用于其商品或者服务,用以证明该商品或者服务的原产地、原料、制造方法、质量或者其他特定品质的标志。

(三) 商标权

1. 商标权的概念

商标权是指注册商标所有人在法定期限内对其注册商标所依法享有的权利。

2. 商标权的内容

从内容上看,商标权包括以下几项权利:

(1) 专用权。专用权是指商标权人对其注册商标依法享有的自己在指定商品或服务项目上排他的、独占使用商标的权利。注册商标的专用权,以核准注册的商标和核定使用的商品为限。

(2) 续展权。续展权是指商标权人在其注册商标保护期届满时享有的申请续展注册,延长保护期的权利。注册商标的有效期为 10 年,自核准注册之日起计算。注册商标有效期满,需要继续使用的,应当在期满前 6 个月内申请续展注册;在此期间未能提出申请的,可以给予 6 个月的宽展期。宽展期满仍未提出申请的,注销其注册商标。每次续展注册的有效期为 10 年。续展注册经核准后,予以公告。

(3) 转让权。转让权是指商标权人依法定程序和条件,通过签订商标转让协议,向他人转让注册商标的权利。转让注册商标的,转让人和受让人应当签订转让协议,并共同向商标局提出申请。受让人应当保证使用该注册商标的商品质量。转让注册商标经核准后,予以公告。受让人自公告之日起享有商标专用权。

(4) 许可权。许可权是指商标权人通过签订商标使用许可合同,许可他人使用其注册商标的权利。许可人应当监督被许可人使用其注册商标的商品质量。被许可人应当保证使用该注册商标的商品质量。经许可使用他人注册商标的,必须在使用该注册商标的商品上标明被许可人的名称和商品产地。商标使用许可合同应当报商标局备案。

(5) 标示权。标示权是指商标权人在其商品或服务项目上标明"注册商标"或注册标记的权利。使用注册商标,可以在商品、商品包装、说明书或者其他附着物上标明"注册商标"或者注册标记。

（6）禁止权。禁止权是指商标权人依法享有的禁止他人不经过自己的许可而在同一种商品或类似商品上使用注册商标和与之相近似的商标的权利。但注册商标中含有的本商品的通用名称、图形、型号，或者直接表示商品的质量、主要原料、功能、用途、重量、数量及其他特点，或者含有地名，注册商标专用权人无权禁止他人正当使用。

二、商标注册

自然人、法人或者其他组织对其生产、制造、加工、拣选或者经销的商品，需要取得商标专用权的，应当向商标局申请商品商标注册。自然人、法人或者其他组织对其提供的服务项目，需要取得商标专用权的，应当向商标局申请服务商标注册。商标注册是取得商标专用权的原始途径。

（一）商标注册的条件

商标要获准注册，必须具备法定的构成要件。

1. 显著特征

申请注册的商标，应当有显著特征，便于识别，并不得与他人在先取得的合法权利相冲突。商标的显著特征可以通过两种途径获得：一是标志本身固有的显著性特征，二是通过使用获得显著特征，如直接叙述商品质量等特点的叙述性标志经过使用取得显著特征，并便于识别的，可以作为第二含义商标注册。

《商标法》第11条规定，下列标志不得作为商标注册：

（1）仅有本商品的通用名称、图形、型号的；

（2）仅仅直接表示商品的质量、主要原料、功能、用途、重量、数量及其他特点的；

（3）缺乏显著特征的。

前款所列标志经过使用取得显著特征，并便于识别的，可以作为商标注册。

2. 禁止条件

商标的禁止条件，是指不能作为商标注册的情形。

根据《商标法》有关规定，下列标志不得作为商标使用、注册：

（1）同中华人民共和国的国家名称、国旗、国徽、军旗、勋章相同或者近似的，以及同中央国家机关所在地特定地点的名称或者标志性建筑物的名称、图形相同的。

（2）同外国的国家名称、国旗、国徽、军旗相同或者近似的，但该国政府同意的除外。

（3）同政府间国际组织的名称、旗帜、徽记相同或者近似的，但经该组织同意或者不易误导公众的除外。

(4) 与表明实施控制、予以保证的官方标志、检验印记相同或者近似的,但经授权的除外。

(5) 同"红十字"、"红新月"的名称、标志相同或者近似的。

(6) 带有民族歧视性的。

(7) 夸大宣传并带有欺骗性的。

(8) 有害于社会主义道德风尚或者有其他不良影响的。

(9) 县级以上行政区划的地名或者公众知晓的外国地名,不得作为商标。但是,地名具有其他含义或者作为集体商标、证明商标组成部分的除外;已经注册的使用地名的商标继续有效。

(10) 以三维标志申请注册商标的,仅由商品自身的性质产生的形状、为获得技术效果而需有的商品形状或者使商品具有实质性价值的形状,不得注册。

(11) 就相同或者类似商品申请注册的商标是复制、摹仿或者翻译他人未在中国注册的驰名商标,容易导致混淆的,不予注册并禁止使用。

(12) 就不相同或者不相类似商品申请注册的商标是复制、摹仿或者翻译他人已经在中国注册的驰名商标,误导公众,致使该驰名商标注册人的利益可能受到损害的,不予注册并禁止使用。

(二) 商标注册的申请

1. 注册申请

商标法规定了商标注册的三种情形:首次申请、重新申请和变更申请。

首次申请商标注册,申请人应当提交申请书、商标图样、证明文件并交纳申请费,按规定的商品分类表填报使用商标的商品类别和商品名称。商标注册申请人在不同类别的商品上申请注册同一商标的,应当按商品分类表提出注册申请。

重新申请商标注册的有两种情况,一是注册商标需要在同一类的其他商品上使用的,应当另行提出注册申请。二是注册商标需要改变其标志的,应当重新提出注册申请。

注册商标需变更注册人的名义、地址或者其他注册事项的,应当提出变更申请。

2. 申请的代理

商标注册的国内申请人可以自己直接到商标局办理注册申请手续,也可以委托商标代理组织办理。外国人或者外国企业在中国申请商标注册和办理其他商标事宜的,应当委托国家认可的具有商标代理资格的组织代理。当事人委托商标代理组织申请商标注册或者办理其他商标事宜,应当提交代理委托书。代理委托书应当载明代理内容及权限;外国人或者外国企业的代理委托书还应当载明委托人的国籍。

任何组织开展商标代理业务,必须经国家工商行政管理局指定或者认可。商标代理人资格经考核产生。

3. 优先权

商标注册的申请日一般以商标局收到申请文件的日期为准。

商标注册申请人自其商标在外国第一次提出商标注册申请之日起6个月内，又在中国就相同商品以同一商标提出商标注册申请的，依照该外国同中国签订的协议或者共同参加的国际条约，或者按照相互承认优先权的原则，可以享有优先权。依照上述条件要求优先权的，应当在提出商标注册申请的时候提出书面声明，并且在3个月内提交第一次提出的商标注册申请文件的副本；未提出书面声明或者逾期未提交商标注册申请文件副本的，视为未要求优先权。

商标在中国政府主办的或者承认的国际展览会展出的商品上首次使用的，自该商品展出之日起6个月内，该商标的注册申请人可以享有优先权。依照上述条件要求优先权的，应当在提出商标注册申请的时候提出书面声明，并且在3个月内提交展出其商品的展览会名称、在展出商品上使用该商标的证据、展出日期等证明文件；未提出书面声明或者逾期未提交证明文件的，视为未要求优先权。

申请人享有优先权的，优先权日为申请日。

（三）商标注册的审查和核准

1. 商标注册审查的内容

商标审查包括形式审查和实质审查。形式审查主要审查商标注册的申请是否具备法定的条件，从而决定是否受理该申请。

商标局对受理的商标注册申请，依法进行实质审查，对符合规定的或者在部分指定商品上使用商标的注册申请符合规定的，予以初步审定，并予以公告；对不符合规定或者在部分指定商品上使用商标的注册申请不符合规定的，予以驳回或者驳回在部分指定商品上使用商标的注册申请，书面通知申请人并说明理由。

2. 商标注册审查的原则

商标注册遵循申请在先和使用在先的原则。

两个或者两个以上的商标注册申请人，在同一种商品或者类似商品上，以相同或者近似的商标申请注册的，初步审定并公告申请在先的商标；两个或者两个以上的申请人，在同一种商品或者类似商品上，分别以相同或者近似的商标在同一天申请注册的，各申请人应当自收到商标局通知之日起30日内提交其申请注册前在先使用该商标的证据。同日使用或者均未使用的，各申请人可以自收到商标局通知之日起30日内自行协商，并将书面协议报送商标局；不愿协商或者协商不成的，商标局通知各申请人以抽签的方式确定一个申请人，驳回其他人的注册申请。商标局已经通知但申请人未参加抽签的，视为放弃申请，商标局应当书面通知未参加抽签的申请人。

3. 商标的异议和复审

对初步审定的商标,自公告之日起3个月内,任何人均可以提出异议。公告期满无异议的,予以核准注册,发给商标注册证,并予公告。

对初步审定、予以公告的商标提出异议的,商标局应当听取异议人和被异议人陈述事实和理由,经调查核实后,作出裁定。当事人不服的,可以自收到通知之日起15日内向商标评审委员会申请复审,由商标评审委员会作出裁定,并书面通知异议人和被异议人。

当事人对商标评审委员会的裁定不服的,可以自收到通知之日起30日内向人民法院起诉。人民法院应当通知商标复审程序的对方当事人作为第三人参加诉讼。

经裁定异议不能成立的,予以核准注册,发给商标注册证,并予公告;经裁定异议成立的,不予核准注册。

被异议商标在异议裁定生效前已经刊发注册公告的,撤销原注册公告,经异议裁定核准注册的商标重新公告。经异议裁定核准注册的商标,自该商标异议期满之日起至异议裁定生效前,对他人在同一种或者类似商品上使用与该商标相同或者近似的标志的行为不具有追溯力;但是,因该使用人的恶意给商标注册人造成的损失,应当给予赔偿。

三、商标权的使用

(一) 商标权的转让

注册商标所有人可以依法将注册商标专用权转让给他人所有。转让注册商标的,转让人和受让人应当签订转让协议,并共同向商标局提交转让注册商标申请书。转让注册商标申请手续由受让人办理。转让注册商标的,商标注册人对其在同一种或者类似商品上注册的相同或者近似的商标,应当一并转让;未一并转让的,由商标局通知其限期改正;期满不改正的,视为放弃转让该注册商标的申请,商标局应当书面通知申请人。对可能产生误认、混淆或者其他不良影响的转让注册商标申请,商标局不予核准,书面通知申请人并说明理由。

受让人应当保证使用该注册商标的商品质量。商标局核准转让注册商标申请后,发给受让人相应证明,并予以公告。受让人自公告之日起享有商标专用权。

(二) 商标权的使用许可

商标注册人可以通过签订商标使用许可合同,许可他人使用其注册商标。许可人应当监督被许可人使用其注册商标的商品质量。被许可人应当保证使用该注册商标的商品质量。经许可使用他人注册商标的,必须在使用该注册商标的商品上标明被许可人的名称和商品产地。

商标使用许可合同应当报商标局备案。人用药品商标使用许可合同备案,应当同时附送被许可人取得的卫生行政管理部门的有效证明文件。卷烟、雪茄烟和有包装烟丝的商标使用许可合同备案,应当同时附送被许可人取得的国家烟草主管部门批准生产的有效证明文件。

商标权使用许可包括以下三类:

1. 独占使用许可

是指商标注册人在约定的期间、地域和以约定的方式,将该注册商标仅许可一个被许可人使用,商标注册人依约定不得使用该注册商标。

2. 排他使用许可

是指商标注册人在约定的期间、地域和以约定的方式,将该注册商标仅许可一个被许可人使用,商标注册人依约定可以使用该注册商标但不得另行许可他人使用该注册商标。

3. 普通使用许可

是指商标注册人在约定的期间、地域和以约定的方式,许可他人使用其注册商标,并可自行使用该注册商标和许可他人使用其注册商标。

四、商标权的消灭

商标权因注册商标被注销或者被撤销而消灭。

(一) 注册商标的注销

注册商标的注销是指商标主管机关基于某些原因取消注册商标的一种管理措施,在下列情况下,商标局可以注销商标:

(1) 注册商标的法定期限已满,商标权人未申请续展或者续展未获批准的。

(2) 商标注册人申请注销其注册商标或者注销其商标在部分指定商品上的注册的,该注册商标专用权或者该注册商标专用权在该部分指定商品上的效力自商标局收到其注销申请之日起终止。

(3) 商标注册人死亡或者终止,自死亡或者终止之日起1年期满,该注册商标没有办理移转手续的,任何人可以向商标局申请注销该注册商标。提出注销申请的,应当提交有关该商标注册人死亡或者终止的证据。注册商标因商标注册人死亡或者终止而被注销的,该注册商标专用权自商标注册人死亡或者终止之日起终止。

(二) 注册商标的撤销

注册商标的撤销是指商标主管机关依法强制取消已经注册的商标的一种管理措施,在下列情况下,商标主管机关可以撤销商标:

(1) 已经注册的商标,违反商标法关于商标注册的规定的,或者是以欺骗手段或者其他不正当手段取得注册的,由商标局撤销该注册商标;其他单位或者个人可以请求商标评审委员会裁定撤销该注册商标。

(2) 在先申请注册的商标注册人认为他人在后申请注册的商标与其在同一种或者类似商品上的注册商标相同或近似,可以在后申请注册的商标注册之日起5年内,向商标评审委员会申请裁定撤销。

根据以上两个原因被撤销的商标专用权视为自始即不存在。有关撤销注册商标的决定或者裁定,对在撤销前人民法院作出并已执行的商标侵权案件的判决、裁定,工商行政管理部门作出并已执行的商标侵权案件的处理决定,以及已经履行的商标转让或者使用许可合同,不具有追溯力;但是,因商标注册人恶意给他人造成的损失,应当给予赔偿。

(3) 使用注册商标,有下列行为之一的,由商标局责令限期改正或者撤销其注册商标:自行改变注册商标的;自行改变注册商标的注册人名义、地址或者其他注册事项的;自行转让注册商标的;连续3年停止使用的。

(4) 使用注册商标,其商品粗制滥造,以次充好,欺骗消费者的,由各级工商行政管理部门分别不同情况,责令限期改正,并可以通报或者处以罚款,或者由商标局撤销其注册商标。

注册商标因违法使用被撤销的,该注册商标专用权自商标局的撤销决定生效之日起终止。

五、商标权的保护

(一) 商标侵权行为

1. 商标侵权行为

商标侵权行为是指违反商标法规定,假冒或仿冒他人注册商标,或者从事其他损害商标权人合法权益的行为。

有下列行为之一的,均属侵犯注册商标专用权:

(1) 未经商标注册人的许可,在同一种商品或者类似商品上使用与其注册商标相同或者近似的商标的;商标相同,是指被控侵权的商标与原告的注册商标相比较,二者在视觉上基本无差别。商标近似,是指被控侵权的商标与原告的注册商标相比较,其文字的字形、读音、含义或者图形的构图及颜色,或者其各要素组合后的整体结构相似,或者其立体形状、颜色组合近似,易使相关公众对商品的来源产生误认或者认为其来源与原告注册商标的商品有特定的联系。类似商品,是指在功能、用途、生产部门、销售渠道、消费对象等方面相同,或者相关公众一般认为其存在特定联系、容易造成混淆的商品。类似服务,是指在服务的目的、内容、方式、对象等方面相同,或者相关公众一般认为存在特定联系、容易造成混淆的服务。

(2) 销售侵犯注册商标专用权的商品的。

(3) 伪造、擅自制造他人注册商标标识或者销售伪造、擅自制造的注册商标标识的。

(4) 未经商标注册人同意，更换其注册商标并将该更换商标的商品又投入市场的。

(5) 给他人的注册商标专用权造成其他损害的。包括将与他人注册商标相同或者相近似的文字作为企业的字号在相同或者类似商品上突出使用，容易使相关公众产生误认的；复制、摹仿、翻译他人注册的驰名商标或其主要部分在不相同或者不相类似商品上作为商标使用，误导公众，致使该驰名商标注册人的利益可能受到损害的；将与他人注册商标相同或者相近似的文字注册为域名，并且通过该域名进行相关商品交易的电子商务，容易使相关公众产生误认的。

2. 商标侵权行为的责任

(1) 商标侵权行为的纠纷处理

侵犯注册商标专用权，引起纠纷的，由当事人协商解决；不愿协商或者协商不成的，商标注册人或者利害关系人可以向人民法院起诉，也可以请求工商行政管理部门处理。工商行政管理部门处理时，认定侵权行为成立的，责令立即停止侵权行为，没收、销毁侵权商品和专门用于制造侵权商品、伪造注册商标标识的工具，并可处以罚款。当事人对处理决定不服的，可以自收到处理通知之日起 15 日内依照《行政诉讼法》向人民法院起诉；侵权人期满不起诉又不履行的，工商行政管理部门可以申请人民法院强制执行。进行处理的工商行政管理部门根据当事人的请求，可以就侵犯商标专用权的赔偿数额进行调解；调解不成的，当事人可以依照《民事诉讼法》向人民法院起诉。

对侵犯注册商标专用权的行为，工商行政管理部门有权依法查处；涉嫌犯罪的，应当及时移送司法机关依法处理。

(2) 侵犯商标专用权的赔偿数额

侵犯商标专用权的赔偿数额，为侵权人在侵权期间因侵权所获得的利益，或者被侵权人在被侵权期间因被侵权所受到的损失，包括被侵权人为制止侵权行为所支付的合理开支。侵权人因侵权所得利益，或者被侵权人因被侵权所受损失难以确定的，由人民法院根据侵权行为的情节判决给予 50 万元以下的赔偿。

销售不知道是侵犯注册商标专用权的商品，能证明该商品是自己合法取得的并说明提供者的，不承担赔偿责任。

(二) 注册商标被撤销或被注销后的延期保护

注册商标被撤销的或者期满不再续展的，自撤销或者注销之日起 1 年内，商标局对与该商标相同或者近似的商标注册申请，不予核准。

(三) 驰名商标的保护

1. 驰名商标的概念和认定

驰名商标是指在中国为相关公众广为知晓并享有较高声誉的商标。相关公众包括与使用商标所标示的某类商品或者服务有关的消费者，生产前述商品或者提供服务的其他经营者以及经销渠道中所涉及的销售者和相关人员等。

驰名商标的认定可以由特定的行政机关认定,也可以由人民法院在审理案件时认定。认定驰名商标应当考虑下列因素,但不以该商标必须满足下列全部因素为前提:

(1) 相关公众对该商标的知晓程度;

(2) 该商标使用的持续时间;

(3) 该商标的任何宣传工作的持续时间、程度和地理范围;

(4) 该商标作为驰名商标受保护的记录;

(5) 该商标驰名的其他因素。

未被认定为驰名商标的,自认定结果作出之日起一年内,当事人不得以同一商标就相同事实和理由再次提出认定请求。

2. 驰名商标的特殊保护

就相同或者类似商品使用的商标是复制、摹仿或者翻译他人未在中国注册的驰名商标,容易导致混淆的,应当承担停止侵害的民事法律责任,申请注册的,不予注册并禁止使用。就不相同或者不相类似商品使用的商标是复制、摹仿或者翻译他人已经在中国注册的驰名商标,误导公众,致使该驰名商标注册人的利益可能受到损害的,不予注册并禁止使用。

当事人认为他人将其驰名商标作为企业名称登记,可能欺骗公众或者对公众造成误解的,可以向企业名称登记主管机关申请撤销该企业名称登记,企业名称登记主管机关应当依照《企业名称登记管理规定》处理。

本 章 小 结

本章首先介绍了知识产权法的一般知识,然后分别介绍了三部具体的知识产权法:著作权法、专利法和商标法。

知识产权是指人们对智力劳动成果依法享有的专有权利。知识产权法是指因调整知识产权的归属、行使、管理和保护等活动中产生的社会关系的法律规范的总称。知识产权法的渊源是指知识产权法律规范的表现形式,可分为国内立法渊源和国际公约两部分。

著作权法是调整人们之间因著作权以及与著作权有关的权益而产生的社会关系的法律规范的总称。著作权的客体是作品,也即文学、艺术和科学领域内具有独创性并能以某种有形形式复制的智力成果。著作权人包括作者以及其他依照著作权法享有著作权的公民、法人或者其他组织。著作权人享有的权利包括人身权和财产权两类。著作权人对其作品享有的著作财产权可以依法许可他人使用,也可以依法部分或者全部转让,并获取报酬。为了调节作者和社会公众双方的权益,著作权法对著作权也作了一定的限制。顺应时代的要求,著作权法也对作品传播者对在传播作品过程中产生的成果依法享有的专有权利(邻接权)进行了保护。针对著作权侵权行为,著作权法等法律根据侵权行为的情节及其危害后果,分别课以侵权人民事、行政乃至刑事责任。另外针对计算机软件著作权的特殊性,国家还专门颁布法规予以保护。

专利法是调整人们之间因专利以及专利权而产生的社会关系的法律规范的总称。专利权的客体是指依法应授予专利的发明创造,包括发明、实用新型和外观设计。专利权人是依法享有专利权并承担相应义务的人,包括发明人或设计人、发明人或设计人的单位和受让人。专利权人的权利有独占权、许可权、转让权和标记权等,同时专利权人要履行积极实施专利和缴纳各种专利费用的义务。授予专利权需要具备一定条件,其中授予专利权的发明和实用新型,应当具备新颖性、创造性和实用性。授予专利权需要遵循一定程序,首先由专利申请人提出申请,然后由国务院专利行政部门进行审批。为了保护专利权人的权益,专利法规定了专利权的保护期限和保护范围,并对作出专利侵权行为的侵权人课以相应责任。为了促进获得专利的发明创造得以实施,防止专利权人滥用专利权,维护社会公共利益,专利法还设置了专利权的强制许可制度。

商标法是调整人们之间因商标以及商标权而产生的社会关系的法律规范的总称。商标是经营者在商品或者服务项目上使用的,将自己经营的商品或服务与其他经营者经营的商品或服务区别开来的一种商业专用识别标记。商标权是指注册商标所有人在法定期限内对其注册商标所依法享有的权利,包括专用权、续展权、转让权、许可权、标示权以及禁止权等。商标注册是取得商标专用权的原始途径。商标要获准注册,要符合积极条件(具有显著特征)和消极条件(不在商标法规定的禁止条件之列)。注册商标所有人可以依法将注册商标专用权转让给他人所有,也可以通过签订商标使用许可合同,许可他人使用其注册商标。商标权因注册商标被注销或者被撤销而消灭。为了保护商标权,商标法规定了商标侵权行为及其责任,设置了注册商标被撤销或被注销后的延期保护制度,并对驰名商标予以了特殊保护。

【拓展和链接】 数字与事实:中国的知识产权保护

中国国务院新闻办公室于 2005 年 4 月 21 日发表了《中国知识产权保护的新进展》白皮书。以下是白皮书公布的部分数字与事实:

截至 2004 年底,国家知识产权局授权专利总量为 1 255 499 件,国内、国外专利分别占总量的 87.1% 和 12.9%;中国的注册商标累计总量已达 224 万件。

在 2004 年,全国各级工商行政管理机关共查处各类商标违法案件 51 851 件,没收、销毁侵权物品5 638.53吨;据不完全统计,1995年至2004年,各级版权行政管理部门共收缴侵权盗版复制品3.5亿件;2004年,全国文化市场稽查管理部门检查音像经营单位555 368家次,查缴各类违法音像制品1.54亿张(盘)。

中国政府从国情出发,制定和实施了一系列保护植物新品种的制度措施,充分保证投资主体的合法权益。截至2004年底,全国有17个省(自治区、直辖市)查处农业植物新品种侵权和假冒案件863件。

1996年至2004年,全国海关共查获各类进出口侵权案件4 361起,案值6.3亿元人民币;2000年以后,海关每年查获的案件都以30%左右的幅度增长。

2000年至2004年,全国公安机关共破获侵犯知识产权犯罪案件5 305起,涉案总金额近22亿元人民币,抓获犯罪嫌疑人7 100人;各级检察机关批准逮捕侵犯知识产权案件犯罪嫌疑人2 533人,提起公诉2 566人。

1998年至2004年,全国法院共审结知识产权民事一审案件38 228件,审结侵犯知识产权犯罪一审案件2 057件,判处犯罪分子2 375人。(引自人民网—时政,2005年4月21日)

与本章相关的主要法律法规

1.《中华人民共和国著作权法》(1990年9月7日第七届全国人民代表大会常务委员会第十五次会议通过,2001年10月27日第九届全国人民代表大会常务委员会第二十四次会议修正)

2.《中华人民共和国专利法》(1984年3月12日第六届全国人民代表大会常务委员会第四次会议通过,1992年9月4日第七届全国人民代表大会常务委员会第二十七次会议第一次修正,2000年8月25日第九届全国人民代表大会常务委员会第十七次会议第二次修正)

3.《中华人民共和国商标法》(1982年8月23日第五届全国人民代表大会常务委员会第二十四次会议通过,1993年2月22日第七届全国人民代表大会常务委员会第三十次会议第一次修正,2001年10月27日第九届全国人民代表大会常务委员会第二十四次会议第二次修正)

4.《计算机软件保护条例》(1991年6月4日国务院颁布)

案例1:国家邮政局未向剪纸艺人道歉,法院启动强制执行程序

1999年下半年,国家邮政局邮票印制局职工李昕接受领导委派,担任拟于2001年初发行的辛巳蛇年生肖邮票的责任编辑。同年10月,白秀娥在中央工艺美术学院举办的安塞剪纸展览会上出售自己的剪纸,李主动找到白秀娥谈及有关蛇年生肖邮票发行一事,并约其提供一些蛇图剪纸,白秀娥表示同意。同年底,白秀娥将其制作的数十幅蛇图剪纸提交给邮票印制局,邮票印制局选择了其中4幅,向白秀娥支付了970元,并说明这是资料费。但并未就该剪纸图样的版权转让等问题签订协议,也没有支付版权费用。白秀娥以该邮票侵犯了其剪纸作品著作权为由,起诉至法院,要求赔偿100万元。此案历经一审、二审、再审,北京市高级人民法院于2003年作出再审判决,判决国家邮政局、国家邮政局邮票印制局赔偿白秀娥经济损失88 222元,并当面向白秀娥道歉。

判决发生法律效力后的数月内,国家邮政局并未执行法院判决,白秀娥遂申请强制执行。经过北京市第一中级人民法院执行庭执行,两家被执行人的代理人最终在法庭上当面向白秀娥致歉,并赔偿判决的案款。

资料来源:《中国法院网—民事案件》 发布时间:2004年6月29日

案例2:飞利浦剃须刀专利案

荷兰皇家飞利浦电子有限公司因专利权人杨伟江的"电动剃须刀"外观设计与飞利浦剃须刀的外观设计相似,向国家知识产权局专利复审委员会提出电动剃须刀外观设计无效的宣告申请。专利复审委复审决定驳回了荷兰皇家飞利浦电子有限公司的无效宣告请求。2002年3月6日,飞利浦电子有限公司不服此审查决定,向北京市第一中级人民法院提起诉讼。

法院经审理认为,在判断两个外观设计是否相近似时,首先应当遵循整体观察、综合判断的方式。两剃须刀从产品的整体形状看相近似,主要的差别在剃须刀的刀头部分,但这不足以影响到两个产品整体形状的相似性。杨伟江的电动剃须刀外观设计专利与飞利浦剃须刀的外观设计专利属于相近似的外观设计,应宣告无效。据此,北京市第一中级人民法院依法撤销专利复审委员会所作审查决定,并判令其重新作出决定。

资料来源:《北京晨报》 发布时间:2002年12月25日

案例3:京沪两地"天上人间"之争尘埃落定

原告北京长青泰餐饮娱乐公司的前身长泰歌舞厅有限公司,于1997年5月经国家商标局核准取得"PASSION"与"天上人间"中英文组合注册商标,服务项目为夜总会、娱乐、迪斯科舞厅和卡拉OK。1999年9月原告经国家商标局核准变更,成为该商标的注册人。被告上海天上人间娱乐有限公司经营的"天上人间"卡拉OK夜总会是上海市一家颇有名气的娱乐场所。

原告认为被告未经许可,将原告的"天上人间"注册商标作为企业字号使用,营业范围也与原告完全相同;且在经营场所外部的正面墙体和6根廊柱上、内部的价格单、电脑点歌系统以及宣传名片上突出使用"天上人间"服务标识,其行为是对原告商标专用权的侵犯,构成不正当竞争。为此,请求法院判令被告立即停止侵权行为,赔偿经济损失50万元。

法院经审理认为,被告将原告注册商标"天上人间"作为企业字号并在经营场所突出使用,容易使公众产生误认。根据工商部门核定的经营范围,被告从事的是与原告相同的卡拉OK服务。被告在其经营场所以及营业活动中突出使用的"天上人间",与原告注册商标字形、读音和含义完全相同,足以使消费者产生混淆,其行为已构成对原告商标权的侵害。同时,被告将同行业中其他经营者的注册商标作为字号并予以登记使用,也已构成对原告的不正当竞争。

3月3日,上海市第二中级人民法院以侵犯注册商标权和构成不正当竞争为由,一审判令被告上海天上人间娱乐有限公司公开登报声明,消除影响,并赔偿原告北京长青泰餐饮娱乐公司经济损失20万元。

资料来源:《中国法院网—民事案件》 发布时间:2004年3月4日

思考题

1. 什么是知识产权?知识产权有哪些特征?
2. "作品"必须具备哪些要素?职务作品的著作权如何归属?
3. 授予发明和实用新型专利应具备哪些实质条件?
4. 什么是职务发明和非职务发明?两者的主要区别是什么?
5. 简述我国商标注册的原则。

第八章 婚姻法和继承法

本章要点

本章阐述了婚姻法和继承法的一般知识,主要包括:(1) 婚姻法的一般知识,涉及婚姻法的一般原理、婚姻的成立、家庭关系和婚姻的解除及其法律后果;(2) 继承法的一般知识,涉及继承法的一般原理、法定继承、遗嘱继承(含遗赠)以及遗产的处理等内容。

第一节 婚 姻 法

一、婚姻法概述

婚姻是社会承认的男女两性结合互为配偶的社会形式。我国的婚姻法指规定婚姻家庭关系的发生和终止,以及婚姻家庭主体间的权利义务的法律规范的总称。它不仅调整婚姻关系,还调整由此派生的家庭关系;它不仅调整家庭成员间的人身关系,还调整由此产生的财产关系。家庭指由婚姻、血缘或收养关系而发生的亲属间的社会生活组织,它是缔结婚姻的结果。除《民法通则》外,《婚姻法》、《最高人民法院关于适用〈中华人民共和国婚姻法〉若干问题的解释(一)》、《最高人民法院关于适用〈中华人民共和国婚姻法〉若干问题的解释(二)》、《婚姻登记条例》及《收养法》、《母婴保健法》是我国婚姻法的主要法律依据。

我国婚姻法有如下基本原则:

1. 婚姻自由

它是自然人婚姻自主权的具体体现,其基本含义为:适格关系当事人享有完全按照自己的意愿确定婚姻关系的权利,禁止任何一方对对方的强迫或欺骗;也禁止任何第三方对双方当事人间婚姻的干涉。在内容上婚姻自由包括结婚自由和离婚自由两个方面。

2. 一夫一妻

它意味着我国法律仅确认和保护一夫一妻的婚姻制度;任何人不得同时拥有两个以上的配偶;禁止任何违反一夫一妻制的违法行为。

3. 男女平等

它是一项宪法性原则,指男女两性在婚姻家庭关系的各个方面均享有同等的权利义务。它不仅体现男女在人身关系上的平等,还体现在财产关系上的平等(详见本节中的家庭关系)。

4. 保护妇女、儿童和老人合法权益

它是社会公平原则的具体体现,就全国范围内而言,妇女、儿童和老人在家庭和社会中尚属弱势群体。虽然我国已颁行了相关的特别法,但作为专门法律,婚姻法还须在婚姻家庭层面对这些弱势群体予以特殊保护。

5. 实行计划生育

生育是婚姻的重要功能之一,也是家庭生活的重要方面。而计划生育是我国宪法所明文确认的基本国策,也是促进社会主义现代化建设,走向富强、民主、文明的客观要求。作为调整婚姻家庭关系的专门法律,婚姻法自然依宪法具体体现这一国策。

图表 8-1 婚姻法调整对象

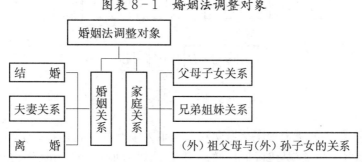

二、婚姻的成立

婚姻的成立又称结婚,指男女双方依法定条件和程序确立夫妻关系的法律行为。其特征为:(1)结婚的主体须为适格异性;(2)须符合法定条件和程序;(3)结婚的后果是确立夫妻关系。

依我国《婚姻法》,结婚的法定条件包含积极条件和消极条件两个方面。前者为缺一不可的必备要件,包括:(1)须男女双方完全自愿,禁止任何一方对另一方进行强迫或第三方对双方的干涉;(2)双方须均达到法定婚龄,即男方不得早于22周岁,女方不得早于20周岁;(3)须符合一夫一妻制。后者为有一不可的禁止条件,包括:(1)直系血亲(生育自己和自己生育的上下各代自然和拟制血亲)和三代以内旁系血亲(除直系血亲外而在血缘上同出一源的亲属)禁止结婚；(2)患有医学上认为不应结婚的疾病(主要含精神分裂症、躁狂抑郁型及其他重型精神病；危及对方安全与健康的烈性指定传染病；因先天因素极易再现后代全部或部分丧失生活自理能力的严重遗传性疾病等)未经治愈的当事人禁止结婚。

图表8-2 我国直系血亲和三代以内的旁系血亲

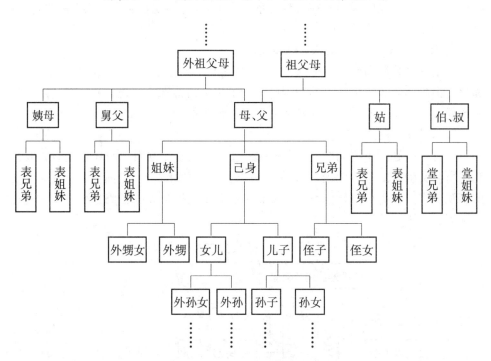

在我国,结婚的法定程序是男女双方当事人须共同亲自前往一方常住户口所在地的婚姻登记机关(县级政府民政部门或乡、镇政府；一方为港、澳、台居民或华侨或外国公民的婚姻登记机关为省级政府民政部门或其指定的机关)办理结婚登记手续。办理登记时双方应出具如下证明材料：(1)本人的户籍证明；(2)本人的身份证明,其中港、澳、台居民为本人有效的身份证、通行证；华侨为本人的有效护照；外国公民为本人的有效护照或国际旅行证件；(3)本人无配偶及与对方无直系血亲和三代以内旁系血亲关系的签字声明(港、澳、台居民为经居住地公证机构公证的本人关于无配偶及与对方无直系血亲和三代以内旁系血亲关系的签字声明；华侨为由居住国公证机构或有权机关出具并经我国驻该国使领馆认证的或由我国驻该国使领馆出具的其本人关于无配偶及与对方无直系血亲和三代以内旁系血亲关系的签字声明；外国公民为所在国公证机构或有权机关出具并经我国驻该国使领馆认证或该国驻华使领馆认证的本人关于无配偶及与对方无直系血亲和三代以

内旁系血亲关系的签字声明)等。婚姻登记机关对该证明材料经审查并询问双方结婚意愿等相关情况后,认为符合法定结婚条件的,应当场予以登记,发给结婚证。双方当事人取得结婚证时,即确立夫妻关系。有下列情形之一的,婚姻登记机关不予登记:(1) 未到法定婚龄的;(2) 非双方自愿的;(3) 一方或双方已有配偶的;(4) 属于直系血亲和三代以内旁系血亲的;(5) 患有医学上认为不应结婚的疾病未经治愈的。

男女双方虽经登记但不符合法定实质条件的婚姻为无效婚姻,主要包括:(1) 重婚的;(2) 有禁止结婚的亲属关系的;(3) 婚前患有医学上认为不应结婚的疾病,婚后尚未治愈的;(4) 未到法定婚龄的。有上述情形之一的,该婚姻的当事人及其近亲属可向法院申请宣告其无效。因胁迫结婚的,受胁迫方可于结婚登记之日起一年内(被非法限制人身自由的当事人应于恢复人身自由之日起一年内)携带本人身份证、结婚证和能证明受胁迫结婚的证明材料向婚姻登记机关或法院请求撤销该婚姻。婚姻被宣告无效或被撤销的,自始无效,同居期间所得的财产(按共同共有处理,但有证据证明为一方所有的除外),由当事人协议处理;协议不成时,由法院依照顾无过错方的原则判决。

三、家庭关系

(一)夫妻关系

男女平等原则意味着夫妻在人身关系和财产关系上均为平等。在人身关系上它体现为:(1) 夫妻在家庭中地位平等、独立;(2) 夫妻双方均有各用自己姓名的权利,子女既可从父姓也可从母姓;(3) 登记结婚后,依双方约定,女方可成为男方家庭成员,男方也可成为女方家庭成员;(4) 夫妻双方均有参加生产、工作、学习和社会活动的权利;(5) 夫妻双方应当相互忠诚、尊重;(6) 夫妻双方对子女均有平等的亲权和抚育义务;(7) 夫妻双方均有实行计划生育的义务。在财产关系上它体现为:(1) 夫妻双方对共同共有的财产有平等的处理权;(2) 夫妻双方有互相扶养的义务,一方不履行扶养义务时,需扶养的一方有要求对方给付扶养费的权利;(3) 夫妻双方有互相继承遗产的权利。这里的共同财产指夫妻关系存续期间双方或一方所获得的全部财产,主要包括:工资、奖金;生产、经营的收益;知识产权的收益;继承或受赠所得的财产;其他应归共同的财产。夫妻可书面约定婚姻关系存续期间所得的财产及婚前财产归各自所有、共同所有或部分各自所有、部分共同所有。依我国婚姻法,下列之一的为一方财产:一方的婚前财产;一方因身体受到伤害获得的医疗费和残疾人生活补助费;遗嘱或赠与合同中指定只归一方的财产;一方专用的生活用品;其他应归一方的财产。上述一方所有的财产不因婚姻关系的延续而转化为夫妻共同财产。夫妻对婚姻关系存续期间所得的财产约定归各自所有的,一方对外所负的债务,第三人知道该约定的,以该负债一方所有的财产清偿。

（二）父母子女关系

这里的父母子女关系包括自然血亲和拟制血亲所形成的父母子女关系。其中前者又分为婚生父母子女关系和非婚生父母子女关系，自然血亲的父母子女关系基于血缘而形成，在我国该关系不得人为解除；后者则含因合法收养行为而形成的养父母子女关系和基于父或母的再婚并在事实上存有抚养关系而形成的继父母子女关系。

依我国法律，父母与子女间存有如下权利和义务：(1) 父母对未成年子女有抚育的权利义务；(2) 父母对未成年子女享有亲权和法定代理权；(3) 父母对不能独立生活的子女有抚养的义务；(4) 父母有保护和教育未成年子女的义务，未成年子女致他人损害的，父母有承担民事责任的义务；(5) 子女可随父姓，也可随母姓；(6) 子女对父母有赡养扶助的义务；(7) 父母和子女间有相互继承遗产的权利；(8) 禁止溺婴、遗弃或残害未成年子女的行为；(9) 子女应尊重父母的婚姻权利，不得干涉父母再婚及其婚后生活。父母不履行对子女抚养义务的，未成年或不能独立生活的子女有权要求其给付抚养费；子女不履行对父母赡养义务的，无劳动能力或生活困难的父母有权要求其给付赡养费。

我国《婚姻法》还规定，非婚生子女享有与婚生子女同等的权利，任何人不得加以危害或歧视，不直接抚养婚生子女的生父或生母应负担其生活费和教育费直至其能独立生活为止；养父母和养子女间的权利义务与生父母子女间的权利义务相同（除该收养关系可解除外），养子女与生父母间的权利义务因收养关系的成立中止；继父或继母和受其抚养教育的继子女间的权利义务与父母子女间的权利义务相同，继父母与继子女间不得歧视或虐待。

（三）其他近亲属间的关系

依我国《婚姻法》，有负担能力的祖父母、外祖父母对于父母已死亡或父母无力抚养的未成年孙子女、外孙子女有抚养的义务；有负担能力的孙子女、外孙子女对于子女已死亡或子女无赡养能力的祖父母、外祖父母有赡养的义务。有负担能力的兄、姐对于父母已死亡或父母无力抚养的未成年弟、妹有扶养的义务；由兄、姐扶养长大的弟、妹对于缺乏劳动能力又缺乏生活来源的兄、姐有扶养的义务。

四、婚姻的解除及其后果

婚姻可基于不同的法律事实解除，配偶一方于婚姻关系存续期间死亡（含被宣告死亡）的，婚姻关系自然解除；夫妻双方也可依法人为地解除彼此间的婚姻关系，也即离婚。依我国《婚姻法》，在方式上离婚可分为：协议离婚与诉讼离婚。

（一）协议离婚

又称登记离婚，指夫妻双方经协商一致依法到婚姻登记机关自愿解除婚姻关系的法律行为。协议离婚须同时具备如下条件：(1) 双方间存有合法婚姻关系；

(2)双方均有完全的民事行为能力;(3)双方均有自愿离婚的真实意思表示;(4)双方对子女抚养、财产、居住及债务处理等事项均达成一致;(5)共同前往一方户籍所在地婚姻登记机关提出申请。办理离婚登记的当事人应向婚姻登记机关提交如下证明和材料:(1)本人的户籍证明;(2)本人的身份证明;(3)双方的结婚证;(4)双方当事人共同签署的载明双方自愿离婚真实意思表示及对子女抚养、财产、居住及债务处理等事项均达成一致的协议书。婚姻登记机关在对离婚当事人提交的证明和材料进行审查并询问相关情况后,确认当事人确属自愿离婚并已对子女抚养、财产、居住及债务等问题达成一致的,应当场予以登记,发给离婚证。离婚协议中关于财产分割条款或当事人因离婚财产分割达成的协议对双方具有拘束力,当事人因履行上述财产分割协议发生的纠纷或协议离婚后一年内就财产分割问题反悔请求变更或撤销该财产分割协议而向法院起诉的,法院应予受理;法院受理后未发现该协议订立时存有欺诈、胁迫等情形的,应驳回其诉讼请求。离婚当事人有下列情形之一的,婚姻登记机关不予受理:(1)未达成离婚协议的;(2)系无民事行为能力或限制民事行为能力人的;(3)其结婚登记不是在中国内地办理的;(4)双方未经结婚登记的。

(二)诉讼离婚

即由法院用国家审判权依法解除离婚当事人间的婚姻关系的方式。依我国《婚姻法》,男女一方要求离婚的,可由有关部门进行调解或直接向法院提起离婚诉讼,但法律另有规定的除外。该规定主要包括:(1)军人配偶要求离婚的,应征得军人一方同意,但军人一方有重大过错的除外;(2)女方在怀孕期间、分娩后1年内或中止妊娠后6个月内,男方不得提出离婚;(3)在法院判决不准离婚或调解和好之日起6个月内无新情况或新理由的,不得再行起诉。

法院审理离婚案件,应当进行调解;如感情确已破裂,调解无效,应准予离婚。依我国《婚姻法》,有下列情形之一,经调解无效可视为感情确已破裂,准予离婚:(1)一方重婚或者与其他异性同居的;(2)一方实施家庭暴力或者虐待或遗弃家庭成员的;(3)一方有赌博或吸毒等恶习屡教不改的;(4)因感情不和分居满2年的;(5)一方被宣告失踪而另一方诉请离婚的;(6)其他导致夫妻感情破裂的情形。依最高人民法院司法解释,其他情形主要包括:一方有生理缺陷或其他原因不能履行夫妻同居义务且难以治愈的;婚前缺乏了解而草率结婚,婚后未建立起夫妻感情而难以共同生活的;婚前隐瞒精神病史婚后又久治不愈的;婚前知道对方患有精神疾病而与之结婚或一方在夫妻共同生活期间患精神病,久治不愈的;双方在登记结婚后未同居生活,无和好可能的;在法院判决不准离婚后仍因感情不和分居满1年,互不履行夫妻义务的;一方与其他异性通奸或非法同居经教育仍无悔改表现,无过错方诉请离婚的;过错方诉请离婚而对方不同意离婚,经批评教育、处分及法院判决不准离婚后,过错方又诉请离婚而无和好可能的;一方被依法判处长期徒刑或其他违法犯罪严重伤害夫妻感情的。

(三)离婚的法律后果

它首先体现在当事人间人身关系和财产关系的变化。人身关系上,双方因夫妻身份而确定的共同生活及相互扶养、代理、监护、忠诚和继承等权利或义务关系均因离婚而消灭;同时当事人获得再婚的权利。而在财产关系上,则中断夫妻共同共有财产关系;并发生共同财产和个人财产的认定和分割、共同或个人债务确定与清偿、特定情形下的经济补偿及对生活困难一方的经济帮助等法律后果。另一方面体现在父母与子女关系的影响,虽然父母与子女间的权利义务不因父母的离婚而受实质性的影响,但子女的抚养归属和抚养费的承担、生活、监护等均发生了变化。

依我国《婚姻法》,离婚时夫妻共同财产由双方协议处理;协议不成的,由法院根据财产情况依下列原则进行判决:(1)照顾子女和女方的合法权益;(2)照顾无过错方;(3)不损害财产的价值或使用价值;(4)不侵害他人合法财产权利。依该原则作如下具体处理:(1)对夫妻共同财产原则上作均等分割;(2)一方将夫妻共同财产以个人名义投资入股与他人合伙经营,经双方及其他股东、合伙人合意的,该投资入股或合伙经营的财产可分给双方中的任何一方;(3)无法分割的属夫妻共同财产的生产资料一般分给有经营条件和能力的一方;(4)双方对无法分割的属夫妻共同财产的生产资料均主张经营权的,在双方竞价基础上由取得方给予另一方相当于该财产一半价值的补偿;(5)对夫妻共同经营的当年无收益的种植(养殖)业离婚时应从有利于发展生产经营考虑进行合理分割或折价处理;(6)离婚时一方尚未取得经济利益的知识产权可归该方所有。离婚时夫妻共同财产未从家庭共有财产中析出而一方要求析产的,可先就离婚和已查清的财产问题进行处理;一时难以查清的,告知当事人另案处理或中止离婚诉讼而待析产案件审结后再恢复离婚诉讼。一方隐藏、转移、变卖、毁损夫妻共同财产或伪造债务企图侵占另一方财产的,分割夫妻共同财产时对隐藏、转移、变卖、毁损夫妻共同财产或伪造债务方可少分或不分;离婚后另一方发现对方有上述行为的,可自发现之日起两年内诉请法院再次分割夫妻共同财产。夫妻书面约定婚姻关系存续期间所得的财产归各自所有。

离婚时原为夫妻共同生活所负的债务应当共同偿还;共同财产不足清偿或财产归各自所有的,由双方协议清偿;协议不成的由法院判决。债权人就婚姻关系存续期间夫妻一方以个人名义所负债务主张权利的,应按夫妻共同债务处理;当事人的离婚协议或法院的裁判书已对夫妻财产作出处理的,债权人仍有权就夫妻共同债务向男女双方主张权利。夫或妻一方死亡的,生存一方应对婚姻关系存续期间的共同债务负连带清偿责任。依我国《婚姻法》,夫或妻一方个人债务由本人偿还。该个人债务主要含:夫妻双方约定由个人承担的债务;擅自资助无扶养关系的亲友所负的债务;一方未经对方同意,独自筹资经营且其收入未用于共同生活所负的债务及其他债务。

离婚时,一方生活困难的,另一方应从其住房等个人财产中给予适当帮助,具体办法由双方协议;协议不成的由法院判决。一方因抚育子女、照顾老人、协助另一方工作等付出较多义务的,离婚时有权向另一方请求补偿,另一方应予补偿。

父母与子女间的权利义务不因父母的离婚而消除,离婚后子女无论由父或母直接抚养,仍是父母双方的子女。离婚后,哺乳期内的子女以随哺乳的母亲抚养为原则;哺乳期后的子女,由法院根据子女的权益和具体情况判决。离婚后,一方抚养的子女,另一方应负担必要的生活费和教育费的一部或全部,负担费用的多少和期限的长短,由双方协议;协议不成的由法院判决。关于子女生活费和教育费的协议或判决,不妨碍子女在必要时向父母任何一方提出超过协议或判决原定数额的合理要求。离婚后,不直接抚养子女的父或母有探望子女的权利。行使探望权利的方式、时间由当事人协议;协议不成的由法院判决。父或母探望子女不利于子女身心健康的,法院可裁定中止其探望权;中止事由消除后,法院应依当事人的申请恢复其探望的权利。

依我国《婚姻法》,因一方过错行为导致离婚的,无过错方可于离婚时或办理离婚登记手续后一年内要求对方承担损害赔偿。该损害赔偿须以离婚为前提,有下列情形之一的法院不予受理或支持:(1)当事人不起诉离婚而单独诉请该赔偿的;(2)法院判决不准离婚而当事人诉请该赔偿的;(3)当事人在协议离婚时已明示放弃该请求的;(4)办理离婚登记手续一年后提出该请求的。

实施家庭暴力或虐待家庭成员,受害人提出请求的,居(村)民委员会及所在单位应予劝阻、调解或公安机关依法予以行政处罚;对正在实施家庭暴力,经受害人请求,居(村)民委员会应予劝阻,公安机关应予制止。被遗弃家庭成员提出请求的,居(村)民委员会及所在单位应予劝阻、调解;法院受理的,应及时依法判令给付扶(抚、赡)养费。对重婚、实施家庭暴力、虐待或遗弃家庭成员构成犯罪的,可由受害人提起刑事自诉或由司法机关依公诉程序,依法追究刑事责任。

第二节 继 承 法

一、继承法概述

继承指自然人死亡后,其死亡时遗留之个人合法财产依法移转给由法律确定一定范围内的人所有的法律制度,其死亡时遗留之个人合法财产即遗产。《继承法》和《最高人民法院关于贯彻执行〈中华人民共和国继承法〉若干问题的意见》是我国继承制度的主要法律依据。继承有如下特征:(1)其发生原因具有特定性:被继承人死亡;(2)其主体范围具有限定性:被继承人和继承人均只能是自然人;(3)其客体范围具有限定性:只能是自然人死亡时所遗留的个人合法财产;(4)其法律后果具有财产权的变更性。

依不同标准,继承主要可分为:(1)法定继承与遗嘱继承;(2)共同继承(继承人为两个以上)与单独继承(继承人仅有一个);(3)本位继承(继承人基于自己的地位,依自有的继承顺序继承被继承人的遗产)与代位继承(被继承人子女先于被继承人死亡的,由其晚辈直系血亲代替其位继承该被继承人的遗产)。

继承权指自然人依被继承人所立之有效遗嘱或法律的直接规定而享有继承被继承人遗产的权利。其特征有客观意义上和主观意义上之分,前者具有:(1)期待性;(2)身份相关性;(3)专属性;(4)合法流转性。后者则意味着它系:(1)既得权;(2)绝对权;(3)财产权;(4)以取得遗产为内容。

我国继承法有如下基本原则:(1)保护公民私有财产继承权。它体现为:凡公民死亡时遗留之其个人合法财产均为遗产,得由其继承人依法继承;被继承人的遗产一般不收归公有而尽可能由其继承人继承;公民继承权不受剥夺;保障继承人、受遗赠人之继承权和受遗赠权的行使;在继承权受到侵犯时,公民得于法定期限内诉请法院依法予以保护等。(2)继承权男女平等。它体现为:继承权主体不因性别不同而在权利上有所不同;丈夫无权将共同财产以遗嘱方式处分;夫妻一方死亡后另一方再婚的,有权处分其所继承的财产;代位继承既适用于父系,也适用于母系等。(3)权利义务相一致。它体现为:对被继承人生前照顾较多或与之共同生活的继承人在遗产分配时可多分;对公婆或岳父母生前尽主要赡养义务的丧偶媳婿可作为法定第一顺序继承人;有能力或条件而对被继承人不尽赡(扶)养义务的继承人在遗产分配时可少分或不分;对被继承人生前照顾较多的继承人以外者在遗产分配时可适当分给;接受遗产的继承人或受遗赠人应当依法偿还被继承人生前所欠债务和税款,但以所继承的遗产实际价值为限;有故意杀害被继承人行为或虐待、遗弃被继承人情节严重的继承人将被依法剥夺继承权;无正当理由而未履行遗嘱所附义务的继承人或受遗赠人可被取消接受遗产权;未履行遗赠扶养协议约定之扶养义务的扶养人不能享有受遗赠权等。(4)养老育幼。它体现为:生活困难或缺乏劳动能力的继承人在遗产分配时应予照顾;被继承人以遗嘱处分其财产时须为其无生活来源又缺乏劳动能力之继承人保留必要的份额;依靠被继承人扶养的缺乏劳动能力又无生活来源之继承人以外者在遗产分配时应适当分给;公民可与扶养人或集体组织订立遗赠扶养协议以求得生活依靠,此外还有代位继承和特留份制度等。(5)团结和睦、互谅互让。它主要体现为:相同顺序的继承人经协商一致可不均等;继承开始后可不随即分割遗产,继承人得协商一致确定遗产分割时间等。

二、法定继承

法定继承,又称非遗嘱继承,指继承人的范围、继承的顺序、遗产分配的原则和继承的份额均依法律直接规定进行的继承制度。其特点为:(1)系对遗嘱继承的补充及限制;(2)基于一定的身份关系而确定;(3)其中的继承人、继承顺序和遗产分配原则均由法定,具有强制性。

法定继承适用于:(1)遗嘱继承人或受遗赠人放弃接受遗产的;(2)遗嘱继承人丧失继承权的;(3)遗嘱继承人、受遗赠人先于继承人死亡的;(4)遗嘱无效部分所涉及的遗产;(5)遗嘱未处分的遗产。

依我国《继承法》,继承人包括被继承人的配偶、子女、父母、对公婆或岳父母生前尽主要赡养义务的丧偶媳婿,兄弟姐妹、孙子女或外孙子女、祖父母或外祖父母。其中配偶、子女、父母、对公婆或岳父母生前尽主要赡养义务的丧偶媳婿为法定第一顺序继承人;兄弟姐妹、孙子女或外孙子女、祖父母或外祖父母则为法定第二顺序继承人。这里的子女为被继承人的生子女、养子女和与被继承人存有扶养关系的继子女;这里的父母为被继承人的生父母、养父母和与被继承人存有扶养关系的继父母。而继兄弟姐妹、继孙子女或继外孙子女、继祖父母或继外祖父母能否作为第二顺序继承人继承遗产,也须以被继承人与其继子女(或父母)间是否存有扶养关系为前提。而养子女、养父母、养兄弟姐妹、养孙子女或养外孙子女、养祖父母或养外祖父母能否依法继承遗产则以收养关系的存续为前提。只有在法定第一顺序继承人全部放弃或丧失继承权或没有法定第一顺序继承人时,法定第二顺序继承人方可继承被继承人的遗产。

法定继承的遗产分配原则为:(1)同序同份,即同一顺序继承人的应得份额应当均等。(2)法定或特殊情形下可不均等,它主要体现为:各继承人协商一致的可不均分;生活困难或缺乏劳动能力的继承人在遗产分配时应予照顾;对被继承人生前照顾较多或与之共同生活的继承人在遗产分配时可多分;有能力或条件而对被继承人不尽赡(扶)养义务的继承人在遗产分配时可少分或不分等。

代位继承和转继承是法定继承的重要内容,前者指被继承人的子女先于被继承人死亡时,本应由该死亡子女继承的遗产由其晚辈直系血亲代替其位继承该遗产的制度。其特征为:(1)只适用于法定继承;(2)被代位人只能是被继承人的子女;(3)须是被代位人(继承人)先于被继承人死亡;(4)代位继承人只能是被继承人的晚辈直系血亲;(5)须是被代位人未丧失继承权;(6)无论代位人有多少个,只能继承被代位人应得的一份。后者又称再继承,指继承人在继承开始后获得遗产前死亡,其应得部分的遗产由该继承人的继承人承受的制度。其特征为:(1)系二次继承;(2)须是继承人在获得遗产前死亡;(3)由继承人依法定程序继承其应得部分的遗产;(4)其第一次继承既可是法定继承,也可是遗嘱继承。

三、遗嘱继承和遗赠

遗嘱继承又称意定继承,指继承开始后继承人依被继承人合法有效之遗嘱取得被继承人遗产的法律制度。与法定继承相比,它有如下特征:(1)以有合法有效的遗嘱存在为发生依据;(2)以被继承人死亡为生效根据;(3)直接体现被继承人的意愿;(4)对法定继承具有排斥性;(5)所指定的遗嘱继承人不受法定继承顺序的影响;(6)可确定继承人中的一人或若干人接受全部遗产。其适用条件为:被继承人立有遗嘱且合法有效;无遗赠扶养协议存在;被指定继承人未放弃或被剥夺继承权。

遗嘱指自然人生前处分自己的财产或安排相关事务并于死后生效的法律行为。它有如下特征:(1)系单方法律行为,被指定继承人或受遗赠人是否接受不影响其生效;(2)系遗嘱人之独立民事行为,无需他人意思辅助、不得代理;(3)于遗嘱人死亡时方生效;(4)系要式行为,须符合法定形式并满足其要求,否则无效;(5)遗嘱人可将其全部财产指定由一个或数个继承人继承,并不受法定继承顺序的影响,也可将其财产的一部或全部指定继承人以外者接受(也即遗赠)。

我国《继承法》确认的遗嘱形式有:(1)自书遗嘱,遗嘱人亲笔制作;(2)代书遗嘱,由他人依遗嘱人口述内容代笔制作,须由遗嘱人署名或按印并有两个以上无利害关系见证人在场见证;(3)录音遗嘱,对遗嘱人口述内容的完整录制,须有两个以上无利害关系见证人在场见证;(4)口头遗嘱,唯在遇危急情形且无法采用其他方式时适用,且须有两个以上无利害关系见证人在场见证;(5)公证遗嘱,公证机关以国家的名义制作并证明该遗嘱的真实性和有效性,其效力高于其他形式的遗嘱。

遗嘱有效须具备如下条件:(1)遗嘱人立遗嘱时须有完全的民事行为能力;(2)须是遗嘱人真实的意思表示,受胁迫或欺骗所立的遗嘱、被伪造或篡改的遗嘱均无效;(3)内容须合法,处分他人财产、剥夺缺乏劳动能力又无生活来源继承人之必要份额、含有违法条件的遗嘱无效或部分无效;(4)形式须合法。

遗嘱于遗嘱人死后方生效,故遗嘱人生前可随时变更或撤销其所立的遗嘱。遗嘱人变更或撤销遗嘱的,须符合遗嘱有效的诸条件并符合变更或撤销的法定要求,其中对公证遗嘱的变更或撤销须采用公证形式。遗嘱人立有数份遗嘱而内容相抵触的,以最后的遗嘱为准;遗嘱人生前行为与遗嘱(含遗赠扶养协议内容的除外)内容相抵触的,视为对该遗嘱的变更或撤销。

在我国,遗嘱人可指定遗嘱执行人。未指定遗嘱执行人或遗嘱执行人不能执行遗嘱的,其法定继承人为遗嘱执行人;法定继承人为数人的,可推举代表或采用表决制决定相关事务。既无指定执行人又无法定执行人的,依法由基层社会组织作为遗嘱执行人。遗嘱执行人有下列职责:通知继承关系人;办理死亡证明、户口注销等事务;确认、清理、保管被继承人的遗产并依法或依被继承人意愿划定遗产范围;依法追偿债权、偿还债务;召集继承人、受遗赠人及相关当事人,宣读遗嘱并就遗产情况作报告说明;依遗嘱要求分配遗产;对妨害继承的行为提起诉讼;审查、监督附义务的遗嘱的继承人、受遗赠人对遗嘱所定义务的履行;接受继承人、受遗赠人对自己执行行为的监督和审查;对因自己所致的损失承担相应的赔偿责任。

依我国《继承法》,公民可立遗嘱将其个人财产的一部或全部赠与国家、集体或继承人以外的人,此种法律行为即遗赠。它有如下特征:(1) 系单方法律行为;(2) 须以遗嘱的方式,并于遗嘱(赠)人死后生效;(3) 系无偿行为;(4) 接受遗产者须为继承人以外者,可为自然人,也可为组织;(5) 遗产须由受遗赠人亲自受领,并应明示接受;(6) 受遗赠人不参与遗产分配,仅能从遗嘱执行人或继承人处领受该遗产。遗赠的有效条件为:(1) 遗赠人须有遗嘱能力;(2) 须为遗赠人的真实意思表示;(3) 遗赠意思表示的内容须合法;(4) 该遗嘱的形式须合法;(5) 受遗赠人须在该遗嘱生效时存活;(6) 遗赠之财产须为遗产且在遗嘱生效后具有执行的可能性和合法性。《继承法》规定,受遗赠人应于知道受遗赠后两个月内,向遗嘱执行人作出接受遗赠的意思表示;而执行遗赠不得妨碍清偿遗赠人依法应当缴纳的税款及债务。

依我国《继承法》,遗赠人(受扶养人)可与扶养人签订遗赠扶养协议。依该遗赠扶养协议,扶养人对遗赠人承担生养死葬的义务,享有依约受遗赠的权利。遗赠扶养协议有如下特征:(1) 系诺成性的双方法律行为,一经成立即对双方产生拘束力;(2) 系有偿的双务法律行为;(3) 遗赠人只能是自然人,而扶养人则可为自然人或集体组织;(4) 其效力高于遗嘱继承、遗赠和法定继承。双方协商一致的可以解除遗赠扶养协议,对此受扶养人应对扶养人予以合理的补偿;扶养人无正当理由拒不履行义务致协议解除的,无权请求返还其已支付的扶养费用和劳动报酬;因受扶养人行为致协议解除的,则应返还扶养人已支付的扶养费用和劳动报酬。

四、遗产的处理

遗产是自然人死亡时遗留的个人合法财产,它须具有可流转性。依我国《继承法》,遗产包括:合法收入;房屋;生活用品;文物和图书资料;知识产权中的财产权;法律许可个人所有的生产资料;其他合法财产,含有价证券及以财产为履行标的的债权等。下列财产依法作如下确定:(1) 夫妻共同财产,有约定的依该约定确定遗产;未约定的,一般确定该共同财产的一半为遗产。(2) 共有财产,已确定份额的,依出资比例或协议约定确定遗产;未确定份额的,按共有人的人数确定遗产。(3) 保险金,保险合同指定他人为受益人的,由该受益人取得保险金;保险合同指定被继承人自己为受益人或未指定受益人的,该保险金则为遗产。(4) 抚恤金,职工或军人因公或事故死亡后,由其家属领取;职工或军人因公或事故伤残而丧失劳动能力的,由本人领取而为其个人财产,死后则为遗产。(5)承包、租赁经营权,该权本身不能作为遗产,但经发包方或出租方许可继承人可通过合同变更而传承该权利;而被继承人的承包经营所得则为遗产。(6)其他用益物权,如国有资源使用权及农村土地承包权、宅基地使用权等,该权本身不能作为遗产,但原权利人的继承人可依法通过与有关主管部门或农村集体组织变更合同而传承该权利。

依我国《继承法》,继承自被继承人死亡(自然死亡或被宣告死亡)时开始。相互存有继承关系的数人在同一事件死亡而不能确定该各人确切死亡时间的,依我国司法实践作如下确定:(1)推定无继承人者先死亡;(2)有继承人而辈分不同的,推定长辈先死亡;(3)有继承人而辈分相同的,推定他们同时死亡,互不发生继承,由其各自的继承人分别继承。

继承开始后,知道被继承人死亡的继承人应及时以口头、书面等形式通知其他继承人和遗嘱执行人;继承人中无人知晓或因客观原因不能通知的,由被继承人生前所在单位或住所地居(村)民委员会负责通知。继承开始后遗产分割前,存有遗产者应妥善保管遗产;被继承人生前自己占有的,应由知道被继承人死亡的继承人或遗嘱执行人妥善保管;任何人不得侵占或争抢遗产。

继承开始后存有多个继承人的,应当分割遗产,依各继承人应得份额进行分配。遗产的分割应遵循如下原则:(1)分割时间自由确定,继承人可随时行使遗产分割请求权,其他人不得干涉;(2)保留胎儿应继承份额,该份遗产一般由其母亲代管;(3)互谅互让、协商分割;(4)物尽其用,有利于生产和生活。分割遗产一般可采取下列方法:(1)遗产为可分割物的,按各继承人应得份额进行实物分割;(2)遗产难以分割的,将该遗产变卖取得价金,由各继承人分取;(3)继承人取得某项遗产的价值超过其应得份额的,该继承人应将超过部分作价补偿给其他继承人;(4)某一遗产难以分割且经各继承人同意,也可不予分割,保留各继承人对该财产的共有权。

依我国《继承法》,接受遗产的,应当清偿被继承人生前所欠的债务。这里的债务指被继承人生前依法缴纳的税款、罚款(金)和应由其个人偿还的合法财产性债务。偿还该债务应遵循如下原则:(1)以接受遗产为偿债前提,放弃继承或受遗赠的,可不负偿债责任;(2)以所接受的遗产价值为限,超过该部分的,继承人可拒绝偿还,但自愿偿还的不在此限;(3)保留必留份额,继承人中存有缺乏劳动能力又无生活来源者,即使遗产不足以清偿债务,也应为之保留必要的遗产份额;(4)清偿债务优先于执行遗赠,执行遗赠不得妨碍清偿遗赠人依法缴纳的税款和债务。

依我国司法实践,继承开始后,继承人或遗产保管人于清点遗产完毕,应及时通知债权人声明债权,以便于继承人、受遗赠人清偿。偿还该债务依下列顺序进行:首先由法定继承人用其所得遗产清偿;不足部分由遗嘱继承人和受遗赠人按比例用所得遗产清偿。

我国《继承法》规定,无人继承又无人受遗赠的遗产,归国家所有;死者生前是集体组织成员的,归其所在集体组织所有。此类遗产发生于下列情形:没有遗嘱或法定继承人和受遗赠人;遗嘱或法定继承人全部放弃继承,且受遗赠人全部放弃接受遗赠;遗嘱或法定继承人全部丧失继承权,且受遗赠人全部放弃接受遗赠。对此类遗产依下列顺序处理:(1) 酌情分给那些依靠被继承人扶养的缺乏劳动能力又无生活来源之继承人以外者或对被继承人生前照顾较多的继承人以外者适当的遗产;(2) 清偿被继承人债务;(3) 收归国家或集体组织所有。

本 章 小 结

本章的内容安排很清晰,先讲婚姻法,后讲继承法。为什么要将两者安排在同一章里,是因为两者都属于亲属法的范畴。与民法的其他具体法律不同,亲属法调整的是具有特殊亲密关系的人(亲属)之间的法律,这种亲密关系是在婚姻、血缘或法律拟制的基础上形成的。

婚姻是社会承认的男女两性结合互为配偶的社会形式。我国的婚姻法是规定婚姻家庭关系的发生和终止,以及婚姻家庭主体间的权利义务的法律规范的总称。它不仅调整婚姻关系,还调整由此派生的家庭关系;它不仅调整家庭成员间的人身关系,还调整由此产生的财产关系。我国婚姻法规定了五大基本原则,分别是婚姻自由,一夫一妻,男女平等,保护妇女、儿童和老人合法权益以及实行计划生育。婚姻的成立又称结婚,指男女双方依法定条件和程序确立夫妻关系的法律行为。结婚必须符合法定条件(包括积极条件和消极条件)和遵循法定程序(登记)。结婚后的家庭关系一般包括夫妻关系和父母子女关系。婚姻可基于不同的法律事实解除,配偶一方于婚姻关系存续期间死亡(含被宣告死亡)的,婚姻关系自然解除;夫妻双方也可依法人为地解除彼此间的婚姻关系(离婚)。依我国婚姻法,离婚可分为两种方式:协议离婚与诉讼离婚。

继承法是调整继承法律关系的法律规范的总称,属于民法的组成部分。继承指自然人死亡后,其死亡时遗留之个人合法财产依法移转给由法律确定一定范围内的人所有的法律制度,其死亡时遗留之个人合法财产即遗产。继承权指自然人依被继承人所立之有效遗嘱或法律的直接规定而享有继承被继承人遗产的权利。与婚姻法一样,我国继承法也规定了五大基本原则,分别是保护公民私有财产继承权,继承权男女平等,权利义务相一致,养老育幼以及团结和睦、互谅互让。法定继承,又称非遗嘱继承,指继承人的范围、继承的顺序、遗产分配的原则和继承的份额均依法律直接规定进行的继承制度。遗嘱继承又称意定继承,指继承开始后继承人依被继承人合法有效之遗嘱取得被继承人遗产的法律制度。另外,公民可立遗嘱将其个人财产的一部分或全部赠与国家、集体或继承人以外的人,此种法律行为即遗赠。继承自被继承人死亡(自然死亡或被宣告死亡)时开始。继承开始后存有多个继承人的,应当分割遗产,依各继承人应得份额进行分配。接受遗产的,应当清偿被继承人生前所欠的债务(以遗产的实际价值为限)。无人继承又无人受遗赠的遗产,归国家所有;死者生前是集体组织成员的,归其所在集体组织所有。

【拓展和链接】 民法典婚姻家庭篇的设想

尽管2001年《婚姻法》(修正案)取得了可喜的进步,但作为一个阶段性、过渡性的立法措施,其制度性的缺失以及内容的失之过简,难于操作,使其仍然有很大的修改空间。民法的法典化为婚姻法修订的第二步走提供了极好的机会。

(一)完成婚姻家庭法的体系化

婚姻家庭领域中各类主体之间的权利义务,都是以特定的亲属身份为其发生根据的,同时,亲属关系在民法、继承法、刑法、诉讼法、国籍法等许多法律领域中都具有一定的法律效力,而亲属制度的一般规定,载入其他法律部门显然是不合适的,应当由婚姻家庭法作出全面、系统的规定。因此,为了进一步从总体上规范亲属制度,尤其是使散见在各法律部门的亲属立法协调一致,有关亲属的范围、亲属的种类、亲系、亲等及其计算方法等,均应当在婚姻家庭法中作出明确的、统一的规定。

(二)设立亲权制度,强化对未成年人的保护

我国婚姻法没有建立完整的亲权制度,也未使用亲权的概念,修订后的婚姻法仅规定父母有抚养教育、保护教育未成年子女的权利和义务,但对父母不当行使权利或滥用权利的法律未规定任何救济方式,其结果不利于保护未成年人的利益。因此,设立我国的亲权制度要强化父母对未成年子女的责任,不仅包括现有的对未成年子女的抚养教育、保护教育权利义务,还应当包括对父母使用、收益、处分未成年子女财产权利的限制,以及明确规定对不当行使亲权或滥用亲权者中止或剥夺其行使亲权,但不免除其给付子女抚养费的义务。

(三)监护制度应作为婚姻家庭法的一编

自1984年民法通则颁布以来,监护制度由民法通则规定,而实际上,无论是对未成年人的监护还是对精神病人的监护,都是以亲属监护为主,第三人监护只是亲属监护的补充和延伸。在制度设计上可以设立对未成年人的监护和成年人监护两部分。其结果,既可以与亲权制度相区别,又便于与亲权制度相衔接,两种制度相

互配合，共同保护未成年人及其他无民事行为能力或限制民事行为能力人的利益。

（四）关于无效婚姻问题

无效婚姻制度，是2001年《婚姻法》修正案在结婚一章增设的制度。但我国的婚姻无效制度在立法理念上还停留在制裁的层面上，立法忽视了对善意一方或弱势一方的必要保护，忽视了婚姻所具有的事实先行的特性。在无效婚姻的法律后果上，一律简单地宣告"当事人不具有夫妻的权利和义务"，虽然维护了法律的尊严，符合逻辑，却不可避免地忽视了法律对无效婚姻中生活困难一方及无过错方的利益保护。可以考虑在宣告婚姻无效时，赋予生活困难的善意一方有请求另一方提供必要的经济补偿的权利；无过错一方在婚姻被宣告无效时，向过错方请求损害赔偿的权利。

此次修法采用了二元论结构，选择无效婚姻与可撤销婚姻并用的立法模式，但将可撤销婚姻列为附属地位，仅适用于胁迫一种情形，实际上，就缺乏结婚的合意这一私益要件所成立的婚姻而言，还应包括欺骗婚、误解婚及虚假婚。而且，未达法定婚龄的早婚、患有法定禁止结婚的疾病而缔结的婚姻也应划归可撤销婚姻范围，因为这些婚姻只关乎私益，应给当事人留下选择余地，由当事人本人决定是否要求已经缔结的有瑕疵的婚姻被撤销。

此外，对于婚姻无效和可撤销的请求权人的范围、认定程序、方式等问题，在法律上也应作出明确规定。为了维护婚姻关系的稳定性，应采宣告无效制度，并针对婚姻法规定的四种无效婚姻，区别不同情况明确规定申请宣告婚姻无效的权利人范围。而对于申请宣告时婚姻无效的事由已经消失的，不应再认定婚姻无效。

（五）关于离婚救济制度

《婚姻法》（修正案）确立的我国离婚救济制度主要由家务劳动补偿、经济帮助和离婚损害赔偿三个部分组成。其中，家务劳动补偿和离婚损害赔偿均为新增设的制度。离婚救济制度彰显了夫妻双方人格独立与平等的理念，致力于损害与救济之间的衡平，但作为新的制度与理念，仍有许多问题需要研究与探讨。

其一，实践中对家务劳动补偿制度的直接适用非常鲜见。探究其原因，乃是因为法律规定离婚经济补偿应以"夫妻书面约定婚姻关系存续期间所得的财产归各自所有"为前提，而目前在我国夫妻约定实行分别财产制的数量仍然很少，所以，这一救济制度的适用受到极大的限制。因此，可以考虑用离因补偿制度取而代之。离因补偿的含义是指，离婚时一方当事人向另一方支付一定的财产，以弥补对方因离婚而遭受的损失，支付标准以维持婚姻存续期间的生活水准为参照。设立离因补偿制度具有双重意义，一是可以保障离婚当事人的生活水平，减少离婚给当事人以及社会造成的负面影响。二是请求权人无须负担对他们来说几乎是难以取得的他方有过错的证据责任，只要负责举证离婚使自己的生活水平下降或遭受了某种损害即可。

其二，有关经济帮助的规定，过于抽象，难以执行。经济帮助是我国婚姻法传统的离婚救济方式，《婚姻法》(修正案)沿袭了1980年的规定，且未解决婚姻法这一规定过于简略的问题。由于修改后的婚姻法明确规定了归夫或妻一方所有的个人财产的范围，最高人民法院以前关于一方所有的不动产等贵重物品经双方共同生活一定时期后转为夫妻共同所有的司法解释不再适用，在目前主要由男方准备婚姻住房、女方准备供婚后使用的电器、细软的现实情况下，不利于对女方权益的保护。

其三，有关离婚损害赔偿的规定在中国的现阶段是否具有必要性，但仍须推敲。设立离婚损害赔偿制度，使无过错方在离婚时得到物质上的补偿，充分体现了婚姻法对受害一方的关注和保护，具有填补精神损害，抚慰受害方、制裁过错方的三重功能。但离婚损害赔偿的规定在立法技术和立法价值上仍有值得推敲之处。一是修正后的婚姻法第46条规定有权请求损害赔偿的"无过错方"的提法是不准确的，在司法实践中容易产生歧义。在婚姻关系中，没有绝对的无过错一方；二是该条所列举的四种过错不足以涵盖所有对婚姻当事人造成严重伤害的行为；三是应明确离婚损害赔偿请求权是一项实体权利，不仅适用于诉讼离婚，也应适用于登记离婚；四是关于离婚损害赔偿的范围，《婚姻法》(修正案)未作明确规定，所要弥补的损害应当是既有物质损害也包括精神损害。（资料来源：摘自巫昌祯《民法典婚姻家庭篇之我见》，《政法论坛》2003年第1期）

与本章相关的主要法律法规

1.《中华人民共和国婚姻法》(1980年9月10日由第五届全国人民代表大会第三次会议通过，根据2001年4月28日第九届全国人民代表大会常务委员会第二十一次会议《关于修改〈中华人民共和国婚姻法〉的决定》修正)

2. 最高人民法院关于适用《中华人民共和国婚姻法》若干问题的解释（一）(2001年12月24日最高人民法院审判委员会第1202次会议通过)

3. 最高人民法院关于适用《中华人民共和国婚姻法》若干问题的解释（二）(2003年12月26日通过)

4.《中华人民共和国继承法》(1985年4月10日第六届全国人民代表大会第三次会议通过，自1985年10月1日起施行)

5. 最高人民法院关于贯彻执行《中华人民共和国继承法》若干问题的意见(1985年9月11日通过)

案例1：全国首例婚前财产约定纠纷宣判

原告梁女士称，她与张先生是朋友关系。坐落在宣武区某小区的一套两居室系张先生名下私产。1998年1月,她与张先生签订了一份赠与协议,约定后者将上述房产赠与她,并在公证处进行了公证。然而张先生至今未向她交付赠与物,也未办理该房的产权过户手续。为此她特起诉到法院要求张先生履行自己的诺言,并承担案件受理费。

被告张先生称自己与梁女士是1996年11月通过北京爱心相识服务中心介绍认识的,之后两人发展为恋人关系,还在一起共同生活了5年。这期间张先生曾多次提出结婚,但梁女士总是以各种借口搪塞。1997年底,为了表示自己的忠心,由梁女士的好友为两人办理了这份引发纠纷的婚前财产公证协议。事隔不久,张先生就被梁女士轰出了家门。

法院审理后认为,该公证协议是以协议双方办理登记结婚手续作为公证实质要件存在的。其真实意思并非单纯赠与行为,而是以双方婚姻作为实质附加条件的含有赠与行为的婚前财产约定。由于双方当事人至今尚未履行登记结婚手续,致使该协议无法生效并实际履行。故梁女士的要求没有法律依据。据此,法院判决驳回了梁女士的诉讼请求。

资料来源:《中国法院网——民事案件》 发布时间:2003年12月2日

案例2:四川泸州"二奶"案

2001年初四川泸州市纳溪区人黄永彬在临终前拟出一份遗嘱,把属于自己的部分财产遗赠给"二奶"张学英。4月20日,张前往纳溪区公证处对黄的遗嘱进行了公证。两天后,黄因病去世。就在其妻蒋伦芳及单位为黄办理丧事时,张在火化现场宣读了遗嘱,要求蒋"按遗嘱办事",蒋伦芳当即拒绝了张的要求。

当天,张学英一纸诉状递到了泸州市纳溪区人民法院。一审判决法院审理后,于2001年10月11日作出判决。法院认为,纳溪区公证处在未查明事实的情况下,仅凭遗赠人的陈述,便对其遗嘱进行了公证,违反了《四川省公证条例》的规定,属公证不当。而公民的民事行为不得违反公共秩序和社会道德,黄与张在有非法同居关系下立下的遗嘱,是一种违反公序良俗、破坏社会秩序的违法行为。故一审驳回张的诉讼请求。张学英随后向泸州市中级人民法院提起上诉。2001年12月28日,泸州中院以相同的理由驳回了张学英的上诉。

资料来源:《中国法院网——民事案件》 发布时间:2002年10月23日

案例3:离婚判决未生效,丈夫遗产照继承

宋某因与丈夫王某感情破裂向法院起诉要求离婚。今年1月22日,法院判决二人离婚,并对共同财产进行了分割,王某依法分得价值4.3万元的遗产。1月23日,双方当事人签收了法院送达的判决书。1月27日,王某外出时因车祸身亡,法院随即作出了中止离婚诉讼的裁定。王某的弟弟王亮(化名)向法院提起诉讼,要求继承王某的遗产。

法院审理认为，宋某与王某的离婚诉讼虽经法院判决，但在判决生效前，他们之间还存在着合法有效的婚姻关系和夫妻身份。根据我国民事诉讼法的规定，一审判决的生效期为15日，即当事人在接到一审判决后15日内未提起上诉即发生法律效力。其间，王某因车祸死亡，导致离婚起诉终止，二人的夫妻关系一直存续到王某死亡之时，因此宋某可作为第一顺序继承人配偶的身份继承王某的遗产。原告王亮作为王某的兄弟，属第二顺序继承人，根据《继承法》的规定，被继承人有第一顺序继承人时，第二顺序继承人不得继承。据此，法院判决驳回原告王亮的诉讼请求。

资料来源：《中国法院网—民事案件》 发布时间：2004年3月22日

思考题

1. 我国婚姻法的基本原则有哪些？
2. 我国婚姻法规定的结婚必备条件和禁止条件是什么？
3. 在何种情形下离婚的，无过错方有权请求损害赔偿？
4. 简述法定继承人的范围和顺序。
5. 有效遗嘱必须具备哪些条件？

第九章 经济法

本章要点

本章阐述了经济法的一般知识,主要包括:(1)经济法的一般原理,涉及经济法的产生、发展、概念、调整对象以及经济法律关系;(2)公司法的一般知识,涉及公司法的一般原理、公司的概念、公司的分类、公司章程、公司名称和住所、公司的权利能力和行为能力、股东权与股东出资;(3)反不正当竞争法的一般知识,着重介绍了不正当竞争行为的特征和种类以及相应的监督检查制度;(4)产品质量法的一般知识,着重介绍了产品质量监管制度、生产者和经营者的产品质量义务以及产品质量的法律责任和产品质量纠纷的解决方式;(5)消费者权益保护法的一般知识,着重介绍了消费者的权利和经营者的义务、国家和社会对消费者合法权益的保护以及争议解决的方式和相关的法律责任;(6)劳动法的一般知识,涉及劳动法的一般原理、基本的劳动法律制度、劳动合同制度以及劳动法律责任等内容。

第一节 经济法概述

一、经济法的产生和发展

(一)经济法的概念

经济法这一名词首先出现在1775年,由著名的法国空想共产主义者摩莱里在他的专著《自然法典》中提出的。他把经济法看成是分配法。根据我国许多学者的研究,一般认为:经济法是调整国家在调控经济运行过程中所发生的经济关系的法律规范的总称。

国家对经济运行的调控,是在尊重市场、统一规划基础上的总体价值调控,而并非是单纯的垄断。"国家调控经济运行"是有别于"国家协调经济运行"的。"国家协调经济运行",是指要发挥"国家之手"在经济运行中的作用,但这容易让人误解为只有当市场调节的自发性、滞后性和盲目性呈现出来后,再去发挥"国家之手"的作用,即"协调"是事后调节。而我们认为,"国家对经济运行的调控"则是针对不同的经济性质、经济环境、经济布局和市场状况,分别采用先国家调控后市场调节、国家调控与市场调节并用、先市场调节后国家调控的方法促进宏观效益的最优化。

(二) 经济法的调整对象

经济法是调整特定的经济关系的,而并非调整所有的经济关系。这特定的经济关系就是经济法的调整对象,即经济法应当促进、限制、取缔和保护的社会关系。

我国经济法的调整对象是国家在调控经济运行过程中所发生的经济关系,它主要包括以下内容:

1. 市场主体规范关系

经济法对市场主体的规范主要包括以下几方面:(1) 确立进入市场的主体资格,规范企业法人的设立、变更和终止及企业内部机构的设置和职权;(2) 确立和保证我国企业公司制改革的方向,及国有企业在转化为公司和运作过程中,如何保障国有资产的保值和增值;(3) 确立和规范企业自主经营、自负盈亏的责任,强调企业破产风险意识,保证破产企业的财产清算以及职工安置合法有序地进行。

2. 市场秩序规范关系

市场规范,即指国家为了建立稳定的、活而不乱的社会主义市场经济秩序,维护国家、生产经营者和消费者的合法权益而对市场所进行的适度调控。主要包括:(1) 规范和引导市场竞争向合法合理并符合社会公序良俗的方向发展,制止和打击非法垄断,保证市场的畅通及产业结构、产品结构和企业组织结构的调整;(2) 规范和赋予消费者法律上的权利,使其能通过合法、便捷的途径保护自己的合法权益,在真正尊重消费者为上帝的同时,亦是对市场主体的产品、服务质量的有效监督;(3) 规范广告、房地产、证券、期货和产权交易市场,保证这些市场的形成和发展与法治的要求相符,与社会主义市场经济体制的实质和内涵相符。

3. 宏观经济调控关系

宏观经济调控关系是指国家从长远目标和社会公共利益出发,对关系国计民生的重大经济因素,在实行全局性的管理过程中与其他社会组织所发生的具有隶属性或指导性的社会经济关系。要实行社会主义市场经济,必须建立以间接手段为主的社会经济关系。在市场经济体制下,尽管市场对资源配置起了基础性的作用,但市场调节毕竟是属于基础层次的自发调节,它并非是万能的,并有一定的盲目性和滞后性。因此,我们在尊重和利用市场的同时,决不能迷信市场,而应该进一步加强和完善宏观调控,改变宏观调控的方式、手段和范围,使其在市场经济体制的建立和完善过程中发挥更大的作用。

宏观经济调控关系的内容主要包括：（1）调整和规范计划、财政税收管理关系，改革传统的计划体制和税收征管模式，变原来的实物、个体管理为价值、总体管理，使计划、财政税收在综合平稳，培育市场，重点建设，协调服务等方面发挥积极的作用。（2）调整和规范金融、外汇管理关系。即要突出中央银行的主管地位，强化对人民币发行、使用、结算及利率的总体宏观管理，并采用经济手段对人民币兑换外币的汇率予以调控，以保证国家资金的合理流动和分配及对通货膨胀的有效抑制。（3）调整和规范外贸管理关系，以保证在对外交流和经济合作中有利于国家的宏观经济发展规划和外贸主体自身效益的提高。（4）调整和规范会计、审计管理关系。会计、审计是通过对国家各经济管理及职能部门的会计账目的审查、核算，来监督和保证各类主体在经济活动中沿着符合国家财税、金融等政策规定的方向运作。

二、经济法律关系

（一）经济法律关系的概念

经济法律关系是指经济法主体在国家调控经济运行过程中所形成的经济权利和经济义务关系。国家机关、企事业单位和其他社会组织相互之间，它们的内部机构以及它们与个体经营者、公民之间，按照经济法律规范进行经济活动，依法产生权利与义务关系时，便形成了具体的经济法律关系。例如：财政关系、金融关系、劳动关系、经济合同关系、专利关系和商标关系等，受相应的财政法、金融法、劳动法、合同法、专利法和商标法等确认和调整时，都将形成一定的权利和义务关系。上述关系都是经济法律关系。经济法律关系是一种具有强制力的思想社会关系。既然经济法律关系由经济法所规定，那么为了保证经济法律关系的当事人实现自己的权益，履行其应尽的义务，它就必然要有强制力作后盾。

（二）经济法律关系的特征

经济法律关系的范围非常广泛，其内容涉及国民经济的各个部门。因此，概括起来，经济法律关系除具备一般法律关系的特征外，与其他各种法律关系相比较，它还有以下几个特征：

1. 主体的特征

经济法律关系主体具有广泛性，包括国家经济管理机关、企事业单位、社会团体、社会经济组织的内部机构和生产单位等。经济法律关系的主体是由经济法律规范所规定的，需要说明的是，主体的一方在多数情况下是国家经济管理机关。这有别于行政法律关系和民事法律关系的主体。

2. 客体的特征

经济法的主要调整对象是经济干预关系。因此，经济干预行为是经济法律关系的最重要和最普遍的客体。

3. 内容的特征

具体表现为：(1) 当经济法主体为社会组织时，其经济权利不能随便抛弃或放弃，义务不能任意转让。抛弃是主体对已经取得的权利不予主张；放弃是主体对法律赋予的权利不予行使；转让是主体将自己的权利转给第三者享受。(2) 国家机关依法享有的经济权利体现着国家意志的强制力。所以，国家机关有权对没有履行义务的另一主体采用强制和制裁的手段。

4. 形式的特征

一般采用书面形式来表示，以保证经济法律关系的稳定性和严肃性。所谓书面形式，就是运用文字（包括电报、电传等文字凭证）把经济法律关系的全部内容明确而肯定地记载下来，并加盖单位公章、由负责人或经办人签章。此外，依法（或按当事人约定）需进行公证、鉴证、上报主管部门批准或备案的，还应当履行上述手续。

第二节 公 司 法

一、公司法概述

公司法是调整公司在设立、组织、活动和解散过程中所发生的社会关系的法律规范的总称。公司法有狭义和广义之分。狭义的公司法专指被命名为《公司法》的法律。广义的公司法是有关公司的组织与活动的法律规范的总称。在我国，除了《公司法》以外，国务院还颁布了一系列规范公司组织和行为的行政法规。这些法规也属于广义的公司法的范畴。

我国于 1993 年 12 月颁布了《公司法》，并于 1999 年第一次修订，2004 年第二次修订，目前正在第三次修订当中。该法对公司组织和公司行为作出了规定。在公司组织方面，该法规定了公司的设立、合并、分立、终止、内部机构的设置及职权等等。在公司行为方面，该法规定了公司发起人募股、出资人出资、公司财务管理、公司发行股份、转让股份、发行公司债券等。鉴于当前公司法正在修订当中以及篇幅限制，本节仅对公司法的一般概念和原理作一介绍。

就公司法的内容而言，公司法既规范公司的对内关系，也规范公司的对外关系。规范性质上以强制性规范为主，也包括一些任意性规范，也就是说公司法的大多数规范是当事人不能约定变更的。基本上属于实体性规范，但也包括某些程序性规范。

二、公司的概念

公司法是规范公司的组织和活动的法律，由于各国法律文化及公司法律制度的差异,对于公司的概念的表述也有所不同。在我国,公司是指依法定程序设立的以营利为目的的社团法人。这个概念揭示了公司的三大特征:

1. 公司是社团法人

以公法和私法为基础,法人分为公法人和私法人。私法人又分为财团法人和社团法人。社团法人是社员的结合。公司是由股东共同出资组成的,具有独立人格,能够独立享有民事权利和承担民事义务,公司的股东对公司债务的清偿责任仅以其出资额为限。

2. 公司是以营利为目的的社团法人

社团法人因设立的目的不同,可以分为公益社团法人和营利社团法人。前者以公益为目的,后者以营利为目的,即经营的唯一目的在于获取利润。公司的设立正是为了获取利润。

3. 公司应当依法设立

《民法通则》中规定了法人应当依法设立的原则,公司作为法人的一种,当然应当遵照《民法通则》的规定。我国《公司法》也对公司的设立条件和程序作出了规定。

三、公司的分类

根据不同的标准可以对公司进行不同的分类。

(一) 有限责任公司和股份有限公司

以出资人的责任形式划分,公司可以分为有限责任公司和股份有限公司,它们都是企业法人,但是两者又是有区别的。

有限责任公司(简称有限公司),股东以其出资额为限对公司承担责任,公司以其全部资产对公司的债务承担责任。

股份有限公司(简称股份公司),其全部资本分为等额股份,股东以其所持股份为限对公司承担责任,公司以其全部资产对公司的债务承担责任。

有限责任公司和股份有限公司既有共性也有区别:

(1) 无论是有限责任公司,还是股份有限公司,其均具有"有限责任"性质。在这里,有限责任是指公司的股东对公司的债务只以其出资额或者所持股份为限承担责任,而公司则以其全部资产对公司的债务承担责任。所谓的有限责任其实是指公司股东的有限责任。

(2) 股份有限公司的全部资本分为等额资本,而有限责任公司的资本则不作这样的划分。

其实依据出资人的责任形式划分公司的种类,除了以上两种外,还有无限公司、两合公司、股份两合公司,但是随着公司制度的发展,有些公司类型已经趋于消亡。我国《公司法》只规定了有限责任公司和股份有限公司。

(二) 本公司和分公司

依据《公司法》的规定,公司可以设立分公司,分公司不具有企业法人资格,其民事责任由公司承担。本公司是指设立分公司的公司。本公司与分公司的主要区别在于,本公司具有法人资格,而分公司不具有法人资格,只是本公司的一个分支机构。其实从严格意义上讲,分公司并不是公司。分公司可以用自己的名义从事民事活动和参加诉讼,但其行为的法律效果归属于本公司。

(三) 母公司和子公司

依据《公司法》的规定,公司可设立子公司,子公司具有企业法人资格,依法对外承担民事责任。从理论上讲,当一个公司拥有另一个公司的相对多数股份因而能够对其加以实际控制时,前者即为母公司,而后者则为子公司。

母公司和子公司都有独立的法人资格,这是与本公司和分公司的分类不同的地方。

(四) 本国公司和外国公司

根据《公司法》的规定,外国公司是指依照外国法律在中国境外登记成立的公司。在我国,凡是依照中国法律在我国境内登记成立的公司,都是本国公司。区分本国公司和外国公司的主要意义在于国际私法上许多情形下的准据法的不同。

需要注意的是外国公司的分支机构与外国公司、本国公司的不同。依据《公司法》的规定,外国公司依照公司法规定可以在中国境内设立分支机构,从事生产经营活动。外国公司的分支机构虽然是依据我国法律在我国境内设立,但不具有法人资格。我国《公司法》设专章规定了外国公司的分支机构问题。

四、公司章程、公司名称与住所

公司章程是设立公司的必备条件。公司具有独立的法人资格,因而应当具有名称和住所。

(一) 公司章程

1. 公司章程的基本问题

公司章程是指公司必备的规定公司组织及活动的基本规则的书面文件,是以书面形式固定下来的股东之间共同一致的意思表示。依据《公司法》的规定,设立公司必须依法制定公司章程。

(1) 公司章程的约束力范围:公司章程对公司、股东、董事、监事、经理具有约束力。

(2) 公司章程可以修改:公司章程的修改应当由股东大会以绝对多数的表决通过。

2. 有限责任公司章程的内容

依据《公司法》的规定,有限责任公司章程应当载明下列事项:

(1) 公司名称和住所;
(2) 公司经营范围;
(3) 公司注册资本;
(4) 股东的姓名或者名称;
(5) 股东的权利和义务;
(6) 股东的出资方式和出资额;
(7) 股东转让出资的条件;
(8) 公司的机构及其产生办法、职权、议事规则;
(9) 公司的法定代表人;
(10) 公司的解散事由与清算办法;
(11) 股东认为需要规定的其他事项。
股东应当在公司章程上签名、盖章。

3. 股份有限公司章程的内容
依据《公司法》的规定,股份有限公司章程应当载明下列事项:
(1) 公司名称和住所;
(2) 公司经营范围;
(3) 公司设立方式;
(4) 公司股份总数、每股金额和注册资本;
(5) 发起人的姓名或者名称、认购的股份数;
(6) 股东的权利和义务;
(7) 董事会的组成、职权、任期和议事规则;
(8) 公司的法定代表人;
(9) 监事会的组成、职权、任期和议事规则;
(10) 公司利润分配办法;
(11) 公司的解散事由与清算办法;
(12) 公司的通知和公告办法;
(13) 股东大会认为需要规定的其他事项。

(二) 公司的名称

公司名称是指公司在生产经营等活动中用以相互区别的特定称谓,它是公司章程的必要记载事项之一,是公司设立的必备条件,也是公司设立之前就必须解决的问题。

公司名称中最重要的问题是公司名称的命名规则。依据《公司法》等相关法律法规的规定,主要有以下内容:

(1) 公司名称必须表明公司的法律性质。按照我国《公司法》的规定,凡为有限责任公司者,其名称中必须含有"有限责任公司"字样;凡为股份有限公司者,其名称中必须含有"股份有限公司"字样。

（2）依据我国现行法律的规定,在同一登记机关的辖区内,同行业的的企业不允许有相同或类似的名字。因此,一般要求公司名称中必须冠以公司登记地的地名。

（3）冠以"中国"、"中华"、"全国"、"国际"字样的公司,则必须经国家工商行政管理局核准。

（三）公司住所

与公司名称一样,公司住所也是公司章程的必要记载事项之一,是公司设立的必备条件,是公司设立之前就必须解决的问题。

1. 公司住所的确定

我国《民法通则》和《公司法》都有关于公司住所的规定。依据《公司法》的规定,公司以其主要办事机构所在地为住所。当公司只有一个办事机构时,即为该机构所在地为住所。若公司有位于不同地方的两个以上的办事机构,则应确定其中一个为主要办事机构。在法律上,应以公司的登记为准。

2. 公司住所的意义

确定公司住所的主要法律意义在于：

（1）便于确定公司的诉讼管辖地。如《民事诉讼法》第22条第2款规定,对法人或者其他组织提起的民事诉讼,由被告住所地人民法院管辖。在《民事诉讼法》的其他条款,如第23-31条以及其他有关管辖的规定,都有关于住所地确定地域管辖的规定。

（2）便于确定公司的登记机关。我国公司的登记主管机关是各级工商行政管理机关,对企业的登记实行分级登记制,为了确定公司登记机关,必须先确定公司的住所地。

（3）确定公司的受送达地点。依据《民事诉讼法》第79条等相关条文的规定,公司住所地是有关诉讼文书送达的主要地点。

（4）在一定情况下,可据以确定合同履行地。这是《民法通则》和《合同法》对于确定合同履行地的相关规定的结果。如《民法通则》第88条和《合同法》第62条的规定。

五、公司的权利能力和行为能力

公司的权利能力,是指公司作为独立的法律主体享有权利并承担义务的资格。公司的行为能力,是指公司以自己的意思通过自身的行为取得权利并承担义务的资格。凡为公司者,必具有完全的民事行为能力。原则上,公司处于与其他民事主体平等的地位,应当同等地享有民事权利。但是毕竟公司不是自然人,由于性质上、法律上和目的上的一些原因,公司的权利能力受到一定限制。

（一）公司权利能力因性质受到的限制

公司不同于自然人，不能享有专属于自然人的权利。例如自然人的生命健康权、肖像权、亲属权、自由权、隐私权等。

（二）公司权利能力因法律规定受到的限制

1. 转投资的限制

公司作为独立的民商事主体，可以向其他公司或经济组织投资，可以设立子公司，但是由于公司的股东对公司债务只承担有限责任，为了维护公司债权人的利益，保证公司的正常运作，公司法规定了公司的转投资的限制。主要内容包括：

（1）首先明确公司可以向其他有限责任公司、股份有限公司投资，并以该出资额为限对被投资公司承担责任。

（2）投资对象的限制：公司只可以向其他有限责任公司、股份有限公司投资。

（3）投资规模的限制：公司向其他有限责任公司、股份有限公司投资的，所累计投资额不得超过本公司净资产的50%。但是有两点例外：

第一，在投资后，接受被投资公司以利润转增的资本，其增加额不包括在内。

第二，投资规模限制不适用于国务院规定的投资公司和控股公司。

2. 设立中的公司不具有法人的权利能力，解散后的公司只能在清算范围内享有权利和承担义务

（三）公司权利能力因目的受到的限制

虽然《公司法》没有明确规定公司权利能力是否因目的而受到限制，但是现行《公司法》规定了公司的权利能力因经营范围而受限制：

（1）公司的经营范围必须由公司章程作出规定。

（2）公司的经营范围必须依法进行登记。

（3）公司的经营范围中属于法律、行政法规限制的项目，应当依法经过批准。

（4）公司应当在登记的经营范围内从事经营活动。依据《公司登记条例》第71条的规定，公司超出核准登记的经营范围从事经营活动的，由公司登记机关责令改正，并可处1万元以上10万元以下的罚款。

（5）经营范围可以修改但必须登记。公司依照法定程序修改公司章程并经公司登记机关变更登记，可以变更其经营范围。

（6）超越经营范围的活动并非当然无效。依据《最高人民法院关于适用〈中华人民共和国公司法〉若干问题的解释（一）》第10条的规定，当事人超越经营范围订立合同，人民法院不因此认定合同无效。但违反国家限制经营、特许经营以及法律、行政法规禁止经营规定的除外。

六、股东权与股东出资

公司股东的资产一投入公司，该资产就转归公司法人所有，公司股东获得股东

权,但丧失对资产(投资)的所有权。

有限公司成立后向股东签发出资证明书(股份凭证),股份公司成立后向股东交付的是股票,交付股票请求权是股份公司股东的一项重要的自益权。

股东权。股东权依内容的不同,可以分为自益权和共益权。凡股东以自己的利益为目的而行使的权利是自益权;而股东以自己的利益兼以公司的利益为目的而行使的权利是共益权。前者主要为财产权,如资产受益权、优先认购新股权、分取红利请求权。后者主要为公司事务的参与权,如重大决策权、选择管理者权、优先认购新股权、分取红利请求权、知情权、建议权、质询权。

公司法人财产权是法人人格和公司独立责任的基础和保障。股东履行出资以后,不能对公司财产直接实施支配和处分,也不能以退股或其他方式收回其出资的财产。

第三节　反不正当竞争法

一、反不正当竞争法概述

(一)反不正当竞争法的概念

社会主义市场经济的有效运行有赖于规范的竞争行为和完善的竞争保护机制。正当的竞争是建立在善意公平、平等诚实基础上的良性竞争。而不正当竞争,是指市场主体违反法律、法规的规定,损害其他经营者和消费者的合法权益,扰乱社会经济秩序的行为。反不正当竞争法,即调整在制止不正当竞争行为过程中发生的经济关系的法律规范的总称。

(二)反不正当竞争法的立法宗旨

我国《反不正当竞争法》第1条规定:"为保障社会主义市场经济健康发展,鼓励和保护公平竞争,制止不正当竞争行为,保护经营者和消费者的合法权益,制定本法。"可见,其立法宗旨就是制止不正当竞争行为,以此鼓励和保护公平竞争,规范市场行为,从而保护经营者和消费者的合法权益,保障社会主义市场经济的健康发展。

二、不正当竞争行为的特征和种类

(一)不正当竞争行为的特征

不正当竞争行为的特征主要有四项:(1)不正当竞争的主体是经营者。所谓经营者是指从事商品经营或者营利性服务的法人、其他经济组织和个人;(2)其行为本身是违法的;(3)行为侵犯了其他经营者的合法权益;(4)它扰乱了社会正常的经济秩序。

(二)不正当竞争行为的种类

《反不正当竞争法》第二章将"不正当竞争行为"规定为11种具体表现形式。

1. 不正当交易行为

是指经营者采用假冒、仿造或者其他虚假手段从事市场交易,谋取非法利益的行为:(1)假冒他人的注册商标;(2)擅自使用知名商品特有的名称、包装、装潢,或者使用与知名商品近似的名称、包装、装潢,造成和他人的知名商品相混淆,使购买者误认;(3)擅自使用他人的企业名称或者姓名,使人误认为是他人的商品;(4)在商品上伪造或者冒用质量标志,伪造产地,对商品质量做引人误解的虚假表示。

2. 虚假宣传行为

是指在市场交易中,经营者利用广告或其他方法对商品或者服务做与实际情况不符的公开宣传,导致或足以导致购买者对商品或服务产生误认的行为。它分为虚假宣传和引人误解的宣传两种。

3. 侵犯商业秘密行为

是指通过不正当方法获取、泄露或使用他人商业秘密的行为。这里的商业秘密是指不为公众所知悉,能为权利人带来经济利益、具有实用性,并经权利人采取保密措施的技术信息和经营信息。经营者不得采用以下手段侵犯商业秘密:(1)采取盗窃、利诱、胁迫或者其他不正当手段获取权利人的商业秘密;(2)披露、使用或者允许他人使用以前项手段获取的权利人的商业秘密;(3)违反约定或者违反权利人有关保守商业秘密的要求,披露、使用或者允许他人使用其所掌握的商业秘密;(4)第三人明知或者应知上述所列违法行为,获取、使用或者披露他人商业秘密的。

4. 商业贿赂行为

是指在市场交易中,经营者采用财物或其他手段暗中收买交易对象或有关人员,以获得交易机会或有利交易条件的不正当竞争行为。经营者不得采用财物或其他手段进行贿赂以销售或购买商品。在账外暗中给予对方单位或个人回扣的,以行贿论处;对方单位或个人在账外暗中收受贿赂的,以受贿论处。但经营者销售或者购买商品,可以用明示方式给对方折扣或给中间人佣金,且应如实入账。

5. 有奖销售行为

是指经营者以提供奖品或奖金的手段推销商品的行为,主要有附赠有奖销售和抽奖有奖销售两种。《反不正当竞争法》第13条规定:"经营者不得从事下列有奖销售:(1)采用谎称有奖或者故意让内定人员中奖的欺骗方式进行有奖销售;(2)利用有奖销售的手段推销质次价高的商品;(3)抽奖式的有奖销售,最高奖的金额超过5 000元。"

6. 商业诽谤行为

即诋毁、贬低竞争对手的行为,是指从事市场生产经营活动的经营者自己或利用他人通过捏造、散布虚伪事实等不正当手段,对竞争对手的商业信誉、商品声誉进行恶意的诋毁贬低,以削弱其市场竞争能力,并为自己谋取不正当利益的行为。

7. 限定他人购买行为

是指公用企业或者依法具有独占地位的经营者利用市场无竞争对手,强迫他人购买或使用其商品或服务的行为。

8. 低于成本的价格销售行为

是指经营者以低于成本的价格销售商品,排挤竞争对手的行为。但不具有排挤竞争对手目的的下列行为除外:(1)销售鲜活商品;(2)处理有效期限即将到期的商品或其他积压商品;(3)季节性降价;(4)因清偿债务、转产、歇业降价销售商品。

9. 附条件交易行为

是指经营者利用经济优势在提供或接受商品或服务时,违背交易相关人意愿,搭售其他商品或附加其他不合理交易条件。附条件交易行为可分为搭售行为和附其他不合理交易条件的行为两类。

10. 串通投标行为

是指参加投标的经营者彼此之间通过口头或书面的协议、约定,就投标报价及其他投标条件,互相通气,以避免互相竞争,或协议轮流在类似项目中中标,共同损害招标者利益的行为以及投标者和招标者相互勾结以排挤竞争对手的公平竞争的行为。

11. 超经济强制经营行为

这是指直接或间接以行政权力为根据发生的经营行为:"政府及其所属部门不得滥用行政权力,限定他人购买其指定的经营者的商品,限制其他经营者正当的经营活动。"

三、监督检查和法律责任

(一) 对不正当竞争行为的监督检查

对不正当竞争行为的监督检查包括国家专门机构的监督检查和其他组织、公民个人进行的社会监督。

1. 国家监督检查

工商行政管理部门是监督检查不正当竞争行为的机构,县级以上各级人民政府工商行政管理部门对不正当竞争行为进行监督检查;法律、法规规定由其他部门监督检查的,依照规定办理。监督检查部门在监督检查不正当竞争行为时,有权行使下列职权:(1)按照规定程序询问被检查的经营者、利害关系人、证明人,并要求提供证明材料或者不正当竞争行为有关的其他资料;(2)查询、复制与不正当竞争行为有关的协议、账册、单据、文件、记录、业务函电和其他资料。(3)检查与各种不正当竞争行为有关的财物,必要时可以责令被检查的经营者说明该商品的来源和数量,暂停销售,听候检查,不得转移、隐匿、销售该财物。

监督检查部门的职员监督检查不正当竞争行为时,应当出示检查证件。被检查者应当如实提供有关资料或者情况。

2. 社会监督

国家鼓励、支持和保护一切组织和个人对不正当竞争行为进行社会监督。任何国家工作人员都不得支持、包庇不正当竞争行为。

(二)《反不正当竞争法》规定的法律责任

(1)对被侵害的经营者造成损害的,应当承担赔偿责任。被侵害的经营者损失难以计算的,赔偿额为侵权人在侵权期间因侵权所获得的利润,并应当承担被侵害的经营者因调查该经营者侵害其合法权益的不正当竞争行为所支付的合理费用。

被侵害的经营者的合法权益受到不正当竞争行为损害的,可以向人民法院提起诉讼。

(2)经营者假冒他人的注册商标,擅自使用他人的企业名称,伪造或冒用认证标志、名优标志等质量标志,伪造产地,对商品质量作出引人误解的虚假表示的,按照《商标法》、《产品质量法》的规定处罚。

经营者擅自使用知名商品特有的名称、包装、装潢,或者使用与知名商品类似的名称、包装、装潢,造成和他人的知名商品相混淆,使购买者误认为是知名商品的,监督检查部门应当责令停止违法行为,没收违法所得,可以根据情节处以违法所得1倍以上3倍以下的罚款;情节严重的可以吊销营业执照;销售伪劣商品,构成犯罪的,依法追究刑事责任。

(3)经营者利用广告或其他方法,对商品作引人误解的虚假宣传的,监督检查部门应当责令停止违法行为,消除影响,可以根据情节处以1万元以上20万元以下的罚款。

广告的经营者,在明知或应知的情况下,代理、设计、制作、发布虚假广告的,监督检查部门应当责令停止违法行为,没收违法所得,并依法处以罚款。

(4)违反法律规定侵犯商业秘密的,监督检查部门应当责令停止违法行为,可以根据情节处以1万元以上20万元以下的罚款。

(5)经营者采用财物或者其他手段进行贿赂以销售或者购买商品,构成犯罪的,依法追究刑事责任;未构成犯罪的,监督检查部门可以根据情节处以1万元以上20万元以下的罚款;有违法所得的,予以没收。

(6)经营者违反法律规定进行有奖销售的,监督检查部门应当责令停止违法行为,可以根据情节处以1万元以上10万元以下的罚款。

(7) 公用企业或其他依法具有独占地位的经营者,限定他人购买其指定的经营者的商品,以排挤其他经营者的公平竞争的,省级或者设区的市的监督检查部门应当责令停止违法行为,可以根据情节处以 5 万元以上 20 万元以下的罚款。被指定的经营者借以销售质次价高商品或者滥收费用的,监督检查部门应当没收违法所得,可以根据情节处以违法所得 1 倍以上 3 倍以下的罚款。

(8) 投标者串通投标,抬高标价或者压低标价;投标者和招标者彼此勾结,以排挤竞争对手的公平竞争的,其中标无效。监督检查部门可以根据情节处以 1 万元以上 20 万元以下的罚款。

(9) 经营者有违反被责令暂停销售,不得转移、隐匿、销毁与不正当竞争行为有关的财物的行为的,监督检查部门可以根据情节处以被销售、转移、隐匿、销毁财物的价格的 1 倍以上 3 倍以下的罚款。

(10) 政府及其所属部门违反法律规定,限定他人购买其指定的经营者的商品,限制其他经营者正当的经营活动,或者限制商品在地区之间正常流通的,由上级机关责令其改正;情节严重的,由同级或上级机关对直接责任人员给予行政处分。被指定的经营者借此销售质次价高商品或者滥收费用的,监督检查部门应当没收违法所得,可以根据情节处以违法所得 1 倍以上 3 倍以下的罚款。

(11) 国家机关工作人员在监督检查不正当竞争行为时滥用职权、玩忽职守,构成犯罪的,依法追究刑事责任;不构成犯罪的,给予行政处分。国家机关工作人员在监督检查不正当竞争行为时徇私舞弊的,对明知有违反《反不正当竞争法》规定构成犯罪而对经营者故意包庇不使其受追诉的,依法追究刑事责任。

根据《反不正当竞争法》及有关法律法规规定,不正当竞争行为的法律责任形式分为民事责任、行政责任和刑事责任三种。

(三) 行政复议及诉讼

按照《反不正当竞争法》第 29 条规定,当事人对监督检查部门作出的处罚决定不服的,可以自收到处罚决定之日起 15 日内向上一级主管机关申请复议;对复议决定不服的,可以自收到复议决定书之日起 15 日内向人民法院提起诉讼,也可以直接向人民法院起诉。

第四节　产品质量法

一、产品质量法概述

(一) 产品与产品质量

产品是指经过加工、制作、用于销售的物品。蔬菜、水果、鱼虾等初级农产品由于未经工业加工,故而不属"产品"范畴。建设工程也不适用本法的规定;但是,建设工程使用的建筑材料、建筑构配件和设备,属于产品范围的,适用产品质量法规定。

产品质量是指由国家法律、专门标准规定以及由合同约定的满足产品适用、安全和其他特性的综合要求。

(二)产品质量法的概念及其基本原则

产品质量法是指对产品的消费者、产品的生产者与销售者、产品质量监督管理部门或工商行政管理部门之间因产品质量问题而形成的权利义务关系进行调整的法律规范的总称。国外通常将产品质量法称为产品责任法。

我国《产品质量法》的基本原则是:(1)保护消费者合法权益原则;(2)确立严格产品责任原则;(3)国家机关不参与产品经营活动和社会中介机构活动的原则;(4)反对地方保护主义和系统利益保护主义原则。

二、产品质量监管

(一)对产品质量的基本要求

产品质量应当检验合格,不得以不合格产品冒充合格产品。可能危及人体健康和人身、财产安全的工业产品,必须符合保障人体健康和人身、财产安全的国家标准、行业标准;未制定国家标准、行业标准的,必须符合保障人体健康和人身、财产安全的要求。

(二)质量认证制度

1. 企业质量体系认证制度

国家根据国际通用标准,推行企业质量体系认证制度。企业按照自愿原则可以向国务院产品质量监督部门及其授权的部门认可的机构申请企业质量体系认证。经认证合格的,由认证机构颁发企业质量体系认证证书。

2. 产品质量认证制度

国家参照国际先进标准,推行产品质量认证制度。企业按照自愿原则可以向国务院产品质量监督部门或其授权部门认可的机构申请产品质量认证。经认证合格的,由认证机构颁发产品质量认证证书,准许企业在产品或其包装上使用该认证标志。

(三)产品质量监督检查制度

1. 抽查制度

国家对产品质量实行以抽查为主要方式的监督检查制度。抽查范围是:可能危及人体健康和人身、财产安全的产品;影响国计民生的重要工业产品;消费者、有关组织反映有质量问题的产品。监督抽查工作由国务院产品质量监督部门规划和组织;县级以上地方产品质量监督部门在本行政区域内也可组织监督抽查。

2. 检验制度

为监督抽查之需,可以对产品进行检验。检验抽取样品的数量不得超过检验的合理需要,并不得向被检查人收取检验费用。

3. 异议和复检制度

生产者、销售者对抽查检验结果有异议的,可以自收到检验结果之日起15日内向实施抽查的质量监督部门或者其上级质量监督部门申请复检,由受理复检的部门作出复检结论。

4. 公告制度

国务院和省、自治区、直辖市人民政府的产品质量监督部门应当定期就其抽查情况发布质量公告。现《人民日报》、《经济日报》每周一次刊登产品质量公告,产生较大社会影响,受到用户和消费者欢迎。

5. 支持起诉制度

保护消费者权益的社会组织可以就消费者反映的产品质量问题建议有关部门处理,支持消费者起诉。

6. 处理制度

经监督抽查的产品质量不合格的,由实施监督抽查的产品质量监督部门责令生产者、销售者限期改正;逾期不改的则予以公告;公告后经复查仍不合格的,责令停业,限期整顿;整顿后经复查仍不合格的,吊销营业执照。若产品有严重质量问题的,依法处罚。

(四)产品质量社会监督制度

第一,用户、消费者有权就产品质量问题,向产品的生产者、销售者查询;向产品质量监督管理部门、工商行政管理部门及有关部门反映或申诉,有关部门应当负责处理。

第二,保护消费者权益的社会组织可以就消费者反映的产品质量问题,建议有关部门负责处理,支持因产品质量造成损害的消费者向人民法院起诉。

三、产品质量义务

(一)生产者的产品质量义务

1. 对产品内在质量的具体要求

产品质量应当符合下列要求:(1)不存在危及人身、财产安全的不合理的危险,有保障人体健康和人身、财产安全的国家标准、行业标准的,应当符合该标准。(2)具备产品应当具备的使用性能,但对产品存在使用性能的瑕疵作出说明的除外。(3)符合在产品或者其包装上注明采用的产品标准,符合以产品说明等方式表明的质量状况。

2. 对生产中产品标识的具体要求

产品或者其包装上的标识必须真实,并符合下列要求:(1)有产品质量检验合格证明。(2)有中文标明的产品名称、生产厂厂名和厂址。(3)根据需要标明产品规格、等级、所含主要成分的名称和含量。(4)限期使用的产品,标明生产日期和安全使用期限或者失效日期。(5)容易因使用不当造成产品本身损坏或者可能危及人身、财产安全的产品,应当有警示标志或者警示说明。另外,裸装的食品和其他难以附加标识的裸装产品,可以不附加产品标识。

3. 对特殊产品包装的要求

易碎、易燃、易爆、有毒、有腐蚀性、有放射性等危险物品以及储运中不能倒置和有其他特殊要求的产品,其包装必须符合相应的要求,有警示标志或者注意事项等。

4. 生产者在生产中的义务

(1)不得生产国家明令淘汰的产品。(2)不得伪造或者冒用产地和他人的厂名、厂址。(3)不得伪造或者冒用认证标志等质量标志。(4)不得掺杂、掺假,不得以假充真、以次充好,不得以不合格产品冒充合格产品。

(二)销售者的产品质量义务

1. 销售者在进货时的产品质量义务

销售者应当建立并执行进货检查验收制度。

2. 销售者在销售中的产品质量义务

(1)采取措施,保持销售产品的质量;(2)销售产品的标识应当符合上述对生产中产品标识的五项具体要求。

3. 销售者在销售中的义务

(1)不得销售国家明令淘汰并禁止销售的产品和失效、变质的产品。(2)不得伪造或者冒用产地和他人的厂名、厂址。(3)不得伪造或者冒用认证标志等质量标志。(4)不得掺杂、掺假,不得以假充真、以次充好,不得以不合格产品冒充合格产品。

四、产品质量法律责任与产品质量纠纷的解决

产品质量的法律责任,是指生产者、销售者违反产品质量法的有关规定,应当承担的法律后果。

(一)民事责任

1. 瑕疵担保责任

即产品质量不达标的损害赔偿责任。《产品质量法》第28条规定:售出的产品有下列情形之一的,销售者应当负责修理、更换、退货;给购买产品的用户、消费者造成损失的,销售者应当赔偿损失:(1)不具备产品应当具备的使用性能而事先

未作说明的;(2)不符合在产品或者包装上说明采用的产品标准的;(3)不符合以产品说明、实物样品等方式表明的质量状况的。

2. 产品责任

产品责任即产品质量侵权责任,即生产者或者销售者的产品存在缺陷,致使他人人身或财产造成损害所应承担的赔偿责任。所谓"缺陷",是指产品存在危及人身及财产安全的不合理的危险,不符合保障人体健康、人身财产安全的国家标准、行业标准。赔偿包括人身伤亡、财产损害两类。人身伤亡,一般是指缺陷产品造成受害人的死亡、残废、疾病和伤痛,侵害人应当赔偿医疗费,因误工减少的收入、残疾者生活补助费等费用;造成受害人死亡的,应当支付丧葬费、抚恤费、死者生前抚养的人的必要生活费用等。财产损失是指不包括缺陷产品本身在内的一切财产损失,但包括实际已经造成的财产毁损、减少和必然产生的可得利益损失。

3. 承担民事责任的有关问题

(1)构成产品责任的责任。这些条件是:① 产品确实存在缺陷;② 因产品缺陷已给他人人身或财产造成损害;③ 损害事实与产品缺陷具有因果关系。但是,如果生产者能够证明有下列情形之一的,不承担赔偿责任:① 未将产品投入流通的;② 产品投入流通时,引起损害的缺陷尚不存在的;③ 产品投入流通时的科学技术水平尚不能发现缺陷的存在的。

(2)承担产品责任期间及诉讼时效。其一,产品责任期间,是指产品责任主体对缺陷产品损害赔偿承担赔偿责任的法定期间。《产品质量法》第33条规定:因产品存在缺陷造成损害赔偿的请求权,在造成损害的缺陷产品最初交付用户、消费者满10年后丧失;但是,尚未超过说明书的安全使用期的除外。其二,产品责任诉讼时效。《民法通则》规定为1年,《产品质量法》的规定为2年。按照特别法优于普通法、新法优于旧法的原则,自1993年9月1日《产品质量法》实施之日起,产品责任赔偿的诉讼时效为2年。

(3)生产者与销售者之间的责任关系。《产品质量法》第31条规定:因产品存在缺陷造成人身、他人财产损害的,受害人可以向产品的生产者要求赔偿,也可以向产品的销售者要求赔偿。属于生产者的责任的,产品的销售者赔偿后有权向生产者追偿;属于销售者的责任的,产品的生产者赔偿后有权向销售者追偿。可见,生产者与销售者的责任关系为:第一,生产者和销售者作为缺陷产品的提供者,对受害者的损失承担连带责任。受害者无论向生产者或销售者提出赔偿请求,被请求一方都有满足受害人请求的义务。第二,生产者与销售者之间有责任的一方承担最终的赔偿责任。

(二)行政责任

1. 生产、销售不符合标准的产品的行政责任

生产不符合保障人体健康、人身、财产安全的国家标准、行业标准的产品,责令

停止生产,没收违法生产的产品和违法所得,并处违法所得1倍以上5倍以下的罚款,可以吊销营业执照。

2. 生产、销售假冒产品的行政责任

生产者、销售者在产品中掺杂、掺假,以假充真、以次充好,或者以不合格产品冒充合格产品的,责令停止生产、销售,没收违法所得,并处违法所得1倍以上5倍以下的罚款,可以吊销营业执照。

3. 生产、销售淘汰产品的行政责任

生产国家明令淘汰的产品的,责令停止生产,没收违法生产的产品和违法所得,并处违法所得1倍以上5倍以下的罚款,可以吊销营业执照。

4. 销售失效、变质产品的行政责任

销售失效、变质产品的,责令停止销售,没收违法销售和违法所得,并处违法所得1倍以上5倍以下的罚款,可以吊销营业执照。

5. 生产及销售伪造、冒用产地、厂名、厂址标志的行政责任

生产者、销售者伪造产品的产地的,伪造或者冒用他人的厂名、厂址的,伪造冒用认证标志、名优标志等质量标志的,责令公开更正,没收非法所得,可以并处罚款。

6. 生产、销售不合法产品标识的行政责任

产品标识不符合法律规定的,责令改正;特殊产品的标识不符合法律规定、情节严重的,可以责令停止生产、销售,并可以处以违法所得15％至20％的罚款。

(三) 刑事责任

1. 生产、销售伪造产品的刑事责任

生产者、销售者在产品中掺杂、掺假,以假充真、以次充好或者以不合格产品冒充合格产品,销售金额较大的,依法追究刑事责任。

2. 生产、销售不符合安全标准产品的刑事责任

生产不符合保障人身、财产安全的国家标准、行业标准的电器、电力容器、易燃易爆产品或者其他不符合保障人身、财产安全的国家标准、行业标准的产品,或者销售明知以上不符合保障人身、财产安全的国家标准、行业标准的产品,造成严重后果的,依法追究刑事责任。

3. 生产、销售不符合卫生标准食品的刑事责任

生产、销售不符合卫生标准的食品,足以造成严重食物中毒事故或者其他严重食源性疾病的,依法追究刑事责任。

(四) 解决产品质量纠纷的方式

解决产品质量纠纷的方式有:协商、调解、仲裁、诉讼。

第五节 消费者权益保护法

一、消费者权益保护法概述

(一) 消费者及消费者权益保护法的概念

所谓消费者,是指为日常生活所需而购买、使用商品或者接受经营者服务的市场主体。消费者主要指个人消费者,但也包括集团消费者。

随着社会的发展,经济生活方式的变化,消费者与生产经营者之间无论在经济条件、教育水平以及对相应商品知识的掌握方面,还是在自我保护方面,两者的差距越来越大,通常消费者处于弱者的地位,他们时常受到来自生产经营者方面的侵害。消费者在多次受害之后,便自发并最终形成自觉争取合法权利的法律保护意识。战后,美国、日本、英国等国在保护消费者权益的社会运动推动下,均陆续制定了保护消费者的法律,确认消费者权利,消费者权益保护法由此产生。一般认为,1891年美国成立的纽约消费者协会是世界上最早的消费者权益保护团体。

消费者权益保护法是调整在保护消费者权益过程中发生的经济关系的法律规范的总称。消费者权益保护法有狭义和广义之分。狭义上是指专门的消费者权益保护法典,也称作消费者权益保护基本法,在我国即《消费者权益保护法》。广义上则为一切保护消费者权益的法律规范的总称,在我国是指以《消费者权益保护法》为基本法,其他保护消费者权益的法律规范相配套的有机整体。

图表9-1 广义的消费者权益保护法

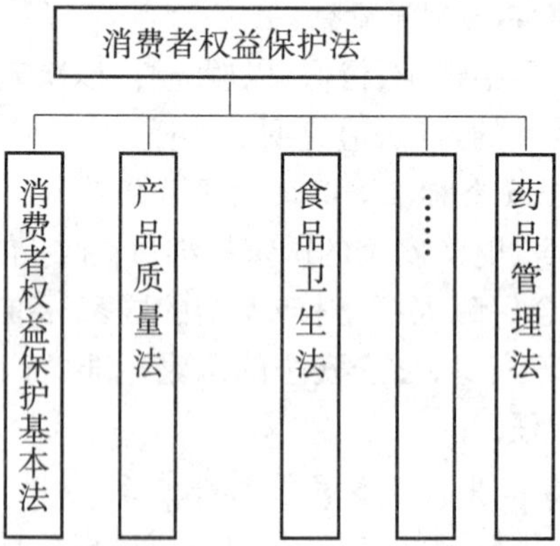

```
              消费者权益保护法
    ┌──────┬──────┬──────┬──────┐
  消费者   产品    食品    ……    药品
  权益     质量    卫生           管理
  保护     法      法             法
  基本
  法
```

(二) 立法宗旨、调整范围和基本原则

《消费者权益保护法》第1条明确规定了其立法宗旨:"保护消费者的合法权益,维护社会经济秩序,促进社会主义市场经济健康发展。"

《消费者权益保护法》的调整范围限定为生活消费,即消费者为生活需要购买、使用商品或接受服务的消费,而不含生产消费。但是下列两种情况也应当遵守或参照《消费者权益保护法》执行:(1)经营者为消费者提供生产、销售的商品或者提供服务;(2)农民购买、使用直接用于农业生产的生产资料。

《消费者权益保护法》的基本原则有:(1)尊重和保护人权原则;(2)保障社会经济秩序原则;(3)依法进行交易原则;(4)国家保护消费者合法权益不受侵害原则;(5)全社会共同保护消费者合法权益原则。

二、消费者的权利和经营者的义务

在消费法律关系中,消费者的权利和经营者的义务是相对应的,它是消费者权益保护法的核心内容。

(一)消费者的权利

1. 安全权

消费者在购买、使用商品和接受服务时享有人身、财产安全不受损害的权利,有权要求经营者提供的商品和服务符合保障人身、财产安全的要求。此乃消费者最基本的权利。

2. 知情权

消费者享有知悉其购买、使用的商品或者接受的服务的真实情况的权利。即有权要求经营者提供商品的价格、产地、生产者、用途、性能、规格、等级、主要成分、生产日期、有效期限、检验合格证明、使用方法说明书、售后服务,或者服务的内容、规格、费用等情况。

3. 自主选择权

消费者享有自主选择商品或者服务的权利,如自主选择提供商品或者服务的经营者以及商品品种或者服务方式等,在自主选择商品或者服务时,有权进行比较、鉴别和挑选。

4. 公平交易权

消费者享有公平交易的权利,即消费者在购买商品或者接受服务时,有权获得质量保障、价格合理、计量正确等公平交易条件,有权拒绝经营者的强制交易行为。

5. 求偿权

消费者因购买、使用商品或者接受服务受到人身、财产损害的,享有依法获得赔偿的权利。

6. 结社权

消费者享有依法成立维护自身合法权益的社会团体的权利。在我国,维护消费者合法权益的社会团体主要是指消费者协会。

7. 获得知识权

消费者享有获得有关消费和消费者权益保护方面的知识的权利。消费者应当努力掌握所需商品或者服务的知识和使用技能,提高自我保护意识。

8. 维护尊严权

消费者在购买、使用商品和接受服务时,享有其人格尊严、民族风俗习惯得到尊重的权利。

9. 监督权

消费者享有对商品和服务以及保护消费者权益工作进行监督的权利,有权检举、控告侵害消费者权益的行为和国家机关及其工作人员在保护消费者权益工作中的违法失职行为,有权对保护消费者权益工作提出批评、建议。

(二)经营者的义务

1. 履行法定或约定义务

首先,经营者向消费者提供商品或者服务,应当遵循我国产品质量法和其他有关法律、法规的规定。其次,经营者和消费者就质量标准有约定的,应当按照约定履行,但约定不得违背法律、法规的规定。这是与消费者的公平交易权相对应的。

2. 听取意见和接受监督

经营者应当听取消费者对其提供的商品或者服务的意见,接受消费者监督。这是与消费者的批评监督权相对应的。

3. 保障消费者人身和财产安全

第一,经营者应当保证其提供的商品或者服务符合保障人身、财产安全的要求。第二,经营者发现其提供的商品或者服务存在严重缺陷,即使正确使用商品或者接受服务仍然可能对人身、财产安全造成危害的,应当立即向有关行政部门报告并告知消费者,采取防止措施。本义务是与消费者的保障安全权相对应的。

4. 提供真实信息

(1)经营者应当向消费者提供有关商品或者服务的真实信息,不得作引人误解的虚假宣传;(2)经营者对消费者就其提供的商品或者服务的质量和使用方法等问题提出的询问,应当作出真实、明确的答复;(3)商店提供商品应当明码标价;(4)经营者或者租赁他人柜台或场地的经营者,应当标明其真实名称和标记。这是与消费者的知情权相对应的。

5. 出具凭证和单据

经营者提供商品或者服务,应当向消费者出具购货凭证或者服务单据;消费者索要购货凭证或者服务单据的,经营者必须出具。购货凭证和服务单据是消费者实现其依法求偿权的前提。

6. 提供符合要求的商品或服务

经营者应当保证在正常使用商品或者接受服务的情况下,其提供的商品或者服务具有质量、性能、用途和有效期限;但消费者在购买该商品或者接受该服务前已经知道其存在瑕疵的除外。经营者应当保证其提供的商品或者服务的实际质量与广告、产品说明等所表明的质量状况相符。本义务是与消费者的公平交易权相对应的。

7. 履行"三包"或者其他责任义务

经营者提供商品或者服务,应当按照国家规定或者约定履行,承担包修、包换、包退或者其他责任。此乃实现消费者公平交易权的又一方面。

8. 不得作不公平、不合理交易

为了保障消费者的公平交易权,经营者不得以格式合同、通知、声明、店堂告示等方式作出对消费者不公平、不合理的规定,或者减轻、免除其损害消费者合法权益应当承担的民事责任。否则其内容无效。

9. 不得侵犯消费者的人身权

消费者的人身自由、人格尊重不受侵犯。经营者不得对消费者进行侮辱、诽谤、搜查,不得侵犯消费者的人身自由。这是与消费者的维护尊严权相对应的。

三、国家和社会对消费者合法权益的保护

(一) 国家对消费者合法权益的保护

1. 立法保护

国家制定有关消费者权益的法律、法规和政策时,应当听取消费者的意见。

2. 行政保护

各级人民政府应当加强领导,组织、协调、督促有关行政部门做好维权工作;各级人民政府应当加强监督,预防危害消费者人身、财产安全行为的发生,及时制止危害消费者人身、财产安全的行为;各级工商行政管理部门和其他有关行政部门应当依照法律、法规的规定,在各自的职责范围内保护消费者的合法权益;有关行政部门应当听取消费者及其社会团体对经营者交易行为、商品和服务质量问题的意见,及时调查处理。

3. 司法保护

人民法院应当采取措施,方便消费者提起诉讼,对符合起诉条件的消费者权益争议,应当受理,及时审判。

(二) 社会对消费者合法权益的保护

消费者协会和其他消费者组织是依法成立的对商品和服务进行社会监督的保护消费者合法权益的社会团体,他们既对商品和服务进行社会监督,又保护消费者合法权益。

国家鼓励、支持一切组织和个人对损害消费者合法权益的行为进行社会监督。其中能起很大作用的是大众传播媒介对损害消费者合法权益的行为进行舆论监督。

四、争议解决和法律责任

（一）争议的解决

1. 争议解决的途径

（1）与经营者协商和解；（2）请求消费者协会调解；（3）向有关行政部门申诉；（4）根据双方达成的仲裁协议提请仲裁机构仲裁；（5）向人民法院起诉。

2. 损害赔偿责任的主体

当消费者合法权益受到损害时，经营者依法应承担赔偿责任：消费者在购买、使用商品时，其合法权益受到损害的，可以向销售者要求赔偿；消费者或者其他受害人因商品缺陷造成人身、财产损害的，可以向销售者要求赔偿，也可以向生产者要求赔偿；消费者在接受服务时，其合法权益受到损害的，可以向服务者要求赔偿。

（二）法律责任的确定

针对经营者侵害消费者合法权益的行为，《消费者权益保护法》具体规定了三种相应的责任形式，即民事责任、行政责任和刑事责任。

第六节　劳　动　法

一、劳动法概述

（一）我国劳动法的概念及其调整对象

劳动法一词有广义与狭义之分。狭义的劳动法指由国家最高权力机构制定的关于调整劳动关系的基本法，即《劳动法》。广义的劳动法是指国家制定的所有劳动法律、法规、规章等调整劳动关系以及与劳动关系有密切联系的其他社会关系的法律规范的总称。通常意义上的劳动法，均为广义的劳动法。

劳动法调整的对象是劳动关系以及与劳动关系密切联系的其他社会关系。（1）劳动关系，即在实现劳动过程中劳动者与用人单位之间发生的关系，这使之有别于非劳动关系，如买卖、借贷等非劳动关系则由民法调整，而非由劳动法调整。劳动关系是劳动法调整的最基本、最重要的关系。（2）与劳动关系密切联系的其他关系主要有：招收、安置、调配、培训职工；退离休职工享有的待遇；在劳动争议的调处、仲裁、审理过程中发生的社会关系；等等。

（二）我国劳动法的基本原则

我国劳动法的基本原则主要可以归纳如下：（1）公民有劳动的权利和义务；（2）各尽所能、按劳分配；（3）劳动者有接受职业培训的权利与义务；（4）劳动者享用休息与劳动安全卫生保护的权利；（5）劳动者有义务遵守劳动纪律；（6）劳动者有获得物质帮助的权利;(7)劳动者有权组织工会和参与民主管理;(8)在劳动方面实行男女平等、民族平等;(9)劳动者有权提请处理劳动争议。

(三)劳动法律关系

1. **劳动法律关系的定义**

是由劳动法律规范所调整的劳动者与用人单位之间在社会劳动过程中形成的权利义务关系。它呈现以下特点:(1)劳动法律关系的主体,一方是劳动者,另一方是用人单位;(2)其权利义务,多数由劳动法律规范预先作出规定,体现了较强的国家干预性;(3)它乃是劳动者和用人单位各自行使权利与履行义务的过程,即劳动法律关系具有在社会劳动过程中得以形成和实现的特性。

2. **劳动法律关系的要素**

(1)劳动法律关系的主体,指在劳动法律关系中享有权利、承担义务的当事人,其中劳动者和用人单位是最主要的主体。劳动者包括中国人、外国人和无国籍人;用人单位包括企事业单位、机关团体、三资企业、私营企业以及个体经营单位等。我国法律规定,公民年满16岁同时具备劳动权利能力和劳动行为能力的,才能成为劳动法律关系的主体。(2)劳动法律关系的内容,指劳动法律关系主体双方享有的权利和承担的义务;其具体表现形式有两种:一种系国家由劳动立法明文规定;另一种则由双方当事人在劳动合同中自行约定。综观相关诸法,劳动者的权利主要有:劳动就业权与选择职业权;取得劳动报酬权;休息休假权;获取劳动安全卫生保护;接受职业技能培训;享受社会保险和福利;提请处理劳动争议之权等。劳动者的义务主要是:完成劳动任务;执行劳动安全卫生规程;遵守劳动纪律与职业道德;维护国家安全、荣誉和利益,保护公共财产等。(3)劳动法律关系的客体。此乃劳动法律关系主体双方的权利义务共同指向的对象。劳动法律关系只有一个客体,即劳动者的劳动行为,它具有单一性特点。

二、基本的劳动法律制度

(一)劳动就业

劳动就业指有劳动能力的公民在法定年龄内从事某种社会职业,从而获取报酬或经营收入的活动。其基本特征为:(1)劳动者具有劳动权利能力和劳动行为能力;(2)劳动者所从事的劳动,须有报酬或经营收入,以满足劳动者本人及其供养家人的基本生活之需;(3)劳动者所从事的劳动,须有益于国家与社会。

(二)工作时间和休息休假

1. **工作时间**

《劳动法》第36条规定:"国家实行劳动者每日工作时间不超过8小时,平均每周工作时间不超过44小时的工作制度。"第38条规定:"用人单位应当保证劳动者每周至少休息一日。"这在原则上确立了目前我国的标准工时制度。按照1995年5月1日生效的《国务院关于职工工作时间的规定》,又进一步将劳动者每周工作时间缩短至40小时。

《劳动法》第41条还就工作时间的延长作了规定:一般每日不得超过1小时,因特殊原因需要延长工作时间的,在保障劳动者身体健康的条件下每日不得超过3小时,但每月不得超过36小时。用人单位因特殊情况确需延长工时的,须依国家有关规定执行。

2. 休息与休假

休息与休假是指劳动者在法定工时和工作日以外,由个人自行支配的时间和法定节假日。《劳动法》规定,劳动者连续工作一年以上的,享受带薪年休假。此为实现劳动者休息权的保证。

(三) 工资

工资是用人单位根据法律和劳动合同的约定,按劳动者提供的劳动数量和质量所支付的劳动报酬,包括基础工资、各类附加工资、奖金和津贴等。《劳动法》确立了按劳分配、同工同酬、用人单位自主分配与劳动者个人物质利益相统一等工资制度的基本原则。

国家实行最低工资保障制度。其具体标准由省、自治区、直辖市政府规定,报国务院备案。用人单位支付劳动者工资不得低于当地最低工资标准,不允许任意克扣或无故拖欠工资。

(四) 劳动安全卫生

1. 劳动安全卫生的概念

劳动安全卫生亦称劳动保护,具体是指为了改善劳动条件,保护劳动者在生产过程中的安全与健康(如预防工伤事故和职业病等)而采取的各项保护措施。如各项劳动安全与卫生规定,对女工和未成年工的特殊保护等。

2. 劳动安全规程和劳动卫生规程

(1) 劳动安全规程即国家为了保护劳动者在生产和工作过程中的安全、减轻繁重体力劳动、防止生产设备遭受破坏而制定的一系列法律规范,由安全技术规范与安全技术组织管理制度两部分组成。(2) 劳动卫生规程为国家出于防止有害物质影响劳动者身体健康,防止与消除职业病或多种职业中毒现象而颁布的各种法规和条例。其主要内容有防止粉尘危害、防止有毒有害物质危害、防止噪音强光污染、关于防暑降温防寒保暖的措施等。

3. 女工和未成年工的特殊保护

国家根据女职工的生理特点和生育子女的特殊需要,规定在劳动方面给予特殊保护:招工时不得歧视妇女,男女同工同酬;禁止女工从事矿下采掘、森林伐木、《体力劳动强度分级》标准中第四级劳动强度的作业、有毒有害作业等。

国家对未成年工也有特殊保护措施：禁止招用未满16岁的未成年人；禁止安排未成年工从事矿山井下、有毒有害、国家第四级体力劳动强度的劳动及其他禁忌从事的工作；应对未成年工定期进行健康检查；缩短未成年工的工作时日，且不应要求其加班加点和做夜班等。

（五）职业培训

职业培训亦称职业技术培训，是指对要求就业和在职的劳动者进行劳动技能与技术业务知识的教育和训练。主要有就业前培训、在职培训和转业培训。

（六）社会保险和福利

1. 社会保险

即劳动者在年老、患病、工伤、失业、生育及其他丧失劳动力的情况下，从国家、社会和用人单位获得物质帮助与补偿的制度，是整个社会保障体系的重要组成部分。国家设立社会保险基金，用人单位与劳动者须依法参加社会保险，缴纳社会保险费。

2. 社会保险待遇

主要包括：退休金发放，职工患病或负伤的治疗待遇，因工伤残或患职业病的医疗诸费用的承担，失业或待业救济金的支付，女职工生育费用和产假期规定，劳动者死亡的丧葬费及遗属抚恤金给付等。

3. 社会福利

表现为国家、社会群体与用人单位提供各类公共设施，发展社会服务以及众多集体福利事业，它属于社会保障体系中的更高层次。我国的福利制度大致包括生活福利设施（如幼托所、医院、疗养院等）、文化娱乐设施、各种福利补贴（如职工交通补贴等）以及对特困职工的困难救济金等。

（七）劳动争议

1. 劳动争议的概念

劳动争议亦称劳动纠纷。其特点为：（1）须发生在用人单位和与之发生劳动关系的劳动者之间；（2）须属于劳动法的调整范围。

根据《劳动法》和《劳动争议处理条例》的规定，我国劳动争议的受理范围仅限于以下四类：一是因履行劳动合同与集体合同发生的争议；二是因开除、辞退职工和职工辞职、离职产生的争议；三是因执行国家有关工资、保险、福利、培训、劳动保护规定引起的争议；四是法律、法规规定应当按照《劳动争议处理条例》处置的其他争议。

2. 劳动争议的处理机构及其处理形式

（1）我国劳动争议的处理机构。主要有劳动争议调解委员会、劳动争议仲裁委员会和人民法院。劳动争议调解委员会是处理劳动争议的群众性自治组织，它调解劳动争议实行当事人平等自愿原则。有纠纷的当事人可向本单位劳动争议调解委员会申请调解,也可直接向劳动仲裁委员会申请仲裁;双方当事人中只要有一方向仲裁委员会申请仲裁的,则应由仲裁委员会受理。劳动争议仲裁委员会是依法独立处理劳动争议的专门机构,受同级人民政府领导,它仲裁劳动争议案件实行一次仲裁原则。人民法院是国家的审判机关,依法审理各种不服仲裁裁决的劳动争议案件。

(2) 我国劳动争议的处理形式。依现行劳动法规,其基本形式有和解、调解、仲裁、审判四种。由劳动争议仲裁委员会依法对劳动纠纷进行裁决,系我国处理劳动争议的主要形式,仲裁裁决应当在调解无效之后依法作出,裁决文书的履行获得国家强制力的保障。当事人不服,可诉诸人民法院。

三、劳动合同制度

(一) 劳动合同的概念和特征

劳动合同是指劳动者同用人单位之间为实现一定的劳动目的而明确双方权利义务关系的协议。这是劳动者与用人单位之间权利义务关系的重要依据,建立劳动关系均应订立劳动合同。

劳动合同除了具有合同的一般特点外,还具备其自身的一些特征:(1) 劳动合同的当事人一方必须是用人单位,另一方必须是劳动者,合同订立后双方即产生隶属关系;(2) 劳动合同的客体是劳动行为本身,一般不涉及物;(3) 劳动合同为书面要式合同。

(二) 劳动合同的期限和无效

1. 劳动合同的期限

根据《劳动法》第 20 条规定,劳动合同的期限大致可分为三种形式:(1) 无固定期限的劳动合同。指合同中未规定有效期限,合同无期限地有效下去,若无特殊原因,劳动者与用人单位订约后其劳动关系一直延续至退休。近年来所实行的全员劳动合同制等方法是对这一传统的固定用工制度的改革。(2) 有固定期限的劳动合同。指合同中明确规定有效期,期限届满,双方的权利义务即行终止,包括 5 年以上长期合同、1—5 年的短期合同和 1 年以内的临时合同等数种。(3) 以完成一定的工作为期限的合同。即以合同中规定的某项工程等工作任务的完成作为合同期满的有效期限。

劳动合同约定的试用期最长不得超过 6 个月。

2. 劳动合同的无效

无效的劳动合同,从订立的时候起便没有法律约束力;合同部分无效,尚不影响其余部分效力的,其余部分仍然有效。按照《劳动法》第 18 条之规定,下列合同无效:(1) 违反法律、行政法规的;(2) 采取欺诈、威胁等手段签订的。无效劳动合同的确认权,归劳动争议仲裁委员会或者人民法院。

(三)劳动合同的变更与解除

1. 劳动合同的变更

这是当事人双方协商同意修改或增减原劳动合同内容的行为。有下列情形之一的,可以变更合同:(1)用人单位转产、调整生产任务的;(2)企业严重亏损或遭灾,确实无法履约的;(3)当事人双方或一方出现不可抗力诸情况,需改变原合同内容的。

2. 劳动合同的解除

此即双方当事人协商一致,或一方当事人依法定条件,提前终止劳动合同法律效力的行为。

首先,用人单位解除和不得解除劳动合同的条件。(1)依《劳动法》第25条、第26条规定,劳动者有下列情形之一的,用人单位可以解除劳动合同:① 在试用期间被证明不符合录用条件的;② 严重违反劳动纪律或用人单位规章制度的;③ 严重失职、营私舞弊,对用人单位利益造成重大损害的;④ 被依法追究刑事责任的;⑤ 劳动者患病或非因工负伤,医疗期满后,不能从事原工作也不能从事由用人单位另行安排的工作的;⑥ 劳动者不能胜任工作,经培训或调整岗位,仍不能胜任的;⑦ 劳动合同订立时所依据的客观情况发生重大变化,致使原合同无法履行,经协商不能达成变更协议的。(2)《劳动法》第27条规定,用人单位濒临破产进行法定整顿期间或生产经营状况发生严重困难,确需裁减人员的,应提前30天向工会或全体职工说明情况,经向劳动行政部门报告后,可以裁员;用人单位裁员后在6个月内又需录用人员的,应当优先录用被裁人员。(3)用人单位根据前列第(1)点中的⑤至⑦项及第(2)点解除合同,以及与劳动者协商一致解除合同的,皆应依法给予劳动者经济补偿。(4)《劳动法》除了规定用人单位可以解除劳动合同外,还专门规定了用人单位不得解除合同的情况:患职业病或因工负伤并被确认丧失或部分丧失劳动能力的;患病或负伤,在规定的医疗期内的;女职工在孕期、产期、哺乳期内的;法律、法规规定的其他情形。

其次,劳动者解除劳动合同的条件。(1)劳动者解除劳动合同,应当提前30日以书面形式通知用人单位。(2)有下列情形之一的,劳动者可随时通知用人单位解除合同:① 在试用期内的;② 用人单位以暴力、威胁或非法限制人身自由的手段强迫劳动的;③ 用人单位未按劳动合同约定支付报酬或提供劳动条件的。

(四)集体合同

集体合同是由工会代表职工一方同用人单位之间就劳动报酬、工作时间、休息休假、劳动安全卫生、保险福利等事项经协商一致所订立的书面集体协议。集体合同亦称集体协议。

四、法律责任

《劳动法》第 12 章共 17 个条款对此作了专章规定。承担法律责任的形式主要有行政责任、经济责任和刑事责任三种。

（一）行政责任

根据《劳动法》与《违反〈中华人民共和国劳动法〉行政处罚办法》之规定,用人单位制定违法规章、非法延长工时、劳动安全设施及卫生条件不符规定、招用 16 岁以下童工、违反对女职工与未成年工保护规定、侵犯劳动者人身权利、故意拖延不订劳动合同以及违法解除劳动合同等尚未构成犯罪的,劳动行政部门或有关部门可依法分别予以警告、责令改正、罚款、通报批评等,甚至吊销营业执照。对安全卫生条件不合格的,或违规造成职工中毒、伤亡事故情节严重,有关部门尚可责令停产整顿。对侵犯劳动者人身权利的,公安部门还可依法予以警告、拘留和罚款。

至于对用人单位直接责任人员的侵权行为,情节严重的,应当给予行政处分。劳动行政部门或有关部门的工作人员有滥用职权、玩忽职守诸情节尚未构成犯罪的,给予相应行政处分。

（二）经济责任

用人单位违反工资工时、休息休假、劳动安全卫生、女职工和未成年工保护规定和标准等,给劳动者造成损害的,应予经济补偿、支付赔偿金;用人单位故意招用尚未解除劳动合同者,使原单位受损的,该单位与该录用者应负连带赔偿之责;劳动者无正当理由解除劳动合同,或违反劳动合同中约定的保密义务,给用人单位造成损害的,应当依法承担赔偿责任。

（三）刑事责任

用人单位强令劳动者违章冒险作业发生重大伤亡事故的,安全卫生设施不合规定造成重大责任事故的,有侮辱、体罚、殴打劳动者等严重侵犯人身权利行为的,无理阻挠劳动监督检查和报复举报人员等从而构成犯罪的,应依法对其责任人员追究刑事责任。

劳动行政部门或有关部门的工作人员滥用职权、玩忽职守、徇私舞弊以及挪用社会保险基金,从而构成犯罪的,应当依法追究刑事责任。

本 章 小 结

经济法是一个独立而重要的法律部门。本章首先介绍了"一般"经济法的一般知识,然后分别介绍了几部"具体"的经济法:公司法、反不正当竞争法、产品质量法、消费者权益保护法和劳动法。

第九章 经济法

经济法是调整国家在调控经济运行过程中所发生的经济关系的法律规范的总称。我国经济法的调整对象是国家在调控经济运行过程中所发生的经济关系,主要包括市场主体规范关系、市场秩序规范关系、宏观经济调控关系等。经济法律关系是指经济法主体在国家调控经济运行过程中所形成的经济权利和经济义务关系,是经济关系的经济法律化。

公司法是调整公司在设立、组织、活动和解散过程中所发生的社会关系的法律规范的总称。在我国,公司是指依法定程序设立的以营利为目的的社团法人。根据不同的标准可以对公司进行不同的分类,其中以出资人的责任形式划分,公司可以分为有限责任公司和股份有限公司。有限责任公司(简称有限公司)的特点是股东以其出资额为限对公司承担责任,公司以其全部资产对公司的债务承担责任。股份有限公司(简称股份公司)的特点是其全部资本分为等额股份,股东以其所持股份为限对公司承担责任,公司以其全部资产对公司的债务承担责任。公司章程、公司名称与住所都是公司设立的必要条件。其中,公司章程是指公司必备的规定公司组织及活动的基本规则的书面文件,是以书面形式固定下来的股东之间共同一致的意思表示;公司名称是指公司在生产经营等活动中用以相互区别的特定称谓;公司住所是公司登记的主要办事机构所在地。公司的权利能力,是指公司作为独立的法律主体享有权利并承担义务的资格。公司的行为能力,是指公司以自己的意思通过自身的行为取得权利并承担义务的资格。凡为公司者,必具有完全的民事行为能力。公司的资产与公司股东的资产分离,即公司股东的资产投入公司后就转归公司法人所有,公司股东获得股东权,但丧失对资产(投资)的所有权。

反不正当竞争法是调整在制止不正当竞争行为过程中发生的经济关系的法律规范的总称。不正当竞争行为共有十一种,分别是:不正当交易行为、虚假宣传行为、侵犯商业秘密行为、商业贿赂行为、有奖销售行为、商业诽谤行为、限定他人购买行为、低于成本的价格销售行为、附条件交易行为、串通投标行为以及超经济强制经营行为。为了制止不正当竞争行为,反不正当竞争法规定了相应的监督检查制度和具体的法律责任。

产品质量法是指对产品的消费者、产品的生产者与销售者、产品质量监督管理部门或工商行政管理部门之间因产品质量问题而形成的权利义务关系进行调整的法律规范的总称。为了提高产品质量水平,产品质量法设置了产品质量监管制度,规定了产品质量义务,明确了产品质量法律责任与产品质量纠纷的解决方式。

消费者权益保护法是调整在保护消费者权益过程中发生的经济关系的法律规范的总称。消费者的权利包括:安全权、知情权、自主选择权、公平交易权、求偿权、结社权、获得知识权、维护尊严权和监督权等。与此对应的便是经营者的义务,如提供真实信息,听取意见和接受监督等。保护消费者的合法权益是一项系统工程,为此国家和社会对消费者的合法权益提供了各个层面的保护。此外消费者权益保护法还规定了争议解决的途径和相应的法律责任。

　　劳动法是指国家制定的所有劳动法律、法规、规章等调整劳动关系以及与劳动关系有密切联系的其他社会关系的法律规范的总称。劳动法规定了一些基本的劳动法律制度,如劳动就业、工作时间和休息休假、工资、劳动安全卫生等。劳动合同是指劳动者同用人单位之间为实现一定的劳动目的而明确双方权利义务关系的协议。这是劳动者与用人单位之间权利义务关系的重要依据,建立劳动关系均应订立劳动合同。为此,劳动法专门规定了劳动合同制度。最后,对于违反劳动法的行为,劳动法也规定了相应的法律责任。

【拓展和链接】　中国经济立法进入新一轮立法高潮

　　新一届全国人民代表大会常务委员会成立以来,中国经济立法进入新一轮立法高潮,一批期盼已久的法律的起草与修改被排上了日程。经济立法既注重法律体系的逐步完善,也特别关注法律的客观实用性,着重可操作性。

　　建立具有中国特色的立法体系不仅需要基本的立法数量,更需要立法质量。根据十届全国人民代表大会常务委员会确定的立法计划,2005年提交审议的法律有31部,其中包括企业破产法、证券法修订、公司法、反垄断法等。

　　近十多年来,中国陆续出台了公司法、合伙企业法、个人独资企业法、商业银行法等法律,在完善市场主体立法方面,迈出了坚实的一步。

　　在市场秩序立法方面,立法机关首先根据市场经济条件下合同签订与履行的实际,对原经济合同法、涉外经济合同法、技术合同法实施经验进行总结,合并三部法律形成新的合同法,对合同规范进行了全面规定;其次,根据竞争手段的利用,分别制定了招标投标法与拍卖法;第三,制定反不正当竞争法;第四,制定消费者权益保护法,即对各种破坏消费者利益的行为进行打击。在市场秩序立法方面还制定了许多其他法律。同时,立法机关还根据市场经济发展的需要,积极组织制定物权法、反垄断法。

　　根据中国市场经济条件下,劳动与社会关系的发展变化,立法机关加强了社会保障方面的立法。经过几年的实施,劳动法也产生了一些新的情况和问题。立法机关正在考虑组织制定相关法律或对劳动法的有关内容进行必要调整。

　　根据市场经济体制下中国社会保障制度的改革要求,国务院陆续制定了一批相关的法规与规章,对养老保险、医疗保险、工伤保险、失业保险以及女职工生育保险作了全面规定。根据这些规定的实施经验和中国推行社会保障的情况,立法机关正在进行总结,拟将中国的社会保险制度上升为法律。

　　在社会保障方面,立法机关还针对一些弱势群体的保护与保障进行了一些专门立法,如针对妇女权益保护制定妇女权益保障法、根据妇女生产情况制定了母婴保健法、根据老年人与残疾人的保障分别制定了老年人权益保障法、残疾人权益保障法等,这些法律的制定、修改与实施都体现了"以人为本"的原则。

根据中国资本市场的发展,在立法规划中还确定了多部与资本市场发展相关法律的起草与修改,主要包括:证券法修改、期货交易法、外汇立法、融资租赁法等等。根据第八届全国人民代表大会常务委员会立法规划,全国人民代表大会有关机构已组织起草出期货交易法初稿上报全国人民代表大会常务委员会。(资料来源:根据《瞭望》周刊2005年第26期全国人民代表大会财经委法案室主任朱少平文章整理)

与本章相关的主要法律法规

1.《中华人民共和国公司法》(1993年12月29日第八届全国人民代表大会常务委员会第五次会议通过,1999年12月25日第九届全国人民代表大会常务委员会第十三次会议第一次修正,2004年8月28日第十届全国人民代表大会常务委员会第十一次会议第二次修正)

2.《中华人民共和国反不正当竞争法》(1993年9月2日第八届全国人民代表大会常务委员会第三次会议通过)

3.《中华人民共和国产品质量法》(1993年2月22日第七届全国人民代表大会常务委员会第三十次会议通过,2000年7月8日第九届全国人民代表大会常务委员会第十六次会议修订)

4.《中华人民共和国消费者权益保护法》(1993年10月31日第八届全国人民代表大会常务委员会第四次会议通过)

5.《中华人民共和国劳动法》(1994年7月5日第八届全国人民代表大会常务委员会第八次会议通过)

6.《中华人民共和国企业劳动争议处理条例》(1993年6月11日国务院第五次常务会议通过)

案例1:违反竞业禁止规定,税务师赔偿17万

1998年2月,王远与其他四人合伙成立了一家会计师事务所,在核准经营范围中包括税务代理业务这一项。有着硕士学历的王远是一名税务师,他不甘心仅仅在这家事务所中充当一个部门的负责人,于是2001年初,他与另外两人又申请成立了税务师事务所有限公司,该公司的主要业务是税务代理,王远为公司的法定代表人及董事长。

2002年7月,会计师事务所的其他合伙人以王远违反合伙协议及合伙企业法的竞业禁止规定为由,将王远告上法庭。

一审法院驳回了原告合伙人的诉讼请求。宣判后,合伙人不服,向北京市第一中级人民法院提起上诉。

法院经审理认为,本案中王远擅自另行成立税务师事务所,显然与原会计师事务所业务相冲突,王远的行为已经违反了法律规定。据此法院依据该所的经营情况,判决王远赔偿会计师事务所其他合伙人174 800元人民币。

资料来源:《中国法院网—民事案件》 发布时间:2003年10月8日

案例2:超市非法搜身侵害消费者人格尊严权纠纷案

上海女大学生王某在某超市购物付款后,由于该超市收银员的疏忽,未将王某所购物品消磁,以致王某在离店时该店电子报警装置铃声大作。值班经理在未查明事实的情况下,将王某拉到办公室,王某被强制搜身,并滞留了几个小时。在搜不出任何物品的情况下,超市工作人员不得不将王某放走。

王某向某超市提出赔礼道歉、赔偿损失的请求,然而双方始终未能达成协议,于是王某向人民法院提起民事诉讼,状告某超市侵犯其人格尊严,要求法院判决某超市承担其医疗费、交通费,公开赔礼道歉并赔偿其精神损失。

一审法院经过审理,认定某超市非法搜查消费者王某的身体,侵害其人身自由和人格尊严,并给王某造成了严重的精神损害,判决某超市在超市内公开赔礼道歉,承担王某的医疗费、交通费,并支付精神损失赔偿金25万元。某超市不服一审判决,提起上诉,二审法院认为一审法院认定事实清楚,适用法律得当,但判决赔偿金额过高。二审法院改判为由超市向该大学生赔偿1万元。

资料来源:《新经济法判解》谈建俊编,中国民主法制出版社2002年版

案例3:女职工"三期"有保护,辞退职工属违法

1998年9月,张女士在人才招聘会上遇到某合资饭店招聘大堂经理,条件是未婚。她报了名,可隐瞒了已婚的事实。经过面试、口试,她被录用,并与饭店签订了5年期的劳动合同,同时,饭店提出要求,合同期内不得结婚,张女士只得默默地点头。尽管这份工作非常适合她,但她心里总感觉不踏实,不久终于向人事部经理说明了自己已婚的实情。人事部经理当即表示此事报总经理后再做处理。但在三个月的试用期内饭店没有向张某提及此事。两年过去了,2000年11月张某怀孕,饭店发现后,于2000年12月30日将张某辞退。张某据理力争自己的权益,但无济于事。张某申请劳动仲裁。仲裁结果是:撤销饭店作出的辞退张某的决定,并补发辞退张某至仲裁裁决期间的工资及其他福利。

评析:本案争议的焦点是,女职工在合同期怀孕是否属于违纪,用人单位能否因此辞退职工。《劳动法》规定,劳动合同一经订立即产生法律效力,当事人必须严格履行。虽然《劳动法》规定了用人单位可以解除劳动合同的几种情形,但张某的

情况与此不符。尽管张某在与饭店签订劳动合同时已经结婚的情况不符饭店招聘条件,但张某说明真实情况后,饭店并未提出异议,因此张某不属于"在试用期间被证明不符合录用条件"的情形,饭店解除与张某的劳动合同无法律依据。同时饭店的做法违反了国务院《女职工劳动保护规定》第4条关于"不得在女职工怀孕期、产期、哺乳期降低其基本工资,或者解除劳动合同"的规定。

资料来源:《北京晨报》 发布时间:2001年7月17日

思考题

1. 简述经济法的概念和调整对象。
2. 不正当竞争行为的概念和特征是什么?经营者的哪些行为属于不正当竞争行为?
3. 违反产品质量法主要承担哪些法律责任?
4. 何谓消费者?消费者权益保护法规定的消费者的权利有哪些?
5. 劳动合同的概念、特征以及劳动者解除劳动合同的条件各是什么?
6. 简述我国劳动争议的特点、受案范围及其劳动争议的处理机构。

第十章 诉讼法

本章要点

本章阐述了诉讼法的一般知识,主要包括:(1)刑事诉讼法的一般知识,着重分析了刑事诉讼与刑事诉讼法的概念、刑事诉讼法的任务和基本原则、刑事诉讼的基本制度、基本程序以及刑事诉讼中涉讼公民的权利义务;(2)民事诉讼法的一般知识,着重分析了民事诉讼法的基本原则和基本制度以及民事诉讼中的管辖、证据、强制措施和诉讼参加人、审判程序、执行程序和涉外程序;(3)行政诉讼法的一般知识,着重分析了行政诉讼法的概念、任务和基本原则和行政诉讼中的受案范围、管辖、证据、诉讼参加人,以及行政复议和行政诉讼的关系。

诉讼,古称"斗讼"、"决讼"、"断狱"等,俗称"打官司"。法学上的诉讼,是指国家专门机关在当事人及其他诉讼参与人的参加下,依照法定程序,解决具体争议的专门活动。诉讼可分为刑事诉讼、民事诉讼和行政诉讼。由于各种诉讼所要解决的纠纷的性质不同,适用的实体法不同,采用的法律制裁方法不同,因而在程序上各有特点。

诉讼法是国家专门机关和当事人以及其他诉讼参与人进行诉讼活动的行为规则的总称,它是规定诉讼程序的法律,亦称程序法。实体法是诉讼法存在的前提,诉讼法又是实体法实施的保障。二者是内容与形式的关系,相辅相成,缺一不可。如果没有诉讼法的保障作用,实体法所规定的实体权利和义务就难以实现。

我国现行的诉讼法可分为刑事诉讼法、民事诉讼法、行政诉讼法。刑事诉讼法是公安、司法机关和刑事诉讼参与人进行刑事诉讼活动必须遵守的行为规范的总称。民事诉讼法是规定人民法院和民事诉讼参加人进行民事诉讼活动必须遵守的行为规范的总称。行政诉讼法是规定人民法院和行政诉讼参加人进行政诉讼活动必须遵守的行为规范的总称。

诉讼法有广义、狭义之分。在我国,狭义的诉讼法是指三部诉讼法典。广义的诉讼法,包括三部诉讼法典和其他规范性文件中有关诉讼程序的规定。

第一节 刑事诉讼法

一、刑事诉讼与刑事诉讼法

刑事诉讼,是指公安机关(含国家安全机关,以下同)、人民检察院和人民法院在当事人及其他诉讼参与人的参加下,依法追究犯罪人(含犯罪嫌疑人和被告人)刑事责任的活动。

刑事诉讼法是对办理刑事案件程序作出系统完整规定的法律规范的总称。我国现行《刑事诉讼法》是1979年7月1日第五届全国人民代表大会第二次会议通过,根据1996年3月17日第八届全国人民代表大会第四次会议《关于修改〈中华人民共和国刑事诉讼法〉的决定》修正颁行的。

二、刑事诉讼法的任务和基本原则

(一)刑事诉讼法的任务

我国《刑事诉讼法》的任务是:保证准确、及时地查明犯罪事实,正确应用法律,惩罚犯罪分子,保障无罪的人不受刑事追究,教育公民自觉遵守法律,积极同犯罪行为作斗争,以维护社会主义法制,保护公民的人身权利、财产权利、民主权利和其他权利,保障社会主义建设事业的顺利进行。

(二)刑事诉讼法的基本原则

为实现刑事诉讼法确定的任务,《刑事诉讼法》规定了以下基本原则:

1. 公安、司法机关依法独立行使职权原则

公安机关行使刑事侦查权、检察机关行使法律监督权、人民法院行使审判权,其他任何机关、社会团体和个人都无权行使和干涉。

2. 依靠群众的原则

职能机关办理刑事案件,必须走群众路线,充分依靠群众、相信群众,这是由我国的国家性质决定的,也是职能机关的优良传统。但专门机关在刑事诉讼中必须发挥主导作用和职能作用。

3. 以事实为依据,以法律为准绳的原则

职能机关在办理刑事案件时的首要任务就是严格按照法定程序查明案件的基本事实,包括犯罪嫌疑人有罪或无罪的事实,正确适用法律。保证犯罪分子受到公正的审判,无罪的人不能受到追究。这一原则在刑事诉讼各项基本原则中处于核心地位,既是实现其他原则的条件和基本要求,又是其他原则所追求的目的,没有

这一原则,正确执行其他原则就失去了根据和意义。

4. 公民在适用法律上一律平等的原则

这是宪法中规定的"法律面前人人平等"原则在刑事诉讼中的具体体现。任何公民不分民族、种族、性别、职业、出身、宗教信仰、受教育程度、财产状况等,其合法权益毫无例外地都应给予保护,对一切公民的违法行为都应依法予以追究,任何人都不允许有超越法律之上的特权。

5. 分工负责、互相配合、互相制约的原则

公安、检察、法院三机关在进行刑事诉讼时应严格依据法律赋予的职权,各尽其职、各负其责,不允许超越职权或者相互推诿;在分工的基础上,通过合作、互相支持、协调一致,共同完成揭露犯罪、认定犯罪、惩罚犯罪、保障无辜的任务。

6. 检察监督的原则

人民检察院依法对公安机关的侦查活动、人民法院的审判活动实施监督。

7. 用本民族语言文字进行诉讼的原则

我国各民族公民参加诉讼活动,都有使用本民族语言、文字的权利。如果他们不通晓当地的语言文字,司法机关有义务为他们提供翻译。

8. 辩护原则

在刑事诉讼中被指控的犯罪嫌疑人或被告人有权自行辩护或聘请律师为自己辩护。提出有利于自身的证据和理由,以达到证明自己无罪、罪轻或者减轻、免除刑事责任的目的。

9. 法院统一定罪原则

未经人民法院依法判决,对任何人都不得确定有罪。它要求证明被告人有罪的责任由控诉方负责,被告人不负有证明自己无罪的责任;当司法机关对犯罪嫌疑人、被告人是否有罪、罪刑轻重难以确认时,应当从有利于犯罪嫌疑人、被告人的角度作出结论。

10. 刑事司法主权原则和刑事司法协助原则

这是正确处理涉外刑事案件的基本原则。外国人犯罪应当追究刑事责任的,适用我国刑事诉讼法的相关规定。对于享有外交特权和豁免权的外国人的刑事责任问题,通过外交途径解决。我国司法机关同外国司法机关之间,依据共同参加或者缔结的国际公约、双边条约或者按照互惠原则,可以在刑事司法事务上相互代为一定的诉讼行为。

三、刑事诉讼的基本制度

(一)管辖制度

刑事诉讼中的管辖,是指司法机关在直接受理刑事案件方面职权的划分。管辖的实质是对侦查权、检察权和审判权的明确具体规定。

我国刑事诉讼中的管辖包含两方面的内容：一是解决公安机关、人民检察院、人民法院之间权限分工的职能管辖；二是解决法院系统内部分工的审判管辖。

所谓职能管辖，是公安机关、人民检察院、人民法院之间在立案受理刑事案件上的权限分工。刑事案件的侦查由公安机关进行，法律另有规定的除外；人民检察院对部分国家工作人员的职务犯罪行使侦查权；国家安全机关负责对危害国家安全的刑事案件进行侦查；军队保卫部门负责对军队内部发生的刑事案件进行侦查；监狱机关负责对犯罪在监狱内犯罪的案件进行侦查。不需要进行侦查或者告诉才处理的简单刑事案件，可由受害人直接向人民法院起诉。

所谓审判管辖，是指各级人民法院之间、普通人民法院同专门人民法院之间、同级人民法院之间，在审判第一审刑事案件上的权限分工。我国刑事诉讼中的审判管辖包括级别管辖、地区管辖和专门管辖。

级别管辖，是指上下级人民法院之间在审判第一审刑事案件上的权限分工。中级人民法院管辖的一审刑事案件包括危害国家安全案件，可能判处死刑、无期徒刑的普通刑事案件，外国人犯罪的刑事案件；高级人民法院管理在辖区内有重大影响的一审刑事案件；最高人民法院管辖在全国有重大影响的一审刑事案件。除此之外，其他所有一审刑事案件均由基层人民法院行使管辖权。

地区管辖是指同级人民法院在受理第一审刑事案件上的权限分工。刑事案件原则上由犯罪地人民法院管辖。刑事案件如果由被告人居住地人民法院审判更为适宜的，可以由被告人居住地人民法院管辖；当几个同级人民法院对案件都有权管辖时，由最初受理地人民法院审判，必要时可移送主要犯罪地人民法院审判。

专门管辖是指专门人民法院之间，专门人民法院与普通人民法院之间在受理审判第一审刑事案件上的权限分工。在我国，有权受理刑事案件的专门人民法院包括军事法院和铁路运输法院，其中军事法院管辖现役军人和军内在编职工的刑事案件，铁路运输法院管辖危害和破坏铁路运输的刑事案件。如破坏铁路交通和安全设施的犯罪案件、在火车上发生的犯罪案件、铁路职工玩忽职守造成严重后果的犯罪案件等。在司法实践中，存在军队和地方互涉案件的管辖权争议问题，应该依据相关的司法解释，分别不同情况处理：（1）现役军人（含军内在编职工，下同）和非军人共同犯罪的，分别由军事法院和地方人民法院或者其他专门法院管辖；涉及国家军事机密的，全案由军事法院管辖。（2）地方人民法院或者军事法院以外的其他专门法院管辖以下案件：① 非军人、随军家属在部队营区犯罪的；② 军人在办理退役手续后犯罪的；③ 现役军人入伍前犯罪的（需与服役期内犯罪一并审判的除外）；④ 退役军人在服役期内犯罪的（犯军人违反职责罪的除外）。

图表 10-1 刑事诉讼中的管辖

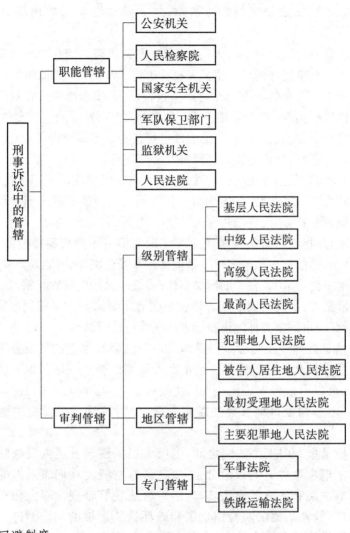

（二）回避制度

刑事诉讼中的回避，指侦查、检察、审判人员以及某些诉讼参与人，因与案件或者案件的当事人有某种利害关系，可能影响案件公正处理，因而依法不能参加本案诉讼活动的一项诉讼制度。

具备以下几种情形时有关主体必须回避：是本案的当事人或者是当事人的近亲属。当事人是指被害人、自诉人、犯罪嫌疑人、被告人、附带民事诉讼的原告和被告。近亲属是指夫、妻、父、母、子、女、同胞兄弟姊妹；本人或者他的近亲属和本案有利害关系的；担任过本案证人、鉴定人、辩护人或者诉讼代理人的；与本案当事人有其他关系，可能影响案件公正处理的。

回避有自行回避和申请回避之分。回避对象在具备法定情形时应当主动提出回避;当事人及其代理人有权要求回避对象不参加本案诉讼活动。

(三)证据制度

刑事诉讼中的证据,是指证明刑事案件真实情况的一切事实。证据应当具有客观性、关联性、合法性三大特征。

我国刑事诉讼中使用的证据主要有:物证、书证;证人证言;被害人陈述;犯罪嫌疑人、被告人的供述和辩解;鉴定结论;勘验、检查笔录;视听资料。

人民法院、人民检察院和公安机关有权向有关单位和个人收集、调取证据,有关的单位和个人应当如实提供。凡是伪造证据、隐匿证据或者毁灭证据的,都应当受到法律追究。

关于证据的审查判断,《刑事诉讼法》明确规定:对一切案件的判处都要重证据,重调查研究,不轻信口供。只有被告人供述,没有其他证据的,不能认定被告人有罪和处以刑罚;没有被告人供述,证据充分确实的,可以认定被告人有罪和处以刑罚。

四、刑事诉讼的基本程序

在刑事诉讼中一般案件要经过立案、侦查、起诉、审判、执行五个阶段。根据不同诉讼阶段的特点和要求,《刑事诉讼法》规定了五个基本程序。

(一)立案

立案是公安机关、人民检察院和人民法院对所接受的控告、检举和自首材料等进行审查,以确认有无需要追究刑事责任的犯罪事实,并决定是否将案件提交侦查或审理的活动。立案是刑事诉讼中的第一道程序,有犯罪事实发生和依法需要追究刑事责任的应当予以立案。

(二)侦查

侦查是公安机关、人民检察院为收集、查明、证实犯罪和缉获犯罪人而依法采取的专门调查工作和有关的强制性措施。侦查程序的目的是收集证据、查获犯罪嫌疑人、查明犯罪事实的有无和犯罪情节的轻重。为保证侦查工作顺利进行,侦查机关可以依法对犯罪嫌疑人采取拘传、取保候审、监视居住、拘留、逮捕的强制性措施。

(三)起诉

起诉是由人民检察院代表国家或被害人依法向人民法院提起控诉,要求追究被告人刑事责任的活动。除极少数案件可由被害人直接向人民法院起诉外,绝大多数案件实行公诉制,即由检察机关代表国家对犯罪嫌疑人提出控告,提请人民法院审判。依照我国《刑事诉讼法》的规定,对于符合起诉条件的案件,检察机关应当做出起诉决定;对于不符合起诉条件的,检察机关应当作出不起诉或撤销案件的决定,并释放在押的犯罪嫌疑人,解除对被扣押、冻结财物的扣押和冻结;对于需要补充侦查的案件,可以退回公安机关补充侦查,也可以自行补充侦查。

（四）审判

审判是人民法院在控、辩双方及其他诉讼参与人的参与下，依照法定的权限和程序，对于依法向其提出诉讼请求的刑事案件进行审理和裁判的活动。审判程序是刑事诉讼中最重要、最基本的核心程序。

审判程序分为第一审程序、第二审程序、死刑复核程序、审判监督程序。第一审程序又是人民法院对刑事案件进行第一次审判时适用的程序。第一审程序是所有其他审判程序的基础。第二审程序是第一审人民法院的上一级人民法院根据当事人的上诉或者人民检察院的抗诉，依法对第一审人民法院未生效的裁判进行重新审判的诉讼程序。我国实行两审终审制，第二审人民法院的判决、裁定就是终审的裁判，具有法律效力。死刑复核程序是人民法院复审核准死刑的一种特别审判程序。审判监督程序又称再审程序，是人民法院、人民检察院对已经发生法律效力的判决、裁定，发现确有错误时，人民法院对该案件进行重新审判时适用的程序。

（五）执行

执行是执行机关依法将已经发生法律效力的判决和裁定所确定的内容付诸实施的活动。执行作为刑事诉讼程序中最后一个阶段，具有十分重要的地位和作用。我国刑事执行的主体主要是人民法院、公安机关和拘役所、监狱。其中，人民法院负责死刑、罚金刑、没收财产刑、无罪判决和免除刑罚判决等的执行；公安机关负责管制、缓刑、假释等判决的执行；拘役、有期徒刑、无期徒刑、死刑缓期执行的判决由拘役所、监狱等劳改机关执行。

五、刑事诉讼中涉讼公民的权利、义务

刑事诉讼中涉讼的公民主要有犯罪嫌疑人、被告人、被害人、刑事附带民事诉讼原告与被告、证人、鉴定人、勘验人、翻译人等。其中，对犯罪嫌疑人、被告人合法权益的保护问题是最重要的。

犯罪嫌疑人、被告人处于被追究者的地位，如果指控成立，被告人将受到刑罚的惩罚；一旦指控错误，将不可避免地侵犯其人格权。为最大限度地防止错案的发生，犯罪嫌疑人、被告人的基本权利应当得到保障。

（一）犯罪嫌疑人、被告人的权利和义务

1. 人格尊严受保护权

任何一个人在被人民法院生效判决确认为有罪之前，都不应当假定为有罪；任何机关、个人都不得实施恶意丑化、贬低、侮辱、伤害犯罪嫌疑人、被告人人格尊严的行为。

人身自由只在特定条件下才能受到限制与剥夺，任何机关、团体、个人不得随意加以限制或剥夺。

2. 聘请律师权

犯罪嫌疑人、被告人或者由于人身自由受到限制，或者由于不懂法律，往往无

法充分有效地行使法律赋予的各种权利,他们可以聘请律师提供法律协助。

3. 获得法律援助权

为了切实保障某些特殊被告人的合法权利,《刑事诉讼法》规定了法律援助制度,即在具备下列情形之一时,人民法院都应当指定承担法律援助义务的律师为被告人提供辩护,被告人也有权获得免费法律帮助的权利:一是公诉案件,被告人因经济困难或其他原因没有委托辩护人的;二是被告人是盲、聋、哑或者未成年人而没有委托辩护人的;三是被告人可能被判处死刑而没有辩护人的。

4. 辩护权

这是指犯罪嫌疑人、被告人有权根据事实和法律反驳指控,提出和论证对己有利的材料和意见,维护自己的合法权益。犯罪嫌疑人、被告人有权自己为自己辩护,也有权委托他人为自己辩护。

5. 获得公平审判权

犯罪嫌疑人、被告人有权获得迅速、公开和公正审判的权利。司法机关不得无理任意延长羁押时间和拖延审判;除依法不公开审理的案件外,审理应当公开进行;所有判决都应当公开宣布;公正审判则指被告人有权为自己辩护,有权要求在法庭上质证、辩论,有权提出回避申请。

6. 上诉权与申诉权

被告人对一审裁判不服,有权按法定程序提出上诉,要求上级人民法院重新审理。为了保障被告人切实享有上诉权,《刑事诉讼法》规定了上诉不加刑原则,即二审法院对只有被告人提出上诉的案件不得加重其刑罚。申诉权,是指人民法院的裁判发生法律效力后,被告人有权依法提出再审申请,要求人民法院对该案进行重新审理。

按照权利义务相一致的原则,犯罪嫌疑人、被告人在刑事诉讼中还必须履行以下主要义务:对办案人员有关案件的讯问应当如实回答;不得伪造、隐匿、毁灭证据;不得逃避司法机关的侦查与审判;严格履行人民法院已经发生法律效力的判决和裁定等。

(二)被害人的权利义务

刑事案件中的被害人,指其人身、财产及其他权益遭受犯罪行为直接侵害的人。被害人直接遭受犯罪行为的侵害,刑事诉讼的目的不仅要追究犯罪者的刑事责任,而且也是为了保护被害人的合法权益。

强化被害人权利的保障,使诉讼活动的进行在国家、被告人、被害人等各方面利益中得到公正、合理的平衡;调动被害人的诉讼积极性,使其配合司法机关查清案件事实,以保证诉讼程序的高效性与及时性。被害人的权利义务主要有:

1. 自诉权

被害人或者他的法定代理人有直接向人民法院提起刑事诉讼的权利。依据

《刑事诉讼法》规定,告诉才处理的案件;被害人有证据证明的轻微刑事案件;被害人有证据证明对被告人侵犯自己人身、财产权利的行为应当追究刑事责任而公安机关、人民检察院不予追究的案件,被害人有起诉权。

2. 聘请律师协助权

被害人在刑事诉讼过程中可以委托律师为其提供法律帮助。

3. 协助检察机关行使控诉权

在公诉案件中,被害人有权协助检察机关行使控诉权,有权获得有关的诉讼文书;有权参与法庭调查与法庭辩论;有权申请重新鉴定或勘验;有权申请回避等。

4. 申请抗诉权

在公诉案件中,被害人对地方各级人民法院的一审判决不服的,有权申请人民检察院提出抗诉。人民检察院在收到这一请求后5日内,应当作出是否抗诉的决定并答复请求人。

5. 申请经济赔偿权

被害人由于被告人的犯罪行为而遭受物质损失的,有权在刑事诉讼中,提起附带民事诉讼,要求被告人赔偿由此造成的经济损失。

此外,刑事案件中的被害人还享有控告权、申诉权,即被害人有权对侵犯自己合法权益的犯罪行为以口头或书面形式向公安机关、人民检察院、人民法院控告,司法机关对被害人的控告不予立案的,应将原因通知被害人,被害人不服,可以自收到决定书后7日以内向上一级检察院申诉。对于人民法院已经生效的判决和裁定,被害人也有权随时向有关人民法院或人民检察院申诉。

被害人在刑事诉讼中的主要义务则表现为应当如实向司法机关提供案件情况和证据,依法行使诉讼权利,遵守法庭秩序等。

第二节 民事诉讼法

一、民事诉讼法概述

（一）民事诉讼法的概念

民事诉讼法是规范民事诉讼中法院与民事诉讼参与人的诉讼活动,规定诉讼主体的诉讼权利和诉讼义务,调整法院与诉讼参与人法律关系的法律规范的总和。

（二）民事诉讼法的任务

《民事诉讼法》第2条规定了四项基本任务,即：保护当事人行使诉讼权利;保证人民法院正确审理案件;确认民事权利义务关系,制裁民事违法行为,保护当事人的合法权益;教育公民自觉地遵守法律。

（三）民事诉讼法的效力范围

1. 民事诉讼法对人的效力

民事诉讼法对人的效力是指民事诉讼法对哪些人具有约束力。我国《民事诉讼法》对人的适用范围是：我国公民、法人和其他组织；在我国领域内居住的外国人、无国籍人，包括在中国的外国企业和组织；申请在我国进行民事诉讼的外国人、无国籍人以及外国企业和组织。

2. 民事诉讼法对事的效力

民事诉讼法对事的效力是指哪些案件的审理适用民事诉讼法。我国《民事诉讼法》对事的适用范围：

（1）因民法、婚姻法、继承法等实体法调整的平等主体之间的人身关系和财产关系所发生的民事纠纷案件。

（2）因经济法、劳动法等实体法调整经济关系和劳动关系所发生的，法律、法规规定属于人民法院适用民事诉讼法审理的经济案件和劳动案件。

（3）适用特别程序审理的选民资格案件和非诉讼案件。

（4）按督促程序解决的债权债务关系。

（5）按公示催告程序解决的宣告有关证券和有关事项无效的案件。

3. 民事诉讼法的时间效力

民事诉讼法的时间效力是指民事诉讼法在什么时间内具有约束力。我国现行《民事诉讼法》自1991年4月9日颁布起生效。

4. 民事诉讼法的空间效力

民事诉讼法的空间效力是指民事诉讼法在什么地方发生效力。我国《民事诉讼法》的空间效力是：我国的领陆、领海、领空以及领土的延伸部分。

二、民事诉讼法基本原则和基本制度

（一）民事诉讼法基本原则

民事诉讼法基本原则，是指在民事诉讼法的制定、实施、解释及整个民事诉讼活动中起指导作用的准则。民事诉讼法的基本原则中，有些是与其他诉讼法共有的（共有原则，见下页图表10-2），有些是民事诉讼法特有的（特有原则），本节着重介绍民事诉讼法的特有原则。

1. 当事人诉讼权利平等原则

即诉讼当事人在诉讼中地位平等，享有平等的权利，承担平等的诉讼义务，人民法院应当为诉讼当事人提供便利和保障。

2. 同等原则和对等原则

外国当事人向人民法院起诉、应诉与中国当事人具有平等的诉讼地位，同等地适用法律；外国法院限制中国公民、法人或其他组织的民事诉讼权利的，中国法院也相应地限制该国公民、企业组织的民事诉讼权利。

3. 法院调解原则

在民事诉讼整个过程中,人民法院应遵循自愿和合法原则主持调解,若调解未能达成协议,应及时判决。

4. 辩论原则

在民事诉讼过程中,当事人在人民法院主持下,就案件的事实、理由、适用的法律问题,可以充分行使辩论权。

5. 处分原则

诉讼当事人对自己享有的民事实体权利和民事诉讼权利可依法行使处分权。

6. 社会支持起诉原则

国家机关、社会团体、企事业单位对损害国家、集体或者个人民事权益的行为,可以支持受害人向人民法院起诉。

7. 人民调解原则

人民调解委员会是在基层人民政府和基层人民法院指导下,调解民间纠纷的群众性组织。人民调解委员会可以依照法律规定,根据自愿原则对民间纠纷进行调解。

图表 10-2　民事诉讼法基本原则

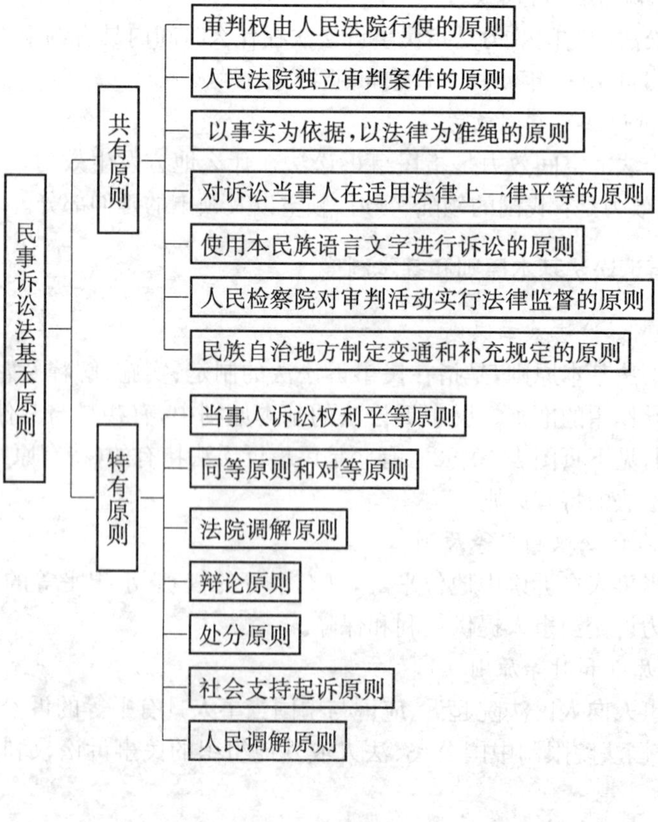

民事诉讼法基本原则
- 共有原则
  - 审判权由人民法院行使的原则
  - 人民法院独立审判案件的原则
  - 以事实为依据,以法律为准绳的原则
  - 对诉讼当事人在适用法律上一律平等的原则
  - 使用本民族语言文字进行诉讼的原则
  - 人民检察院对审判活动实行法律监督的原则
  - 民族自治地方制定变通和补充规定的原则
- 特有原则
  - 当事人诉讼权利平等原则
  - 同等原则和对等原则
  - 法院调解原则
  - 辩论原则
  - 处分原则
  - 社会支持起诉原则
  - 人民调解原则

(二)民事诉讼法基本制度

民事诉讼法基本制度,是对民事诉讼基本原则的制度化、固定化、程式化,在民事诉讼中起十分重要的作用。

1. 合议制度

合议制度是人民法院对民事案件实行集体审理、评议的审判制度。合议庭审理民事案件实行民主集中制和少数服从多数的原则。合议制度的组织形式是合议庭。合议庭由3个以上单数审判人员或者审判人员和人民陪审员组成,审判长由院长或庭长指定一人担任;院长或庭长参加审判的,由院长或庭长担任审判长。

2. 回避制度

为了保证案件的公正审理,具有法定情形的审判人员、书记员、翻译人员、鉴定人和勘验人不得参与案件的审理活动和诉讼活动。凡是本案当事人或当事人的近亲属;与本案有利害关系;与本案当事人有其他关系,可能影响对案件公正审理的,应当自动回避。当事人在案件开始审理时至法庭辩论终结前,有权申请有关人员回避。

3. 公开审判制度

人民法院审理民事案件,除涉及国家秘密的案件、涉及个人隐私的案件不公开审理;离婚案件和涉及当事人商业秘密的案件,经当事人申请不公开审理的以外,应当公开审理。

4. 两审终审制度

两审终审制度,是指民事案件经过两级人民法院审判后即告终结的制度。

当事人不服一审人民法院的判决和法律规定可以上诉的裁定,有权在上诉期内提出上诉。但是,最高人民法院所作的一审判决、裁定,当事人不得上诉;适用特别程序、督促程序、公示催告程序和企业法人破产还债程序审理的案件,实行一审终审制。

三、管辖

民事诉讼的管辖,指在人民法院主管的范围内,确定上下级法院之间和同级法院之间受理第一审民事案件的分工和权限。我国《民事诉讼法》规定了以下几种管辖:

(一)级别管辖

级别管辖,是指在人民法院组织系统内,根据案件的性质、影响的范围,划分上下级人民法院之间受理第一审民事案件的分工和权限。

(1)一般一审民事案件由基层人民法院管辖。

(2)中级人民法院管辖的第一审民事案件包括:重大涉外案件;在本辖区内有重大影响的案件;最高人民法院确定由中级人民法院管辖的案件。

(3) 高级人民法院管辖在本辖区内有重大影响的案件。

(4) 最高人民法院管辖在全国范围内有重大影响的案件以及它认为应当由其进行一审的案件。

(二) 地域管辖

地域管辖,是指根据人民法院辖区与民事案件的关系,确定同级人民法院受理第一审民事案件的分工和权限。我国《民事诉讼法》规定的地域管辖包括:

1. 一般地域管辖

一般地域管辖,指根据原告就被告的原则,一审民事案件由被告所在地人民法院管辖。

2. 特殊地域管辖

特殊地域管辖是相对于一般地域管辖而言的。实行特殊地域管辖的案件有:

(1) 因合同纠纷提起的诉讼,由被告住所地或合同履行地人民法院管辖;

(2) 因保险合同纠纷提起的诉讼,由被告所在地或者保险标的物所在地人民法院管辖;

(3) 因票据纠纷提起的诉讼,由票据支付地或者被告住所地人民法院管辖;

(4) 因铁路、公路、水上、航空运输和联合运输合同纠纷提起的诉讼,由运输始发地、目的地或者被告住所地人民法院管辖;

(5) 因侵权行为提起的诉讼,由侵权行为地或者被告住所地人民法院管辖;

(6) 因铁路、公路、水上和航空事故请求损害赔偿提起的诉讼,由事故发生地或车辆、船舶最先到达地、航空器最先降落地或者被告住所地人民法院管辖;

(7) 因船舶碰撞或者其他海事损害事故请求损害赔偿提起的诉讼,由碰撞发生地、碰撞船舶最先到达地、加害船舶被扣留地或者被告住所地人民法院管辖;

(8) 因海难救助费用提起的诉讼,由救助地或者被救助船舶最先到达地人民法院管辖;

(9) 因共同海损提起的诉讼,由船舶最先到达地、共同海损理算地或者航程终止地人民法院管辖。

3. 协议管辖

当事人可以在书面合同中约定,纠纷由被告住所地、合同履行地、合同签订地、原告住所地、合同标的物所在地人民法院管辖。协议管辖不得变更专属管辖和级别管辖。

4. 专属管辖

专属管辖,是指法律确定某些具有特殊性的案件专属于特定的法院管辖,并具有强制性和排他性。我国适用专属管辖的案件有三种:第一,因不动产纠纷提起的诉讼,由不动产所在地人民法院管辖;第二,因港口作业中发生纠纷提起的诉讼,由港口所在地人民法院管辖;第三,因继承遗产纠纷提起的诉讼,由被继承人死亡时住所地或主要遗产所在地人民法院管辖。

四、诉讼参加人

（一）当事人

当事人是与他人发生民事纠纷，以自己的名义参加诉讼，并受人民法院裁判拘束的利害关系人。当事人包括原告、被告和第三人。

当事人的诉讼权利有起诉权、反诉权、和解权、上诉权、质证权、辩论权、申请回避权等。当事人的诉讼义务有：依法行使诉讼权利、遵守诉讼秩序、尊重对方当事人和其他诉讼参与人的诉讼权利、自觉履行发生法律效力的判决、裁定和调解书。

（二）代理人

诉讼代理人，是指在法律规定或当事人委托授权范围内，以当事人的名义代理该当事人进行民事诉讼活动的人。其代理活动的后果由该当事人承担。

五、证据

（一）民事诉讼的证据

包括：书证、物证、视听资料、证人证言、当事人陈述、鉴定结论、勘验笔录。

（二）民事诉讼证据的证明对象和举证责任

1. 证明对象

证明对象是指在民事诉讼中需要证明的事实。民事诉讼中的证明对象具体包括：第一，当事人主张的关于实体权益的法律事实；第二，当事人主张的程序法律事实；第三，证据事实；第四，专门经验规则；第五，外国法律等。

在民事诉讼中，无需证明的事实包括：第一，众所周知的事实、自然规律及定理；第二，发生法律效力的裁判所确定的事实；第三，根据法律或已知事实，能必然推出的另一事实；第四，有效公证书所证明的事实；第五，一方当事人明确表示承认的，对方当事人所陈述的事实和诉讼请求。

2. 举证责任

我国《民事诉讼法》规定："当事人对自己提出的主张，有责任提供证据。"即实行"谁主张、谁举证"的原则。只有法律规定无需证明的事实，当事人可不负举证责任。此外，当事人及其诉讼代理人因客观原因不能自行收集的证据，或者法院认为审查案件需要的证据，法院应当调查收集。当事人不能提供证据、所提供的证据未被采信的，举证不能一方要承担不利的法律后果。

在我国，对于下列侵权诉讼，被告否认原告提出的侵权事实，由被告负举证责任：第一，因产品制造方发明专利引起的侵权诉讼；第二，高度危险作业致人损害的侵权诉讼；第三，因环境污染引起的损害赔偿的诉讼；第四，建筑物或者其他设施以及建筑物上的搁置物、悬挂物发生倒塌、脱落、坠落致人损害的侵权诉讼；第五，饲养的动物致人损害的侵权诉讼;第六,有关法律规定由被告承担举证责任的。

六、对妨害民事诉讼行为的强制措施

对妨害民事诉讼行为的强制措施,是指在民事诉讼中,对有妨害民事诉讼行为的人采取的排除其妨害行为的强制措施。《民事诉讼法》规定,对妨害民事诉讼行为的强制措施有以下五种。

(一)拘传

指对于必须到庭的被告,经人民法院两次传票传唤,无正当理由拒不到庭的,强制其到庭参加诉讼活动的措施。

(二)训诫

人民法院对有妨害民事诉讼秩序行为,情节较轻的人,给予口头批评教育的措施。

(三)责令退出法庭

人民法院对于违反法庭规则和法庭纪律的人,强制其离开法庭的措施。

(四)罚款

人民法院对实施妨害民事诉讼行为,情节比较严重的人,责令其交纳一定数额金钱的措施。

(五)拘留

又称司法拘留。人民法院对实施妨害民事诉讼行为,情节严重的人,在一定期限内限制其人身自由的强制措施。拘留的期限为15日以下。

七、审判程序

(一)第一审普通程序

1. 起诉与受理

当事人向人民法院提起诉讼,应符合以下条件:(1)原告是与本案有直接利害关系的公民、法人和其他组织;(2)有明确的被告;(3)有具体的诉讼请求、事实和理由;(4)属于人民法院受理民事诉讼的范围和受诉人民法院管辖。

人民法院接到当事人的起诉后,对符合起诉条件的案件,应当立案。对不符合条件的,裁定不予受理。当事人对裁定不服的,可以向上一级人民法院提起上诉。

2. 审理前的准备

人民法院在立案之后,应做好以下准备工作:

(1)在立案后5日内向被告送达起诉状副本,告知被告应在收到起诉书副本之日起15日内提出答辩状。人民法院在收到答辩状之日起5日内将答辩状副本送达原告。

(2) 告知当事人诉讼权利义务和合议庭组成人员。
(3) 审阅诉讼材料,调查收集必要的证据。
(4) 更换和追加当事人。

3. 开庭审理和宣判

人民法院确定开庭日期后,应在开庭3日前通知当事人和其他诉讼参与人。开庭审理的步骤包括:宣布开庭、法庭调查、法庭辩论、合议庭评议和宣判。

按普通程序审理的案件,应在立案后6个月内审结。有特殊情况需要延长的,由本院院长批准,可以延长6个月;还需要延长的,报请上级法院批准。

(二) 简易程序

简易程序,是基层人民法院及其派出法庭审理事实清楚、权利义务关系明确、争议不大的简单民事案件所适用的程序。

简易程序的特点主要体现为:起诉方式简便;受理案件的程序简便;审判组织实行审判员独任审判;传唤或通知当事人、其他诉讼参与人方式简便;开庭审理程序简便;审理期限短。

人民法院适用简易程序审理的案件应在立案之日起3个月内审结。

(三) 第二审程序

第二审程序,是指由于当事人不服第一审裁判而在法定期间内向上一级人民法院提起上诉,第二审人民法院审理上诉案件所适用的程序。

对符合法定上诉条件的上诉案件,人民法院应当受理。二审法院经过审理认为,原判决对事实认定清楚,适用法律正确的,判决驳回上诉,维持原判;原判决对事实认定清楚,但适用法律错误的,可依法改判;原判决违反民事诉讼法规定的程序,可能影响案件正确判决的,或者认为原判认定事实不清、证据不足的,可以裁定撤销原判、发回重审。

(四) 审判监督程序

审判监督程序,又称再审程序。是对已经发生法律效力的判决、裁定认为确有错误的,人民法院依法重新审理所适用的程序。

审判监督程序可以由本法院院长、上级人民法院、上级人民检察院提起,也可以由当事人申请提起。

当事人申请再审须符合下列条件:

(1) 申请必须在判决、裁定生效后两年内提出。

(2) 申请必须符合法定情形;有新的证据,足以推翻原判决、裁定的;原判决、裁定认定事实的主要证据不足;原判决、裁定适用法律确有错误的;人民法院违反法定程序,可能影响案件正确判决、裁定的;审判人员在审理案件时有贪污受贿,徇私舞弊,枉法裁判行为的。

当事人对已经发生法律效力的解除婚姻关系的判决,不得申请再审。

（五）督促程序

督促程序，是指人民法院依债权人的申请，对于以给付一定金钱或有价证券为内容的债务，向债务人发布支付令；若债务人在法定期间内未提出异议，债权人可以支付令为根据，请求人民法院强制执行的一种督促债务人还债的程序。

（六）公示催告程序

公示催告程序，是指人民法院根据申请，以公示的方式，通知并催促不明确的利害关系人，在法定期间内申报权利，逾期无人申报，作出宣告票据无效判决（除权判决）的程序。

（七）特别程序

依特别程序审理的案件有两类：一是选民资格案件；二是非讼案件，包括宣告公民失踪案、宣告公民死亡案、认定公民无民事行为能力或限制行为能力案和认定财产无主案件。

特别程序具有以下特点：

（1）在诉讼中没有被告，而是申请人请求人民法院对某项法律事实加以认定。

（2）依特别程序审理各种案件的程序是各自独立的。

（3）原则上实行独任制。但选民资格案件和重大疑难的非讼案件由审判员组成合议庭审理。

（4）特别程序实行一审终审。如果出现了新情况，人民法院根据有关人员的申请，查证属实后撤销原判决，作出新判决，而无需按审判监督程序进行再审。

（5）人民法院应在立案之日起 30 日内或公告期满后 30 日内审结案件，法律另有规定的除外。

八、执行程序

民事执行是人民法院执行组织（执行员或执行机构）依法定程序，强制义务人履行已经生效的判决、裁定或其他法律文书确定的义务的行为。执行程序就是保证民事执行的进行，使具有执行效力的法律文书得以实施的程序。

权利人可以在规定期限内向人民法院申请执行，人民法院也可以依据职权移送执行组织执行。

1. 权利人申请执行的条件

（1）必须向有管辖权的人民法院提出申请；

（2）必须在申请执行的期限内提出，即双方或一方当事人是公民的为 1 年，双方是法人或其他组织的为 6 个月；

（3）必须向人民法院提交申请执行书和据以执行的法律文书。

2. 执行措施

人民法院的执行人员，可对被执行人依法采取如下措施：

(1) 查询、冻结、划拨被执行人的存款；
(2) 扣留、提取被执行人的收入；
(3) 查封、扣押、拍卖、变卖被执行人的财产；
(4) 搜查被执行人的财产；
(5) 强制被执行人交付法律文书指定的财物或票证；
(6) 强制被执行人迁出房屋或退出土地；
(7) 强制被执行人履行法律文书指定的行为；
(8) 办理财产权证照转移手续；
(9) 强制被执行人支付迟延履行期间债务利息及迟延履行金；
(10) 请示人民法院继续执行。

九、涉外民事诉讼程序

涉外民事诉讼程序，是指人民法院审理诉讼一方或双方当事人是外国人、无国籍人或外国企业和组织；或者是当事人之间的民事法律关系发生、变更、消灭的事实发生在国外；或者是当事人之间争议的标的物在国外的民事案件所适用的程序。

第三节　行政诉讼法

一、行政诉讼法的概念和任务

行政诉讼是指公民、法人或者其他组织因不服行政机关的具体行政行为，向人民法院提起诉讼，人民法院依法审理的活动。行政诉讼法就是国家为规范发生在行政诉讼活动中的各种关系而制定的法律规范的总称。

我国《行政诉讼法》的任务是：保证人民法院正确、及时审理行政案件，保护公民、法人和其他组织的合法权益以及维护、监督和保障行政机关依法行政。

二、行政诉讼法的基本原则

行政诉讼法的基本原则，即行政诉讼立法、司法过程中必须遵循的准则。行政诉讼法的基本原则，有些是与民事诉讼法、刑事诉讼法共有的原则，如独立审判原则，以事实为根据、以法律为准绳原则等。本节仅介绍行政诉讼法特有的原则。

（一）当事人在行政诉讼中法律地位平等的原则

行政诉讼的双方当事人在行政关系中的法律地位是不平等的，是管理与被管理、领导与被领导、指挥与服从的关系。但在行政诉讼中，他们的法律地位是平等的，即行政诉讼当事人在适用法律上一律平等。行政机关作为被告，不因其在行政管理中所处的地位,在行政诉讼中享有任何特权。

(二)司法变更权原则

司法变更权原则,是指人民法院有权变更行政机关的具体行政行为。但司法变更权的行使是有条件的,受到一定限制。一般情况下,人民法院对被诉行政机关的具体行政行为只作出维持或撤销、部分撤销的判决。只有在显失公正的特殊情况下,人民法院才变更其具体行政行为。

(三)不停止具体行政行为执行的原则

不停止具体行政行为的执行,是指具体行政行为不因公民、法人或者其他组织提起诉讼而停止执行。但有下列情形之一的可停止执行:被告人认为需要停止执行的;原告申请停止执行,法院裁定停止的;法律、法规规定,担保人提供担保或交纳保证金的可暂缓执行。

(四)不适用调解解决原则

行政机关的具体行政行为是一种执法行为。行政案件所反映的法律关系是一种管理与被管理的关系,不同于平等主体之间的民事关系。公民、法人或其他经济组织对行政机关的行政处理决定不服,向人民法院起诉后,人民法院要对行政处理的正确性和合法性进行审查。审查具体行政行为的正确、合法与否,只能依据事实和法律。合法的具体行政行为就应当维护,违法的具体行政行为则应当予以撤销,不能以争议双方互相让步,达成谅解,用调解的形式结案。行政诉讼案件涉及财产权益的,仍然可以调解。

(五)被告负举证责任原则

被告是作出具体行政行为的主体,对作出具体行政行为的依据具有更全面的了解,而且有义务对自己作出具体行政行为的合法性提供证明。这个原则是促使行政机关依法行政的重要措施。行政机关不得滥用行政权力,先处罚后举证。如果被告提不出充分的证据,即使是处罚以后找到了根据,也要承担败诉的法律后果。

三、行政诉讼受案范围

行政诉讼案件受理的范围包括以下几类:

(1)公民、法人或其他组织对行政处罚不服的行政案件;

(2)公民、法人或其他组织对行政强制措施不服的行政案件;

(3)认为行政机关侵犯其人身权利、财产权利、经营自主权利的,行政机关不履行其应当履行的职责,违法要求履行义务的案件;

(4)认为行政机关侵犯其他合法权益的案件。

除此之外,人民法院还受理法律法规规定可以提起行政诉讼的其他案件。而公民法人或其他组织对国防、外交等国家行为;行政机关具有普遍约束力的行政行为;行政机关对行政人员工作的奖惩、任免等决定;行政机关具有最终裁决权的具体行政行为不得提起行政诉讼。

四、管辖

（一）级别管辖

级别管辖是关于各级人民法院之间受理第一审行政诉讼案件的职权划分。《行政诉讼法》关于级别管辖的具体规定是：

(1) 基层人民法院管辖第一审行政案件。

(2) 中级人民法院管辖下列第一审案件：

① 确认发明专利权的案件、海关处理的案件；

② 对国务院各部门或省、自治区、直辖市人民政府所作的具体行政行为提起的诉讼案件；

③ 本辖区内重大复杂的案件。

(3) 高级人民法院管辖的第一审案件是本辖区内重大复杂的行政案件。

(4) 最高人民法院管辖的第一审案件是全国范围内重大复杂的行政案件。

（二）地域管辖

地域管辖是指不同地区的同级人民法院之间在各自辖区内受理第一审行政案件的职权划分。依据《行政诉讼法》的规定,行政案件由最初作出具体行政行为的行政机关所在地人民法院管辖。对经过复议的案件,复议机关改变原具体行政行为的,也可以由复议机关所在地人民法院管辖。因不动产提起的行政诉讼,由不动产所在地人民法院管辖。对限制人身自由的行政强制措施不服提起诉讼,由被告所在地或原告所在地人民法院管辖。

五、行政诉讼参加人

行政诉讼参加人包括原告、被告、共同诉讼人、第三人和行政诉讼代理人。

（一）原告与被告

1. 行政诉讼的原告

行政诉讼的原告是指依照行政诉讼法的规定,有权提起行政诉讼的公民、法人和其他组织。

有权提起行政诉讼的公民死亡,其近亲属可以提起诉讼。有权提起诉讼的法人或者其他经济组织终止,承受其权利的法人或其他组织可以提起诉讼。

2. 行政诉讼的被告

行政诉讼的被告,是指由人民法院通知应诉的行政机关,也就是原告直接向人民法院提起诉讼的,作出具体行政行为的行政机关。根据不同情况,下列行政诉讼案件的被告为：

(1) 经过复议的案件,复议机关决定维持原具体行政行为的,作出原具体行政行为的行政机关是被告;复议机关改变了原具体行政机关的行政行为的,复议机关作为被告。

(2) 两个以上行政机关共同作出一个具体行政行为的,共同作出具体行政行为的行政机关是共同被告。

(3) 由法律法规授权的组织所作的具体行政行为,该组织是被告。

(4) 由行政机关委托的组织所作的具体行政行为,委托的行政机关是被告。

(5) 行政机关被撤销的,继续行使其职权的行政机关是被告。若没有继续行使其职权的行政机关,则由作出撤销决定的行政机关为被告。

（二）共同诉讼人

原告或被告为两人以上的行政诉讼当事人。共同行政诉讼可分为普通的共同行政诉讼和必要的共同行政诉讼。共同行政诉讼的诉讼标的为同一类,人民法院认为可以合并审理的,为普通的共同行政诉讼。共同行政诉讼中行政诉讼的标的是共同的,为必要的共同行政诉讼。

在共同行政诉讼中共同原告或者共同被告对行政诉讼标的有共同权利、义务的,其中一人的行政诉讼行为,对其他共同诉讼人发生效力。反之,共同诉讼人对共同行政诉讼的标的没有共同权利、义务的,其中一人的行政诉讼行为,对其他共同诉讼人不发生效力。

（三）第三人

第三人是指同行政诉讼争议的具体行政行为有一定的利害关系,参加到已经进行的行政诉讼中去的人。

（四）诉讼代理人

依据我国《行政诉讼法》的规定,没有行政诉讼行为能力的公民,由其法定代理人代为诉讼。如果法定代理人互相推诿代理责任的,则由人民法院指定其中一人代为诉讼。有诉讼行为能力的当事人,可以委托一到二人代为诉讼。被委托的代理人可以是律师、当事人的近亲属、人民法院允许的其他公民。

六、证据

（一）行政诉讼证据的概念及种类

行政诉讼的证据,是指能够证明行政诉讼案件真实情况的一切事实。

可以作为行政诉讼证据的有:书证、物证、视听资料、证人证言、当事人的陈述、鉴定结论、勘验笔录、现场笔录。

（二）举证责任

由于行政法律关系的特点,原告和被告处于不平等的地位。行政法律关系的产生是基于行政机关单方面的行为。因此,《行政诉讼法》规定,被告对作出的具体行政行为负有举证责任,应当提供出具体行政行为的证据和所依据的规范性文件。在诉讼过程中,行政机关不得自行向原告和证人收集证据,只有人民法院有权要求当事人以外的行政机关及其他组织、公民提供或调取证据。

七、行政复议与行政诉讼

（一）行政复议

行政复议,是指公民、法人或其他经济组织对具体行政行为不服,请求作出具体行政行为的行政机关或者其上一级行政机关重新审查该行政决定是否恰当和合法的一种行政救济制度。

对属于人民法院受案范围的行政诉讼案件,公民、法人或其他组织可以先向上一级行政机关或者法律、法规规定的行政机关申请复议,对复议不服的再向人民法院提起诉讼,也可以直接向人民法院提起诉讼。

公民、法人或其他组织向行政机关申请复议的复议机关应当在收到申请之日起两个月内作出决定,但法律、法规另有规定的除外。申请人不服决定的,可以在收到复议决定之日起 15 日内向人民法院起诉。如果复议机关逾期不作决定的,申请人也可以在复议期满之日起 15 日内向人民法院提起诉讼,但法律另有规定的除外。

（二）行政诉讼程序

1. 起诉

公民、法人或其他组织对行政机关具体行政行为或复议裁决不服,请求人民法院行使国家审判权,对行政机关的处理决定或复议裁决予以审查和确认,以保护其合法权益的行为称为起诉。向人民法院起诉必须具备以下条件：

（1）原告必须以行政处罚或其他行政处理决定违法或不当为依据和理由；

（2）行政机关的处理决定必须是直接侵害行政管理相对人权利和利益的具体行政行为；

（3）必须是行政管理法规规定的行政行为才能提起行政诉讼；

（4）必须在法定的期限内,即在诉讼时效期间内提出；

（5）行政案件必须是属于人民法院的受案范围,并归受诉人民法院管辖。

2. 审判程序

审判程序,包括第一审程序、第二审程序和审判监督程序。

（1）第一审程序。是各级人民法院审理第一审行政案件普遍适用的程序。行政诉讼程序与民事诉讼程序比较,有很多相同之处。独特的规定主要有：人民法院在行政案件宣告判决或者裁定前,被告改变其所作的具体行政行为的,若原告同意并因此申请撤诉,人民法院可以酌情裁定,即原告撤诉的行使,人民法院有权干预。人民法院经过审理后,如判决被告重新作出具体行政行为,而被告不得以同样的事实和理由,作出与原具体行政行为基本相同的具体行政行为。被告不得自行向原告及证人收集证据。

(2) 第二审程序。是各级人民法院审理第二审行政案件的程序。当事人不服人民法院第一审判决的,有权在判决书送达之日起 15 日内向上一级人民法院提起上诉。当事人不服人民法院第一审裁定的,有权在裁定书送达之日起 10 日内向上一级人民法院提起上诉。人民法院审理上诉案件,认为事实清楚的,可以不开庭而实行书面审理。如果当事人对已经发生法律效力的判决、裁定认为违反法律、法规规定的,可以向原审人民法院或者向上一级人民法院提出申诉,但判决裁定不停止执行。

(3) 审判监督程序,即再审程序。人民法院院长对本院已经发生法律效力的判决、裁定,发现违反法律、法规规定认为需要再审的,应提交审判委员会决定。上级人民法院对下级人民法院已经发生法律效力的判决、裁定,发现违反法律、法规规定的,有权提审或者指令下级人民法院再审。人民法院再审,应当另行组成合议庭,并应裁定终止判决、裁定的执行。人民检察院对人民法院已经发生法律效力的判决、裁定,发现违反法律、法规规定,有权按照审判监督程序提出抗诉。

3. 执行程序

对人民法院已经发生法律效力的判决、裁定,当事人必须履行。如果公民、法人或者其他组织拒绝履行判决、裁定的,行政机关可以向第一审人民法院申请强制执行,或者由人民法院依职权强制执行;如果行政机关拒绝履行判决、裁定的,一审人民法院可以采取下列强制措施:

(1) 对应当归还的罚款或者应当给付的赔偿金,通知银行从该行政机关的账户内划拨;

(2) 在规定的期限内不履行的,从期满之日起对该行政机关按日处以 50 元至 100 元的罚款;

(3) 向该行政机关的上一级行政机关或监察、人事机关提出司法建议,接受司法建议的机关,应当根据有关规定进行处理,并将处理情况告知人民法院;

(4) 拒绝不执行判决、裁定,情节严重,构成犯罪的,依法追究主管人员和直接责任人员的刑事责任。

《行政诉讼法》对行政判决、裁定的执行规定了比较严厉的强制措施,其目的是为了保证判决、裁定的实施,以维护法律的尊严。

本 章 小 结

诉讼法,亦称程序法,是国家专门机关和当事人以及其他诉讼参与人进行诉讼活动的行为规则的总称。实体法是诉讼法存在的前提,诉讼法又是实体法实施的

第十章 诉讼法

保障。二者是内容与形式的关系,相辅相成,缺一不可。我国现行的诉讼法可分为刑事诉讼法、民事诉讼法、行政诉讼法,所以本章的三节内容就分别针对这三大诉讼法而展开。此外,各节在内容安排上,基本上与各诉讼法典的体例一致,着重介绍各诉讼法的基本制度和基本程序。

刑事诉讼法是办理刑事案件程序作出系统完整规定的法律规范的总称。为实现刑事诉讼法确定的任务,刑事诉讼法规定一些基本原则,如公安、司法机关依法独立行使职权原则;依靠群众的原则;以事实为依据,以法律为准绳的原则等。刑事诉讼中的管辖,是指司法机关在直接受理刑事案件方面职权的划分,包含两方面的内容:一是解决公、检、法三机关之间权限分工的职能管辖;二是解决法院系统内部分工的审判管辖。刑事诉讼中的回避,指侦查、检察、审判人员以及某些诉讼参与人,因与案件或者案件的当事人有某种利害关系,可能影响案件公正处理,因而依法不能参加本案诉讼活动的一项诉讼制度。刑事诉讼中的证据,是指证明刑事案件真实情况的一切事实。证据应当具有客观性、关联性、合法性三大特征。在刑事诉讼中一般案件要经过立案、侦查、起诉、审判、执行五个阶段,根据不同诉讼阶段的特点和要求,刑事诉讼法规定了对应于五个阶段的五个基本程序。刑事诉讼法还规定了涉讼公民(犯罪嫌疑人、被告人、被害人等)的权利义务,以维护他们的合法权益,保证刑事诉讼的顺利进行。

民事诉讼法是规范民事诉讼中法院与民事诉讼参与人的诉讼活动,规定诉讼主体的诉讼权利和诉讼义务,调整法院与诉讼参与人法律关系的法律规范的总和。为实现民事诉讼法确定的任务,民事诉讼法规定一些基本原则(如当事人诉讼权利平等原则、调解原则等)和基本制度(如合议制度、回避制度等)。民事诉讼的管辖,指在人民法院主管的范围内,确定上下级法院之间和同级法院之间受理第一审民事案件的分工和权限,包括级别管辖和地域管辖。诉讼参加人包括当事人(原告、被告和第三人)和代理人。民事诉讼的证据包括:书证、物证、视听资料、证人证言、当事人陈述、鉴定结论、勘验笔录。对妨害民事诉讼行为的强制措施,是指在民事诉讼中,对有妨害民事诉讼行为的人采取的排除其妨害行为的强制措施,包括拘传、训诫、责令退出法庭、罚款和拘留。审判程序包括第一审普通程序、简易程序、第二审程序、审判监督程序、督促程序、公示催告程序以及特别程序。执行程序就是保证民事执行的进行,使具有执行效力的法律文书得以实施的程序。

行政诉讼法就是国家为规范发生在行政诉讼活动中的各种关系而制定的法律规范的总称。为实现行政诉讼法确定的任务,行政诉讼法规定一些基本原则,如司法变更权原则、不停止具体行政行为执行的原则、不适用调解解决原则、被告负举证责任原则等。并不是所有的行政行为都是可以起诉的,所以行政诉讼法规定了相应的受案范围。与民事诉讼一样,行政诉讼的管辖也包括级别管辖和地域管辖。

行政诉讼参加人包括原告、被告、共同诉讼人、第三人和行政诉讼代理人。行政诉讼的证据,是指能够证明行政诉讼案件真实情况的一切事实,包括书证、物证、视听资料、证人证言、当事人的陈述、鉴定结论、勘验笔录、现场笔录等。行政诉讼一般包括起诉、审判和执行等程序。

【拓展和链接】 中国审判制度改革综述

改革开放后,为适应社会主义现代化建设和民主法制建设的需要,中国审判制度开始了积极而又慎重的改革。

(一)庭审改革催生制度改革

1996年,最高人民法院提出进行审判方式改革,旨在完善人民法院审判模式,从不完全公开审判向公开审判转变,提倡透明的"阳光下的审判"。

在审判方式改革中,各地法院在公开审判的模式下探讨实行从"纠问式"向"诉辩式"庭审模式的转变,突出法官在庭审中的中立地位,提倡当事人举证,法院仅在特别情形下主动取证,凸显"当事人中心"的诉讼模式。在审判方式改革中,法院的审判从着重追求实质正义发展到不仅追求实质正义,而且追求程序正义;不仅做到公正,而且通过公开的、当事人为中心的审判模式,让公众相信获得公正的途径也是公正的。

1997年,中共十五大确立了依法治国的基本方略,明确提出了推进司法改革的任务。最高人民法院于1999年制定并向社会发布了《人民法院五年改革纲要》。纲要明确了人民法院改革的总体目标:健全人民法院的组织体系,进一步完善运行良好的审判工作机制,造就一支高素质的法官队伍,建立保障人民法院充分履行审判职能的经费管理体制,真正建立起具有中国特色的社会主义司法制度。

从1999年起至2003年,中国法院改革遵循公开审判原则,进一步深化审判方式改革。同时,以强化合议庭和法官职责为重点,建立符合审判工作特点和规律的审判管理机制;以加强审判工作为中心,改革法院内设机构,提高审判工作效率和管理水平,健全各项监督机制,保障司法人员的公正、廉洁。此外,还对法院的组织体系、法院干部管理体制、法院经费管理体制改革等进行了积极探索。

(二)审判制度改革成效显著

《人民法院五年改革纲要》提出的改革方案涉及许多方面,据统计,其中提出的改革措施达39条之多。主要包括以下方面:

1. 全面实行立审分立、审执分立、审监分立。建立科学的案件审理流程管理制度,由专门机构根据各类案件在审理流程中的不同环节,对立案、送达、开庭、结案等不同审理阶段进行跟踪管理,确保公正、高效审理案件。

2. 全面落实公开审判制度。逐步提高当庭宣判率,加快裁判文书的改革步伐,提高裁判文书的质量;规范质证制度,完善认证制度,并对证据适用规则作出规定。

3. 依法保证被告人有权获得辩护。被告人确因经济困难或者其他原因没有委托辩护人的,指定承担法律援助义务的律师为其提供辩护。对于死刑二审案件,上诉人对第一审认定的事实、证据提出异议,或提出的事实、证据,或社会影响较大的,应当依法开庭审理。

4. 完善民事、经济审判举证制度。除继续坚持主张权利的当事人承担举证责任的原则外,建立举证时限制度,重大、复杂、疑难案件庭前交换证据制度。

5. 强化合议庭和法官职责。推行审判长和独任审判员选任制度,对法官担任审判长和独任审判员的条件和责任作出明确规定,建立审判长、独任审判员的审查、考核、选任制度;完善人民陪审员制度。

6. 改革法官来源渠道。逐步建立上级法院的法官从下级法院的优秀法官中选任以及从律师和高层次的法律人才中选任法官的制度;建立书记员单独职务序列;严格审判监督制度。

截至 2003 年,《人民法院五年改革纲要》已经基本得到实施,改革目标已基本实现。

(三) 司法体制改革浮出水面

2003 年,中共十六大从发展社会主义民主政治、建设社会主义政治文明的战略高度,在深层次上提出了推进司法体制改革的任务,明确提出司法体制改革的总目标:按照公正司法和严格执法的要求,完善司法机关的机构设置、职权划分和管理制度,进一步健全权责明确、相互配合、相互制约、高效运行的司法体制。改革司法机关的工作机制和人财物管理体制,从制度上保障审判机关和检察机关依法独立、公正地行使审判权和检察权,在全社会实现公平和正义。

目前,中国正积极稳妥地推进司法体制改革。虽然司法体制改革的总体方案尚未出台,但从现有的情况分析可以看到,一些不符合社会主义民主政治和社会主义政治文明要求的司法体制问题必将在改革中得到解决。

比如因体制设置不当所致的地方行政权力、社会组织不当干涉司法活动的问题,司法机关之间分工不清、难以相互制约等问题,必将纳入改革的视野。另外,社会广泛关注的死刑复核、劳动教养、收容等涉及剥夺人身权利的刑罚和社会保安处分措施的实施,也必将如人们所希望的那样纳入司法程序或者予以取消。比如死刑复核权不再授权高级法院行使,统一收归由最高法院复核,劳动教养不再由公安机关决定,而是纳入司法程序,由法院通过公开的审判程序决定。

毋庸置疑,中国司法体制改革是审判方式改革和人民法院组织制度改革所不能比拟的更深层次的司法改革,它涉及政治生活和社会的方方面面,必须慎重进行。人们有理由相信,在不久的将来,中国审判制度随着司法体制改革的深化,将迈上一个新的台阶。(资料来源:《人民日报·海外版》,2004年1月14日)

与本章相关的主要法律法规

1.《中华人民共和国刑事诉讼法》(1979年7月1日第五届全国人民代表大会第二次会议通过,根据1996年3月17日第八届全国人民代表大会第四次会议通过《关于修改〈中华人民共和国刑事诉讼法〉的决定》修正)

2. 最高人民法院、最高人民检察院、公安部、国家安全部、司法部、全国人民代表大会常务委员会法制工作委员会关于《刑事诉讼法》实施中若干问题的规定(1998年1月19日)

3. 最高人民法院关于执行《中华人民共和国刑事诉讼法》若干问题的解释(1998年6月29日最高人民法院审判委员会第989次会议通过)

4.《中华人民共和国民事诉讼法》(1991年4月9日第七届全国人民代表大会第四次会议通过)

5. 最高人民法院关于执行《中华人民共和国民事诉讼法》若干问题的意见(最高人民法院审判委员会第528次会议讨论通过)

6.《中华人民共和国行政诉讼法》(1989年4月4日第七届全国人民代表大会第二次会议通过,同年10月1日起施行)

7. 最高人民法院关于执行《中华人民共和国行政诉讼法》若干问题的解释(1999年11月24日最高人民法院审判委员会第1088次会议通过,自2000年3月10日起施行)

案例1:贪官外逃10年,自认过时效自投网

1992年3月,成都市自来水总公司六厂计划对导漂设施进行维修改造。改造工程由成都市营门口安装工程公司袁某承建。成都市自来水总公司六厂原厂长张震宇作为该厂负责人,指使副厂长黎某,多次向承包商袁老板伸手索要回扣,然后两人私分。在整个改造工程中,张、黎二人共向袁索要回扣20多万元。不久,张、黎二人的受贿事件见光,黎于1993年10月7日被抓捕。正在北海市出差的张震宇闻听此消息后,慌忙出逃。

张在逃亡时不惜花钱购买大量的法律书籍学习,欲钻法律的空子。他认为自己所犯的罪行在10年后已过追诉时效。10年后张回到成都,还找到原来的工作单位,提出恢复公职的要求,检察机关闻讯后立即将其抓捕。

由于张在潜逃时已经被检察机关立案侦查,不受追诉时效的限制。今年6月8

日,鄞县人民法院依法判处张震宇有期徒刑3年。

资料来源:《中国法院网——刑事案件》 发布时间:2004年6月15日

案例2:湖北"杀妻冤狱"案

佘祥林,男,1966年3月7日生,原湖北省京山县公安局原马店派出所治安巡逻员。1994年1月20日,佘祥林的妻子张在玉失踪后,张的亲属怀疑张被佘杀害。同年4月11日,人们在附近水塘发现一具女尸,经张在玉亲属辨认死者与张在玉特征相符,公安机关立案侦查。

1994年4月12日,佘祥林因涉嫌犯故意杀人罪被京山县公安局监视居住,同年4月22日被刑事拘留,4月28日经京山县检察院批准逮捕。1994年10月13日,原荆州地区中级法院一审判处佘祥林死刑,佘提出上诉。湖北省高级法院1995年1月6日作出裁定,以事实不清,证据不足发回重审。

1995年5月15日,原荆州地区检察分院将此案退回补充侦查。1996年2月7日,京山县检察院补充侦查后再次退查。1997年因行政区划变更,检察院于1997年11月23日将此案呈送荆门市检察院起诉。同年12月15日,荆门市检察院审查后认为佘祥林的行为不足以对其判处无期徒刑以上刑罚,将该案移交京山县检察院起诉。1998年3月31日,京山县检察院将此案起诉至京山县法院。1998年6月15日,京山县法院以故意杀人罪判处佘祥林有期徒刑15年,附加剥夺政治权利5年。佘不服提出上诉,同年9月22日,荆门市中级法院裁定驳回上诉,维持原判。

2005年3月28日,佘祥林的"被杀"11年之久的妻子张在玉突然出现。佘祥林的冤案经媒体披露并大量报道后,在中国引起了极大的反响。

资料来源:《人民日报》 发布时间:2005年4月12日

案例3:"麦乐乐"愁煞农民,举证不足被驳回

2002年2月3日至3月7日,原告孔某某等84户农民根据各自的责任田(亩数)所需,从新乡县棉办农技推广站中心某服务部购买了不同数量的"麦乐乐"除草剂总计806袋。这84户农民按说明书要求使用"麦乐乐"除草剂后,不但未起到给小麦除草的效果,反使后茬花生受到不同程度的损坏。无奈中的农民找到了这家服务部,服务部又向新乡县农牧局申请鉴定。2002年9月份,新乡县农牧局在被告"麦乐乐"的生产厂家河北宣化农药责任公司未到庭的情况下,组织专家和植保专业技术人员,对孔某某等7户共19亩花生经田间观察、抽样调查、重点比较后作出田间鉴定结果,认定后茬花生受损是原告方在前茬小麦上使用被告的"麦乐乐"所致。

在庭审中,原告方用上述服务部开具的收据和一袋未使用的"麦乐乐"除草剂予以证明84户原告购买并使用了被告生产的"麦乐乐"除草剂;然而被告对这一事实并不认可,并且否认自己曾将"麦乐乐"除草剂出售给这家服务部。

法院审理后认为:虽然本案原告方提供了从新乡县棉办农技推广站中心某服务部购买的"麦乐乐"除草剂的票据,但未提供各个原告具体的损失数额的证据,原告方使用被告的缺陷产品的证据仅表现在其所提交的田间鉴定材料和报告中的证据,而该证据以受害方单方表示使用"麦乐乐"除草剂为依据,且该鉴定系单方鉴定,在鉴定程序、方法、因果关系上均有瑕疵,不能排除合理的怀疑,原告的举证责任并未完成,不能有效证明其诉讼请求成立。本案原告方未能提供足以证明其诉讼请求的证据,应当承担举证不能的法律后果。

资料来源:《中国法院网—民事案件》 发布时间:2004年6月17日

案例4:退学大学生为索学籍状告教育部败诉

朱某于1999年参加全国统一招生考试,并被沈阳某大学录取。一年后,被该校以考试成绩不合格为由勒令退学。朱某不服,多次向辽宁省教育厅反映情况,认为该校做法不妥,要求辽宁省教育厅依法保护自己受教育的权利。辽宁省教育厅于2001年2月作出关于沈阳某大学对朱某学籍处理有关问题的答复,认为该校对学生因成绩不合格予以退学的处理,依据正确,准确适度。朱某以辽宁省教育厅未履行法定职责为由,向教育部提出行政复议申请,教育部于2001年4月6日作出复议决定,认为辽宁省教育厅已履行法定职责,维持了教育厅关于朱某学籍处理问题的答复,但该决定中未告知诉权及起诉期限。

朱某对教育部的复议决定不服,将教育部告上法庭,请求法院依法撤销教育部作出的行政复议决定,恢复原告本科大学学生学籍,重新安排原告到其他同等条件的国办大学就读。

法院审理后认为,依据法律的有关规定,公民、法人或者其他组织认为行政机关作出的具体行政行为侵犯其合法权益,有权在法律规定的起诉期限内提起行政诉讼。最高人民法院《关于执行〈中华人民共和国行政诉讼法〉若干问题的解释》第41条第1款规定:"行政机关作出具体行政行为时,未告知公民、法人或者其他组织诉权或者起诉期限的,起诉期限从公民、法人或者其他组织知道或者应当知道诉权或者起诉期限之日起计算,但从知道或者应当知道具体行政行为内容之日起最长不得超过2年。"该条第2款规定:"复议决定未告知公民、法人或者其他组织诉权或者起诉期限的,适用前款规定。"朱某在2001年4月23日收到了教育部的复议决定,已知道该决定的具体内容,但迟至2004年3月才针对该决定向法院提起行政诉讼,已超过法定起诉期限,且无正当理由。因此,依法予以驳回。

资料来源:《中国法院网—行政案件》 发布时间:2004年5月18日

思考题

1. 我国诉讼法共有的基本原则有哪些?
2. 简述诉讼证据的特征和种类。
3. 刑事诉讼一审程序、二审程序与再审程序有哪些区别?
4. 简述民事诉讼第一审普通程序。
5. 试述行政诉讼与行政复议的相互关系。

第十一章 法律职业

> **本章要点**
>
> 本章阐述了法律职业的一般知识,主要包括:(1)法律职业的一般原理,涉及法律职业的概念、思维、道德、产生和发展;(2)法官职业的一般知识,涉及法官的任职要求、职责、权利、义务和职业道德;(3)检察官职业的一般知识,涉及检察官的任职要求、职责、权利、义务和职业道德;(4)律师职业,涉及律师的执业条件、业务、权利、义务、职业道德和执业纪律。

第一节 法律职业概述

一、法律职业的概念

法律职业是西方法律传统中一个重要的要素和象征,它对于法律的运作、发展、法律传统的形成具有决定性的作用。随着中国法治进程的发展,法律职业的问题日益受到社会的关注,通过法律职业及其共同体的参与和努力,推进司法改革、实现法制现代化,已成为中国法律界的基本共识。

在西方法学著作中,法律职业(legal profession)一般是指直接从事与法律有关的各种工作的总称,通常又指从事这些工作的人员,其中包括法官、检察官、律师和法学学者等。但主要指法官、律师和检察官,特别是律师。然而,由于存在着不同的法律制度,所以,从比较法的视野看,法律职业的含义仍有不同。但各国法律职业制度的不同只能影响人们关于法律职业概念的外延的判断,并不影响人们关于其内涵的判断。那么,如何具体地理解法律职业的内涵?

首先,法律职业是公共职业。近现代以来,随着经济市场化的发展,社会分工的规模迅速扩大。这一分工将社会从业者具体分为公共职业者和私人职业者。前者从业的目标是实现社会公益;后者从业的目标是实现个人私利。尽管任何一种私人职业者,都必不可免地要置身于社会交往中,因此免不了具有一定的"公共性",但相比较而言,公共职业者更多地肩负着社会使命。法律职业就是公共职业。即使像律师业这种典型的法律职业者,在强调其以法律作为就业和解决生计问题的途径之外,更应强调他对整个社会的责任,强调其正义感。至于其他法律职业比如检察官、法官,更属于公共职业的范畴。

其次,法律职业是正式职业。顾名思义,正式职业对应于非正式职业,前者是指通过严格的法律程序而被体制化、从而也稳定化的职业类型;而后者则虽然也强调法定的标准,但基本上采取相对宽松的调整方式。作为正式职业,法律职业具有比其他职业更为困难的入门条件。自近代以来,凡是奉行法治的国家都对法律职业规定了相当严格的准入条件。在我国,自1986年开始进行的全国律师资格考试制度和2002年开始进行的全国统一司法考试制度,尽管其中还存在不少问题,但已经大体上铺设了这一职业的入门条件。不仅如此,从事法律职业还需要经过专门的知识和技能的训练,甚至还有十分严格的职业伦理要求。正是这种严格的条件,使得法律职业成为一种精英荟萃的职业类型。

由此,我们可将法律职业定义为:受过专门的法律教育、具备法律预先规定的任职条件、取得国家规定的任职资格而专门从事法律工作的一种职业。

二、法律职业的思维

法律职业的一个共同特征是,由于有着共同的知识背景,使用共同的符号体系,其思维方式具有相似性。所谓法律思维指的是以法律的逻辑,来思考、分析、解决社会问题的思考模式,或叫思维方式。它不同于政治思维或道德思维。尽管不同的法律职业,其思维方式略有差异,但他们的共同特征仍然是明显的,我们可以归纳为以下几点:

(一)以权利与义务分析为线索

法律的内容是由权利和义务构成的,由于合法性(实在法意义上)的认定与排除只能通过权利与义务的分析来完成,因此,法律思维就表现为以权利和义务为线索的不断追问:某主体是否有权利做出此种行为、享有此种利益和获得此种预期?与之相对的主体是否有义务如此行事或以此种方式满足对方的请求和预期?在这里,只有权利和义务才是无条件的和绝对必须考虑的核心因素,而其他因素是否应当予以考虑,则是有条件的和相对的,在许多场合,甚至是可以忽略不计的。

(二)合法性优于客观性

任何结论都必须建立在客观事实的基础上——这是实证科学思维方式的基本要求,也是政治的、经济的和道德的思维方式的重要原则。然而,这个要求和原则对于法律思维而言并不完全适用,因为对于通过法律思维推导出一个法律上的决定而言,它必然具有以下三个特殊之处:第一,面对不确定的客观事实,也必须做出一个确定的法律结论;第二,已查明的客观事实可以被法律的证据规则所排斥;第三,在某些特定条件下,法律允许以虚拟的事实做为裁判的根据。因此,在适用法律解决涉法性争端的场合,尊重法律是第一位的和无条件的,客观事实是否必须得到尊重,则需以它能够被合法证据所证明为前提条件。

(三)形式合理性优于实质合理性

形式合理性,也就是规则合理性或制度合理性,它是一种普遍的合理性。而实质合理性则只能表现为个案处理结果的合理性。人治理论轻视形式合理性的价值,也即轻视普遍规则和制度在实现社会正义过程中的作用,相反,它把实现社会正义的希望寄托在个人品质之上,试图借助于不受"游戏规则"约束的圣人智者来保证每一个案件都能得到实质合理的处理。历史经验证明,由于其偶然性和任意性的特点,这种方式有着严重的缺陷。而法治理论主要是借助于规则化、形式化、客观化的公共理性——法律——来处理涉法性社会事务,官员的个人理性只是在法律允许的和有限的自由裁量范围内发挥作用。因此在法治国家中,当针对一个个案,通过法律思维来寻求一个法律结论时,对形式合理性的满足就不能不被放在首要的位置,尽管少数个案处理会产生不尽如人意的实质不合理。

(四)程序问题优于实体问题

法律对利益和行为的调整是在程序中实现的。法治原则要求人们必须通过合法的程序来获得个案处理的实体合法结果,因此,从法律的角度来思考问题,就应当强调程序合法的前提性地位,这意味着违反法定程序的行为和主张,即使符合实体法的规定,也将被否决,从而不能引起预期的法律效果。程序正义是制度正义最关键的组成部分,也是保障实现个案实体正义最有力的制度性条件,在此意义上说,对程序问题的重视程度,恰恰是衡量一个人是否真正接纳了法治原则,是否真正具有法律职业意识的重要标准①。

三、法律职业的道德

职业道德是随着职业的出现而产生和逐步发展的,是社会道德在职业领域的具体体现。由于人类职业的多样性,职业道德也具有多样性的特征,不同的职业有着不同的职业道德的要求。法律职业的道德是指法律职业人员所应遵循的行为规范的总和,是社会道德在法律职业领域的具体体现和升华。

与一般的职业道德相比,法律职业道德具有主体的特定性、职业的特殊性与更强的约束性的特征。主体的特定性是指法律职业道德所规范的是专门从事法律工作的法官、检察官、律师等法律职业;职业的特殊性是指上述主体由于所从事的工

---

① 以上归纳参考郑成良:《法治理念和法律思维论纲》,载于《法制日报》,2000年4月23日。

作关系到国家法律制度的实施和保障,对于这些职业道德就应该体现职业的特点,这样才能够保持职业的先进性和良好的社会形象;更强的约束性在于,法律职业道德总是和法律职业责任密切联系在一起的。实践中,法律职业道德的很多内容都是以纪律规范的形式体现出来,如最高人民法院发布的《人民法院审判纪律处分办法》、中华全国律师协会的《律师职业道德和执业纪律规范》等,对于违反职业道德规范规定了具体的处罚办法,这对于促使从业人员严格遵守职业规范具有十分重要的约束作用。

长期以来,我国理论界和实务界对法律职业道德的建设并不重视,往往把法律职业道德视为一种修养性的职业道德,仅仅具有一种道德教化作用,而不具有可操作性;或者,又简单地把法律职业道德与政治立场和态度等同起来。从我国的法律体系来看,涉及到法律职业行为规范的渊源非常分散,从《宪法》《刑事诉讼法》、《法官法》、《检察官法》、《律师法》到最高人民法院、最高人民检察院发布的有关司法解释和国务院有关部门制定的规章以及律师协会制定的律师执业纪律,都涉及到法律职业行为规则,这些规则层次不同,效力不同,并且缺乏系统性,甚至有的还存在明显的矛盾和缺陷。因此对于法律职业的指导作用和保护作用都明显不足。特别是对于诉讼活动中的一些敏感性的问题缺乏明确的规定。在这种情况下法律职业活动难免出现盲目性,从而容易造成当事人、律师、检察官和法官的冲突。

最近几年,随着社会对司法公正诉求的不断高涨以及司法改革步伐的加快,法律职业道德的规范也相应有了改善,但要真正落实到法律职业者的行为中,进而成为一种职业理念和精神,可能还有漫长的道路要走。

四、法律职业的产生与发展

法律职业是人类社会发展到一定阶段的产物,随着法律的出现和不断发展,以法律为职业的人员越来越多,内部分工也越来越细,不仅有各类法律实际工作者,而且还形成了职业法学家阶层。

法律职业在西方有着悠久的历史,早在古希腊时期,雅典就设有一些比较复杂的司法审判组织,在这些司法机关中,就有专门的法律工作者。在罗马共和国后期,由于犯罪案件的增多,建立了常设的刑事法院,法官由元老和富有的公民中挑选出来的人担任。法律职业就是在这一时期正式形成的。

西方最早建立检察制度的是法国。12世纪末,法国国王在各地设立了"国王代理人",为国王处理皇家私人事务,后来,这种代理人逐渐发展为代表国王向审判机关提起民事诉讼和刑事诉讼的职务,这就是检察官的雏形。西方的律师制度最早可以追溯到古希腊和罗马时期。在罗马共和国时期,由于当时的诉讼形式为"辩论式诉讼",所以法庭允许监护人、保护人代理他人进行诉讼。公元3世纪,罗马皇帝以诏令形式规定了诉讼代理并规定大僧侣可以为平民提供法律咨询,由此产生了最初意义上的"律师"。

19世纪德国著名思想家马克斯·韦伯认为,近现代西方法治的建构有两个重要的条件:一是符合法治精神的法律制度体系(形式化、程序化),二是作为操作这些静态制度体系的人,即受过良好法律训练的法律职业者①。

中国历史上一直没有形成专门的法律职业。法官一词最早出现于战国时期的法家著作《商君书·定分》②,虽然后来一直以法官作为司法官员的民间通称,但始终没有把法官这一职务作为正式制度的内容。历代以所谓廷尉、大理、推官、判官等相称的其实并不是真正的、专门的司法官员,而是行政官员。由于不存在专门法律职业者,也就缺乏专门的法律培训和法律教育。历史上虽也有以书吏、刑名幕友(师爷)和讼师等称谓的涉足法律事务的人员,但他们社会地位低,无正常薪俸,也不能算作是正当的一种职业。在中国,司法兼行政的传统一直延续到清末法制改革,这一体制性的因素,是制约近现代中国法律职业产生和发展的最大的障碍。

清末以后到民国时期,中国的法律职业以及法律教育才开始有了起步。但由于连年战乱,这一状况未能进一步持续和发展。1949年以后,在借鉴前苏联的政治法律体制和革命根据地法制经验的基础上,创建了新型的社会主义的司法和检察制度,新一代法官与检察官队伍开始形成。同时,随着律师制度的确立,律师也开始活跃在国家的政法战线上。遗憾的是,1957年"反右运动",尤其是1966年开始的"文化大革命",给中国的法制建设,包括中国的法律职业,带来了巨大的灾难。

1978年以后,在"拨乱反正"、建设社会主义民主和法制国家的口号的指引下,中国的法律职业也得到了恢复和发展,法律职业的制度化建设取得了较大的成就。以下就当代中国的法官、检察官和律师职业的相关法律规定作一介绍。

第二节 法官职业

法官是指依法行使国家审判权的审判人员,包括最高人民法院、地方各级人民法院和军事法院、海事法院、铁路运输法院等专门人民法院的院长、副院长、审判委员会委员、庭长、副庭长、审判员和助理审判员。中国《法官法》于1995年2月28日通过,2001年6月30日进行修订。

---

① 参见马克斯·韦伯著,王容芳译:《儒教与道教》,商务印书馆1999年版,第200页。
② 《商君书·定分》中说"天子置三法官,殿中置一法官,御史置一法官及吏,丞相置一法官。诸侯郡县,皆各为置一法官及吏,皆比秦一法官。"

一、法官的任职要求

(一) 法官的条件

根据《法官法》的规定,担任法官必须具备下列条件:(1)具有中华人民共和国国籍;(2)年满23岁;(3)拥护中华人民共和国宪法;(4)有良好的政治、业务素质和良好的品行;(5)身体健康;(6)高等院校法律专业本科毕业或者高等院校非法律专业本科毕业具有法律专业知识,从事法律工作满二年,其中担任高级人民法院、最高人民法院法官,应当从事法律工作满三年;获得法律专业硕士学位、博士学位具有法律专业知识,从事法律工作满一年,其中担任高级人民法院、最高人民法院法官,应当从事法律工作满二年。此外,法官从人民法院离任后二年内,不得以律师身份担任诉讼代理人或者辩护人。法官从人民法院离任后,不得担任原任职法院办理案件的诉讼代理人或者辩护人。法官的配偶、子女不得担任该法官所任职法院办理案件的诉讼代理人或者辩护人。法官不得兼任人民代表大会常务委员会的组成人员,不得兼任行政机关、检察机关以及企业、事业单位的职务,不得兼任律师。

(二) 法官的等级

法官的级别分为十二级。最高人民法院院长为首席大法官,二至十二级法官分为大法官、高级法官、法官。法官的等级的确定,以法官所任职务、德才表现、业务水平、审判工作实绩和工作年限为依据。

(三) 法官的任免

1. 法官任免的程序

法官职务的任免,依照宪法和法律规定的任免权限和程序办理。(1)最高人民法院院长由全国人民代表大会选举和罢免,副院长、审判委员会委员、庭长、副庭长和审判员由最高人民法院院长提请全国人民代表大会常务委员会任免。(2)地方各级人民法院院长由地方各级人民代表大会选举和罢免,副院长、审判委员会委员、庭长、副庭长和审判员由本院院长提请本级人民代表大会常务委员会任免。

2. 通过统一司法考试

国家对初任法官、检察官和取得律师资格实行统一的司法考试制度。初任法官采用严格考核的办法,按照德才兼备的标准,从通过国家统一司法考试取得资格,并且具备法官条件的人员中择优提出人选。人民法院的院长、副院长应当从法官或者其他具备法官条件的人员中择优提出人选。

3. 法官职务的免除

法官有下列情形之一的,应当依法提请免除其职务:(1)丧失中华人民共和国国籍的;(2)调出本法院的;(3)职务变动不需要保留原职务的;(4)经考核确定为不称职的;(5)因健康原因长期不能履行职务的;(6)退休的;(7)辞职或者被辞退的;(8)因违纪、违法犯罪不能继续任职的。

对于违反《法官法》规定的条件任命法官的,一经发现,做出该项任命的机关应当撤销该项任命;上级人民法院发现下级人民法院法官的任命有违反《法官法》规定的条件的,应当建议下级人民法院依法撤销该项任命,或者建议下级人民法院依法提请同级人民代表大会常务委员会撤销该项任命。

二、法官的职责和权利、义务

（一）法官的职责

法官应当履行以下职责：(1) 依法参加合议庭审判或者独任审判案件；(2) 法律规定的其他职责；(3) 院长、副院长、审判委员会委员、庭长、副庭长除履行审判职责外,还应当履行与其职务相适应的职责。

（二）法官的义务和权利

1. 法官的义务

法官应当履行下列义务：(1) 严格遵守宪法和法律；(2) 审判案件必须以事实为根据,以法律为准绳,秉公办案,不徇私枉法；(3) 依法保障诉讼参与人的诉讼权利；(4) 维护国家利益、公共利益,维护自然人、法人和其他组织的合法权益；(5) 清正廉明,忠于职守,遵守纪律,恪守职业道德；(6) 保守国家秘密和审判工作秘密；(7) 接受法律监督和人民群众监督。

2. 法官的权利

法官享有下列权利：(1) 履行法官职责应当具有的职权和工作条件；(2) 依法审判案件不受行政机关、社会团体和个人的干涉；(3) 非因法定事由、非经法定程序,不被免职、降职、辞退或者处分；(4) 获得劳动报酬,享受保险、福利待遇；(5) 人身、财产和住所安全受法律保护；(6) 参加培训；(7) 提出申诉或者控告；(8) 辞职。

三、法官的职业道德

法官的职业道德是指法官在从事审判活动中,应该遵循的行为规范的总和。法官具有良好的职业道德,对于维护法官和人民法院的良好形象,对于确保司法公正、维护国家法治尊严至关重要。2001年10月18日,最高人民法院通过了《法官职业道德基本准则》,根据该准则的规定,法官职业道德的主要内容有：

（一）保障司法公正

法官在履行职责时,应当忠实于宪法和法律,坚持和维护审判独立的原则,不受任何行政机关、社会团体和个人的干涉,不受来自法律规定之外的影响。法官应当抵制当事人及其代理人、辩护人或者案外人利用各种社会关系的说情,并按照有关规定处理。法官在审判活动中,不得私自单独会见一方当事人及其代理人。

法官在审判活动中,除了应当自觉遵守法定回避制度外,如果认为自己审理某案件时可能引起公众对该案件公正裁判产生合理怀疑的,应当提出不宜审理该案件的请求。法官不得违背当事人的意愿,以不正当的手段迫使当事人撤诉或者接受调解。法官应当公开并且客观地审理案件,自觉接受公众监督。

法官在履行职责时,应当平等对待当事人和其他诉讼参与人,不得以其言语和行为表现出任何歧视,并有义务制止和纠正诉讼参与人和其他人员的任何歧视性言行。法官应当充分注意到由于当事人和其他诉讼参与人的民族、种族、性别、职业、宗教信仰、教育程度、健康状况和居住地等因素而可能产生的差别,保障诉讼各方平等、充分地行使诉讼权利和实体权利。法官审理案件应当保持中立。法官在宣判前,不得通过言语、表情或者行为流露出自己对裁判结果的观点或者态度。

法官对当事人实体权利和诉讼权利有关的措施和裁判应当依法说明理由,避免主观、片面地作出结论或者采取措施。法官应当尊重其他法官对审判职权的独立行使,并做到:(1)除非基于履行审判职责或者通过适当的程序,不得对其他法官正在审理的案件发表评论,不得对与自己有利害关系的案件提出处理建议和意见;(2)不得擅自过问或者干预下级人民法院正在审理的案件;(3)不得向上级人民法院就二审案件提出个人的处理建议和意见。

法官在审理案件的过程中,应当避免受到新闻媒体和公众舆论的不当影响。法官在公众场合和新闻媒体上,不得发表有损生效裁判的严肃性和权威性的评论。如果认为生效裁判或者审判工作中存在问题,可以向本院院长报告或者向有关法院反映。

(二)提高司法效率

法官应当勤勉敬业,全身心地致力于履行职责,不得因个人的事务、日程安排或者其他行为影响职责的正常履行。法官应当遵守法律规定的诉讼期限,在法定期限内尽快地立案、审理、判决。

法官必须杜绝粗心大意、无故拖延、贻误工作的行为,认真、及时、有效地完成本职工作,并做到:(1)合理安排各项审判事务,提高诉讼效率;(2)对于各项司法职责的履行都给予足够的重视,对于所承办的案件都给予同样审慎的关注,并且投入合理的、足够的时间;(3)在保证审判质量的前提下,注意节省当事人及其代理人、辩护人的时间,注重与其他法官和其他工作人员共事的有效性。

法官在审判活动中应当监督当事人遵守诉讼程序和各种时限规定,避免因诉讼参与人的原因导致不合理或者不必要的延误。法官在执行生效法律文书时,应当依法采取有效措施,尽快予以执结。

(三)保持清正廉洁

法官在履行职责时,不得直接或者间接地利用职务和地位谋取任何不当利益。法官不得接受当事人及其代理人、辩护人的款待、财物和其他利益。法官不得参与可能导致公众对其廉洁形象产生不信任感的商业活动或者其他经济活动。

法官应当妥善处理个人事务,不得为了获得特殊照顾而有意披露自己的法官身份;不得利用法官的声誉和影响为自己、亲属或者他人谋取私人利益。法官及其家庭成员的生活方式和水准,应当与他们的职位和收入相符。法官必须向其家庭成员告知法官行为守则和职业道德的要求,并督促其家庭成员不得违反有关规定。

法官不得兼任律师、企事业单位或者个人的法律顾问等职务;不得就未决案件给当事人及其代理人、辩护人提供咨询意见和法律意见。法官应当按照国家有关规定如实申报财产。

(四)遵守司法礼仪

法官应当严格遵守各项司法礼仪,保持良好的仪表和文明的举止,维护人民法院的尊严和法官的良好形象。

法官应当尊重当事人和其他诉讼参与人的人格尊严,并做到:(1)认真、耐心地听取当事人和其他诉讼参与人发表意见;除非因维护法庭秩序和庭审的需要,开庭时不得随意打断或者制止当事人和其他诉讼参与人的发言;(2)使用规范、准确、文明的语言,不得对当事人或其他诉讼参与人有任何不公的训诫和不恰当的言辞。

法官开庭时应当遵守法庭规则,并监督法庭内所有人员遵守法庭规则,保持法庭的庄严,并做到:(1)按照有关规定穿着法官袍或法官制服,佩带徽章,并保持整洁;(2)准时出庭,不缺席、迟到、早退,不随意出进;(3)集中精力,专注庭审,不做与审判活动无关的事。

(五)加强自身修养

法官应当加强修养,具备良好的政治、业务素质和良好的品行,忠实地执行宪法和法律,全心全意为人民服务。法官应当具有丰富的社会经验和对社会现实的深刻理解。法官应当具备忠于职守、秉公办案、刚正不阿、不徇私情的理念,惩恶扬善、弘扬正义的良知,正直善良、谦虚谨慎的品格,享有良好的个人声誉。

(六)约束业外活动

法官从事各种职务外活动,应当避免使公众对法官的公正司法和清正廉洁产生合理怀疑,避免影响法官职责的正常履行,避免对人民法院的公信力产生不良影响。法官必须杜绝与公共利益、公共秩序、社会公德和良好习惯相违背的,可能影响法官形象和公正履行职责的不良嗜好和行为。

法官应当谨慎出入社交场合,谨慎交友,慎重对待与当事人、律师以及可能影响法官形象的人员的接触和交往,以免给公众造成不公正或者不廉洁的印象,并避免在履行职责时可能产生的困扰和尴尬。

法官发表文章或者接受媒体采访时,应当保持谨慎的态度,不得针对具体案件和当事人进行不适当的评论,避免因言语不当使公众对司法公正产生合理的怀疑。

第三节 检察官职业

检察官是指依法行使国家检察权的检察人员,包括最高人民检察院、地方各级人民检察院和军事检察院等专门人民检察院的检察长、副检察长、检察委员会委员、检察员和助理检察员。我国的《检察官法》于1995年2月28日通过,并于2001年6月30日修订,该法规定,检察官必须忠实执行宪法和法律,全心全意为人民服务。检察官依法履行职责,受法律保护。

一、检察官的任职要求

(一)检察官任职的条件

根据《检察官法》第10条的规定,担任检察官必须具备下列条件:(1)具有中华人民共和国国籍;(2)年满23岁;(3)拥护中华人民共和国宪法;(4)有良好的政治、业务素质和良好的品行;(5)身体健康;(6)高等院校法律专业本科毕业或者高等院校非法律专业本科毕业具有法律专业知识,从事法律工作满二年,其中担任省、自治区、直辖市人民检察院、最高人民检察院检察官,应当从事法律工作满三年;获得法律专业硕士学位、博士学位或者非法律专业硕士学位、博士学位具有法律专业知识,从事法律工作满一年,其中担任省、自治区、直辖市人民检察院、最高人民检察院检察官,应当从事法律工作满二年。

(二)检察官的任职回避

《检察官法》第19条规定,检察官之间有夫妻关系、直系血亲关系、三代以内旁系血亲以及近姻亲关系的,不得同时担任下列职务:(1)同一人民检察院的检察长、副检察长、检察委员会委员;(2)同一人民检察院的检察长、副检察长和检察员、助理检察员;(3)同一业务部门的检察员、助理检察员;(4)上下相邻两级人民检察院的检察长、副检察长。

检察官从人民检察院离任后二年内,不得以律师身份担任诉讼代理人或者辩护人。检察官从人民检察院离任后,不得担任原任职检察院办理案件的诉讼代理人或者辩护人。检察官的配偶、子女不得担任该检察官所任职检察院办理案件的诉讼代理人或者辩护人。

(三)检察官的等级

检察官的级别分为十二级。最高人民检察院检察长为首席大检察官,二至十二级检察官分为大检察官、高级检察官、检察官。检察官的等级的确定,以检察官所任职务、德才表现、业务水平、检察工作实绩和工作年限为依据。

(四)检察官的任免

1. 检察官任免的程序

检察官职务的任免,依照宪法和法律规定的任免权限和程序办理。(1)最高人民检察院检察长由全国人民代表大会选举和罢免,副检察长、检察委员会委员和检察员由最高人民检察院检察长提请全国人民代表大会常务委员会任免。(2)地方各级人民检察院检察长由地方各级人民代表大会选举和罢免,副检察长、检察委员会委员和检察员由本院检察长提请本级人民代表大会常务委员会任免。(3)地方各级人民检察院检察长的任免,需报上一级人民检察院检察长提请该级人民代表大会常务委员会批准。

2. 通过统一司法考试

《检察官法》规定,初任检察官采用严格考核的办法,按照德才兼备的标准,从通过国家统一司法考试取得资格,并且具备检察官条件的人员中择优提出人选。人民检察院的检察长、副检察长应当从检察官或者其他具备检察官条件的人员中择优提出人选。

3. 检察官职务的免除

检察官有下列情形之一的,应当依法提请免除其职务:(1)丧失中华人民共和国国籍的;(2)调出本检察院的;(3)职务变动不需要保留原职务的;(4)经考核确定为不称职的;(5)因健康原因长期不能履行职务的;(6)退休的;(7)辞职或者被辞退的;(8)因违纪、违法犯罪不能继续任职的。

对于不具备《检察官法》规定的条件或者违反法定程序被选举为人民检察院检察长的,上一级人民检察院检察长有权提请该级人民代表大会常务委员会不批准。对于违反检察官法规定的条件担任检察官的,一经发现,做出该项任命的机关应当撤销该项任命;上级人民检察院发现下级人民检察院检察官的任命有违反《检察官法》规定的条件的,应当责令下级人民检察院依法撤销该项任命,或者要求下级人民检察院依法提请同级人民代表大会常务委员会撤销该项任命。最高人民检察院和省、自治区、直辖市人民检察院检察长可以建议本级人民代表大会常务委员会撤换下级人民检察院检察长、副检察长和检察委员会委员。

二、检察官的职责和权利、义务

(一)检察官的职责

(1)依法进行法律监督工作;
(2)代表国家进行公诉;
(3)对法律规定由人民检察院直接受理的犯罪案件进行侦查;
(4)法律规定的其他职责。

另外,检察长、副检察长、检察委员会委员除履行检察职责外,还应当履行与其职务相适应的职责。

(二) 检察官的权利

(1) 履行检察官职责应当具有的职权和工作条件；
(2) 依法履行检察职责不受行政机关、社会团体和个人的干涉；
(3) 非因法定事由、非经法定程序，不被免职、降职、辞退或者处分；
(4) 获得劳动报酬，享受保险、福利待遇；
(5) 人身、财产和住所安全受法律保护；
(6) 参加培训；
(7) 提出申诉或者控告；
(8) 辞职。

(三) 检察官的义务

(1) 严格遵守宪法和法律；
(2) 履行职责必须以事实为根据，以法律为准绳，秉公办案，不徇私枉法；
(3) 维护国家利益、公共利益，维护自然人、法人和其他组织的合法权益；
(4) 清正廉明，忠于职守，遵守纪律，恪守职业道德；
(5) 保守国家秘密和检察工作秘密；
(6) 接受法律监督和人民群众监督。

三、检察官的职业道德

检察官的职业道德是指检察官在从事检察职业活动中，应该遵循的行为规范的总和，它是法律职业道德的重要组成部分。检察官职业道德具有责任性、表率性、强制性、自律性和献身性的特点。加强检察官职业道德建设是保障法律正确统一实施的需要，是保证检察人员健康成长、促进人民检察事业发展的需要，具有重大的意义。

对于检察官职业道德的内容，按照 2002 年 3 月 7 日，最高人民检察院通过的《检察官职业道德规范》的要求，检察官必须做到：

(一) 忠诚

检察官要忠于党、忠于国家、忠于人民、忠于事实和法律、忠于人民检察事业，恪尽职守，乐于奉献。

(二) 公正

检察官要崇尚法治，客观求实，依法独立行使检察权，坚持法律面前人人平等，自觉维护程序公正和实体公正。

(三) 清廉

检察官要模范遵守法纪，保持清正廉洁，淡泊名利，不徇私情，自尊自重，接受监督。

(四) 严明

检察官必须严格执法，文明办案，刚正不阿，敢于监督，勇于纠错，捍卫宪法和法律尊严。

第四节 律师职业

律师，是指依法取得律师执业证书，为社会提供法律服务的执业人员。我国1996年5月15日制定了《律师法》，并于2001年12月29日进行了修订。《律师法》第3条规定：律师执业必须遵守宪法和法律，恪守律师职业道德和执业纪律。律师执业必须以事实为根据，以法律为准绳。律师执业应当接受国家、社会和当事人的监督。律师依法执业受法律保护。

一、律师执业的条件

律师执业，应当先取得律师资格，并在实习期满后依照法定条件和程序领取律师执业证书，才能以律师的身份执业，依法享有律师的权利并承担律师的义务。律师执业，应当取得律师资格和执业证书。我国采取律师资格与律师执业相分离的制度，具有律师资格的人员可以暂时不从事律师职业，对其资格予以保留。

（一）律师资格

律师资格是指国家确认的、准予从事律师职业的资格。律师资格是公民从事律师职业业务必须具备的条件和身份，是律师执业的前提和基础。律师资格取得的条件为：

1. 经国家统一考试取得

《律师法》第6条规定，取得律师资格应当经过国家统一的司法考试。具有高等院校法律专业本科以上学历，或者高等院校其他专业本科以上学历具有法律专业知识的人员，经国家司法考试合格的，取得资格。适用本科学历条件有困难的地方，经国务院司法行政部门审核确定，在一定期限内，可以将学历条件放宽为高等院校法律专业专科学历。

2. 经司法行政部门考核批准取得

《律师法》第7条规定，具有高等院校法学本科以上学历，从事法律研究、教学等专业工作并具有高级职称或者具有同等专业水平的人员，申请律师执业的，经国务院司法行政部门按照规定的条件考核批准，授予律师资格。

（二）律师执业证书

1. 领取律师执业证书的条件

《律师法》第8条规定，拥护中华人民共和国宪法并符合下列条件的（积极条件），可以申请领取律师执业证书：(1) 具有律师资格；(2) 在律师事务所实习满1年；(3) 品行良好。但有下列情形之一的（消极条件），不予颁发律师执业证书：(1) 无民事行为能力的；(2) 受过刑事处罚的，但过失犯罪的除外；(3) 被开除公职或者被吊销律师执业证书的。

2. 领取律师证书的程序

申请领取律师执业证书的,应当提交下列文件:(1)申请书;(2)律师资格证明;(3)申请人所在律师事务所出具的实习鉴定材料;(4)申请人身份证明的复印件。

申请领取律师执业证书的,经省、自治区、直辖市以上人民政府司法行政部门审核,符合律师法规定条件的,应当自收到申请之日起30日内颁发律师执业证书;不符合律师法规定条件的,不予颁发律师执业证书,并应当自收到申请之日起30日内书面通知申请人。

3. 律师执业证注册制度

律师执业实行年度注册制度。律师执业证应该每年度注册一次,注册的时间为每年的3月1日至5月31日,未经注册的律师执业证无效。注册工作由省、自治区、直辖市司法厅(局)以上司法行政机关负责。根据工作需要,省、自治区、直辖市司法厅(局)也可以委托地、市、州司法局负责本地区律师执业证的注册工作。

4. 律师执业的限制

(1)律师应当在一个律师事务所执业,不得同时在两个以上律师事务所执业。律师执业不受地域限制。

(2)国家机关的现职工作人员不得兼任执业律师。律师担任各级人民代表大会常务委员会组成人员期间,不得执业。

(3)没有取得律师执业证书的人员,不得以律师名义执业,不得以谋取经济利益从事诉讼代理或者辩护业务。

图表11-1 律师执业的条件

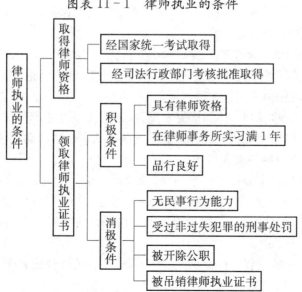

二、律师的业务和权利、义务

（一）律师的业务

律师可以从事下列业务：

（1）接受公民、法人和其他组织的聘请，担任法律顾问。律师担任法律顾问的，应当为聘请人就有关法律问题提供意见，草拟、审查法律文书，代理参加诉讼、调解或者仲裁活动，办理聘请人委托的其他法律事务，维护聘请人的合法权益。

（2）接受民事案件、行政案件当事人的委托，担任代理人，参加诉讼。律师担任诉讼法律事务代理人或者非诉讼法律事务代理人的，应当在受委托的权限内，维护委托人的合法权益。

（3）接受刑事案件犯罪嫌疑人的聘请，为其提供法律咨询，代理申诉、控告，申请取保候审，接受犯罪嫌疑人、被告人的委托或者人民法院的指定，担任辩护人，接受自诉案件自诉人、公诉案件被害人或者其近亲属的委托，担任代理人，参加诉讼。律师担任刑事辩护人的，应当根据事实和法律，提出证明犯罪嫌疑人、被告人无罪、罪轻或者减轻、免除其刑事责任的材料和意见，维护犯罪嫌疑人、被告人的合法权益。

（4）代理各类诉讼案件的申诉。

（5）接受当事人的委托，参加调解、仲裁活动。

（6）接受非诉讼法律事务当事人的委托，提供法律服务。

（7）解答有关法律的询问、代写诉讼文书和有关法律事务的其他文书。

（二）律师的权利

律师的权利，包括两个方面：一是律师人身权利的保障；二是律师执业权利的保障。对此，《律师法》规定：

（1）律师在执业活动中的人身权利不受侵犯。律师执业时人身自由不受非法限制和剥夺，人格尊严不受非法侵犯，名誉不受损害，对于侵犯律师人身权利的行为，应承担相应的法律责任。

（2）拒绝辩护的权利。律师接受委托后，无正当理由的，不得拒绝辩护或者代理，但委托事项违法，委托人利用律师提供的服务从事违法活动或者委托人隐瞒事实的，律师有权拒绝辩护或者代理。

（3）诉讼权利。律师参加诉讼活动，依照诉讼法律的规定，可以收集、查阅与本案有关的材料，同被限制人身自由的人会见和通信，出席法庭，参与诉讼，以及享有诉讼法律规定的其他权利。律师担任诉讼代理人或者辩护人的，其代理或者辩护的权利应当依法保障。

（4）调查取证的权利。律师承办法律事务，经有关单位或者个人同意，可以向他们调查情况。

(三) 律师的义务

(1) 曾担任法官、检察官的律师,从人民法院、人民检察院离任后两年内,不得担任诉讼代理人或者辩护人。根据最高人民法院《关于审判人员严格执行回避制度的若干规定》,审判人员及法院其他工作人员离任 2 年内,担任诉讼代理人或者辩护人的,人民法院不予准许;审判人员及法院其他工作人员离任 2 年后,担任原任职法院审理案件的诉讼代理人或者辩护人,对方当事人认为可能影响公正审判而提出异议的,人民法院应当支持,不予准许本院离任人员担任诉讼代理人或者辩护人,但是作为当事人的近亲属或者监护人代理诉讼或者进行辩护的除外。审判人员及法院其他工作人员的配偶、子女或者父母,担任其所在法院审理案件的诉讼代理人或者辩护人的,人民法院不予准许。

(2) 律师应当保守在执业活动中知悉的国家秘密和当事人的商业秘密,不得泄露当事人的隐私。

(3) 律师不得在同一案件中,为双方当事人担任代理人。

(4) 律师在执业活动中不得有下列行为:(1) 私自接受委托,私自向委托人收取费用,收受委托人的财物;(2) 利用提供法律服务的便利谋取当事人争议的权益,或者接受对方当事人的财物;(3) 违反规定会见法官、检察官、仲裁员;(4) 向法官、检察官、仲裁员以及其他有关工作人员请客送礼或者行贿,或者指使、诱导当事人行贿;(5) 提供虚假证据,隐瞒事实或者威胁、利诱他们提供虚假证据,隐瞒事实以及妨碍对方当事人合法取得证据;(6) 扰乱法庭、仲裁庭秩序,干扰诉讼、仲裁活动的正常进行。

(5) 提供法律援助义务。律师必须按照国家规定承担法律援助义务,尽职尽责,为受援人提供法律服务。

三、律师的职业道德

律师的职业道德是指律师在执行职务、履行职责时应当遵循的道德规范。律师的职业道德是在律师行业的发展过程中,基于法律的规定和律师行业的特点及社会公德的要求形成的;律师的职业道德是与律师所负的社会责任联系在一起的,律师通过向社会提供法律服务来维护当事人的合法权益,维护国家法律的正确实施;从律师职业的本质特点来看,律师进行职业活动具有高度自治性,不是履行国家的职权,而是在委托人的委托和授权下,依据事实和法律为当事人提供法律上的帮助。律师职业的高度自治性以及律师在维护法律正确实施和保障公民基本人权方面所担负的重要责任,要求律师必须具有高尚的品德,认真诚实地对待自己的事务。

1996 年 10 月 6 日中华全国律师协会通过了《律师职业道德和执业纪律规范》,并于 2002 年 3 月 3 日进行修订,按照修订后第二章的规定,律师职业道德的内容主要有：

(1) 律师应当忠于宪法和法律，坚持以事实为根据，以法律为准绳，严格依法执业。律师应当忠于职守，坚持原则，维护国家法律与社会正义。

(2) 律师应当诚实守信，勤勉尽责，尽职尽责地维护委托人的合法利益。

(3) 律师应当敬业勤业，努力钻研业务，掌握执业所应具备的法律知识和服务技能，不断提高执业水平。

(4) 律师应当珍视和维护律师职业声誉，模范遵守社会公德，注重陶冶品行和职业道德修养。

(5) 律师应当严守国家机密。

(6) 律师应当尊重同行，同业互助，公平竞争，共同提高执业水平。

(7) 律师应当自觉履行法律援助义务，为受援人提供法律帮助。

(8) 律师应当遵守律师协会章程，切实履行会员义务。

(9) 律师应当积极参加社会公益活动。

四、律师执业纪律

律师执业纪律是指律师在执行职务、履行职责中必须遵守的行为准则，它是由律师协会制定的，旨在规范律师的执业活动。根据《律师法》和《律师职业道德和执业纪律规范》的规定，律师执业纪律的内容主要包括：

(一) 律师在其工作机构的纪律

(1) 律师必须遵守司法行政机关颁布的规范律师工作的行政规章，遵守律师协会制定的行业规范，遵守工作纪律和规章制度。律师事务所是律师的执业机构，律师的执业活动必须接受律师事务所的监督和管理。

(2) 律师不得同时在两个或两个以上律师事务所执业。同时在一个律师事务所和一个法律服务所执业的视同在两个律师事务所执业。

(3) 律师不得以个人名义私自接受委托，不得私自收取费用。

(4) 律师不得违反律师事务所收费制度和财务纪律，挪用、私分、侵占业务收费。

(5) 律师因执业过错给律师事务所造成损失的，应当承担相应责任。

(二) 律师在诉讼、仲裁活动中的纪律

(1) 律师应当遵守法庭和仲裁庭纪律，尊重法官、仲裁员，按时提交法律文件、按时出庭。

(2) 律师出庭时按规定着装，举止文明礼貌，不得使用侮辱、谩骂或诽谤性语言。

(3) 律师不得以影响案件的审理和裁决为目的，与本案审判人员、检察人员、仲裁员在非办公场所接触，不得向上述人员馈赠钱物，也不得以许诺、回报或提供其他便利等方式与承办案件的执法人员进行交易。

(4) 律师不得向委托人宣传自己与有管辖权的执法人员及有关人员有亲朋关系,不能利用这种关系招揽业务。

(5) 律师应依法取证,不得伪造证据,不得怂恿委托人伪造证据、提供虚假证词,不得暗示、诱导、威胁他人提供虚假证据。

(6) 律师不得与犯罪嫌疑人、被告人的亲属或者其他人会见在押犯罪嫌疑人、被告人,或者借职务之便违反规定为被告人传递信件、钱物或与案情有关的信息。

(三) 律师与委托人、对方当事人的纪律

(1) 律师应当充分运用自己的专业知识和技能,尽心尽职地根据法律的规定完成委托事项,最大限度地维护委托人的合法利益。

(2) 律师不应接受自己不能办理的法律事务。

(3) 律师应当遵循诚实守信的原则,客观地告知委托人所委托事项可能出现的法律风险,不得故意对可能出现的风险作不恰当的表述或作虚假承诺。

(4) 为维护委托人的合法权益,律师有权根据法律的要求和道德的标准,选择完成或实现委托目的的方法。对委托人拟委托的事项或者要求属于法律或律师执业规范所禁止的,律师应告知委托人,并提出修改建议或予以拒绝。

(5) 律师不得在同一案件中为双方当事人担任代理人。同一律师事务所不得代理同一诉讼案件的双方当事人,偏远地区只有一家律师事务所的除外。

(6) 律师应当合理开支办案费用,注意节约。律师应当严格按照法律规定的期限、时效以及与委托人约定的时间,及时办理委托的事务。律师应及时告知委托人有关代理工作的情况,对委托人了解委托事项情况的正当要求,应当尽快给予答复。

(7) 律师应当在委托授权范围内从事代理活动,如需特别授权,应当事先取得委托人的书面确认。律师不得超越委托人委托的代理权限,不得利用委托关系从事与委托代理的法律事务无关的活动。

(8) 律师接受委托后无正当理由不得拒绝为委托人代理。律师接受委托后未经委托人同意,不得擅自转委托他人代理。

(9) 律师应当谨慎保管委托人提供的证据和其他法律文件,保证其不丢失或毁损。律师不得挪用或者侵占代委托人保管的财物。

(10) 律师不得从对方当事人处接受利益或向其要求或约定利益。律师不得与对方当事人或第三人恶意串通,侵害委托人的权益。

(11) 律师不得非法阻止和干预对方当事人及其代理人进行的活动。

(12) 律师对与委托事项有关的保密信息,委托代理关系结束后仍有保密义务。

(13) 律师应当恪守独立履行职责的原则,不应迎合委托人或满足委托人的不当要求,丧失客观、公正的立场,不得协助委托人实施非法的或具有欺诈性的行为。

(四)律师与同行之间的纪律

(1)律师应当遵守行业竞争规范,公平竞争,自觉维护执业秩序,维护律师行业的荣誉和社会形象。

(2)律师应当尊重同行,相互学习,相互帮助,共同提高执业水平,不应诋毁、损害其他律师的威信和信誉。

(3)律师、律师事务所可以通过以下方式介绍自己的业务领域和专业特长:(1)可以通过文字作品、研讨会、简介等方式以普及法律,宣传自己的专业领域,推荐自己的专业特长;(2)提供、鼓励律师、律师事务所参加社会公益活动。

(4)律师不得以下列方式进行不正当竞争:(1)不得以贬低同行的专业能力和水平等方式,招揽业务;(2)不得以提供或承诺提供回扣等方式承揽业务;(3)不得利用新闻媒介或其他手段提供虚假信息或夸大自己的专业能力;(4)不得在名片上印有各种学术、学历、非律师业职称、社会职务以及所获荣誉等;(5)不得以明显低于同行的收费水平竞争某项法律业务。

本 章 小 结

"徒法不足以自行"。前十章讲的都是关于法律的知识,而本章要阐述的是"法律人"的知识,也即法律职业。在内容安排上,首先介绍法律职业的一般知识,然后着重介绍三种重要的法律职业:法官职业、检察官职业和律师职业。

法律职业一般是指直接从事与法律有关的各种工作的总称,通常又指从事这些工作的人员,其中包括法官、检察官、律师等。法律职业是公共职业,也是正式职业。法律职业具有独特的思维:以权利与义务分析为线索,合法性优于客观性,形式合理性优于实质合理性,程序问题优于实体问题。法律职业的道德是指法律职业人员所应遵循的行为规范的总和,是社会道德在法律职业领域的具体体现和升华。与一般的职业道德相比,法律职业道德具有主体的特定性、职业的特殊性与更强的约束性的特征。法律职业是人类社会发展到一定阶段的产物。在西方,法律职业有着悠久的历史,可以追溯到古希腊罗马时期。中国历史上一直没有形成专门的法律职业,主要归因于司法和行政混合的传统体制。虽然近代以来情况有所改观,但是依然任重而道远。

法官是指依法行使国家审判权的审判人员。担任法官必须具备法官法规定的年龄、品行、专业等条件。法官的级别分为十二级。法官职务的任免,依照宪法和法律规定的任免权限和程序办理。国家对初任法官、检察官和取得律师资格实行统一的司法考试制度。为了保障法官依法履行职责,法官法还对法官的职责与权利、义务作了明确规定。法官的职业道德是指法官在从事审判活动中,应该遵循的行为规范的总和,主要内容有:保障司法公正,提高司法效率,保持清正廉洁,遵守司法礼仪,加强自身修养和约束业外活动。

检察官是指依法行使国家检察权的检察人员。担任检察官必须具备检察官法规定的年龄、品行、专业等条件。检察官的级别分为十二级。检察官职务的任免,依照宪法和法律规定的任免权限和程序办理。为了保障检察官依法履行职责,检察官法还对检察官的职责与权利、义务作了明确规定。检察官的职业道德是指检察官在从事检察职业活动中,应该遵循的行为规范的总和,主要内容有:忠诚、公正、清廉和严明。

律师是指依法取得律师执业证书,为社会提供法律服务的执业人员。律师执业,应当取得律师资格和执业证书。律师资格取得的方式有两种:一是经国家统一考试取得,二是经司法行政部门考核批准取得。领取律师执业证书需符合法定的条件并遵循法定的程序。律师执业实行年度注册制度。为了规范律师执业,律师法也对律师执业作了一些限制性规定。为了保障律师依法执行业务,律师法还对律师的业务与权利、义务作了明确规定。律师执业道德是指律师在执行职务、履行职责时应当遵循的道德规范,如律师应当诚实守信,勤勉尽责,尽职尽责地维护委托人的合法利益。律师执业纪律是指律师在执行职务、履行职责中必须遵守的行为准则,它是由律师协会制定的,旨在规范律师的执业活动。其主要内容包括:律师在其工作机构的纪律,律师在诉讼、仲裁活动中的纪律,律师与委托人、对方当事人的纪律以及律师与同行之间的纪律。

【拓展和链接】 中国司法:挑战与改革

中国最高人民法院院长、首席大法官肖扬 2004 年 10 月 10 日在美国耶鲁大学发表了题为"中国司法:挑战与改革"的演讲。

肖扬说,改革开放以来,中国的司法制度和司法实践发生了巨大的变化。20多年前,中国刚刚改革开放的时候,平均每年的民商事案件只有 50 多万件,而 20多年后的今天则上升到了 500 多万件。诉讼增加有三个基本原因:一是中国的经济改革带来了经济生活的活跃,经济交往日益频繁,经济纠纷也相应增加;二是中国社会的全面开放导致人们思想观念发生了很大变化,传统的民事案件如婚姻家庭纠纷增加;三是随着中国民主和法制建设步伐加快,中国人的法律意识和权利意识显著增强,过去那种厌讼、非讼的态度发生了根本的变化,依法维护自己的权利已经成为社会的普遍观念。

肖扬说,诉讼的大量增加,对中国司法机构来说,既是机遇,也是挑战。在汹涌而来的诉讼面前,司法的能力受到了严峻的考验,如何保证司法的公正、效率和廉洁,是摆在中国司法机构面前的重大而紧迫的课题。1999 年,最高人民法院制定了第一个《人民法院五年改革纲要》,提出了 39 项改革措施。如进行了以权力制约为目标的法院内部机构改革,实现立案、审判、监督、执行的分立;进行了以庭审改革为核心的审判方式改革,减少审判的职权主义色彩,强化当事人的举证责任,实现法官的居中裁判;进行了以强化合议庭职能为内容的审判组织改革,减少审判的行政化色彩,实现合议庭、独任法官审判权的统一;进行了以提高司法效率为目标的诉讼程序改革,扩大简易程序的适用范围;进行了以审判流程管理为主要内容的案件管理改革,实现案件管理的现代化、规范化,等等。在加强制度建设的同时,中国法院还适时开展司法大检查活动,纠正少数判决中存在的问题;开展清理积案活动,消除和减少刑事案件中的超期羁押和民事案件的超审限现象。

肖扬指出,应对挑战,需要一支高素质的法官队伍。经过 20 多年的建设,目前中国法官的整体素质已经有了很大的改善,审判能力不断提高,司法经验不断丰富。但是毋庸讳言,与发达国家相比我们仍然有很大的差距,法官的整体素质还难以完全满足实现司法公正与效率的需要。为此,最高人民法院提出了"法官职业化"的目标,希望建设一支具有较高职业水平的、专业化的法官队伍。这个目标当然不是短时间就能实现的,但是现在已经有了一个良好的开端。2002 年,中国开始实行全国统一司法考试制度。同时,我们也主张从具有丰富实践经验的律师中选拔法官,这是未来法官队伍的重要来源之一;我们还主张上级法院的法官应主要从下级法院的优秀法官中选拔,以提高上级法院的指导和监督水平。

肖扬说,司法考试仅仅是为司法职业化提供了法律素质方面的保障,但"职业化"不仅仅是"专业化"。一名称职的法官,除了需要具备法律基本知识,还要有高度的司法职业道德。法官不仅应该是一个精通法律者,而且应该是一个德高望重者。2001 年,最高人民法院制定了《法官职业道德基本准则》。

肖扬指出,诉讼并非公民生活中的常事,人们对司法的印象往往是从与司法的有限接触中获得的。要提高司法的公众形象,就必须消除司法机构中的官僚主义作风。为此,最高人民法院提出了"司法为民"的主张,要求司法机构切实维护公众的合法权益,做到优化诉讼环境,减轻诉讼负担,方便群众诉讼,增强司法的"亲和力",树立中国司法的民主形象。

为了增强司法审判的社会效果,中国开始重新重视司法调解的作用。中国的《民事诉讼法》曾经规定民事诉讼"着重调解"的原则,在上个世纪 80 年代末审判方式改革中,对调解的认识产生了误区,认为调解是法制不健全的产物。由于这种认识,调解的比重下降,判决的比重上升。经过多年的实践,人们现在又开始逐渐认识到调解的作用。目前,中国民事诉讼中的调解率不断上升,许多地方超过了 60%。同时,中国也加强了民间调解机构建设,把大量的纠纷通过民间调解渠道予以化解,减少进入诉讼的数量。

肖扬坦率地指出,中国的法律制度和司法制度还有不完善的地方,所以我们必须积极稳妥地逐步推进法律和司法改革。应当说,中国当前司法体制改革的条件正在成熟,改革的深度、力度和速度正在加大,改革的理念、方向和立场更加坚定,改革的思路、方式和方法更加明确。我们完全有信心、有能力使中国的司法制度日臻完善,更加适应依法治国、建设社会主义法治国家的需要,更加适应发展社会主义市场经济的需要。(最高人民法院网——本院新闻,2004年10月12日)

与本章相关的主要法律法规

1.《中华人民共和国法官法》(1995年2月28日第八届全国人民代表大会常务委员会第十二次会议通过,2001年6月30日第九届全国人民代表大会常务委员会第二十二次会议修正)

2.《中华人民共和国法官职业道德基本准则》(最高人民法院2001年10月18日公布)

3.《中华人民共和国检察官法》(1995年2月28日第八届全国人民代表大会常务委员会第十二次会议通过,2001年6月30日第九届全国人民代表大会常务委员会第二十二次会议修正)

4.《检察官职业道德规范》(最高人民检察院2002年3月7日公布)

5.《中华人民共和国律师法》(1996年5月15日第八届全国人民代表大会常务委员会第十九次会议通过,2001年12月29日第九届全国人民代表大会常务委员会第二十五次会议修正)

6.《律师职业道德和执业纪律规范》(1996年10月6日中华全国律师协会通过,2002年3月3日修订)

7.《最高人民法院、司法部关于规范法官和律师相互关系维护司法公正的若干规定》(2004年3月19日)

案例1:法官宋鱼水跻身2004年度十大法治人物

2005年1月4日,由中宣部、司法部和中央电视台联合组织的"2004年度十大法治人物"评选揭晓,北京市海淀区人民法院法官宋鱼水跻身其中。

被誉为"中国硅谷"的北京市海淀区,知识产权纠纷十分频繁。而要审理难度很高的知识产权类案件,则需要很高的专业水准。11年来,经宋鱼水审理的1 200余件各类民商案件都得以顺利解决。其中300余件疑难、复杂、新类型案件,也都取得了良好的社会效果。经她办理的案件,调解率高达70%。宋鱼水办案不仅要求客观公正,还力争让败诉方输得明明白白、心服口服。她以一个法官的公正和真诚,赢得了所有人的敬意。一家输了官司的公司曾送给宋鱼水一面锦旗,上面写着:"辩法析理,胜败皆服"。在宋鱼水面前,法律的天平从未倾斜过。在当事人眼中,宋鱼水这个名字,就意味着司法的公正。

评选委员会委员认为:对于一个法官而言,能做到业务精通、公平断案已经不辱使命。但宋鱼水却向前推进了一步,达到"辩法析理,胜败皆服"的境界。更多的人则由此坚信了一个朴素的道理:是非总有公道,公道自在人心。

资料来源:《人民网——时政——新闻报道》 发布时间:2005年1月4日

案例2：律师状告司法局败诉

北京市某律师事务所律师徐某因私自接受委托代理案件,并在辩护案件中私自收费,被北京市司法局处以停止执业一年、没收违法所得8万元的处罚。徐某不服,向法院提起行政诉讼。6月17日,徐某要求撤销处罚的请求被西城区法院一审驳回。

2002年11月,徐某所在的律师事务所与委托人张某签订《委托协议》,律师事务所指派徐某为张某做刑事辩护,代理费1万元,其他费用另付。此后,张某分两次交付徐某共计6万元现金,而徐某只手写3张收条。直至2003年8月,律师事务所才给张某开具了一张1万元代理费的发票。2003年4月,徐某又口头接受了侯某的委托,为侯的丈夫进行二审刑事辩护。侯某按徐某要求,将3万元现金直接汇入徐某的个人账户里。虽然该律师事务所为侯某开具了一张3万元的发票,但该发票"机打票号"与"发票号"不一致,且没有律师事务所的财务专用章。

几个月后,张某和侯某先后向市律协投诉徐某及其律师事务所。今年1月,司法局经过立案和听证程序后,决定给予徐某停止执业一年、没收违法所得8万元的行政处罚。

法院认为,在徐某与侯某未签订委托协议的情况下,即代理案件属私自接受委托。在代理张某案件中,向张某出具收条,私自收取费用且未能及时开具发票;要求委托人侯某将3万元现金存入其个人账户,未在律师事务所如实入账,属私自收费。徐某多次违反律师法及相关规定,市司法局的处罚并无不当。

资料来源:《北京晚报》 发布时间:2005年6月17日

思考题

1. 什么是法律职业？法律职业的思维有哪些特征？
2. 我国法官的职业道德有哪些？规定法官职业道德的意义何在？
3. 在保守委托人的秘密与公共利益相冲突时,律师应该如何处理,为什么？

第十二章 中国与国际法

本章要点

本章从中国与国际法的关系角度阐述了国际法的一般知识,主要包括:(1) 国际法及其在中国的适用,涉及国际法的概念、渊源以及国际法在中国的适用;(2) 国际人权法与中国,涉及国际人权法的一般知识、体系以及国际人权法与中国的关系;(3) 世界贸易组织与中国,涉及世界贸易组织的一般知识、世界贸易组织法律的基本要求、加入世界贸易组织与中国法律改革的关系。

第一节 国际法及其在中国的适用

一、国际法的概念

国际法(international law)是一个与国内法相对应的法律体系。它是国家交往中形成的,调整国家之间关系的,具有法律拘束力的原则、规则和制度的总和。

在西方,国际法最早是以拉丁文"jus gentium"(万民法)称谓的。万民法原本是罗马法的一部分,与市民法相对应。在古罗马,市民法只适用于罗马公民,而万民法则适用于在罗马的外国人。

17世纪,国际法之父的雨果·格老秀斯(Hugo Grotius,1583—1645年)在他的《战争与和平法》(1625年)中就借用了这个术语(jus gentium)来称呼国家之间的法律。后来,这一术语成为当时被用来表示国家间法律的通用语。以后又被译成其他不同的语言,如英文的 law of nations,法文的 droit des gens,意文的 diritto delle genti 等。

18世纪末,英国哲学家和法学家边沁在他的《道德及立法原则绪论》(1789年)一书中首次使用 international law 代替 law of nations,后来得到了各国的公认,使

international law 成为通用的国际法之称谓。为了与国际私法（private international law）相区别，也有人把国际法称为国际公法（public international law）。

在中国，国际法最早使用的是"万国公法"的称谓。1864年美国传教士丁韪良（Martin）把惠顿（Wheator）所著的《Elements of International Law》译为《万国公法》。自清光绪中期开始，"国际法"的名称由日本传入中国，并成为中文的通用名称。

国际法最重要的发展是在第二次世界大战结束和联合国成立之后。民族运动的蓬勃兴起、广大殖民地的纷纷独立以及国际组织的大量涌现，对国际法产生了巨大的影响和促进作用。尤其是以《联合国宪章》为核心的现代国际法进一步走向世界，逐渐成为整个国际社会的行为规则。同时，科学技术的飞速发展，对人类社会产生了空前的影响。这种影响在国际法上也得到了体现，产生了许多国际法的新分支，比如航空法、外空法、国际环境保护法等。当前，冷战后国际局势的演变、经济全球化的趋势和网络时代的来临，都使国际法面临新挑战、新课题和新发展。

现代国际法已经成为普遍的、涉及国际交往各个领域的、庞大的规则体系。概括地说，它的内容主要包括以下几个方面：国际法的基本原则，如《联合国宪章》规定的宗旨和原则；关于国家或国际法主体本身的一些制度，如国际法上的国家和政府、领土、居民、国家的基本权利和义务、国家责任、国际争端的解决等等；国际法各个相对独立的分支，如海洋法、国际航空法、空间法、条约法、外交领事关系法、国际人权法、国际经济法、国际环境法、战争与武装冲突法等。

与国内法相比，国际法有以下特点：

1. 国际法的主体与国内法的主体不同

在国内法中，法律的主体，也就是法律关系的参加者，除了国家外还有自然人和法人，而且主要是自然人和法人。但是，国际法的主体主要是国家，自然人和法人一般不是国际法主体。

2. 国际法的制定或产生过程不同于国内法

国内法是国家的立法机关根据需要，按照一定的程序来制定的。但是，国际法不同，由于各国都具有独立主权，都是平等的，因此，在国际上没有也不应该有超越于国家之上的国际立法机关来制定国际法。国际法只能在国家之间平等协商的基础上以协议的方式制定，也就是以缔结条约的方式制定。此外，国际法中还有一部分国际习惯法，是由各国在国际实践中反复适用，为各国承认为法律而确立的。

3. 国际法的强制实施方式与国内法不同

强制力是法律的一个本质因素。国内法的强制力很明显，它是依靠有组织的国家强制机关，如军队、警察、法庭等来加以维护和保证实施的。但国际上没有也不应该有这样的有组织的超越于国家之上的强制执行机关。国际上虽说也有某种形式的国际法院和国际制裁,如联合国甚至还可以派出维持和平部队等,但无论从性质上和执行程序上,它们基本上都没有国家机关的那种强制力。

二、国际法的渊源

国际法的渊源一般是指国际法的形式渊源,即国际法规则作为有效的法律规则存在和表现的方式。它的意义在于指明去哪里寻找国际法规则,以及识别一项规则是不是有效的国际法规则。

人们通常把联合国《国际法院规约》第 38 条的规定认为是对国际法渊源的最有权威的说明。该条款规定:法院对于陈诉各项争端,应依国际法裁判之,裁判时应适用:(1) 不论普通或特别国际协约,确立诉讼当事国明白承认之规条者;(2) 国际习惯,作为通例之证明而经接受为法律者;(3) 一般法律原则为文明各国所承认者;(4) 在第 59 条规定之下,司法判例及各国权威最高之公法学家学说,作为确定法律原则之补助资料者。此外,前项规定不妨碍法院经当事国同意本'公允及善良'原则裁判案件之权。

可见,以上条款规定不仅表明国际法院在裁判案件时应该适用什么法律,还有助于说明什么是国际法的渊源。国际法渊源包括以下组成部分:

（一）国际条约

国际条约是国际法的首要渊源。"约定必须遵守",即条约对于缔约的国家有拘束力,是国际法的一项重要原则,而有拘束力的条约也就构成国际法的最重要的渊源。

国际条约有一般条约和特殊条约之分,前者指多数国家参加的条约,后者则指两个或少数国家缔结的条约。由于多数国家参加的条约带有普遍性,这种条约就直接构成国际法的渊源。两个或少数国家缔结的条约只对缔约国有拘束力,它们只能表现为缔约国之间的所谓"特殊国际法",而不直接构成国际法的渊源。但是,如果有许多这类条约作出相同或类似的规定,它们就有可能成为国际法原则、规则和制度。在这个意义上,它们也就构成了国际法的渊源。

此外,条约也可分为契约性条约和造法性条约。契约性条约规定缔约国之间的具体权利、义务关系,造法性条约则创设新的国际法原则、规则和制度或修改原有的国际法原则、规则和制度。造法性条约当然直接构成国际法的渊源,但是,契约性条约也不是与国际法的渊源无关,它们和特殊条约一样,也有可能在一定条件下形成国际法原则、规则和制度,并在这个意义上构成国际法的渊源。

（二）国际习惯

国际习惯是国际法的另一个主要渊源。如果说国际条约是国家之间的明示协议,那么国际习惯则是一种默示协议。从历史上说,国际习惯出现于国际条约之前,是更古老的渊源。当前,在国际法的内容中,国际习惯仍然占着较大的比重,而且在现有的国际法原则、规则和制度的形成中,国际习惯起了重要的作用。

国际习惯是各国重复类似的行为并被认为具有法律拘束力的结果。它是由两个要素组成的:(1)各国重复的类似行为;(2)被各国认为具有拘束力。国际习惯与国际通例有别,后者的约束力由于未为各国所承认,因而没有法律效力。

国际习惯虽然是不成文的,但还是要从各种文件中查找。这些文件或者是各国之间的外交文件,或者是国际组织决议,或者是各国国内法律等文件,它们是国际习惯的证据资料。

(三)国际组织的决议

并不是所有的国际组织的决议等文件都有可能成为国际法的渊源,只有普遍性国际组织的决议才有此可能。而且只能是这些文件中一部分形成国际法的渊源。它们或者反映着国际法原则、规则和制度,或者体现着正在形成中的国际法原则、规则和制度,而且在国际法的发展中起着一定的作用。这样,这一部分国际组织的决议等文件才形成国际法的补充渊源。

(四)一般法律原则

在国际法的渊源中,这是引起争论最多的一个问题。《国际法院规约》第38条对于一般法律原则的含义没有明确规定,并且还附加了一个重要条件,即"文明各国所承认者"。因此,一般法律原则必须经过所有主权独立国家承认,才能为国际法院所适用,也才能构成国际法的渊源。国家的承认,或是明示的,或是默示的,而明示的承认表现于条约,默示的承认形成了习惯。依此而言,一般法律原则就不是独立的国际法的渊源。事实上,一般法律原则为数不多,国际法院和国际仲裁也很少适用。

(五)判例和学说

司法判例包括国际法院和国内法院的判决,其中,国际法院以及在较小程度上国内法院适用国际法的判例,有助于国际法原则、规则和制度的确立。在权威的国际法著作中,有时也可以找到关于现行国际法原则、规则和制度的引证和说明。在这种意义上,司法判例和国际法著作可以说是国际法的补充辅助渊源,但不是直接渊源。

三、国际法在中国的适用

中国《宪法》的序言中有这样的表述:"中国的前途是同世界的前途紧密地联系在一起的。中国坚持独立自主的对外政策,坚持互相尊重主权和领土完整、互不侵犯、互不干涉内政、平等互利、和平共处的五项原则。"由此表明了在最基本的原则上,中国尊重和遵守国际法的体系,履行自己的国际义务。在处理国际法与国内法的关系时,原则上,我国在参与制定国际法规则时,要根据和考虑本国国内法的规定和立场;而在制定国内法时,又要充分考虑和尊重所承担的国际法义务。不同的国际法渊源在中国的适用情形表现为：

（一）关于条约的适用

国际法虽然没有统一规定国际法与国内法的关系，但在实践中至少形成了两项基本原则：一是约定或条约必须遵守的原则，二是不干涉内政原则。中国《宪法》对条约与国内法的关系未作明确规定，从立法与司法实践看，我国在适用国际条约时，通常采取两种方式：

第一种方式是部门法中制定相应的国内法规则，就条约的适用问题作出直接适用的规定。如《民法通则》第142条第2款规定："中华人民共和国缔结或者参加的国际条约同中华人民共和国的民事法律有不同规定的，适用国际条约的规定，中华人民共和国声明保留的条款除外"，我国其他许多法律都有类似的规定，如《民事诉讼法》、《行政诉讼法》、《海商法》、《环境保护法》、《票据法》、《对外贸易法》、《国境卫生检疫法》、《进出境动植物检疫法》等等。这些规定表明，除我国声明保留的条款外，凡中国缔结或者参加的国际条约均作为中国国内法的一部分直接予以适用，而当条约与国内法规定不一致时，在民商法律范围内，条约处于优先适用的地位。

第二种方式是根据中国缔结或参加的国际条约，就条约所规定的具体义务，制定新的法规，或对国内法作出相应修改或补充，以履行中国所承担的条约义务。如根据中英关于香港问题的联合声明和中葡关于澳门问题的联合声明分别制定了《香港特别行政区基本法》和《澳门特别行政区基本法》；根据《维也纳外交关系公约》和《维也纳领事关系公约》，中国相应制定了《外交特权与豁免条例》和《领事特权与豁免条例》，在《刑法》第11条中相应规定"享有外交特权和豁免权的外国人的刑事责任，通过外交途径解决"。当然，我国在参加多边条约时，也会对其中的某些条款提出保留。这是为了排除条约中的若干条款对我国的适用。这样的做法是符合国际法的，不影响条约的主要条款的适用。

值得一提的是，有关WTO协议在中国国内的适用问题，最高人民法院近年来通过一些司法解释，如《关于审理国际贸易行政案件若干问题的规定》（2002年8月）、《关于审理行政案件应用法律若干问题的规定》（2002年11月）等，从WTO协议的复杂性和中国目前法院的实际出发，排除了WTO协议文件在中国法院的直接适用性。这表明了在司法领域，我国对此类国际条约，拟通过转化为国内法然后加以适用的取向。

（二）关于国际习惯的适用

我国的立法和司法实践表明，中国对国际习惯的遵守持积极的态度。1985年的《涉外经济合同法》率先规定："中华人民共和国法律未作规定的，可以适用国际惯例"，1986年制定的《民法通则》第142条第3款规定："中华人民共和国法律和中华人民共和国缔结或者参加的国际条约没有规定的，可以适用国际惯例"，《海商法》第268条、《民用航空法》第184条、《票据法》第96条都有可以适用"国际惯例"

的条文。我国一些民商事法律还规定外国人在中国的民商事活动按对等原则办理,如《商标法》第9条等。对等原则就是国际习惯法的一项重要规则。

(三) 对国际法基本原则的立场

中国对国际法原则的立场一直都是明确的。1949年9月29日中国人民政治协商会议通过的《共同纲领》第54条规定:"中华人民共和国外交政策的原则为保障本国独立、自由和领土主权的完整,拥护国际的持久和平和各国人民的友好合作,反对帝国主义的侵略政策和战争政策。"可见,国家主权、互不侵犯、和平共处等国际法基本原则,在新中国立国之初就载入了国家的临时宪法。1954年4月29日中国与印度在《关于西藏地方和印度之间的通商和航海的协定》的序文中宣称,两国决心以下列原则作为两国关系的基础:(1) 互相尊重领土主权;(2) 互不侵犯;(3) 互不干涉;(4) 平等互惠;(5) 和平共处。这就是著名的和平共处五项原则。中国与美国、日本和俄罗斯的联合声明都强调以和平共处五项原则作为处理国与国之间的基本准则。国际法原则成为我国现行《宪法》宣告的原则,成为国内法的一部分,既有国际法效力,又有国内法效力,为我国所必须遵守。

第二节　国际人权法与中国

一、国际人权法概述

人权,是世界各国人民的共同诉求,是人类社会文明进步的重要标志。在世界各国的古代文化、宗教和哲学中,都可以找到许多早期人权思想的萌芽。但人权作为一个明确的政治口号,是近代欧洲新兴资产阶级在反对宗教神权和封建王权中提出来的。1776年7月4日,美国大陆会议通过《独立宣言》,率先以政治纲领的形式确定了"天赋人权"的原则。1789年8月26日,法国国民议会通过《人权和公民权宣言》,第一次将"天赋人权"确立为宪法原则。直到第二次世界大战前,人权基本上是欧美国家国内法中的一个概念。

第二次世界大战结束后,《联合国宪章》的制定者们认为,在德国、意大利、日本等法西斯国家对内粗暴侵犯人权和对外发动大规模侵略战争之间,存在着一种必然的因果关系。1945年6月26日,《联合国宪章》将"促成国际合作,以解决国际间属于经济、社会、文化及人类福利性质之国际问题,并不分种族、性别、语言或宗教,增进并激励对于全体人类之人权与基本自由之尊重",确定为联合国的宗旨之一。从此,人权开始成为国际法中的一个概念。

国际人权法是指国家之间关于尊重保护人权以及防止和惩治侵犯人权行为的原则和制度。它主要由一系列保护人权的条约组成。从国际法来看,国际人权公约由国家所缔结,其所规定的是国家承担的义务和遵守的规则。因此,公约或条约的主体是国家,个人不是这些条约的主体,而仅是条约所涉及人权的权利主体。

应该说,人权主要是通过国内法实现的。国家通过缔结国际人权条约,以促进对人权的尊重和保护,这是对国内法和国内措施中有关人权保护的一种强化和辅助方式。个人直接享有的法律上的权利,即法律上的人权,主要通过国内法来调整和实现。国家履行其国际人权的义务的直接结果也是要通过国内法和国内措施来保护这些权利的。因此,人权保护主要和最终是由一国在其主权下通过国内法的调整来完成。人权保护中的国际法与国内法的这一关系,既说明了人的基本权利和价值应当得到尊重是国际社会的共同义务,这也是人权的普遍性的体现;同时也说明国家在保护公民的人权中需要承担更多的责任。

二、国际人权法的体系

目前,国际人权法主要由一系列宣言、宪章、公约、议定书等文件所构成,其中,占有最重要地位的是《世界人权宣言》、《经济、社会及文化权利国际公约》和《公民权利和政治权利国际公约》(人权两公约),他们通常被称为国际人权宪章。

《世界人权宣言》不是国际公约,对各国不具有法律约束力。但它是国际社会首部关于人权和基本自由的宣言,为国际社会促进和保护人权的活动奠定了基础,具有深远的历史意义。联合国将《世界人权宣言》发表的那一天(12月10日)定为"人权日",将包含这一天在内的星期定为"人权周"。

为进一步落实《世界人权宣言》的原则,20世纪50年代,联合国开始制定国际人权公约。由于当时西方国家注重公民和政治权利,前苏联和东欧国家强调经济、社会和文化权利的重要性,联合国大会于1952年决定分别起草《经济、社会及文化权利国际公约》和《公民权利和政治权利国际公约》两个公约。1966年12月,联合国大会决议通过了两公约及《公民权利和政治权利国际公约任择议定书》。

《经济、社会及文化权利国际公约》确立了人类的经济、社会、文化权利,包括工作权、组织和参加工会权、休息权、同工同酬权、获得社会保障的权利、获得相当生活水准权、免于饥饿权、身心健康权、受教育权、参加文化生活以及妇女、儿童受特殊保护权等。联合国经济及社会理事会设立了经济、社会及文化权利委员会,监督公约缔约国的履约情况。

《公民权利和政治权利国际公约》包括人类的生命权、免于酷刑、免于奴役和强迫劳动、人身自由和安全权、迁徙自由、法律面前人人平等、个人隐私权、宗教信仰自由、言论自由、和平集会权和结社自由、参与公共事务的权利、少数人权利、家庭婚姻儿童权利等内容。公约规定,设立人权事务委员会监督公约缔约国的履约情况。根据《公民权利和政治权利国际公约任择议定书》,人权事务委员会有权接受并审查个人或个人联名声称因公约所载权利受到侵犯而提出的申诉。

在随后的几十年中,联合国制定了一系列人权宣言和公约。其中,特别重要的有1968年4月德黑兰国际人权大会通过的《德黑兰宣言》、1993年6月维也纳世界人权大会通过的《维也纳宣言和行动纲领》和2001年9月德班反对种族主义世界大会通过的《德班宣言和行动纲领》。

在人权公约中,《消除一切形式种族歧视国际公约》《消除对妇女一切形式歧视公约》《儿童权利国际公约》《禁止酷刑和其他残忍、不人道或有辱人格的待遇和处罚公约》具有特别重要的地位。该四项公约加上人权两公约往往被称为核心人权公约。这六个公约的共同点是均设立了监督机制。2003年7月1日,《保护所有移徙工人及其家庭成员权利国际公约》开始生效,这一公约被称为第七个核心人权公约。

人权条约机构是根据公约条款设立的,由独立专家组成,主要职责是监督各缔约国履行公约义务的情况。各缔约国定期提交履约报告,接受人权条约机构审议。条约机构在审议报告后会肯定缔约国在履行公约义务方面的积极方面,总结其面临的困难和障碍,提出改进建议。在缔约国家接受任择议定书或任择条款的前提下,人权条约机构可直接受理个人申诉来函。

国际劳工组织、联合国教科文组织、联合国粮农组织和世界卫生组织等专门机构在各自管辖领域内亦制订了许多关于国际人权的法律文件,如国际劳工组织制定的《国际劳工公约和建议》。

三、国际人权法在中国

(一) 中国政府在人权问题上的基本立场

由于国家的政治、经济、文化、历史等不同,各国在人权的理论与观念上必然存在一定的差异,而且这种差异也会反映在制度中。根据中国共产党和中国政府的有关文件,我们可以了解中国政府在人权问题上所持的基本立场。这些基本立场也决定了国际人权法在中国的影响。

(1) 中国政府承认并尊重人权的普遍性原则,同时认为人权与一个国家的社会制度、经济发展、历史背景、文化传统等因素密切相关。各国应将国际人权文书所确定的人权普遍性原则与本国国情相结合,才能有效地促进和保护人权。

(2) 经济、社会、文化权利和公民、政治权利两类人权相互联系和依存,国际社会应予以同等重视。人权既包括个人权利,也包括集体权利。对于大多数发展中国家来说,实现生存权和发展权是全面实现其他人权的基础。

(3) 人权的实现受到各种因素的制约,是一个不断发展的渐进过程。无论是发达国家还是发展中国家,都有义务采取既积极又务实的措施,不断改善本国的人权状况。评价一国人权状况应坚持全面和发展的眼光。

(4) 各国由于政治制度不同,发展水平各异,历史文化和价值观念千差万别,在人权问题上存在不同认识和分歧是正常的。各国应在平等和相互尊重的基础上通过对话与合作妥善处理在人权问题上的分歧,增进理解,扩大共识,取长补短,共同进步。

(5) 保护人权与尊重国家主权是一致的。如果国家丧失独立和主权,任何个人的权利和自由都将失去保障。国际社会的干预主要适用于由外国因素造成的或构成国际罪行的大规模严重侵犯人权的情势,并应尊重有关国家人民自主选择社会制度和发展道路的权利。

(二) 中国加入的国际人权公约

近代以来,中国人民为把人权理想变成现实,进行了艰苦卓绝的斗争。新中国成立后,中国实现了国家独立,并且规定了人民当家做主的制度。改革开放使人权事业获得了更加广阔的发展空间。除了国内立法对人权的保护,至今,中国还加入了以下 21 个国际人权公约:

(1)《防止及惩治灭绝种族罪公约》;
(2)《关于难民地位的公约》;
(3)《关于难民地位的议定书》;
(4)《消除一切形式种族歧视国际公约》;
(5)《禁止并惩治种族隔离罪行的国际公约》;
(6)《消除对妇女一切形式歧视公约》;
(7)《儿童权利公约》;
(8)《男女同工同酬公约》;
(9)《禁止酷刑和其他残忍、不人道或有辱人格的待遇和处罚公约》;
(10)《改善战地武装部队伤病者境遇的日内瓦公约》;
(11)《改善海上武装部队伤病者及遇海难者境遇的日内瓦公约》;
(12)《关于战时保护平民的日内瓦公约》;
(13)《战俘待遇的日内瓦公约》;
(14)《一九四九年日内瓦四公约关于保护国际性武装冲突受难者的附加议定书(第一议定书)》;
(15)《一九四九年日内瓦四公约关于保护非国际性武装冲突受难者的附加议定书》;
(16)《反对体育领域种族隔离的国际公约》;
(17)《关于农业工人的结社和联合权利公约》;
(18)《经济、社会及文化权利国际公约》;
(19)《〈儿童权利公约〉关于买卖儿童、儿童卖淫和儿童色情制品问题的任择议定书》；

(20)《禁止和立即行动消除最恶劣形式的童工劳动公约》；

(21)《最低就业年龄公约》。

在国际人权公约中,《经济、社会及文化权利国际公约》和《公民权利和政治权利国际公约》是国际人权法中最有影响的两个公约。

1997年10月,中国政府签署了《经济、社会及文化权利国际公约》。2001年2月,全国人民代表大会常务委员会批准了该公约,2003年6月,中国政府按期向联合国提交了执行该公约的首次国家报告。

1998年10月,中国政府签署了《公民权利和政治权利国际公约》。目前,中国有关部门正加快工作,争取早日批准该公约。

(三) 有关人权问题的国际合作

作为联合国安理会常任理事国和人权委员会成员国,中国支持联合国在促进和保护人权方面的努力,批准并积极履行国际人权公约,积极开展人权领域的国际交流与合作。

1. 中国与联合国人权组织

自1979年起,中国连续3年作为观察员出席联合国人权委员会会议。1981年,中国在联合国经济及社会理事会上首次当选为人权委员会成员国,此后一直连选连任。自1982年第38届人权委员会会议起,中国每年均作为正式成员参加人权委员会会议,积极参加会议讨论和磋商,介绍中国的人权立场和成就,维护发展中国家的合理要求,推动国际人权领域的合作。

中国政府连年派团出席经济及社会理事会会议和联合国大会第三委员会会议,参加有关人权问题的审议。中国积极参与了1993年维也纳世界人权大会和2001年反对种族主义世界大会的筹备工作,并担任大会副主席,为《维也纳宣言和行动纲领》、《德班宣言和行动纲领》的通过发挥了重要作用。

目前,在联合国促进和保护人权小组会,经济、社会及文化权利委员会,妇女地位委员会,禁止酷刑委员会,消除种族歧视委员会,土著问题常设论坛等机构中,均有中国专家担任委员。

2000年,中国政府与联合国人权事务高级专员办公室启动人权领域技术合作。双方签署《中华人民共和国外交部与联合国人权高级专员办公室关于同意制定并执行技术合作项目的谅解备忘录》,共同举办了轻罪惩罚、警察与人权、人权教育、监狱管理等专题研讨会。

2. 有关人权的双边或多边交流

中国政府一贯主张,各国应在平等和相互尊重的基础上开展人权领域的交流与合作,扩大共识,缩小分歧,取长补短,共同进步。

中国与欧盟、澳大利亚、加拿大、英国、荷兰、德国、挪威、瑞典、瑞士等西方国家建立了有关人权的对话和交流机制。在与欧盟、澳大利亚和挪威等人权对话框架下，双方开展了司法研讨会、扶贫等一系列合作项目，得到了项目受益者的积极评价。

中国在促进和保护人权方面已经取得一定的成就。但作为一个人口众多的发展中国家，受政治、经济、历史文化甚至自然环境等多种因素的制约，中国的人权状况还存在需要进一步改善的地方。我们应当高度重视存在的问题，坚持以人为本、执政为民的理念，致力于和谐社会和小康社会的建设，使法律和制度上的人权得以真正、全面落实，同时也推进国际人权事业的健康发展。

第三节　世界贸易组织与中国

一、世界贸易组织概述

世界贸易组织简称世贸组织，英文为 World Trade Organization，英文缩写为 WTO。世界贸易组织，既是一个国际组织，也是一个国际贸易条约的集合体，同时又是缔约各方进行多边贸易谈判的场所，可谓是三位一体。

世界贸易组织的前身是成立于 1947 年的世界关税与贸易总协定。1994 年 4 月 15 日，原关税与贸易总协定的缔约方在马拉喀什订立了《建立世界贸易组织协定》。1995 年 1 月 1 日，世界贸易组织正式成立。它是独立于联合国之外的一个永久性国际组织。世界贸易组织成员分四类：发达成员、发展中成员、转轨经济体成员和最不发达成员。截至 2004 年 10 月，有成员 148 个。中国于 2001 年 12 月 11 日加入世界贸易组织。

世界贸易组织的宗旨是：在提高生活水平和保证充分就业的前提下，扩大货物和服务的生产与贸易，按照可持续发展的原则实现全球资源的最佳配置；努力确保发展中国家，尤其是最不发达国家在国际贸易增长中的份额与其经济需要相称；保护和维护环境。

世界贸易组织的目标是建立一个完整的、更具有活力的和永久性的多边贸易体制。与关贸总协定相比，世界贸易组织管辖的范围除传统的和乌拉圭回合确定的货物贸易外，还包括长期游离于关贸总协定外的知识产权、投资措施和非货物贸易（服务贸易）等领域。世界贸易组织具有法人地位，它在调解成员争端方面具有更高的权威性和有效性。

世界贸易组织的基本原则是：非歧视贸易原则，包括最惠国待遇和国民待遇条款；可预见的和不断扩大的市场准入程度，主要是对关税的规定；促进公平竞争，致力于建立开放、公平、无扭曲竞争的"自由贸易"环境和规则；鼓励发展与经济改革。

图表 12-1 世界贸易组织机构

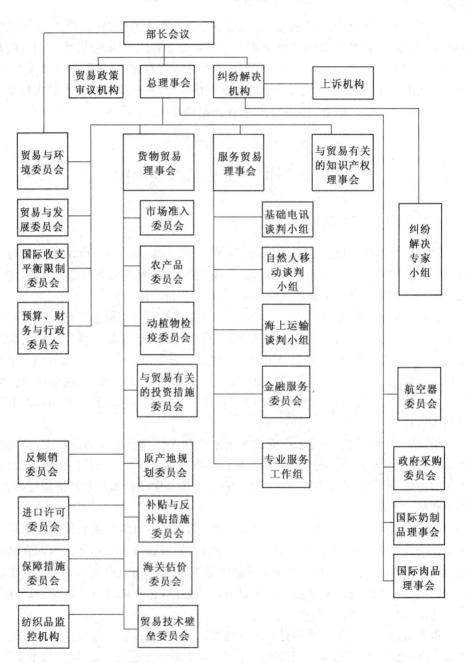

世界贸易组织的基本职能有：管理和执行共同构成世界贸易组织的多边及诸

边贸易协定;作为多边贸易谈判的讲坛;寻求解决贸易争端;监督各成员贸易政策,并与其他共同制定全球经济政策有关的国际机构进行合作。

部长级会议是世界贸易组织的最高决策权力机构,一般两年举行一次会议,讨论和决定涉及世界贸易组织职能的所有重要问题,并采取行动。部长级会议的主要职能是:任命世界贸易组织总干事并制定有关规则;确定总干事的权力、职责、任职条件和任期以及秘书处工作人员的职责及任职条件;对世界贸易组织协定和多边贸易协定作出解释;豁免某成员对世界贸易组织协定和其他多边贸易协定所承担的义务;审议其成员对世界贸易组织协定或多边贸易协定提出修改的动议;决定是否接纳申请加入世界贸易组织的国家或地区为世界贸易组织成员;决定世界贸易组织协定及多边贸易协定生效的日期等。下设总理事会和秘书处,负责世界贸易组织日常会议和工作。世界贸易组织成员资格有创始成员和新加入成员之分,创始成员必须是关贸总协定的缔约方,新成员必须由其决策机构——部长会议以 2/3 多数票通过方可加入。

二、世界贸易组织法律的基本要求

世界贸易组织的法律文件,是关贸总协定主持的乌拉圭回合谈判结果的一系列协定、协议、决议、宣言的总称。其核心是世界贸易组织协议,其本身有 16 条和 4 个附件组成。这些协议是世界上大多数贸易国家通过谈判签署的,各成员国必须要遵守,并要按照这些法律要求认真履行其权利和义务。

(一)世界贸易组织的法律体系

世界贸易组织法律是根据世界贸易组织的宗旨和职能制定的。它的法律体系由《建立世界贸易组织协定》等 28 个协定和 31 个决议、宣言组成。它篇幅浩大,涵盖了几乎所有世界贸易准则。它的内容范围涉及到货物贸易、投资、服务贸易、知识产权等广泛领域,是一系列世界贸易活动的综合体,为规范国际上的商业贸易活动提供了有力的法律保障。同时,世界贸易组织法律体系不仅是个完整的体系,而且是个动态的体系。随着世界贸易组织新一轮多边贸易谈判的展开,其包含的内容将越来越多,体系也将更加完善。

(二)世界贸易组织法律的基本原则

1. 非歧视原则

非歧视原则是世界贸易组织的基石。它的第一种形式是"最惠国待遇",即各成员给予其他成员的产品、服务和人员的优惠待遇,不得低于给予任何其他国家的优惠待遇。第二种形式是"国民待遇",它要求成员国给予本国的产品、企业、服务和人员的优惠待遇也应给予其他成员国。

2. 公平竞争原则

要求用市场供求价格参与国际竞争。各成员的出口贸易经营者不得采取不公正

349

的贸易手段,进行国际贸易竞争,尤其不能采取倾销和补贴的方式在他国销售产品。

3. 透明度原则

各国的贸易政策及政府的管理行为要透明,以便其他成员国政府和贸易经营者了解与熟悉。当成员方发生贸易纠纷时,要以公布的贸易政策为解决依据。各成员政府之间或政府机构之间签署的影响国际贸易政策的协定和条约也应加以公布。同时,各成员应在其境内统一、公正和合理地实施各项法律、法规、行政规章、司法判决等。

4. 贸易自由化原则

包含关税减让原则、互惠原则和一般取消数量限制原则。关税减让原则的目的是促进成员国降低进出口关税。互惠原则主要适用于缔约方之间的对等减让和相互提供优惠,以谋求贸易自由化的实现。取消数量限制原则主要是指只允许进行"关税"保护,取消禁止或限制进口数额的措施。

(三) 成员国的权利和义务

成员国享有的基本权利:(1) 享受无条件、多边、永久和稳定的最惠国待遇以及国民待遇;(2) 享受其他世界贸易组织成员开放或扩大货物、服务市场准入的利益;(3) 发展中国家可享受一定范围的普惠制待遇及发展中国家成员的大多数优惠或过渡期安排;(4) 利用争端解决机制,公平、客观、合理地解决与其他国家的经济贸易摩擦,营造良好的经济贸易发展环境;(5) 参加多边贸易体制的活动获得国际经济贸易规则的决策权;(6) 享有世界贸易组织成员利用各项规则、采取例外、保证措施等促进本国经济贸易发展的权利。

成员国应履行的义务:(1) 在货物、投资、服务、知识产权等方面,依世界贸易组织规定,给予其他成员最惠国待遇、国民待遇;(2) 依世界贸易组织有关协议规定,扩大货物、服务的市场准入程度;(3) 按《知识产权协定》规定进一步规范知识产权保护;(4) 按争端解决机制与其他成员公正地解决贸易摩擦,不能搞单边报复;(5) 增加贸易政策、法规的透明度;(6) 按在世界出口中所占比例缴纳一定会费。

三、加入世界贸易组织与中国法律改革

如前所述,世界贸易组织通过一系列原则、制度的实施,从而保障世界贸易公平、公开、公正运行。这些基本原则和制度的实施对于成员国而言,主要在于减少国家对经济的干预,消除国家对贸易发展设置的壁垒。

由于要求各成员国必须保证世界贸易组织规则在本国领域内得到实施,世界贸易组织规则对成员国立法产生的重大影响是显而易见的,尤其是对新加入国家。构成世界贸易组织协议的法律文本涉及农产品、纺织品与服装、银行、电信、政府采购、工业标准、食品卫生规则、知识产权等诸多内容。在中国加入世界贸易组织前后,中国对相关领域的法律也进行了规模较大的修订,这次法律修订数量之多、范

围之广、速度之快、影响之深,是中国历史上前所未有的。

为了与世界贸易组织的原则和制度相适应,我国法律修订的主要方式是法律法规的清理。由于我国立法主体多层次性,我国已经颁布生效的规范性法律文件包含着法律、行政法规、部门规章、地方性法规和地方政府规章等多种形式,这些规范性文件又涉及我国建国后立法的各个阶段,其中有些规范性文件在实践中已经不再援用,但是尚未明令废止;有些规范性文件是在计划经济条件下制定的,计划色彩严重;有些规范性文件相互冲突、矛盾。通过法规清理,结合世界贸易组织规则,我国从以下三个方面保证WTO规则在国内的实施。

(一)废除一些与世界贸易组织规则、与社会主义市场经济规律相矛盾、冲突的法律

我国原来在计划经济条件下制定的一些法律目前仍然在发挥作用,其中有些法律不仅与世界贸易组织规则存在严重冲突,而且不符合我国现阶段的基本政策和已经变化了的客观情况,对于这些法律通过审查,确认为应予废止的法律、法规,由其创制机关明令废止,公告周知。

(二)修改与完善我国现行的规范性文件

我国目前有许多法律与世界贸易组织规则存在着差距,如我国在市场准入方面与WTO规则仍然存在着差距,具体而言,包括进口关税仍偏高、存在进出口数量限制、一些规定与世界贸易组织规定相违背、未完全放开外贸经营权、在标准和证明上未实施国民待遇、未实施非歧视原则、透明度不高等。目前中国正在抓紧改完善这些涉外法律。

(三)与世界贸易组织规则相比,对没有相关配套规定的领域进行补充性立法

为了适应WTO规则的要求,我国必须建立一套完整的对外贸易方面的法律体系,除了对现行的《对外贸易法》进行修改和补充外,还应制定涉外税法、反倾销法、反垄断法、反补贴法、幼稚工业保护法、市场准入法、政府采购法、外贸发展基金和风险基金法、进出口商品检验和检疫法、技术进出口法、国际服务贸易法等。

除了立法内容方面的修订,近年来的实践证明,加入世界贸易组织还促使中国法律的形式以及司法工作产生重要的变化:

(一)法律的透明化

长期以来,我国的一些行政规章、内部决定、实施细则、行政解释、司法解释、地方性法规和规章,常常处于灰色不明的状态,人们不知道有这些未公开的法律信息,也不知道在哪里能够查找这些法律信息,知道在哪里查找这些法律信息也未必能够得到或及时得到。而世界贸易组织规则中有三项制度:一是通知制度——各成员应向WTO的有关机构通知其法律规范及行政决定的制定情况;二是公布法律规范和行政决定的制度,要求所有成员应及时公布有关法律和行政决定;三是咨询制度——依照WTO的规定,其所有成员必须设立咨询点,以便应其他成员的

要求,提供有关法律及其他文件资料。这些规定和要求,对于促进中国法律的透明度,进而提升人们对中国法律的信任,具有十分重要的积极作用。最近几年,中国各级政府推行的信息公开制度,主要就是依照上述要求作出的反应。

(二) 司法审查制度的建立和健全

为了防止和及时制止行政权力的滥用,维护成员方的合法权利,保证世界贸易组织规则能够公正、公开、公平适用,世界贸易组织的多数协定、协议要求各成员在其境内建立司法审查制度和程序。当受影响的当事人发出请求的时候,对影响自由、公正贸易的行政决定作出迅速审查,并在请求被证明合理的情况下给予适当的补救。司法审查的范围不仅包括具体行政行为、某些终局行政裁决行为,而且包括抽象行政行为,例如行政法规、部门规章、具有普遍约束力的决定等。为了适应世界贸易组织的这些要求,近年来,我国也修改或调整了相关的法律法规,初步理顺了立法、执法和司法三者的关系,进一步改革和完善了诉讼制度,从一定意义上讲,这对推动中国法制的现代化和政治的民主化,起到了重要的作用。

本 章 小 结

当今世界是一个开放的世界,国际交往日益频繁,国际关系日趋复杂,由此而来的全球化浪潮席卷了每一个国家,不管它是否情愿。这一切反映在法律上就是国际法的繁荣昌盛及其与国内法的冲突整合,这就要求我们不能仅仅将目光着眼于国内的法律知识,还需要放眼世界,研习国际法知识。为此,我们在前面讲述了我国国内法律和法律人的知识基础上,又安排了"中国与国际法"这一章内容。在内容安排上,首先阐述了国际法的一般知识,然后着重介绍了两种重要的国际法:国际人权法和世界贸易组织法律。

国际法是国家交往中形成的,调整国家之间关系的,具有法律拘束力的原则、规则和制度的总和。它是一个与国内法相对应的法律体系,其主体、产生过程以及强制实施方式均与国内法不同。国际法的渊源即国际法规则作为有效的法律规则存在和表现的方式,主要有:国际条约、国际习惯、国际组织的决议、一般法律原则以及判例和学说。在处理国际法与国内法的关系时,不同的国际法渊源在中国的适用情形有所差异:关于条约的适用,一种方式是部门法中制定相应的国内法规则,就条约的适用问题作出直接适用的规定;一种方式是根据中国缔结或参加的国际条约,就条约所规定的具体义务,制定新的法规,或对国内法作出相应修改或补充,以履行中国所承担的条约义务。关于国际习惯的适用,我国的立法和司法实践表明,中国对国际习惯的遵守持积极的态度。此外,中国对国际法原则的立场一直都是明确的,将其纳入宪法,使其成为我国现行宪法宣告的原则。

国际人权法是指国家之间关于尊重保护人权以及防止和惩治侵犯人权行为的原则和制度。国际人权法主要由一系列宣言、宪章、公约、议定书等文件所构成,其中,占有最重要地位的是世界人权宣言,经济、社会及文化权利国际公约以及公民权利和政治权利国际公约。基于国家的政治、经济、文化、历史等方面的原因,中国政府在人权问题上有自己的基本立场。为了更好地保护人权,中国加入了21个国际人权公约。与此同时,中国还积极开展人权领域的国际交流与合作。

世界贸易组织,既是一个国际组织,也是一个国际贸易条约的集合体,同时又是缔约各方进行多边贸易谈判的场所。世界贸易组织的法律文件,是关贸总协定主持的乌拉圭回合谈判结果的一系列协定、协议、决议、宣言的总称。世界贸易组织法律的基本原则有:非歧视原则、公平竞争原则、透明度原则和贸易自由化原则。为了更好地实现世界贸易组织的宗旨和目的,发挥其职能,世界贸易组织法律还规定了成员国的权利和义务。由于要求各成员国必须保证世界贸易组织规则在本国领域内得到实施,世界贸易组织规则对成员国的法律都会产生重大的影响,中国自然也不例外。在立法方面,我国从以下三个方面保证世界贸易组织规则在国内的实施:第一,废除一些与世界贸易组织规则、与社会主义市场经济规律相矛盾、冲突的法律;第二,修改与完善我国现行的规范性文件;第三,与世界贸易组织规则相比,对没有相关配套规定的领域进行补充性立法。加入世界贸易组织还促使中国法律的形式以及司法工作产生重要的变化:一是促进了中国法律的透明度,二是推动了司法审查制度的建立和健全。

【拓展和链接】 中国人权白皮书(2004年)

中国国务院新闻办公室于2005年4月13日发表题为《2004年中国人权事业的进展》的白皮书,这是自1991年以来,国务院新闻办第八次就中国的人权状况发表白皮书。

白皮书列举了大量数据和事实,从七个方面回顾了中国人权事业的新进展:

1. 中国经济平稳较快发展,人民的生存权和发展权得到了较大的改善。2004年国内生产总值达到13.65万亿元,比上年增长9.5%。全国已有1.5亿农民不再交纳农业税。农村贫困人口比上年减少290万。中国人民健康总体水平已超过中等收入国家的平均水平,处于发展中国家前列,平均期望寿命已从1949年新中国成立前的35岁上升到71.4岁。

2. 中国坚持中国特色的政治发展道路,积极推进民主政治和政治文明建设,切实保障公民权利和政治权利。一年来,全国人民代表大会常务委员会共审议了33件法律、法律解释和有关法律问题决定的草案,通过了25件,为经济社会发展和人权保障进一步提供了法律保障。

国务院44个部门全年举办了约270场新闻发布会,28个省(自治区、直辖市)召开了460多场新闻发布会,极大地增强了政府工作的透明度和政务信息的公开,公民的知情权、监督权和参与公共事务的权利保障得到了加强。

宗教团体、宗教活动场所和信教公民的合法权益和正常的宗教活动受到法律保障。据不完全统计,中国现有各种宗教信徒1亿多人,宗教活动场所10万余处,各种宗教教职人员约30万人。《圣经》的印数已累计达3 500万册。

3. 中国加大司法改革的力度,确保严格执法,公正司法,依法保障公民的合法权利。检察机关全年共立案侦查涉嫌滥用职权、玩忽职守、索贿受贿、徇私舞弊等犯罪的司法人员3 010人,有力地维护了公民权利,维护了公平正义。全国法院实行司法救助案件达263 860件,司法救助总金额10.9亿元,分别比上年上升15.6%和3.1%。到2004年底,全国公安机关无超期羁押案件。

4. 国家采取再就业援助、强化失业调控、规范企业裁员行为等多种措施促进就业和再就业。2004年,全国城镇新增就业人员980万人,全年有510万城镇下岗人员实现了再就业;城镇登记失业率为4.2%,比上年下降0.1个百分点。2004年底,城镇基本养老、失业、医疗和工伤保险的参保人数分别达到1.64亿人、1.06亿人、1.24亿人和6 845万人,分别比上年底增加847万人、211万人、1 502万人和2 270万人;农村社会养老保险参保人数达到5 500万人。

国家重视维护农民的合法权益。2004年,国家对征用农村集体土地的补偿安置情况进行清理检查,清查和偿付拖欠征地补偿款147.7亿元。截至年底,全国已偿还建筑领域历年拖欠的农民工工资332亿元。

5. 少数民族公民既与汉民族公民平等地享有宪法和法律规定的全部公民权利,又依法享有少数民族特有的各项权利。

西部大开发战略实施五年来,西部地区陆续新开工60个重点工程,投资总规模约8 500亿元。新疆、西藏、宁夏、青海等省区的义务教育阶段学生有83%享受免费提供教科书待遇,对西藏农牧区义务教育阶段学生实行包学习、包吃饭、包住宿,新疆的56个县全部实行免杂费、免书本费。

6. 残疾人权益的法制和政策保障得到加强,社会化康复服务体系继续完善,残疾人教育和就业得到了更好的保障。目前,全国共有446.9万残疾人得到各种形式的社会保障。残疾人平等参与和关爱帮助残疾人的社会环境逐渐形成。

7. 中国一贯支持并积极参与联合国人权领域的活动。中国已加入包括《经济、社会及文化权利国际公约》在内的21项国际人权公约。中国政府本着认真负责的态度,正在积极研究批准《公民权利和政治权利国际公约》问题。

白皮书说,实现充分的人权是世界各国的共同追求,也是中国全面建设小康社会、构建社会主义和谐社会的重要目标。中国将与国际社会一道,一如既往地不断作出努力,促进中国人权事业的持续进步和国际人权事业的健康发展。(摘自新华网《2004年中国人权事业的进展》白皮书,2005年4月13日)

与本章相关的主要法律法规

1.《联合国宪章》(1945年10月24日)
2.《世界人权宣言》(1948年11月)
3.《经济、社会及文化权利国际公约》(1966年12月9日)
4.《公民权利和政治权利国际公约》(1966年12月16日)
5.《建立世界贸易组织协定》(1994年4月15日)

案例1:中国法院适用国际条约的判决

2000年6月20日,北京第二中级人民法院一审判决:北京国网信息有限责任公司(简称国网公司)停止使用与英特艾基公司商标字母及读音相同的网络域名"ikea.com.cn",并向中国互联网络信息中心申请撤销该域名。

1998年,英特艾基公司先后在中国上海、北京开设了以"IKEA"为标志的大型家居专卖店。该公司准备在中国互联网上注册域名时,发现国网公司已于1997年11月19日在中国互联网络信息中心"CNNIC"申请注册了www.ikea.com.cn的域名。于是将国网公司诉诸法院。

法院认为"宜家 IKEA"属驰名商标,"国网"将"IKEA"注册为域名,易误导他人认为该域名与驰名商标"IKEA"有某种关系,利用了附着于驰名商标的良好商誉提高自己网站的访问率,也使"宜家"在互联网上行使其驰名商标权受到妨碍。而且"国网"还注册了大量与其他具有一定知名度的商标相同的域名,均未被积极使用,其待价而沽的非善意注册行为的主观动机十分明显。因此法院认定"国网"的行为构成了不正当竞争,有悖于《保护工业产权巴黎公约》和我国有关法律的精神及原则,故作出以上判决。

法院有关人士说,这一判决创下了我国司法审判上的三个先例:第一,它是首例涉外域名注册引发的纠纷案,也是首例中国法院适用国际条约有关条款处理的网络案件;第二,本案是首例由人民法院在审判中确认驰名商标的诉讼案,而以前驰名商标均由工商行政部门认定,这次确认的意义在于显示出司法权高于行政权;第三,这是第一件由司法机关对驰名商标与网络中的域名冲突进行明确规范的判例,这表明我国的知识产权司法保护已达到了较高的水平。

资料来源:《中国知识产权报》 发布时间:2005年4月4日

案例2:美国菲拉尔提卡案件

菲拉尔提卡(Filartiga)是居住在美国的巴拉圭人,她在美国法院起诉Pena-

Irala 对其弟弟实施了酷刑致其身亡，请求侵害赔偿。Pena 曾经是巴拉圭的一个警察部门的首长，被诉人当时在美国境内。联邦地区法院驳回了原告的请求，认为法院对本案没有管辖权。原告不服，上诉到联邦上诉法院。联邦上诉法院推翻了地区法院的裁决，判定具有官方身份的人实施酷刑违反了国际习惯法，地区法院对于"外国人提起的针对违反国际法的酷刑行为的民事诉讼"具有管辖权。法院进一步声称："在考虑民事责任时，实施酷刑的人如同海盗和奴隶贩子一样，是全人类的敌人。"法院裁决，具有官方身份的人实施的酷刑违反了普遍接受的人权标准，而不论当事方的国籍为何。只要被声称实施了酷刑行为的人在美国境内被发现并被外国人提起诉讼，那么《外国人侵权行为法》就予以适用，并且联邦享有管辖权。

法院进一步指出，联合国宪章已经阐明，在当代，一国如何对待自己的国民不再是一国国内的事情，而是国际关注的问题。《世界人权宣言》随着国家实践已成为具有普遍约束力的国际习惯法，而禁止酷刑也已经成为国际习惯法规则。在酷刑问题上各国已经达成一致，并在无数的国际条约和协定中加以表述，包括《美洲人权公约》、《公民权利和政治权利公约》、《欧洲人权公约》等等。而这些条约的内容和精神同样体现在国内立法中。据统计，已经有 55 个国家将禁止酷刑写入宪法，其中包括美国和巴拉圭。法院还特别强调了经联合国大会一致通过的《禁止酷刑公约》中对酷刑的定义，并指出酷刑受害者依照国内法应获得救济和赔偿。这一系列重要的宣言、公约表明，任何一个国家都不能再以其不知晓为名而从事侵犯人权的行为。推理过程中，法院大量援引了最高法院的判决以及理论学说。最后法院得出结论，酷刑是当今国际法所禁止的行为。

评论：美国国内法院对于在国外发生的、不涉及美国公民的国外政府的人权侵害进行审判和裁断，是美国人权观念的一种反射。美国一贯以自己的人权标准为尊，不顾及甚至是否定国际人权标准。但在本案中，法院一改拒绝审理依据国际人权法的诉讼以及对国际人权保障的国内实施持消极态度的立场，并且将《世界人权宣言》作为其审判根据之一，进而承认了国际人权法的存在。这是本案的意义所在。

资料来源：《北京大学法学院人权研究中心网—人权案例》
发布时间：2004 年 3 月 23 日

思考题

1. 国际法的渊源有哪些？中国在适用国际条约时，所采取的方式是什么？
2. 什么是人权，为什么要对人权进行国际法上的保护？
3. 加入世界贸易组织对中国法律的改革有哪些影响？如何评价这些影响？

附录1 推荐阅读书目

第一章 法律的一般原理

张文显主编:《法理学》,法律出版社1997年版。
沈宗灵著:《比较法研究》,北京大学出版社1998年版。
孙国华著:《社会主义法治论》,法律出版社2002年版。
公丕祥主编:《法理学》,复旦大学出版社2002年版。

第二章 宪 法

肖蔚云著:《论新宪法的新发展》,山西人民出版社1983年版。
许崇德著:《中国宪法》,中国人民大学出版社1989年版。
李步云主编:《宪法比较研究》,法律出版社1998年版。

第三章 行 政 法

罗豪才主编:《行政法学》,中国政法大学出版社1996年版。
应松年主编:《行政法学新论》,中国方正出版社1998年版。
胡建淼主编:《行政法学》,复旦大学出版社2003年版。

第四章 刑 法

高铭暄主编:《刑法学》,北京大学出版社2000年版。
张文等主编:《中国刑事司法制度与改革研究》,人民法院出版社2000年版。
陈兴良主编:《刑法学》,复旦大学出版社2003年版。

第五章 民 法

梁慧星著:《民法总论》,法律出版社1998年版。
江平主编:《民法学》,中国政法大学出版社2000年版。
王利明主编:《民法学》,复旦大学出版社2004年版。

第六章 合 同 法

胡康生主编:《中华人民共和国合同法释义》,法律出版社1999年版。
谢怀栻等编著:《合同法原理》,法律出版社2000年版。

郭明瑞主编:《合同法学》,复旦大学出版社2005年版。

第七章 知识产权法

郑成思著:《知识产权法》,法律出版社1997年版。
吴汉东主编:《知识产权法学》,中国政法大学出版社1999年版。
张乃根主编:《知识经济与知识产权》,复旦大学出版社2000年版。

第八章 婚姻法和继承法

刘春茂主编:《中国民法学·财产继承》,中国人民公安大学出版社1990年版。
杨大文主编:《婚姻家庭法学》,复旦大学出版社2002年版。

第九章 经济法

李昌麒主编:《经济法学》,中国政法大学出版社1999年版。
关怀主编:《劳动法》,中国人民大学出版社2001年版。

第十章 诉讼法

陈瑞华著:《刑事诉讼的前沿问题》,中国人民大学出版社2000年版。
章武生等著:《司法现代化与民事诉讼制度的建构》,法律出版社2000年版。
江伟主编:《民事诉讼法学》,复旦大学出版社2003年版。
胡建淼主编:《行政诉讼法学》,复旦大学出版社2003年版。

第十一章 法律职业

曹建明主编:《法官职业道德教程》,法律出版社2002年版。
张文显等主编:《法律职业共同体研究》,法律出版社2003年版。

第十二章 中国与国际法

邵津主编:《国际法》,高等教育出版社、北京大学出版社2000年版。
曹建明主编:《WTO与中国法律制度问题研究》,人民法院出版社2001年版。
徐显明主编:《国际人权法》,法律出版社2004年版。

附录2 主要法律网站索引

1. 法律法规查询类网站

http：//202.99.23.199/home/begin.cbs 中国法律法规检索系统

http：//www.law-lib.com 法律图书馆

http：//www.chinalaw114.com 中国法律法规资讯网

http：//www.chinacourt.org/flwk/ 中国法院网

2. 综合类法律网站

http：//www.china-judge.com 中国法官

http：//www.hicourt.gov.cn 天涯法律网

http：//www.lawchina.com.cn 法律中国

http：//lawsky.org 法学空间

http：//www.fl365.com 法律帝国

http：//www.sinolaws.com/china 中法网

http：//www.law.gov.cn 中国法治网

http：//www.law.com.cn 中国法律资讯网

http：//www.zzhf.com 灼灼华法网

http：//www.dffy.com 东方法眼

http：//www.east-law.com 东方法律网

http：//www.law365.com.cn 法律365

http：//www.87187.com 法趣网

http：//www.law-bridge.net 法律桥

http：//www.fazhuan.com/bbs 法专在线

http：//www.lawspirit.com 赛伯法律网

http：//www.lawtran.com 尚华法律

http：//www.law-china.com 大道法律网

http：//www.justice.gov.cn 上海司法行政网

http：//www.lawyers.org.cn 东方律师网

http：//www.law999.net 中国法律服务在线——专家论案

http：//www.fx148.com 法援在线

http：//www.ldzc.com 劳动仲裁诉讼网

http：//www.lhabc.com 中国离婚网

http：//www.wangluofa.com 网络法

3. 法律学术网站

http：//www.gongfa.com 公法评论

http：//www.china‑review.com 中评网

http：//www.law‑dimension.com 法律之维

http：//law‑thinker.com 法律思想网

http：//www.lawintime.com 法学时评网

http：//www.cnphysis.org 朝圣山之思

http：//www.lawintsinghua.com 清华法学

http：//www.chinalawinfo.com 北大法律信息网

http：//www.iolaw.org.cn 中国法学网

http：//www.privatelaw.com.cn 中国私法网

http：//www.civillaw.com.cn 中国民商法律网

http：//www.ccelaws.com 法大民商经济法律网

http：//www.procedurallaw.com.cn 中国诉讼法律网

http：//www.criminallaw.com.cn 中国刑事法律网

http：//www.yanglx.com 杨立新民商法评论

http：//www.angle.com.tw 元照法律网

4. 法制媒体类网站

http：//www.legaldaily.com.cn 法制日报

http：//www.legaldaily.com.cn/zbzk/wc/fzwcb1/index.htm 法制文粹报

http：//www.chineselawyer.com.cn 中国律师

http：//www.chinacourt.org 中国法院网

http：//www.jcrb.com/zyw 检察日报正义网

http：//review.jcrb.com.cn/ournews/asp/zazhi/fyyk/ 方圆月刊

http：//www.cpd.com.cn/ 中国警察网

http：//www.legalinfo.gov.cn/ 中国普法网

http：//www.cctv.com/life/lawtoday/lawtoday.html CCTV 新闻频道——今日说法

http：//www.tv.lawyers.com.cn/main.htm 上海有线电视台——社会方圆

图书在版编目(CIP)数据

中国法律概论/张光杰主编. —上海:复旦大学出版社(2019.3 重印)
(博学·法学系列)
ISBN 978-7-309-04687-8

Ⅰ. 中… Ⅱ. 张… Ⅲ. 法律-研究-中国 Ⅳ. D920.4

中国版本图书馆 CIP 数据核字(2005)第 097958 号

中国法律概论
张光杰　主编
责任编辑/张永彬

复旦大学出版社有限公司出版发行
上海市国权路 579 号　邮编:200433
网址: fupnet@fudanpress.com　http://www.fudanpress.com
门市零售:86-21-65642857　团体订购:86-21-65118853
外埠邮购:86-21-65109143　出版部电话:86-21-65642845
大丰市科星印刷有限责任公司

开本 787×960　1/16　印张 23.5　字数 460 千
2019 年 3 月第 1 版第 8 次印刷
印数 16 101—17 200

ISBN 978-7-309-04687-8/D·291
定价:35.00 元

如有印装质量问题,请向复旦大学出版社有限公司出版部调换。
版权所有　侵权必究